Tecnologias Emergentes:
Organizações e Educação

Dados Internacionais de Catalogação na Publicação (CIP)
(Câmara Brasileira do Livro, SP, Brasil)

Tecnologias emergentes : organizações e educação / organizadores Arnoldo José de Hoyos Guevara, Alessandro Marco Rosini. -- São Paulo : Cengage Learning, 2019.

2. reimpr. da 1. ed. de 2008.
Bibliografia.
ISBN 978-85-221-0585-4

1. Inovações tecnológicas - Aspectos sociais 2. Sociedade do conhecimento 3. Tecnologia - Aspectos Sociais 4. Tecnologia da informação 5. Tecnologia educacional 6. Tecnologia e civilização I. Guevara, Arnoldo José de Hoyos. II. Rosini, Alessandro Marco.

08-02499   CDD-303.483

Índices para catálogo sistemático:

1. Inovações tecnológicas : Aspectos sociais : Sociologia 303.483
2. Tecnologia : Mudanças sociais : Sociologia 303.483

Tecnologias Emergentes:
Organizações e Educação

Organizadores
Arnoldo José de Hoyos Guevara
Alessandro Marco Rosini

CENGAGE
Learning™

Austrália • Brasil • Japão • Coréia • México • Cingapura • Espanha • Reino Unido • Estados Unidos

Tecnologias Emergentes: Organizações e Educação

Arnoldo José de Hoyos Guevara e
Alessandro Marco Rosini

Gerente Editorial: Patricia La Rosa

Editora de Desenvolvimento: Tatiana Pavanelli Valsi

Supervisor de Produção Editorial: Fábio Gonçalves

Supervisora de Produção Gráfica: Fabiana Alencar Albuquerque

Copidesque: Marcos Soel Silveira Santos

Revisão: Alessandra Biral
         Luciane Helena Gomide

Composição: Roberto Maluhy Jr & Mika Mitsui

Capa: Gabinete de Artes

© 2008 Cengage Learning Edições Ltda.

Todos os direitos reservados. Nenhuma parte deste livro poderá ser reproduzida, sejam quais forem os meios empregados, sem a permissão, por escrito, da Editora. Aos infratores aplicam-se as sanções previstas nos artigos 102, 104, 106 e 107 da Lei nº 9.610, de 19 de fevereiro de 1998.

Para informações sobre nossos produtos, entre em contato pelo telefone **0800 11 19 39**

Para permissão de uso de material desta obra, envie seu pedido para **direitosautorais@cengage.com**

© 2008 Cengage Learning. Todos os direitos reservados.

ISBN13: 978-85-221-0585-4
ISBN10: 85-221-0585-5

Cengage Learning
Condomínio E-Business Park
Rua Werner Siemens, 111 – Prédio 11 – Torre A – Conjunto 12
Lapa de Baixo – 05069-900 – São Paulo – SP
Tel.: (11) 3665-9900 – Fax: (11) 3665-9901
sac 0800 11 19 39

Para suas soluções de curso e aprendizado, visite www.cengage.com.br

Impresso no Brasil.
Printed in Brazil.
2. reimpr. – 2019

Apresentação

Muito se tem discutido sobre a necessidade de mudanças tanto as das corporações quanto das pessoas, que precisam se adaptar a diferentes questões relacionadas ao trabalho, as quais influenciam diretamente sua vida. Nesse contexto, acreditamos que, por mais que se desenvolvam e até mesmo evoluam mecanismos de gestão nos modelos de administração de recursos organizacionais e de tecnologia, os indivíduos necessitam de fato ter princípios éticos e resgatar valores construtivos para a evolução sustentável da sociedade humana, para dar continuidade a uma construção de um mundo melhor e mais humano. Para isso, é necessário que tenhamos consciência de nossos atos, ou como profissionais, ou como indivíduos.

Somos a favor de que haja uma responsabilidade na construção de empresas mais modernas e evoluídas, mesmo sabendo da enorme concorrência global no campo econômico. Por isso, é necessário que haja um equilíbrio entre essas forças que permeiam a vida dos indivíduos na sociedade e no mundo moderno em que estamos inseridos.

Questões nessa linha de contribuição são apresentadas por pesquisadores integrantes do Núcleo de Estudos do Futuro (NEF) da PUC-SP – alunos, professores, pesquisadores e membros convidados –, os quais, por meio de práticas e de pesquisa realizadas e de uma discussão multidisciplinar, com reflexões importantes no início do século XXI, apresentam uma abordagem sobre o conhecimento nas organizações e as tecnologias emergentes na educação, destacando o conhecimento e as tecnologias da informação e comunicação, bem como a educação a distância, contribuindo, dessa maneira, para uma maior elucidação desses temas.

Em sua maioria, os autores deste livro têm uma ligação forte com o NEF, que se originou do encontro informal de vários pensadores brasileiros envolvidos com os estudos do futuro. O NEF iniciou-se formalmente em 2001, representando no Brasil a Rede Internacional de Pesquisa do Projeto Millennium da Universidade das Nações Unidas (UNU), inserindo o país na polifonia de visões e opiniões sobre o Estado do Futuro.

Em 2004, o NEF organizou-se adicionalmente em um núcleo de pesquisas na PUC-SP, que reúne alunos da pós-graduação em Administração e Organização Não-governamental para realização de pesquisas e trabalhos em cinco divisões estratégicas: Pesquisa; Educação; Comunicação; Sustentabilidade e Ética; Aprendizagem Organizacional e Empreendedorismo.

**Arnoldo José de Hoyos Guevara e
Alessandro Marco Rosini**

Sumário

Prefácio xv

Da Sociedade da Informação à Sociedade do Conhecimento 1
Arnoldo José de Hoyos Guevara
Vitória Catarina Dib
    Resumo, 1
    Introdução, 1
    As Grandes Transições: Mudança de Ambientes, Processos e Valores, 2
    A Dinâmica do Conhecimento na Era da Globalização, 7
    O Papel da Gestão do Conhecimento Hoje, 11
    Considerações Finais, 17
    Referências Bibliográficas, 17

A Escola como Geradora e Gestora do Conhecimento: O Papel das Tecnologias de Informação e Comunicação 21
José Armando Valente
    Resumo, 21
    Introdução, 22
    A Diferença entre Dado, Informação e Conhecimento, 23
    O Papel das TIC na Construção de Conhecimento, 26
    O Computador como Auxiliar na Representação e Construção de Conhecimento, 26
    O Computador Auxiliando a Buscar e a Acessar a Informação, 31
    O Computador Auxiliando a Comunicação entre Aprendizes, 32

O Papel do Professor na Interação Aprendiz-Computador, 34
A Escola como Geradora e Gestora de Conhecimento, 36
Considerações Finais, 38
Referências Bibliográficas, 39

3 Educação e Desenvolvimento Local 41
Ladislau Dowbor
Resumo, 41
Introdução, 41
Globalização e Desenvolvimento Local, 43
Urbanização e Iniciativas Sociais, 44
Informação, Educação e Cidadania, 46
Os Parceiros do Desenvolvimento Local, 48
    O impacto das tecnologias, 49
Educação e Gestão do Conhecimento, 52
O Desafio Educacional Local e os Conselhos Municipais, 54
Considerações Finais, 58
Referências Bibliográficas, 59

4 Tecnologia e Subjetividade na Formulação de Estratégias Empresariais 61
Débora Pereira
Resumo, 61
Introdução, 61
Estratégias Empresariais: Origem e Evolução, 62
A Influência da Subjetividade nos Processos Decisórios, 67
Tecnologia Aplicada ao Desenvolvimento de Estratégias, 70
Considerações Finais, 74
Referências Bibliográficas, 75

5 A Implementação do *Balanced Scorecard* como um Evento de Geração de Conhecimento 77
Luís Eduardo de Carvalho
Resumo, 77
Introdução, 77
A Criação de Conhecimento nas Empresas, 78
    Formas de conversão do conhecimento, 79
    A espiral do conhecimento, 80
O *Balanced Scorecard* e os Princípios da Organização Orientada à Estratégia, 81
    As perspectivas de negócio, 82
    Mapa estratégico, 82
    Indicadores, 82
    Projetos Estratégicos, 82
    Os cinco princípios de uma organização orientada à estratégia, 83
O *Balanced Scorecard* como um Evento de Criação do Conhecimento: Unindo as Duas Abordagens, 85
Considerações Finais, 87
Referências Bibliográficas, 88

Caracterizando Empresas Intensivas em Conhecimento 89
Fernanda Castro De Nadai
Luiz Roberto Calado
> Resumo, 89
> Introdução, 90
> O Conhecimento, 90
> O Conhecimento como Recurso Estratégico, 92
> Organizações Intensivas em Conhecimento, 95
> Atividades Desempenhadas, 95
> As Pessoas, 96
> Produto ou Serviço, 96
> Mercado de Atuação, 97
> Práticas de Gestão do Conhecimento, 98
> Considerações Finais, 101
> Referências Bibliográficas, 102

Universidade Corporativa: Uma Reflexão sobre Conceitos e o Termo Universidade ... 105
Renata da Conceição Cruz
> Resumo, 105
> Introdução, 105
> A Educação Corporativa, 107
> A Universidade Corporativa, 109
> Distinção Conceitual entre Universidade Aberta e Universidade Corporativa, 112
> Vantagens e Desvantagens da Universidade Corporativa, 114
> Casos de Sucesso, 116
> Considerações Finais, 120
> Referências Bibliográficas, 122

Conhecimento nas Organizações: Um Estudo de Caso sobre a Utilização da Gestão de Conhecimento em Empresa de Grande Porte 123
Gilmar L. Hilario
> Resumo, 123
> Introdução, 123
> Criação do Conhecimento, 124
> Conhecimento e Organizações, 126
> Vantagem Competitiva, 128
> Gestão do Conhecimento: Um Estudo de Caso, 133
> > Tipo de pesquisa, 133
> > Instrumento de coleta de dados, 134
> > A empresa pesquisada, 135
> > Análise dos resultados, 135
> Considerações Finais, 136
> Referências Bibliográficas, 137

9 Aprendizagem Organizacional 139
Lucy de Lira Souza

    Resumo, 139
    Introdução, 139
    O Cenário Empresarial para o Século XXI, 140
    A Aprendizagem Organizacional, 142
        A influência da estrutura organizacional na aprendizagem, 147
    Considerações Finais, 149
    Referências Bibliográficas, 150

10 Conhecimento e Educação Empreendedora 153
Fernando Correa Grisi

    Resumo, 153
    Introdução, 153
    Empreendedorismo, 154
    O Ecossistema, 157
    Gestão do Conhecimento, 157
    O Conhecimento Empreendedor, 158
    A Educação Empreendedora, 160
    Considerações Finais, 165
    Referências Bibliográficas, 166

11 As Comunidades de Prática e o *Problem-Based Learning* como Facilitador da Modalidade de Educação a Distância 167
Alessandro Marco Rosini
Flávio Henrique dos Santos Foguel
José Ultemar da Silva

    Resumo, 167
    Introdução, 167
    Comunidades de Prática, 170
    A Educação a Distância e o Aprendizado, 173
    Problem-Based Learning (Aprendizado Baseado em Problemas), 176
    Considerações Finais, 178
    Referências Bibliográficas, 178

12 Work-Based Learning – A Nova Geração do *E-Learning*? 181
Carmem Silvia Rodrigues Maia

    Resumo, 181
    Introdução, 181
    A Reinvenção da Universidade, 183
    Work-Based Learning ou Educação pelo Trabalho, 184
    Os Dez Pontos da Educação pelo Trabalho, 186
    Uma Alternativa para a Educação On-Line?, 188
    Rede de Educação pelo Trabalho, 189

Benefícios para a empresa, 190
Benefícios para o indivíduo, 191
Benefícios para as instituições de ensino superior, 192
Considerações Finais, 193
Referências Bibliográficas, 195

A Importância da Tecnologia de Informação na Implantação de um Sistema de Gestão Ambiental 197
Luciana Pranzetti Barreira
Resumo, 197
Introdução, 198
A Questão Ambiental, 199
Desenvolvimento Sustentável, 201
Sistema de Gestão Ambiental, 204
A Importância da Tecnologia da Informação no Sistema de Gestão Ambiental, 207
Considerações Finais, 208
Referências Bibliográficas, 210

Articulações entre Educação Profissional Tecnológica e Educação a Distância: Potencialidades para o Desenvolvimento de *Clusters* no Brasil 213
Flávio Henrique dos Santos Foguel
Alessandro Marco Rosini
Resumo, 213
Introdução, 213
Educação Profissional no Brasil, 215
A estrutura atual da educação profissional e tecnológica no Brasil, 216
A educação profissional tecnológica, 216
Cluster, 217
Cluster: objetivo, 219
A influência dos *clusters* sobre a competição, 220
O modelo diamante de competitividade, 222
Clusters no Brasil, 223
A Educação a Distância no Brasil, 225
Considerações Finais, 227
Referências Bibliográficas, 228

Gestão do Conhecimento é cada vez mais um Novo Modelo de Produção 231
Koiti Egoshi
Resumo, 231
Introdução, 231
Gestão do Conhecimento como um Sistema Sociotécnico Aberto, 232
Saída, 233
Processamento, 235
Entrada, 237
O raiar de um novo modo de produção, 237

Gestão do Conhecimento Transformando o Modo de Vida, 244
Considerações Finais, 246
Referências Bibliográficas, 246

16 A Utilização de Sistemas de Informações para a Gestão do Conhecimento em Pequenas Empresas de Produção por Encomenda 249
Antonio Artur de Souza
Marcio Noveli
Resumo, 249
Introdução, 250
Informações e Conhecimento na Empresa, 251
Sistemas de Informações, 251
    Sistemas de suporte à decisão, 253
    Sistemas especialistas, 255
    Combinação entre o sistema de suporte à decisão e o SE, 256
Um Sistema Especialista de Suporte à Decisão para Estimação de Custos e Formação de Preços, 256
Discussão dos Resultados, 260
Considerações Finais, 262
Referências Bibliográficas, 263

17 Perspectivas da Regulamentação do MEC para a Educação Superior a Distância 265
Rubens de Oliveira Martins
Resumo, 265
Introdução, 265
A Educação a Distância como Política Estratégica do MEC, 266
O Novo Cenário de EAD com o Decreto nº 5.622/05, 269
Tendências e Desafios na Oferta de Cursos Superiores a Distância, 271
Considerações Finais, 275
Referências Bibliográficas, 275

18 Vertical de Sistemas de Informação em Educação: Uma Discussão e Reflexão sobre a Implementação de Sistemas de Informação ERP em Instituições de Ensino Superior 277
Alessandro Marco Rosini
Arnoldo José de Hoyos Guevara
José Ultemar da Silva
Resumo, 277
Introdução, 277
    Os sistemas de informação, 278
O Caso de Instituições de Ensino Superior, 281
O Cenário antes da Concepção do Produto de Software: *Campus Solution*, 281
O Redesenho Organizacional – Produto de Software *Campus Solution* – ERP Vertical Educação, 283
    Diretores de campus ou departamentos, 284
    Coordenadores de cursos, 285

Legislação educacional, 285
Setor de diplomas, 285
Setor de secretaria, 286
Setor de atendimento a alunos, 286
Setor financeiro, 287
Algumas Características da Concepção de Produto do Software *Campus Solution* – ERP Vertical Educação, 288
Uma solução para a prospecção de alunos, 288
Serviços acadêmicos, 289
Serviços financeiros, 289
Serviços pela Internet, 289
Problemas na Implantação de Sistemas, 290
A necessidade da mudança organizacional, 290
A cultura e a tecnologia da informação, 291
O gerenciamento da informação no ensino superior, 293
Considerações Finais, 294
Referências Bibliográficas, 295

O Processo de Aprendizagem na Educação a Distância Corporativa 297
Orlando Roque da Silva
Mônica Cairrão Rodrigues

Resumo, 297
Introdução, 298
Como Aprendemos?, 298
Aprendemos quando interagimos com o novo e construímos nosso conhecimento, 299
Construímos o conhecimento, mas não sozinhos, somos seres sociais, 300
A Sociedade em Rede constrói coletivamente a memória dinâmica, 300
A Mudança do Paradigma da Escolaridade, 306
Enfim, o que Vem a Ser Aprender?, 309
Considerações Finais, 310
Referências Bibliográficas, 311

Um Modelo para a Gestão de Mudança Sistêmica da Educação 313
Maria Lourdes De Hoyos
Michael Bischoff
Benay Dara-Abrams

Resumo, 313
Introdução, 314
E-Learning como Tecnologia Mediadora de Ensino e Aprendizagem, 314
Processo de Mudança, 314
Monterrey Institute of Technology and Higher Education (Itesm), 315
Universidade Virtual de Ciências Aplicadas (*Virtuelle Fachhochschule – VFH*), 315
A Perspectiva Sistêmica, 316
Administração de Mudança Sistêmica na Educação, 317
Tecnologia e Mudança Sistêmica, 318

Desenvolvimento de um Modelo, 319
Visão e Liderança, 320
Planos Estratégicos Administrativos e Gerenciais, Tecnologia e Infra-Estrutura Organizacional, 320
    Compromisso e apoio das lideranças executivas, 322
    Desenvolvimento profissional em *e-learning*, construções de comunidades e métodos didáticos, 323
Considerações Finais, 324
Referências Bibliográficas, 325

Sobre os Autores **329**

Prefácio

Com qual olhar uma estudiosa da interdisciplinaridade como teoria, gestada há quase 40 anos, analisaria esta obra? Com olhar de habitante, visitante ou transeunte?

Por *um olhar de habitante*, seria conduzida a observar a *densidade* das *informações*, o *estilo clássico* de tratar tão polêmica questão como o Conhecimento nas Organizações e as Tecnologias na Educação, e a beleza arquitetônica da forma com que esse enorme quebra-cabeças foi-se organizando.

Digo habitante por encontrar-me hoje no epicentro desse difícil enigma que este livro revela, um enigma que, paradoxalmente, às vezes, me conduz a um ingresso na história do conhecimento, e, outras vezes, remete-me à análise do vertiginoso movimento impresso pelas tecnologias da informação e comunicação e sua repercussão no processo de globalização, desenvolvimento local, urbanização, iniciativas sociais, em busca de alternativas diferenciadas no processo de educar que consolidem o exercício fecundo da cidadania.

Por *um olhar transeunte*, seria capturada pelo desejo de enveredar pela seara do modo empresarial, a criação de estratégias alternativas, os recursos disponíveis e os disponibilizáveis, e, nesse ponto, tangenciaria questões que a interdisciplinaridade procura enfrentar.

Por *um olhar de visitante*, minha fuga designante me desloca do lugar de uma educação disciplinar, que engessa as cabeças malformadas na universidade, para um *soltar de amarras* que fatalmente me conduziria a uma reinvenção da atual universidade, e uma volta interdisciplinar a seu universo primordial, totalizante. Questões como modo de produção, empreendedorismo, negociação, educação corporativa a distância – de quem? do quê? – estão sendo cada vez mais discutidas pela recente teoria interdisciplinar, porém, o *como fazer*, revelado neste livro, escapa à compreensão simplista de alguns de seus ideólogos.

Esta obra certamente é produto de uma força guerreira – virtude que se pode atestar ao iniciarmos a leitura, já ao mencionarmos seus autores – de consagrados pesquisadores na área. Enlaçando jovens olhares, exercício maior de humildade, com a importância de disciplinar e mapear o contexto para a aquisição de uma percepção mais aguçada de suas potencialidades reais e ideais, e com a necessidade de analisar talentos emergentes ou por revelar, para o desenvolvimento de estratégias alternativas capazes de enfrentar incidentes críticos – poder de uma força avassaladora, produtora de profundas metamorfoses.

A questão do *conhecimento* tão bem tratada por Paul Ricoeur em sua derradeira obra – 2004 – pode ser lida nas entrelinhas deste livro, em que o fundamental papel das singularidades inerentes ao ser humano está contemplado – um ser que se constrói, desconstruindo-se ao longo da vida.

Acima de tudo, traz em si um desejo maior de *liberdade*. Tento captar parte dessa energia organizando-a pelo prisma de alguém que, ao mesmo tempo, transita, visita e habita o de que aqui se trata; tento descobrir o elo de encontro de tantos olhares e deparo com uma sólida imersão na Antropologia, relida nas entrelinhas dos capítulos.

O leitor encontrará neste livro horas sustentáveis para uma Antropologia Filosófica em que as noções de causalidade, liberdade, substância e Deus, apesar de inverificáveis, ficam presentificadas. A semântica interpretativa dos conceitos aqui tratados confere *sentido* diferenciado aos significados comumente abordados em uma dimensão disciplinar de empresa na educação. O leitor cativo de uma Antropologia Filosófica tenta decifrar, porém, segue perguntando.

O livro incita-me ao diálogo, o qual me consome docemente...

Além de uma Antropologia Filosófica, esta obra parte de uma Antropologia Cultural, em que o sentido do *pertencer* – a um local, a um estágio, a um círculo, a um grupo – se evidencia.

A audácia deste grupo que tenho o privilégio de *amadrinhar* nesse momento conduz-me a refletir na possibilidade do encontro de Ilhas de Paz na Universidade, tal como sonhava Georges Gusdorf ao produzir seu livro *A virtude da força*, em 1956, no qual o sentido do *Fazer* sustenta a lógica de uma Antropologia Existencial, desejada, factível, porém, apenas em alguns lugares, transitada...

Interdisciplinaridade apoiada em um tripé antropológico, o sentido deste livro é *transcender* – objetos, pessoas, instituições, lugares, teorias, conceitos, áreas, enfim... Um novo sentido para a disciplinaridade, tarefa de *Administrar organizando com sabedoria...*

Ivani Catarina Arantes Fazenda[1]

---

[1] Mestre em Filosofia da Educação, doutora em Antropologia, livre-docente em Didática. Professora titular do Programa de Pós-graduação em Educação: Currículo da PUC-SP. Coordenadora do Grupo de Estudos e Pesquisas em Interdisciplinaridade (Gepi) vinculado ao CNPq desde 1986.

1

Da Sociedade da Informação à Sociedade do Conhecimento

Arnoldo José de Hoyos Guevara
Vitória Catarina Dib

Resumo

O presente capítulo tem o objetivo de proporcionar uma reflexão sobre o impacto dos avanços nas tecnologias, e em particular das tecnologias de informação e comunicação (TIC), e a promoção de valores nos campos organizacional e social no início desse novo século. Na transição da sociedade da informação para a sociedade do conhecimento, aspectos sociocognitivos e tecnológicos relacionados à gestão do conhecimento estão possibilitando uma nova dinâmica na construção do conhecimento nas organizações com base no desenvolvimento do capital intelectual e do capital social, indispensáveis no novo contexto. A utilização das TIC na gestão do conhecimento na era da globalização deveria proporcionar a todos instrumentos capazes de direcionar os avanços tecnológicos para um desenvolvimento mais humano e social, e ambientalmente mais responsável; no entanto, o que se observa ainda é uma defasagem entre o desenvolvimento das ciências e tecnologias e o nível de conscientização moral geral, o que cria o contexto de crise estrutural na qual estamos envolvidos.

Introdução

O desenvolvimento acelerado e a utilização do conhecimento nas organizações resulta do próprio estágio de desenvolvimento sócio-organizacional. A afirmação ganha sentido ao estudarmos a evolução histórica da humanidade. Muitas mudanças foram determinando novos valores, modos de pensar, fazer, ser e de se organizar socialmente desde a sociedade agrícola até o aparecimento da Sociedade Industrial e a transição para a sociedade pós-industrial. Nesse contexto e reforçando essa transição, observamos a passagem da sociedade da informação para a sociedade do conhecimento. O estudo do ciclo evolutivo proposto por Alvin Toffler, a proposta de macrotransições de Ervin Laszlo, o surgimento da sociedade em rede estudada por Manuel Castells, e a espiral dinâmica de Graves, entre outros, nos auxiliam na reflexão sobre as etapas e formas da evolução social, além dos tipos de gestão do conhecimento que possam assimilar valores humanos nos processos organizacionais.

O texto consta de três momentos ou contextos que nos auxiliam na compreensão dos processos relacionados à gestão do conhecimento na sociedade global. As reflexões iniciam-se com as grandes transformações que foram marcando a história da evolução das sociedades até o tempo atual. Posteriormente, analisamos o estilo de conhecimento e valores difundidos na sociedade do conhecimento globalizada; em um terceiro momento, fazemos uma breve resenha da evolução da gestão do conhecimento até os dias de hoje, enfatizando a importância de valorizar tanto a tecnologia quanto o ser humano quando tratamos de questões relacionadas com a gestão do conhecimento nas organizações.

As Grandes Transições: Mudança de Ambientes, Processos e Valores

Quando observamos a nossa longa caminhada civilizatória com suas transições da era agrícola para a era industrial, e mais recentemente para a era pós-industrial, deparamo-nos com elementos típicos e específicos de cada estágio, como a origem da riqueza, a fonte dos recursos e os tipos de organização e sociedade que foram surgindo ao longo desse processo de evolução e progresso sociocultural, científico e tecnológico; observamos também seus impactos em relação aos recursos humanos e os tipos de trabalho necessários em cada momento. Com os avanços da tecnologia, o trabalho passou da fase de *hardwork* para *softwork*, e em um período bem mais curto, para *mindwork*, caracterizado, em particular, pelo capital intelectual e social, pelas redes e pelos chamados trabalhadores do conhecimento.

> *Hardwork*: No período da sociedade agrícola, a terra era muito valorizada como riqueza, e a fonte da vida estava na subsistência possibilitada por esse recurso. Até o final da Idade Média, época dos grandes feudos, o homem comum, *homo ruralis*, trabalhava por seu sustento e de sua família, servindo aos nobres, ao clero e aos reis, caracterizando uma sociedade rural marcada pela divisão em estamentos, estabelecendo a hierarquia e o poder.
>
> *Softwork*: Na sociedade industrial, riqueza torna-se sinônimo de trabalho, supervalorizando-se a energia, primeiro a energia física, depois energia a

vapor, energia elétrica, crescendo os níveis de abstração. De *homo ruralis*, o homem comum passa a ser o *homo urbanis*, começando uma nova etapa da caminhada, em que o proprietário dos meios de produção controla e exerce o poder sobre a vida das pessoas no âmbito do trabalho. Na segunda fase da sociedade industrial, cresce a abstração em termos da energia, a informação passa a ser o suporte de todo o aparato que é montado para a manutenção da ordem e o aumento dos lucros. Nesse momento, o homem vive em grandes centros urbanos alimentado pelo capital gerado pelo trabalho e pela ilusão de que a informação tudo supre. Surge o *homo megalopolis*.

Mindwork: Na sociedade pós-industrial, o *homo planetarius* realiza muito mais um trabalho intelectual, em que o recurso essencial é o conhecimento e a comunicação que integram desejos e necessidades oriundas das várias manifestações humanas. O capital intelectual se faz necessário agora em um mundo de incertezas, em constante mudança. O *homo planetarius* atua em organizações de ensino e aprendizagem em que o conhecimento e a reflexão são o que movimenta as ações no mundo. É a sociedade em rede, globalizada, de que nos fala Castells (2001), expandindo o capital social.

Hoje em dia, vivemos em uma mistura de eras. O que mudou é o conceito de matéria-prima e o modo de processar a matéria-prima, alimento para o corpo ou para a mente.

No entanto, mesmo apesar de fabulosos avanços, ainda predomina a idéia de que quanto mais melhor ("*more is beautiful*"), valoriza-se quantidade em detrimento da qualidade, a tecnologia mais do que o ser humano. Porém, gradualmente, está valorizando-se quantidade (produtividade) com qualidade, e a humanização dos processos, "*small is beautiful*". Isso significa colocar em sincronia a eficácia e a eficiência: o *hard* e o *soft*. Existe também agora a preocupação com estratégias baseadas no chamado *triple bottom line* (tripé da sustentabilidade), pensando-se nos aspectos econômico, social e ambiental. A expressão *bottom line* representa a saúde do planeta, sem a qual a atividade econômica e a própria vida se inviabilizam. O tripé se constitui em posturas, objetivos e processos que as organizações devem adotar para criar valor econômico, social e ambiental e minimizar os danos de sua atuação.

Toffler (1992) observava três ciclos evolutivos na história da humanidade, os quais chamou de primeira, segunda e terceira ondas. A *primeira onda* foi caracterizada pela mudança, há aproximadamente dez mil anos, da cultura nômade para uma civilização agrícola, na qual a terra era o principal recurso. Formas de governo, relações comerciais e econômicas foram sendo criadas em função da propriedade e da agricultura.

A *segunda onda*, próximo ciclo de evolução, foi marcada pela Revolução Industrial impulsionando o surgimento de uma corrente mecanicista na administração, garantindo padronização, velocidade, eficiência e redução de custos, e cujos recursos básicos eram o capital e o trabalho. Para Castells (2001), essa foi a primeira Revolução Industrial. A primeira e a segunda Revolução Industrial se caracterizam por estágios de conhecimento em ambientes institucionais e industriais específicos. No discurso da segunda onda, desenvolveu-se com intensidade a sociedade capitalista, cujo valor central é o progresso econômico, que levaria ao progresso social.

Surge então a *terceira onda* de Toffler, com a revolução da informação. A informação passa a ser mais valorizada que os recursos materiais, tornando-se a base do trabalho. O conhecimento domina a nova civilização, o capital intelectual é mais valorizado que outros recursos e o capital, surgindo o trabalhador do conhecimento. Nesse período, início da década de 1950, surge a indústria de serviços nos países industrialmente desenvolvidos para atender a novas necessidades e exigências de pessoas com acesso aos bens de produção, educação e informação. Começa-se a desenvolver uma nova mentalidade e um novo estilo de vida. Drucker (2001, v. 2), analisando o capitalismo e o socialismo, comenta sobre um novo ciclo com o aparecimento de um novo sistema social, pós-capitalista, sustentado por princípios e valores diferentes para a reorganização das forças que movem o mundo, surgindo uma nova consciência.

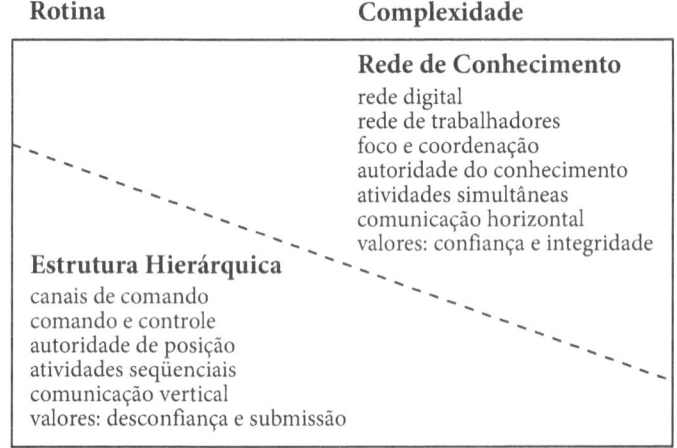

Figura 1.1 *Transição para novas estruturas.*

A transição para novas estruturas e organizações encontra resistências, causa impacto e cria caos como em qualquer processo de mudança, porque a necessidade de abandonar antigos paradigmas e modos de ver o mundo, antigas práticas e acomodações pressupõe transformações profundas no modo de sentir, pensar e agir. Dependendo do contexto, podem-se ver estruturas e organizações fundamentadas em informações sobre rotina e hierarquia: canais de comando, tipos de comando e controle, autoridades e suas posições, as atividades seqüenciais, a comunicação vertical, e valores como a desconfiança e submissão; ou bem as estruturas e organizações podem ser vistas fundamentadas em complexas redes de conhecimento, e como tais se transformando em redes digitais, colocando executivos, trabalhadores, parceiros, acionistas e clientes em comunicação horizontal, realizando atividades simultâneas, sem que se percam o foco e a coordenação. A autoridade e o poder passam a não estar mais no *status* social, mas no próprio conhecimento construído na rede, possibilitando e enfatizando valores como ética, confiança, transparência, cooperação e integridade (Morin, 2002).

Na sociedade industrial, o valor está na quantidade: As pessoas temem o desconhecido e se tornam dependentes de padrões e rotinas supervalorizados nos processos da vida, produzem mais e mais em grandes volumes, precisam da seqüência linear no pensar tornando os processos exatos, enxutos, dispensando o que for demais para a maximização dos lucros, transmitem esse modo de pensar para as tecnologias que criam. Os ambientes são burocratizados, hierarquizados, e neles a informação flui de cima para baixo, massivamente, predefinida, resultando em normas que exercem o controle sobre problemas, cuja solução está na discussão sobre o problema em si, que, uma vez resolvido, gera satisfação e valor agregado.

Na sociedade do conhecimento, o valor está na flexibilidade e na qualidade: Em razão da não-estabilidade em um mundo que convive com o caos e incertezas diárias, a construção de padrões e normas fixos para a existência perde a sua função primeira – referimo-nos aos controles exercidos em um mundo em que se sabia sobre as possibilidades do que iria ocorrer. Tantas são as incertezas do nosso mundo que o não conhecido, não formalizado, passa a ser valorizado, e não excluído, como anteriormente. As constantes mudanças tornam o mundo muito mais dinâmico, lembrando as linhas entrelaçadas como em uma teia.

A linearidade perde seu valor, precisamos de uma lógica do diálogo, que traz dentro de si a dedução e a indução. A hierarquia e a burocratização de processos não são mais valorizadas em estruturas auto-organizativas, que estão sempre em um processo de autoconhecimento e conhecimento do meio, proporcionando e percebendo as oportunidades para si e para os colaboradores e parceiros. Nesse contexto há um clima mais propício para que fluam a criatividade, o verdadeiro diálogo e a colaboração, dando significado para o que se faz (Csikszentmihalyi, 1990; De Masi, 2005).

As mudanças sobre as quais estamos comentando acontecem de modo mais ou menos lento ou mais rápido por todo o mundo, porque, para que ocorram, dependem de predisposições culturais, e quando falamos de cultura sabemos o quanto esta é diversificada no espaço-tempo. Lembrando aqui as macrotransições de Laszlo (2001), que mostram como a consciência da civilização passou por etapas ora marcadas pelo *mythos*, pelo *theos*, o *logos clássico* e o *moderno*, e o *holos*, percebemos que as coisas importantes para o ser humano em termos coletivos caracterizam o tipo de sociedade em que ele vive e seu grau de consciência sobre tudo o que está ao seu redor e sobre si mesmo. E isso se reflete nas estruturas e organizações que o homem cria para sua vida. A seguir, apresenta-se uma visão geral de cada etapa das macrotransições de Laszlo.

Mythos: A consciência mítica estabelece uma forma de o *homo ruralis* se situar no mundo, de encontrar seu lugar entre os demais seres da natureza e no cosmos, por meio da sua integração com a natureza e o cosmos. É um modo anterior a toda reflexão, e não crítico, de estabelecer verdades que explicam parte dos fenômenos naturais ou mesmo a construção cultural, e dá as diretrizes da ação humana. O homem vive para a subsistência e independe de estruturas sociais mais elaboradas.

Theos: Com o passar do tempo, o *homo ruralis* transfere aos deuses a responsabilidade por sua vida – a deusa da fertilidade, o deus do tempo, o deus da terra etc., hierarquizando a relação homem-natureza-cosmos-deuses. Estabelece-se uma teocracia fundamentada nos valores atribuídos aos deuses e que os homens querem alcançar para si próprios ao se espelharem no modelo exemplar do deus de sua escolha. É a consciência teísta, o teocentrismo.

Logos: No *logos clássico* da filosofia, com o uso da razão, o homem almeja encontrar a verdade de todas as coisas: por meio da razão, ele é a própria medida de todas as coisas caracterizando o antropocentrismo. A consciência racional da filosofia varia de filósofo para filósofo, de subjetividade para subjetividade, dependendo de sua lógica racional para alcançar o espírito das coisas. No *logos moderno* da ciência, transferiu-se a capacidade de observar, medir, julgar o mundo para a tecnologia e a ciência. O *logos moderno* está voltado para a matéria, fenômeno concreto e mais fácil de ser observado do que a essência, o espírito das coisas, que é de preocupação do *logos clássico* da filosofia. A consciência racional da ciência não aceita a ambigüidade, é objetiva, calculista, quer provas, quer rotina, padrão, repetição, linearidade, estruturação e hierarquização. É o domínio do empirismo e do racionalismo materialista, que fragmenta a visão da realidade.

Holos: O *logos clássico* está voltado para a mente, e o *logos moderno*, para a matéria. A consciência holística não percebe as coisas separadas, mente de um lado, matéria de outro lado, e espírito de outro, mas sim o uno, matéria-mente-espírito, indo além da visão sistêmica de interferências múltiplas. O *holos* integra o *logos clássico* e o *logos moderno* em uma rede dando sentido para a vida. Como diria Wilber (2003), nem o *logos clássico*, nem o *logos moderno* estão completamente certos ou errados. O *holos* é o *logos* que integra o linearmente causal e o não-linearmente causal, o local e o não-local, o determinístico e o não determinístico, a certeza e a incerteza. O ser de Heráclito, entendido como *logos*, é a inteligência que dirige e ordena a harmonia da transformação no caos que é a própria existência; trata-se de uma inteligência substancial, presente em todas as coisas; quando se perde o sentido da existência, o pensamento se afasta do *logos*.

Seja considerando os ciclos evolutivos de Toffler (1992) mais relacionados aos processos de trabalho, seja o surgimento da sociedade em rede de Castells (2001) marcada pelos avanços da tecnologia, seja a sociedade pós-capitalista de Drucker quando surge uma nova civilização, seja a evolução da consciência de Wilber e Laszlo, observamos que muitas são as transformações sociais e econômicas decorrentes da capacidade do ser humano de lidar com conhecimento.

Mythos	Theos	Logos clássico	Logos moderno	Holos
natureza cosmos integração	propriedade teocracia hierarquia	espírito métron filosofia	matéria medida ciência	mente/matéria redes sentido
consciência mítica	consciência teísta	consciência racional		consciência holística

Fonte: Elaborada a partir das idéias de Laszlo (2001).

Figura 1.2 *Macrotransições*.

A Dinâmica do Conhecimento na Era da Globalização

A globalização também é fruto da experiência humana. À medida que a globalização foi acontecendo, o mundo passou a ser visto como uma referência para a origem da riqueza, a fonte dos recursos, tipos de organização e tipo de sociedade. E isso gerou benefícios e contrariedades, constituindo-se em um paradoxo (Handy, 1995).

O termo globalização e demais termos que o antecederam foram definidos como a apropriação de riquezas do mundo com a decorrente implantação de sistemas de poder tais como os processos de colonização. A globalização implicou a uniformização de padrões econômicos e culturais em âmbito mundial, e historicamente tem sido indissociável de conceitos como hegemonia, dominação e capital. O processo de globalização na sociedade capitalista não é novo, vem acontecendo há muito tempo e teve muita importância no final do século IX com outro nome, imperialismo (Said, 1995).

A tentativa de um processo que viesse a unificar o mundo encontra, muito antes, antecedentes na história da humanidade. As Cruzadas, na Idade Média, deram início ao desejo de um só mundo. Segundo Aldaíza Sposati (in Dawbor, Ianni, Resende, 1997, p. 49), o capital percorre hoje o caminho que a fé realizou há 500 anos. A tendência histórica da globalização é um fenômeno que, no Ocidente moderno, tem suas raízes no Renascimento e nas grandes navegações, quando a Europa emergiu de seus casulos feudais, europeizando o mundo, as Américas, por exemplo. A tecnologia permitiu que a Europa expandisse a própria civilização, assim como o surgimento da imprensa possibilitou difundir a informação. Segundo Sposati (1997), no tempo de nossos antepassados, não existia um canal de transmissão para todo o mundo, a agilidade da comunicação da Internet. Contamos hoje com um processo de globalização mais completo, ágil e eficiente, e devemos aproveitar esse potencial para construir um mundo mais justo e solidário.

A globalização foi espaço, também, para o exercício de rivalidades intercapitalistas que resultaram nas guerras mundiais e nas atuais miniguerras locais espalhadas por todo o mundo, incluindo o Brasil. Simultaneamente à globalização da apropriação e da opressão, verificou-se a globalização dos oprimidos. Ao longo do século XX, a globalização do capital foi conduzindo à globalização da informação, do conhecimento, dos padrões culturais, de consumo e da violência. Para Sposati (1997, p. 44), a globalização sugere um processo de homogeneidade, porém é um processo heterogêneo sob múltiplos aspectos, o que nos leva a pensar sobre qual globalização falamos ou queremos.

As sociedades contemporâneas estão enfrentando crises nas áreas política, econômica, ambiental e social de modo geral. As sociedades estão prestes a entrar em um colapso generalizado, em que até mesmo os setores ou países considerados como os mais estáveis podem ser envolvidos se os processos tradicionais iniciados com a Revolução Industrial não passarem por sérias mudanças. Dowbor (in Dowbor, Ianni, Resende, 1997, p. 15-16) privilegia cinco tendências que lhes parecem ser estruturadoras do futuro: a tecnologia, a globalização, a polarização econômica, a urbanização e a transformação do trabalho. Vivemos uma profunda revolução tecnológica que parece reafirmar as idéias de Adam Smith e Karl Marx, de que a evolução das técnicas é o motor das transformações sociais (p. 9-10). Essas tendências apontadas por Dowbor, porém, trazem uma defasagem que produz dessincronias estruturais no processo de desenvolvimento, as tecnologias avançam rapidamente enquanto as instituições avançam lentamente.

O otimismo de Laszlo, no entanto, nos leva a pensar que, embora a globalização seja irreversível, a transformação produzida por esta não é permanente. O fator crucial é a consciência das pessoas: a maneira como uma massa crítica de pessoas interioriza as novas condições globais de vida em seu pensamento, em seus valores e em seu comportamento. Mais cedo ou mais tarde, a globalização abrirá espaço para novas condições: ou um mundo globalizado estável, ou um mundo insustentável, com mais crises e colapso social e/ou ambiental, como é mostrado no livro e recente filme *Uma verdade inconveniente* de e sobre Al Gore (2006) (http://www.climatecrisis.net), ou ainda no recente alerta de James Lovelock (2006).

A mera mudança de idéias, teorias, dogmas, crenças e regras de convivência não leva a um mundo globalizado e estável, e ao progresso moral e à evolução da consciência. O mundo globalizado (*logos moderno*) e realmente estável (*logos clássico*) se identifica com a evolução para uma consciência que integre o *logos clássico* e o *logos moderno*: com o ser humano ampliando a esfera da moral e agindo em prol da coletividade no âmbito da responsabilidade social e ambiental; articulando continuamente e com equilíbrio interesses coletivos e pessoais, sem o predomínio do individualismo ou do narcisismo que perde de foco os interesses da coletividade, prejudicando no curto, médio ou longo prazos a si próprio. Essas posturas caracterizam uma verdadeira estratégia de ganha-ganha, como diria Henderson (2003).

O desenvolvimento na era da globalização estável deverá ser inerente ao *holos* – o desenvolvimento da consciência, em uma visão mais ampla e profunda da realidade. Tal expansão da consciência, na visão de Wilber, pode ser representada por três estágios: do egocêntrico para o etnocêntrico e para o mundicêntrico como em uma espiral. Esse desenvolvimento se expande do eu para o nós, e do nós para todos nós. O que não significa que, no processo de desenvolvimento, não surjam problemas, pois cada estágio de desenvolvimento traz novas capacidades e ao mesmo tempo novos desafios (Mariotti, 2000).

Gradualmente, a própria evolução da consciência de amplas massas de pessoas fará que estas percebam que as atuais tendências de abuso não são culpa da globalização, das inovações tecnológicas, da política, da economia ou do sistema de gestão por si só, mas das atitudes das mentes que as criam e as colocam em funcionamento, acostumadas a pensar em determinado e limitado patamar de construção de conhecimento. Enquanto a coletividade não conseguir assimilar valores mais apropriados para uma sociedade do conhecimento globalizada, as organizações continuarão a ser geridas da maneira como o foram até o momento, o que dificulta a implantação da gestão de conhecimento. Por outro lado, um avanço no nível de consciência possibilitaria novas tendências e reformas criativas e institucionais apoiadas pela vontade das pessoas. Nessa transição, Ervin Laszlo indica pelo menos dois imperativos, as necessidades de:

- esquecer tudo o que seja inútil e obsoleto;
- aprender a viver em um mundo diversificado, porém interdependente.

Com a nova mentalidade, cria-se um ambiente mais propício para se perceber que o conhecimento não está pronto nem é estático. O verdadeiro conhecimento, como explicariam os filósofos essencialistas, é conhecimento vivo, está em processo de vir a ser, é orgânico. O conhecimento aparece como um processo de expansão a cada fase de transição dos níveis de consciência: *mythos, theos, logos, holos* (ver Figura 1.2). O estudo sobre a natureza e dinâmica do conhecimento nos leva a perceber a estreita relação que existe entre os conhecimentos do Oriente e do Ocidente. Existe também uma profunda relação entre diferentes áreas do saber que integram as ciências humanas, ciências exatas, as artes em geral e a espiritualidade.

O arsenal de conhecimento que chega ao século XXI passou por uma série de interpretações e construções e poderá ser o ponto de partida de ações que ajudem a superar os problemas sociais, econômicos e ambientais em âmbitos local e global. Entender o conhecimento que circula no século XXI requer uma visão do passado, e também um olhar para o presente e para o futuro, além de um olhar para o local e o global. A contribuição de pensadores contemporâneos como Joseph Campbell, Alvin Toffler, Pierre Lévy, Edgar Morin, Ervin Laszlo e Ken Wilber é muito importante porque, por meio das reflexões, eles conseguiram integrar diferentes aspectos do conhecimento em uma visão antropológica e de futuro.

A dificuldade nos dias atuais não está em se construir conhecimento tecnológico ou científico, pois já temos um legado de conhecimento riquíssimo que nos foi transmitido. A questão é que, desde o advento do Iluminismo até hoje, os cinco sentidos são considerados como uma excelente via para resgatar conhecimento. Desde então, só sobraram os cinco sentidos para fazer gestão do conhecimento. Na sociedade da informação, vivemos uma era do materialismo científico ou cientificismo. Fazendo uma retrospectiva, da Antiguidade à Idade Média, a visão do espírito se fazia presente, no entanto, quando se fala de fundamentalismos religiosos, a visão do espírito se fecha; do Renascimento ao Iluminismo com Bacon (indução) e Locke, temos o uso dos cinco sentidos (empirismo), depois a ênfase no racionalismo com Descartes (método dedutivo), para quem os cinco sentidos poderiam levar ao erro, e nessa fase temos a destruição da religião pelos cientistas (empíricos) e pelos filósofos (racionalistas); do Iluminismo até hoje, vemos a destruição da filosofia pela ciência, fase em que os cinco sentidos são a base para tudo.

A ênfase no racionalismo repercutiu nas organizações de modo geral; com essa tendência, percebemos que os problemas atuais estão na organização e comunicação do conhecimento pelo próprio homem para promover projetos e processos sustentáveis no âmbito das organizações e, conseqüentemente, da sociedade globalizada. Segundo Wilber, precisamos tomar muito cuidado no modo como lidamos com o conhecimento, pois todo o discernimento é pouco para não confundir o que se vê com o olho da carne (*sensibilia*), com o olho da mente (*intelligibilia*) e com o olho do espírito (*transcendelia*), não se percebendo que um pode despercebidamente estar passando pelo outro. Conscientes das nossas dificuldades humanas de percepção, é sempre importante pararmos para pensar sobre qual é a realidade e o tipo de estrutura que estamos considerando quando falamos de gestão do conhecimento, e com qual estrutura de realidade estamos lidando.

De acordo com Sposati (in Dowbor et al., 1997, p. 44), quando a globalização se traduz no processo de horizontalização de valores, perspectivas, ética, mostra-se altamente positiva, do contrário, é negativa e reveladora de uma nova forma de hierarquização de cidadãos e dominação da elite. O que sabemos é que tudo corresponde a aprendizado, o encurtamento de caminhos pode levar a resultados desastrosos e cada onda do desenvolvimento da consciência do estágio egocêntrico para o etnocêntrico e desse para o mundicêntrico (globalizado) traz ao menos uma possibilidade de expansão maior da solicitude, da justiça e da misericórdia, criando possibilidades para que pessoas, instituições, organizações e nações possam sair do estágio do domínio e do controle para o estágio da colaboração e compaixão. Falta, no entanto, capacitação para que o novo ciclo de desenvolvimento econômico e social caminhe nesta direção.

O Papel da Gestão do Conhecimento Hoje

Nas décadas de 1950 e 1960, os conceitos de sistemas cibernéticos começaram a influenciar a engenharia e a administração na solução de problemas práticos nas organizações, surgindo o que foi chamado de *systems thinking*. Desde a época, os gestores de projetos vêm formulando estratégias e metodologias – *systems dynamics*, *management cybernetics*, *systemic management* – que pudessem auxiliar no tratamento de ambientes complexos, utilizando-se, para tanto, dos conceitos da teoria de sistemas (Capra, 1996). As organizações, desde o início do século XX, foram-se tornando cada vez mais complexas, em função das próprias atividades e também, em grande parte, por causa da utilização das tecnologias eletrônicas de comunicação, o que levou os administradores a sentir a necessidade de capacitação para lidar não somente com um número cada vez maior de agentes individuais, mas também com os crescentes efeitos das interações mútuas entre esses agentes nos ambientes organizacionais.

Novas visões de mundo, como a de Laszlo, Lévy, Morin, Wilber e Capra, foram mostrando a falta de coerência nos métodos cartesianos de pensar o mundo. Tanto o *analytic thinking* e o *reducionist thinking* parecem ignorar uma simples – porém abrangente – característica sistêmica: as propriedades das partes dos sistemas não são propriedades intrínsecas das partes, elas somente podem ser entendidas na organização do todo. Nessa perspectiva, a comunicação e a organização da informação e do conhecimento estão sempre em conexão: a organização permite ou não a comunicação, e a organização se realiza por meio da comunicação (Flores, 1994) e interligação entre todos seus agentes, tecnológicos, humanos ou sociais.

Por outro lado, a compreensão da organização a partir do enfoque de *systemic management* parecia estar bem de acordo com a prática de transações que ocorrem basicamente em quase todas as esferas da vida de hoje: solicitações, ofertas, demandas, pedidos, promessas, compromissos, lucro etc., em um ambiente digitalizado, no qual recursos tecnológicos como *laptop computer*, *Internet* e *intranet* são ferramentas fundamentais de comunicação. A grande preocupação organizacional, considerando-se que o projeto dos sistemas de informações computadorizados e a capacidade cognitiva da empresa estão extremamente conectados, está em como tornar a mente da organização – que é o conjunto de processos inter-relacionados para cumprir metas – em um conjunto de práticas eficazes e eficientes, no qual as *teamnets* vão sendo integradas pelas *computers networks*, surgindo a possibilidade da constituição de agentes muito mais inteligentes para a criação de sinergia organizacional.

Essa revisitação bastante comum em torno da importância dos sistemas de informação para levar e trazer a informação em ambientes organizacionais (internamente e externamente), no entanto, não esclarece a importância da gestão do conhecimento nos dias atuais, embora mostre, em parte, um processo de evolução. Corroborando essa visão, a pesquisa realizada pela *Economist Intelligence Unit* (pesquisa patrocinada pela Cisco, publicada em março de 2006), tendo como foco a gestão do conhecimento e as prováveis mudanças que ocorrerão na economia global, levantou que os trabalhadores do conhecimento serão as fontes mais valiosas de vantagens competitivas para as empresas em 2020. De acordo com o relatório, a capacidade das organizações em reter, manipular e compartilhar conhecimento será fundamental para que consigam obter vantagem competitiva, sendo criativas, inovadoras e estabelecendo um profundo relacionamento com seus clientes. No entanto, a multifuncional Cisco, líder mundial na fabricação de equipamentos para a área da tecnologia da informação e considerada em 2007 uma das cem marcas mais valiosas do mundo, ocupando a 18ª posição no que diz respeito à ética, deixou muito a desejar (Wiziack e Fernandes, 2007). Recentemente, em 2007, após investigações que duraram dois anos, verificou-se que a Cisco praticou fraude de R$ 1,5 bilhão (Nakagawa e Michael, 2007).

A gestão do conhecimento será o principal suporte para relações mais colaborativas em toda a cadeia de negócio; ações de alta qualidade serão progressivamente mais importantes para manter a vantagem competitiva; consumidores e fornecedores estarão cada mais envolvidos no processo de desenvolvimento de produtos e serviços; equipes multidisciplinares aparecerão com muito mais freqüência, e as parcerias entre empresas vão proliferar. A capacidade de inovação também é um quesito muito importante, conforme resultado da pesquisa publicada recentemente pela IBM envolvendo 765 CEOs, executivos de empresas e líderes de setores públicos em todo o mundo (The IBM Global CEO Study 2006). Mas a ética do desenvolvimento sustentável necessitará ser sempre um elemento central.

De modo geral, o papel principal da tecnologia da informação na gestão do conhecimento tem sido o de ampliar o alcance e acelerar a velocidade de transferência do conhecimento, e os softwares de gestão do conhecimento estão auxiliando na captura e estruturação do conhecimento de grupos de indivíduos, disponibilizando esse conhecimento em uma base compartilhada por toda a organização. Assim, deparamo-nos com ferramentas voltadas para intranet, sistemas para gerenciamento eletrônico de documentos, sistemas de *groupware*, de *workflow*, sistemas para a construção de bases inteligentes de conhecimento, *business intelligence*, sistemas de mapa de conhecimento, ferramentas de apoio à inovação, ferramentas de inteligência competitiva, portais corporativos etc.

No entanto, ao comentar sobre a tecnologia mal assimilada, Dowbor (2004), observa um paradoxo: nos dias de hoje, dispomos de tanta tecnologia da informação que nos sentimos afogados em um mar de informações que não nos interessam em um dado momento, porque não podem ser utilizadas. A informação precisa ser relevante para nossas necessidades. O cidadão bem informado pode tomar decisões que combinam o seu interesse individual com a lógica sistêmica do processo. O que significa dizer que a informação adequada e bem distribuída constitui um instrumento de cidadania e da racionalidade do desenvolvimento organizacional e social.

Por outro lado, é um erro questionar uma tecnologia a partir de algumas aplicações para as quais estão sendo mais direcionadas, porque uma coisa é a tecnologia e outra muito diferente é o uso que se faz dela. Apesar dos muitos avanços, ainda produzimos informação da maneira tradicional, estática, segundo categorias, formas de organização e de acesso de outra era. Precisamos de sistemas mais flexíveis e dinâmicos, mais próximos ao cérebro humano, que, de acordo com a pesquisa de Tali Bitan e James R. Booth do Cognitive Neurology and Alzheimer's Disease Center in Northwestern's Feinberg School of Medicine, realiza diferentes tarefas de diferentes modos, utilizando diferentes regiões, criando caminhos e acomodando as necessidades de acordo com tarefas específicas – ou seja, a rede neurológica do cérebro muda de acordo com a tarefa cognitiva.

O grande desafio da gestão do conhecimento é possibilitar que a informação sobre problemas sociais apareça de acordo com as possibilidades reais, e organizar a informação segundo as necessidades dos atores sociais (Estado, mundo empresarial, organizações da sociedade civil, mídia, universidades) que intervêm no processo de desenvolvimento social tomando decisões. Segundo Dowbor (2004), existem muitos agentes que produzem informação relevante das áreas de educação, saúde, meio ambiente etc., por exemplo, os indicadores de Qualidade de Vida de Calvert-Henderson nos Estados Unidos, de Responsabilidade Social do Instituto Ethos, de Sustentabilidade do Global Report Initiative, do Estado do Futuro do Projeto Milênio da Universidade das Nações Unidas, além, claro, das pesquisas do Pnud, IBGE, Seade, Dieese etc. Em 2005 foi iniciado o "Projeto Política Nacional de Apoio ao Desenvolvimento Local" (http://ipso.org.br/06DLfinal.pdf), apoiado pelo Sebrae, Fundação Banco do Brasil e outras instituições como Cepam, Ibam, Pólis, FGV-SP/GPC, CEF, BNB etc.

As iniciativas anteriormente mencionadas por Dowbor demonstram que o desenvolvimento é algo que se faz, não se espera que aconteça, mas para fazê-lo de outra mentalidade, de uma gestão do conhecimento voltada para o desenvolvimento e para a verdadeira responsabilidade social. As pessoas precisam direcionar seu desenvolvimento e dotar-se dos instrumentos institucionais capazes de efetivamente capitalizar os avanços científicos para um desenvolvimento humano, economicamente viável e ambientalmente sustentável (Dowbor, in Dowbor et al., 1997). A base da gestão do conhecimento são as pessoas, logicamente utilizando todo o artesanal tecnológico da tecnologia da informação (TI) que a inteligência humana produziu. A iniciativa para o desenvolvimento precisa ser local, como meio de aproveitamento inteligente de recursos, e para isso as pessoas devem ser ouvidas porque elas, sim, sabem onde está o problema, têm o conhecimento sobre o que é necessário melhorar.

É muito difícil para as organizações, ou privadas ou públicas, lidar com tanta diversidade e complexidade, dificuldades e problemas sociais do mundo de hoje. Por outro lado, a filosofia da informação, em que as pessoas são vistas como fornecedoras de informação para que os centros de decisão possam levar seus interesses em consideração, não vê o sujeito como participante do processo decisório. Uma visão mais correta percebe que as pessoas devem ser adequadamente informadas e ouvidas para que possam participar ativamente das decisões sobre os seus destinos. Será que, para fazer gestão do conhecimento direcionada para o quarto ciclo de desenvolvimento, precisamos de uma nova teoria? A informação para a participação cidadã depende do desenvolvimento de metodologias e da organização do conhecimento para a produção, sistematização e divulgação de informações que, em muitos casos, já existem e que precisam ser disponibilizadas.

Na era da globalização, a gestão do conhecimento nas organizações precisa estar direcionada para o desenvolvimento sustentável, para melhorar a qualidade de vida de maneira sustentável pensando no mundo interior e exterior às organizações, utilizando para tanto instrumentos democráticos (*groupware* e *socialware*) que possibilitem o surgimento de ambientes democráticos. Como nos lembra Hazel Henderson, pensar na qualidade de vida a partir de indicadores econômicos é uma visão muito estreita porque oferece uma visão de progresso essencialmente do ponto de vista da economia.

Para Dowbor, uma abordagem mais abrangente de progresso envolveria, por exemplo, 12 indicadores básicos de qualidade de vida da metodologia Calvert-Henderson: educação, emprego, energia, meio ambiente, saúde, direitos humanos, renda, infra-estrutura, segurança nacional, segurança pública, lazer, habitação. Pensando dessa forma, as organizações deveriam estar gerando e gerenciando um tipo de conhecimento comprometido como a pauta da Agenda 21, com os princípios da Carta da Terra, com os indicadores de capital social elaborados por Putnam (2000) para os Estados Unidos que incluem indicadores de governança, do nível de informação do cidadão, da participação nas decisões, do capital social em construção.

Ao acompanhar essas tendências para uma moderna visão da gestão do conhecimento, outro recurso que está ganhando alcance global é a rede de conhecimento do Projeto Milênio, que realiza um levantamento anual sobre os 15 desafios globais e gera um retrato do mundo para que se possa pensar um plano estratégico global com a finalidade de mobilizar de modo geral os diversos setores da sociedade. O trabalho do Projeto Milênio é exemplo de gestão do conhecimento para comunicar e organizar conhecimento ajudando a pensar o desenvolvimento local na perspectiva do *holos*. Os 15 desafios globais do Projeto Milênio são (Gordon e Gleen, 2007):

1. Desenvolvimento sustentável: como podemos alcançá-lo?
2. Água: como todos podem ter acesso a ela sem conflitos?
3. População e recursos: como podem estar em equilíbrio?
4. Democratização: como a verdadeira democracia poderá emergir do autoritarismo?
5. Perspectivas globais de longo prazo: como estas podem passar a nortear a criação de políticas mundiais?
6. A globalização da tecnologia da informação: como a globalização e as convergentes tecnologias da informação e da comunicação poderão trabalhar para o bem comum?

7. A distância entre ricos e pobres: como as economias de mercado norteadas por uma ética social poderão ser encorajadas a reduzir as diferenças entre ricos e pobres?

8. Doenças: como reduzir a ameaça de novas doenças e de microrganismos infecciosos?

9. Capacidade de decisão: como pode ser aprimorada à medida que mudam as instituições e a natureza do trabalho?

10. Paz e conflito: como novos valores e estratégias de segurança podem reduzir os conflitos étnicos, o terrorismo e o uso de armamentos com poder de destruição massiva?

11. Mulheres: como a mudança no *status* social feminino pode ajudar a melhorar a condição humana?

12. Crime transnacional: como evitar que o crime organizado se torne o mais poderoso e sofisticado empreendimento global?

13. Energia: como a demanda crescente de energia pode ser atendida de forma segura e eficiente?

14. Ciência e tecnologia: como as inovações científicas e tecnológicas podem ser aceleradas para melhorar a condição humana?

15. Ética global: como as considerações globais podem incorporar-se no cotidiano das decisões globais?

A gestão do conhecimento para o mundo globalizado atual precisa favorecer tanto razões econômicas como políticas tão bem quanto razões sociais, de modo que uma não esteja dissimulada atrás da outra. O ambiente do ciberespaço, que hoje é tão bem explorado graças à TI de última geração tanto no que diz respeito ao hardware, que se torna cada vez mais miniaturizado e imperceptível, como no que diz respeito ao software, que atualmente é livre, é um lugar de muito difícil controle, chegando a tirar o sono dos que ainda acreditam na sociedade do controle. Como exemplo, lembramos de que há pouco tempo um grupo de ativistas da aliança Download for Democracy colocou na Internet mais de 600 documentos que comprometiam seriamente o governo dos Estados Unidos em atividades como a guerra do Iraque. Os documentos estiveram acessíveis para milhões de usuários em todo o mundo para serem analisados e julgados por quem o quisesse fazer (Nicola, 2006).

Considerações Finais

As TIC, ao disponibilizar ampla informação de modo global e em tempo real, proporcionam certo reconforto porque, em princípio, possibilitam maior participação popular e redirecionamento social, reafirmando que conhecer é poder fazer. Paralelamente, o fato de grande parte da mesma informação comunicada e organizada com o uso das TIC estar sendo trabalhada de modo não-ético também causa certa preocupação, colocando as TIC e a própria gestão do conhecimento como ferramentas de trabalho e socialização não necessariamente neutras.

Apesar das controvérsias quanto ao real papel da gestão do conhecimento, o que se observa é que as organizações mais tradicionais e controladoras procuram colocar interdições no que é difícil controlar, como ocorre com o ciberespaço, e a evolução das ciências e das tecnologias continua acelerada para além das suas possíveis contradições. Não são raras as ocasiões em que o controle do uso da a tecnologia, ou no âmbito de *groupware* ou *socialware*, favorece grupos que só desejam levar vantagens, no campo econômico, político ou social. Para mudar essa realidade, Demo (1997), pensando na atuação dos governos latino-americanos no campo da educação, sugere que se eles fossem capazes de lidar melhor com o conhecimento disponível, teríamos políticas bem melhores para a população. Saber lidar com o conhecimento implica não só se ter meios para acessá-los, mas também a sua movimentação por meio da democratização do conhecimento e da sua disseminação com inteligência.

Por outro lado, Winograd e Flores referem-se à tamanha credulidade colocada na inteligência artificial, aos milagres da tecnologia, sem falar no abuso do termo em si, já que inteligência, pelo menos no campo da abstração, é qualidade tipicamente humana. A partir de Lévy (1993), fica claro que as tecnologias intelectuais avançaram muito nas últimas décadas; no entanto, no campo da ética aplicada às tecnologias intelectuais e nos conflitos de modo geral, ainda estamos muito atrasados. Tudo isso mostra um descompasso na forma como pensamos, fazemos e sentimos, fruto da própria complexidade de nossa dinâmica evolutiva, acentuada, sem dúvida, pelos próprios avanços que se manifestam, em particular, nas dinâmicas sociorganizacionais, e que deverão nos levar a um novo patamar na evolução da consciência.

Referências Bibliográficas

AN INCONVENIENT *Thruth*. Sobre o filme de Al Gore. Disponível em http://www.climatecrisis.net. Acesso em: 10 out. 2007

BITAN, T.; BOOTH, J. R. Shifts of effective connectivity within a language network during shyming and spelling. *Journal of Neuroscience. Northwestern*, 12. jun 2005. Disponível em: http://www.jneurosci.org/cgi/content/full/25/22/5397/DC1. Acesso em: 10 out. 2007.

BRASIL. *Agenda 21*. Brasília: Ministério do Meio Ambiente. 2001.

BRASIL. *Relatório de Desenvolvimento Social*. Rio de Janeiro: Banco Nacional de Desenvolvimento Econômico e Social 2002.

CAMPBELL, J.; MOYERS, B. *O poder do mito*. São Paulo: Palas Athena, 1993.

CAPRA, F. *The web of life*: a new scientific understanding of living systems. Nova York: Anchor, 1996.

CASTELLS, M. *A sociedade em rede*. São Paulo: Paz e Terra, 2001. v. 1.

CSIKSZENTMIHALYI, M. *Flow*: the psychology of optimal experience. Nova York: Harper and Row, 1990.

_____. *A sociedade pós-industrial*. São Paulo: Senac, 1999.

DE MASI, D. *Criatividade e grupos criativos*. São Paulo: GMT, 2005. 2 v.

DEMO, P. *Conhecimento moderno*: sobre ética e intervenção do conhecimento. 2. ed. Petrópolis: Vozes, 1997.

DOWBOR, L. *Informação para a cidadania e o desenvolvimento sustentável*, 2004. Disponível em: http://www.dowbor.org/artigos.asp. Acesso em: 10 out. 2004.

_____. *A reprodução social*. Petrópolis: Vozes, 2002. v. 1.

DOWBOR, L.; IANNI, O.; RESENDE, P. E. A. (Org.). *Desafios da globalização*. 4. ed. Petrópolis: Vozes, 1997.

DRUCKER, P. *Administrando para o futuro*: os anos 90 e a virada do século. São Paulo: Pioneira, 1992.

_____. *Sociedade pós-capitalista*. 3 ed. São Paulo: Pioneira, 1993.

_____. *O melhor de Peter Drucker*; a administração. São Paulo: Nobel, 2001. v. 1.

_____. *O melhor de Peter Drucker*; a sociedade. São Paulo: Nobel, 2001. v. 2.

_____. *O melhor de Peter Drucker*; o homem. São Paulo: Nobel, 2001. v.3.

EXPANDING the innovation horizon; global CEO Study 2006. EUA: IBM Business Consulting Services, 2006. Disponível em: http://www.ibm.com/ibm/ideasfromibm/enterprise/mar27/ceo_study.html.

FLORES, F. *Creando organizaciones para el futuro*. 4. ed. Chile, Santa Elena: Dolmen, 1994.

FORESIGHT 2020: Economics, industry and corporate trends. California: Cisco Systems, Inc. 2006. Disponível em: http://tools.cisco.com/dlls/tln/page/research/details/rs/2006/2020foresight. Acesso em: 20 out. 2007

GORDON, T. J.; GLEEN, J. C. *2007 State of The Future*. Washington, DC; The Millennium Project, 2007.

GORE, A. *Uma verdade inconveniente, o que devemos saber (e fazer) sobre o aquecimento global*. Barueri: Manole, 2006

HANDY, C. *A era do paradoxo*. São Paulo: Makron Books, 1995.

HEIDEGGER, M. *Heráclito*. Barcelona: Ariel, 1986.

HENDERSON, H. *Além da globalização*. São Paulo: Cultrix, 2003.

IANNI, O. *Teorias da globalização*. São Paulo: Siciliano, 2000.

LASZLO, E. *Macrotransição*: o desafio para o terceiro milênio. São Paulo: Axis Mvndi, Willis Harman House, 2001.

LÉVY, P. *As tecnologias da inteligência*: o futuro do pensamento na era da informática. 2. reimp. Rio de Janeiro: 34, 1993

_____. *A inteligência coletiva*: por uma antropologia do ciberespaço. São Paulo: Loyola, 1998.

LOVELOCK, J. *The Revenge of Gaia*. UK: Allen Lane, 2006.

MARIOTTI, H. *As paixões do ego*: complexidade, política e solidariedade. São Paulo: Palas Athena, 2000.

MORIN, E. *O método 5*: a humanidade da humanidade. Porto Alegre: Sulina, 2002.

NAKAGAWA, F.; MICHAEL, A. *PF aponta fraude de R$ 1,5 bi envolvendo multinacional*. Folha de S. Paulo, São Paulo, 17 out. 2007. Dinheiro. Disponível em: http://www1.folha.uol.com.br/fsp/dinheiro/fi1710200702.htm. Acesso em: 24 out. 2007.

NICOLA, G. G. P2P: Otra batalla por la libertad se juega en el ciberespacio. *Peripécias*, n. 1, 14 jun. 2006. Disponível em: http://www.peripecias.com/ciudadania/GutierrezP2PBatallaCiberespacio.html. Acesso em: 14 jun. 2006.

PROJETO Política Nacional de Apoio ao Desenvolvimento Local (2005-2006); documento de conclusão; versão inicial para discussão, complementação e ajustes. São Paulo: Instituto Cidadania, 2006. Disponível em: http://ipso.org.br/06DLfinal.pdf. Acesso em: 20 out. 2004.

PUTNAM, R. *Bowling alone*. Nova York: Simon & Schuster, 2000.

SAID, E. W. *Cultura e imperialismo*. São Paulo: Cia. das Letras, 1995.

SVEIBY, K. E. *A nova riqueza das organizações*. Rio de Janeiro: Campus, 1998.

TOFFLER, A. *A terceira onda*. Rio de Janeiro: Record, 1992.

WILBER, K. *Uma teoria de tudo*: uma visão integral para os negócios, a política, a ciência e a espiritualidade. São Paulo: Cultrix, 2003.

WISIACK, J.; FERNANDES, F. Cisco lidera em tecnologia de informação. *Folha de S. Paulo*, São Paulo, 17 out. 2007. Dinheiro. Disponível em: http://www1.folha.uol.com.br/fsp/dinheiro/fi1710200705.htm. Acesso em: 24 out. 2007.

2

A Escola como Geradora e Gestora do Conhecimento:
O Papel das Tecnologias de Informação e Comunicação

José Armando Valente

Resumo

Desde a Revolução Industrial, a escola tem adotado a função de ser repassadora do conhecimento que foi construído pela humanidade. Essa função tinha sentido em uma sociedade na qual a disseminação da informação era restrita, como aconteceu praticamente durante todo o século XX. Com o advento das tecnologias de informação e comunicação (TIC) e a ampla possibilidade de seu uso, diversas mudanças vêm sendo possíveis, alterando os sistemas de produção de bens e serviços e a maneira como as pessoas pensam, agem e se comunicam. Essa transformação é mais fácil de ser observada nas empresas, que passaram a ser consideradas instituições que não só produzem, mas que também fazem a geração e a gestão do conhecimento.

No entanto, a escola, mesmo já tendo implantado tais tecnologias, ainda não fez as mudanças para se tornar geradora e gestora de conhecimento. Neste capítulo são discutidos alguns aspectos que dificultam a transformação, como a diferença entre informação e conhecimento e os diversos tipos de conhecimento, a compreensão dos diferentes usos das tecnologias e a falta de uma visão administrativa que entenda a escola como instituição geradora e gestora de conhecimento. São discutidos também os variados usos das tecnologias e como estas podem auxiliar no processo de geração e gestão do conhecimento.

Introdução

A idéia de que a escola deveria ser geradora e não só consumidora de conhecimento foi proposta por Dewey, no início do século XIX (Dewey e Dewey, 1915). Infelizmente, a instituição ignorou essa sugestão e trilhou um outro caminho, tornando-se repassadora, transmissora do "conhecimento" construído pela humanidade. A escola ainda desempenha essa função, embora a sociedade como um todo esteja passando por profundas mudanças, afetando praticamente todos os segmentos, por exemplo, as empresas de produção de bens ou de serviços que já alteraram sua organização, seus procedimentos, e a maneira como os funcionários pensam e agem. A empresa passou a ser vista como uma organização que aprende, que está preocupada com a geração e a gestão e não só com o consumo do conhecimento (Wardman, 1996). O mesmo ainda não acontece com a escola (Valente, 1999b).

Até o início dos anos 1980, a empresa operou com base no modelo da produção em massa: uma determinada idéia era transformada em um produto, produzido graças às suas máquinas, ferramentas, matéria-prima e mão-de-obra. O valor da empresa estava na capacidade de produção, na estrutura de produção, e não na capacidade dos trabalhadores ou no conhecimento que operários e executivos usavam para transformar uma idéia em produto.

Contudo, esse cenário mudou com a sofisticação dos produtos e com a automação de máquinas e ferramentas. Os funcionários, e o conhecimento que eles possuem, passaram a ser mais relevantes do que a estrutura física da empresa. Como apontou Drucker (1993), o capital da empresa deixou de ser o financeiro e passou a ser o conhecimento que os trabalhadores usam em suas ações e atividades. Isso tem demandado que a empresa passe a se preocupar com os processos de gestão desse conhecimento, com a sua explicitação, seu armazenamento e uso. Nesse sentido, as tecnologias de informação e comunicação (TIC) têm assumido um papel importante para que essa gestão seja realizada.

Diante das mudanças que ocorrem, a escola também tenta "se modernizar", porém com soluções pontuais, limitando-se a pequenas alterações, sem repensar o todo. As ações concentram-se na aquisição de TIC, em algumas alterações pedagógicas e curriculares, mas sem ter um referencial mais amplo que transforme a escola em geradora e gestora do conhecimento e a faça transcender o papel de mera consumidora do conhecimento. É importante notar que essas limitações não ocorrem somente por falta de recursos financeiros. Os laboratórios de informática estão sendo instalados nas escolas públicas e mesmo as escolas particulares, que possuem condições financeiras para realizar um trabalho educacional mais inovador, ainda se limitam a desenvolver as disciplinas curriculares por meio do método tradicional, com as atividades "modernizadoras" sendo realizadas extraclasse.

No entanto, as TIC que já estão na escola podem ser importantes instrumentos tanto para a construção de conhecimento quanto para a sua representação e disseminação. Os alunos, professores e gestores educacionais, incluindo administradores, orientadores pedagógicos e supervisores, no processo de realizar seus respectivos projetos utilizando as TIC têm a chance de construir seu conhecimento. Ao mesmo tempo, os produtos realizados, com o conhecimento construído, podem ser descritos e documentados, constituindo um repositório de "conhecimento" gerado pela escola.

Essas são experiências contextualizadas na realidade da escola e que podem ser disseminadas e usadas como objetos de reflexão da própria escola ou de outras pessoas ou instituições educacionais, criando a possibilidade de saltos para outros níveis mais elevados de construção (Prado e Valente, 2002; Prado, 2003). Além disso, a disseminação desse conhecimento e as TIC podem ser úteis no estabelecimento de uma rede de escolas que passam a compartilhar experiências e reflexões, bem como as estratégias utilizadas na gestão sob esse novo enfoque educacional (Vallin, 2004).

Em geral, as razões pelas quais a escola ainda tem dificuldade para passar a ser geradora e gestora do conhecimento podem ser classificadas em três grandes temas: (a) a falta de compreensão sobre o que significa aprender, que implica entender a diferença entre informação e conhecimento, e a distinção entre diferentes tipos de conhecimentos; (b) a pouca compreensão sobre o papel das TIC na construção de conhecimento e como o professor pode intervir na relação TIC-aluno-projeto; e (c) a falta de uma visão administrativa que entenda a escola como geradora de conhecimento e, portanto, a falta de repensar o papel da gestão também no sentido de ampliar o foco administrativo e pedagógico para o conhecimento gerado na escola, concebendo a instituição escolar como um organismo vivo que aprende, como observado por outros autores (Fullan e Hargreaves, 2000).

Neste capítulo serão discutidas cada uma das dificuldades mencionadas e algumas soluções que já estão sendo adotadas no trabalho com a escola.

A Diferença entre Dado, Informação e Conhecimento

Considerando a atual e massiva proliferação da informação, alguns autores passaram a fazer uma distinção entre dado e informação. Dado é um meio de expressar coisas, sem nenhuma preocupação com significado, e informação é a decodificação dos dados de acordo com certos padrões significativos (Davis e Botkin, 1994). O que é encontrado na Internet, nos livros ou mesmo o que as pessoas trocam entre si é considerado informação, se tem algum significado para a pessoa. A questão do significado é importante, pois o indivíduo, por exemplo, encontra na Internet uma página que pode constituir "um dado" ou "uma informação", dependendo de ele conseguir entender o significado. Nesse sentido, passamos e trocamos informação com o viés do significado ou da maneira como estruturamos a informação, próprio de cada indivíduo – a informação não é isenta de significado, pois cada um informa o que quer e do modo que lhe convém.

O conhecimento é o que cada indivíduo constrói como produto do processamento, da informação, da inter-relação entre interpretá-la e compreendê-la. É o significado atribuído e representado na mente de cada indivíduo com base nas informações advindas do meio em que vive. É algo construído por cada um, muito próprio e impossível de ser transmitido – o que é transmitido é a informação proveniente desse conhecimento, nunca o conhecimento em si.

Portanto, a concepção de dado ou informação está diretamente relacionada com o nível de conhecimento de que o aprendiz dispõe. Essa constatação tem implicações profundas no processo ensino-aprendizagem, já que o que é caracterizado como informação para uma pessoa pode ser um dado para outra, e ambas podem estar sentadas lado a lado em uma mesma sala de aula.

As idéias que estão sendo colocadas neste capítulo, do ponto de vista de quem escreve, podem ser caracterizadas como informação, uma vez que são frutos do conhecimento do autor. Porém, como o leitor está recebendo essas informações? Elas podem ser vistas como dado se ele não tem nenhum conhecimento sobre os assuntos tratados; ou informação, se o leitor dispõe de conhecimento para poder interpretá-las e associá-las com algo que já sabe. O mesmo acontece em uma sala de aula em relação à informação que o professor transmite ao aluno. Do ponto de vista do professor, o que está sendo transmitido é informação. Do ponto de vista do aluno, depende de se ele tem ou não condições de atribuir significado à informação fornecida. Navegar na Internet também não é diferente: o que é encontrado pode ser caracterizado como um dado ou uma informação.

A questão fundamental no processo ensino-aprendizagem é saber como prover a informação de modo que ela possa ser interpretada pelo aprendiz e que ações ele deve realizar para que essa informação seja convertida em conhecimento.

Do ponto de vista educacional, tanto a memorização da informação quanto a construção de conhecimento fazem parte do processo de aprender. Entretanto, uma formação totalmente baseada na memorização não dá mais conta de preparar pessoas para atuar e sobreviver na sociedade do conhecimento. Hoje em dia, além de ter a informação, é necessário dominar certos conceitos e adquirir outras habilidades e competências, que não podem ser simplesmente memorizadas. Essas habilidades e competências devem ser construídas por cada aprendiz na interação com objetos e com pessoas do seu cotidiano.

Assim, a questão da aprendizagem efetiva, relevante e condizente com a realidade da atual configuração social se resume na composição de duas concepções: a informação que precisa ser acessada e o conhecimento que deve ser construído pelo aprendiz. O desafio da educação, de um modo geral, está em criar condições para que essa aprendizagem ocorra.

Outro fato que tem contribuído para o domínio da transmissão da informação em vez da construção do conhecimento é a falta de clareza na distinção entre diferentes concepções sobre o conhecimento. Na discussão, até o momento, o conhecimento tem sido tratado como algo que o aprendiz constrói a partir das informações que recebe ou das relações que tem com os objetos do seu meio.

Por outro lado, existe a informação que consta das enciclopédias, dos livros-textos, que é entendida como o "conhecimento" construído pela humanidade. São as leis que regem os fenômenos físicos, ou químicos, o funcionamento dos dispositivos mecânicos e eletrônicos, ou mesmo da área das ciências humanas, como os fenômenos psicológicos, sociais, lingüísticos etc. Essas informações passam a ser vistas como fatos consumados, frutos da metodologia científica e comprovadas pela ciência. São entendidas como o "conhecimento" que um sujeito "educado" deve possuir.

A confusão surge com a idéia de que esse "conhecimento", por ser comprovado e já consumado, não deve ser reconstruído pelo aprendiz. Ele já existe, já foi elaborado, e a escola, como reprodutora do saber, entende que tal "conhecimento" deve ser transmitido de modo que seus alunos possam adquiri-lo e ser considerados "educados".

O fato de o "conhecimento" existir não implica que a forma como os aprendizes se apropriam dele seja via transmissão. Por outro lado, o aprendiz não tem de reconstruir ou reproduzir a trajetória que a humanidade trilhou para a construção desse conhecimento. Se fosse assim, cada aprendiz deveria reproduzir os passos que os cientistas ou os grandes descobridores realizaram, originando um sistema educacional ineficiente, e, com isso, a humanidade teria pouca chance de evoluir. Portanto, a educação não deve ser totalmente baseada na transmissão, nem totalmente baseada na construção – nem tanto ao céu, nem tanto à terra!

A ação educacional consiste justamente em auxiliar o aprendiz de modo que essa construção de conhecimento possa acontecer, criando ambientes de aprendizagem em que haja aspectos tanto da transmissão de informação quanto de construção, no sentido da significação ou apropriação desse conhecimento. A questão, portanto, é: como criar situações de aprendizagem para estimular a construção de conhecimento? A tentativa, considerando a "modernização" tecnológica que ocorre na sociedade, tem sido o uso das TIC. Porém, se essas tecnologias não forem compreendidas, não é qualquer uso que vai auxiliar o aluno na construção do seu conhecimento.

O Papel das TIC na Construção de Conhecimento

As TIC estão em constante evolução. O desenvolvimento das tecnologias digitais tem possibilitado a convergência de diferentes mídias – TV, vídeo, DVD, computador, Internet, – em um só artefato, o que poderá ter um impacto ainda maior no processo ensino-aprendizagem. Porém, isso implica que os educadores dominem essas tecnologias e tenham conhecimento do que cada uma tem a oferecer e como elas podem ser exploradas em diferentes situações educacionais. Em determinada situação, a TV pode ser mais apropriada do que o computador. Mesmo com relação ao computador, há diferentes aplicações que podem ser exploradas dependendo do que está sendo estudado ou dos objetivos que o professor pretende atingir. Tal ferramenta pode ser usada para representar e construir novos conhecimentos, para buscar e acessar informação, e para a comunicação com outras pessoas ou o estabelecimento de relações de cooperação na resolução de problemas.

O Computador como Auxiliar na Representação e Construção de Conhecimento

O conhecimento é construído na mente de um indivíduo e pode ser representado ou explicitado por intermédio de uma notação. Por exemplo, os conhecimentos musicais e o nosso pensar musicalmente podem ser representados por meio da notação musical; podemos pensar sobre um fenômeno e representá-lo com uma equação matemática. No entanto, o que acontece na educação, atualmente, é assumir que, para ser capaz de representar essas idéias, é necessário, primeiro, ter o domínio da notação. Com isso, ensina-se a técnica de resolução de equação e não a compreensão do fenômeno e sua representação por intermédio da equação; ou o domínio do instrumento e da notação musical e não a representação das idéias musicais. A complexidade da notação passa a ser pré-requisito para o processo de representação de idéias, e não é trabalhada a questão da representação do conhecimento.

No caso da solução de problemas por intermédio da programação de computadores, principalmente usando a linguagem Logo, o programa produzido pode ser visto como a representação, em termos de comandos dessa linguagem, da resolução ou do projeto sendo desenvolvido. No entanto, esse programa é mais do que a representação, já que pode ser executado pelo computador, produzindo um resultado. Esse resultado, quando confrontado com a idéia que deu origem ao programa, possibilita ao aprendiz rever seus conceitos e, com isso, aprimorá-los ou construir novos conhecimentos. Assim, nasceu a idéia de que a programação acontece em ciclos, auxiliando o processo de construção de conhecimento.

O fato de o computador poder executar a seqüência de comandos que foi fornecida significa que ele está fazendo mais do que representar idéias; está sendo um elo importante no ciclo de ações *descrição-execução-reflexão-depuração-descrição*, que pode favorecer o processo de construção de conhecimento (Valente, 1993; Valente, 1999a). A aprendizagem decorrente tem sido explicada em termos de ações, que tanto o aprendiz quanto o computador executam, as quais auxiliam a compreensão de *como* o aprendiz adquire novos conhecimentos: como o aprendiz, durante o processo de resolução de uma tarefa, passa de um nível inicial de conhecimento para outros mais elaborados.

O ciclo de ações pode ser identificado, principalmente, quando o aluno usa a linguagem de programação Logo para elaborar programas para resolver problemas. O desenvolvimento de um programa se inicia com uma idéia de como resolver o problema, por exemplo, como produzir um determinado gráfico na tela. Essa idéia é passada para o computador na forma de uma seqüência de comandos da linguagem de programação. Tal atividade pode ser vista como o aluno agindo sobre o objeto computador. Entretanto, essa ação implica a descrição da solução do problema usando comandos do Logo.

O computador, por sua vez, realiza a execução desses programas e apresenta na tela um resultado. O aluno pode usar essas informações para realizar uma reflexão sobre o que intencionava e o que está sendo produzido, acarretando diversos níveis de abstração: abstração empírica, abstração pseudo-empírica e abstração reflexionante (Piaget, 1995; Mantoan, 1994).

Tal reflexão pode acarretar uma das seguintes ações alternativas: ou o aluno não modifica o programa porque as suas idéias iniciais sobre a resolução daquele problema encontram correspondência nos resultados apresentados pelo computador e, então, o problema está resolvido; ou depura o programa quando o resultado é diferente da sua intenção original. A depuração pode ser em termos de alguma convenção da linguagem Logo, sobre um conceito envolvido no problema em questão (o aluno não sabe sobre ângulo) ou, ainda, sobre estratégias (o aluno não sabe como usar técnicas de resolução de problemas). A depuração implica uma nova descrição, e assim sucessivamente, repetindo o ciclo *descrição-execução-reflexão-depuração-descrição*.

Da ótica do ciclo, cada uma das versões do programa que o aprendiz produz pode ser vista como uma explicitação do seu raciocínio por meio de uma linguagem precisa e formal. Nesse sentido, a descrição no ciclo corresponde à idéia da representação do conhecimento, mencionada anteriormente.

A execução, fornecendo um resultado sobre o que o aprendiz intencionava, pode ajudá-lo no processo de reflexão e depuração das idéias, permitindo-lhe atingir ou não a resolução do problema. Em algumas situações, o aluno pode não dispor do conhecimento necessário para progredir, e isso significa abortar o ciclo. Nesse ponto, entra a figura do professor ou de um agente de aprendizagem que tem a função de manter o aluno realizando o ciclo. Para tanto, o agente pode ajudar a explicitar o problema que o aluno está resolvendo, entender como o aluno está pensando sobre o problema, incentivar diferentes níveis de descrição, trabalhar os diferentes níveis de reflexão, facilitar a depuração e utilizar e incentivar as relações sociais (Valente, 1996). O grande desafio é fazer com que o aluno mantenha o ciclo em ação.

O ciclo que se estabelece na interação aprendiz-computador pode ser mais efetivo se mediado por um agente de aprendizagem ou professor que saiba o significado do processo de aprender por intermédio da construção de conhecimento. O professor precisa compreender as idéias do aprendiz e sobre como atuar na construção de conhecimento para intervir apropriadamente na situação, de modo a auxiliá-lo. No entanto, o nível de envolvimento e a atuação do professor são facilitados pelo fato de o programa ser a descrição do raciocínio do aprendiz e explicitar o conhecimento que ele tem sobre o problema que está sendo resolvido.

Além disso, o aprendiz está inserido em ambiente social e cultural constituído, mais localmente, por colegas, professores, pais, ou seja, pela comunidade em que vive. Ele pode extrair os elementos sociais e culturais como fontes de idéias e de informação, bem como identificar problemas para serem resolvidos, via computador. A interação do aprendiz com o computador e os diversos elementos que estão presentes na atividade de programação são mostrados no esquema da Figura 2.1.

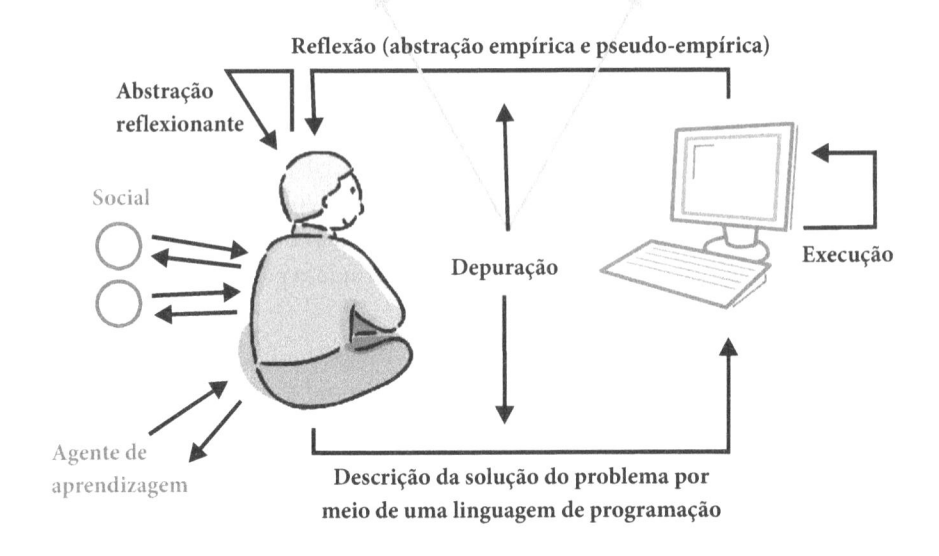

Figura 2.1 *Interação aprendiz-computador na situação de programação.*

O ciclo em que se dá o processo de programação pode acontecer também quando o aprendiz utiliza outros softwares, como processador de texto ou sistemas de autoria (Valente, 1993; Valente, 1999a). A diferença da programação para esses usos é o quanto outros softwares oferecem em termos de facilidade para a realização do ciclo *descrição-execução-reflexão-depuração-descrição*. A limitação não está na possibilidade de representar conhecimento, mas na capacidade de execução do computador.

Por exemplo, no processador de texto é muito fácil representar idéias, e a representação é feita por intermédio da escrita em língua materna. Porém, o computador ainda não tem capacidade de interpretar esse texto fornecendo um resultado sobre o seu conteúdo. Essa ferramenta pode fornecer informação sobre a formatação do texto, ortografia e, em alguns casos, sobre aspectos gramaticais. Mas não ainda sobre o significado do conteúdo, isso tem de ser realizado por uma pessoa que lê o texto e fornece o "resultado" dessa leitura em termos de significados, coerência de idéias etc.

A idéia do ciclo tem sido útil para identificar as ações que o aprendiz realiza e como cada uma delas pode ajudá-lo a construir novos conhecimentos sobre conceitos, resolução de problema, sobre aprender a aprender e sobre o pensar, como se discutirá em seguida. Contudo, como mecanismo para explicar o que acontece com a mente do aprendiz na interação com o computador, a idéia de ciclo é limitada. As ações podem ser cíclicas e repetitivas, mas, a cada realização de um ciclo, as construções são sempre crescentes. Mesmo errando e não atingindo um resultado de sucesso, o aprendiz está obtendo informações que são úteis na construção de conhecimento. Na verdade, terminado um ciclo, o pensamento nunca é exatamente igual ao que se encontrava no início da sua realização. Assim, a idéia mais adequada para explicar o processo mental dessa aprendizagem é a de uma espiral (Valente, 2002).

Isso significa entender a elaboração de uma tarefa em termos de atividades computacionais AC1, AC2, AC3..., de modo que AC1 pode ser vista como a *descrição 1* dos conhecimentos de que o aprendiz dispõe em termos de comandos que o computador deve executar para que o problema seja resolvido; a *execução1* de AC1 fornece um resultado R1 que é obtido imediatamente e produzido de acordo com o que foi solicitado à máquina. Esse resultado R1 é usado como objeto de *reflexão1*, podendo acarretar a depuração de AC1.

A *depuração1* de AC1 significa produzir uma versão AC2, ou seja, uma *descrição2*. A versão AC2 incorpora níveis mais sofisticados de conhecimentos, provenientes da reflexão realizada pelo aprendiz ou de novos conceitos e estratégias que o aprendiz assimilou por intermédio de consultas a livros, especialistas, colegas etc.

AC2, quando executada, produz um resultado R2, que é usado como objeto de reflexão e, assim, sucessivamente. Entretanto, em cada ação do ciclo há incrementos de conhecimentos. Cada uma das ações, *descrição1, execução1, reflexão1* e *depuração1, descrição2...*, contribui para a formação de uma espiral crescente de conhecimento que é construída à medida que o aprendiz interage com um computador, como indicado na Figura 2.2.

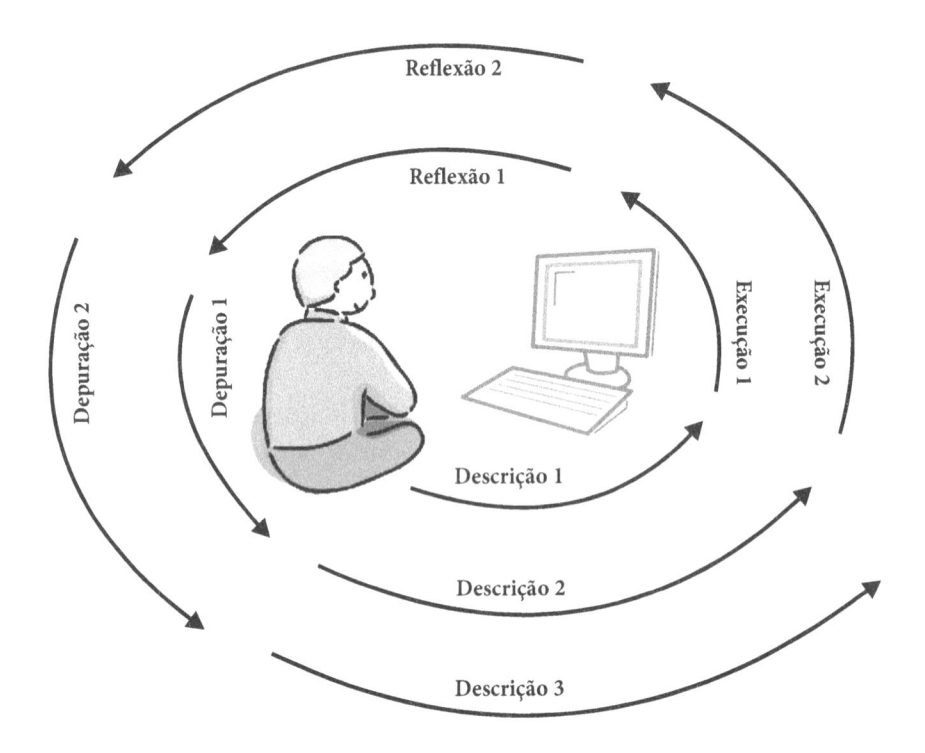

Figura 2.2 *Espiral da aprendizagem que acontece na interação aprendiz-TIC.*

Embora as ações descrição-execução-reflexão-depuração estejam sendo apresentadas de modo independente e seqüencial, na prática, podem ocorrer simultaneamente. Essa separação é feita para que se possa compreender o papel de cada uma no processo de construção de conhecimento. Por exemplo, durante a execução, à medida que o resultado vai sendo produzido, o aprendiz pode estar refletindo. Portanto, a melhor representação dessa espiral poderia ser um remoinho no qual as ações estão ocorrendo simultaneamente (Morin, 1997).

Outro aspecto presente na representação dos conhecimentos explicitado no trabalho com o computador é o fato de ser possível identificar, do ponto de vista cognitivo, os conceitos e as estratégias que o aprendiz utiliza para resolver um problema ou projeto. Esse é o lado racional, cognitivo, da resolução de um projeto. Porém, nesse projeto, igualmente estão presentes aspectos estéticos que não podem ser ignorados. Eles também estão representados por intermédio de comandos e podem ser analisados de modo idêntico como normalmente é feito com o aspecto cognitivo. Esse é o lado emocional e afetivo do trabalho com o computador e que, normalmente, tem sido ignorado. À medida que recursos de combinação de textos, imagens e animação tornam-se cada vez mais fáceis de serem manipulados e explorados, é possível entender como as pessoas expressam tais sentimentos por meio dos softwares. Representar ou explicitar esse conhecimento estético constitui o primeiro passo para compreender o lado emocional, que na educação tem sido sobrepujado pelo aspecto cognitivo, racional.

O Computador Auxiliando a Buscar e a Acessar a Informação

O computador apresenta um dos mais eficientes recursos para quem busca e acessa a informação. Há sofisticados mecanismos de busca, que permitem encontrar de modo muito rápido a informação existente em banco de dados, em CD-ROM e mesmo na Web. Essa informação pode ser um fato isolado ou organizado na forma de um tutorial sobre um determinado tópico disciplinar. Porém, como dito anteriormente, somente ter a informação não significa que o aprendiz construiu conhecimento.

No caso dos tutoriais, a informação é organizada de acordo com uma seqüência pedagógica, e o aluno pode seguir a seqüência ou escolher a informação que desejar. Em geral, nos softwares que permitem escolha, as informações são organizadas na forma de hipertextos (textos interligados), e passar de um hipertexto para outro constitui a ação de *navegar* no software.

Tanto no caso de o aluno seguir uma seqüência predeterminada quanto no de poder escolher o caminho a ser seguido, existe uma organização previamente definida da informação. A interação entre o aprendiz e o computador consiste na leitura da tela (ou escuta da informação fornecida), no avanço na seqüência de informação, na escolha de informação, e/ou nas respostas que o aprendiz fornece com base em perguntas feitas pelo sistema.

O uso da Internet e, mais especificamente, da Web como fonte de informação não é muito diferente do que acontece com os tutoriais. Claro que, no caso da Web, há outras facilidades, como a combinação de textos, imagens, animação, sons e vídeos que tornam a informação muito mais atraente. Porém, a ação que o aprendiz realiza é a de escolher entre opções oferecidas. Ele não está descrevendo o que pensa, mas decidindo entre várias possibilidades fornecidas pela Web. Uma vez escolhida uma opção, o computador apresenta a informação disponível (execução da opção) e o aprendiz pode refletir sobre ela – reflexão sobre a opção ou a abstração reflexionante. Com base nessas reflexões o aprendiz pode selecionar outras opções, provocando idas e vindas entre tópicos de informação e, com isso, navegar na Web. Tais ações são representadas na Figura 2.3.

A Internet está ficando cada vez mais interessante e criativa, possibilitando a exploração de um número incrível de assuntos. Porém, se o aprendiz não tem

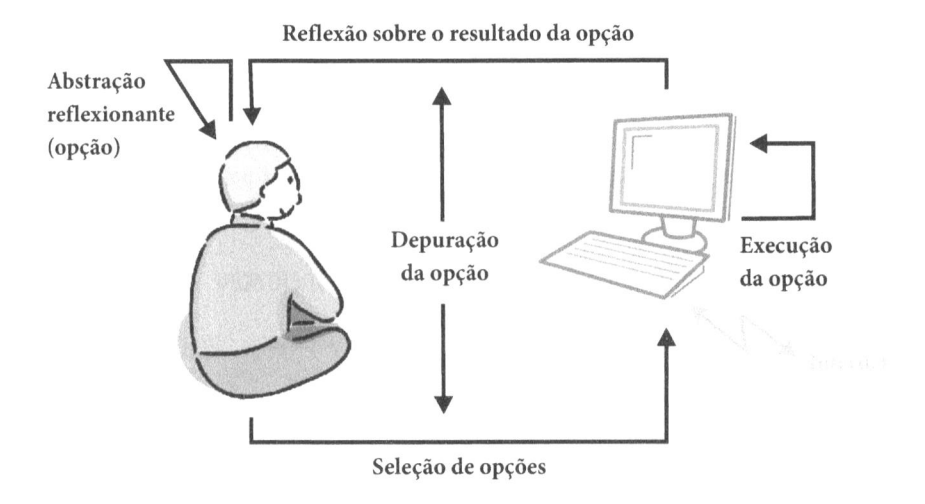

Figura 2.3 *Interação entre computador e aprendiz navegando na Internet.*

um objetivo na navegação, pode ficar perdido. A idéia de navegar pode mantê-lo ocupado por um longo período de tempo, mas muito pouco ser realizado em termos de compreensão dos tópicos visitados e de sua transformação em conhecimento. Se a informação obtida não é posta em uso, se não é trabalhada pelo professor, não há nenhuma maneira de estarmos seguros de que o aluno compreendeu o que está fazendo. Então, cabe ao professor lidar com tais situações para que a construção do conhecimento ocorra.

O Computador Auxiliando a Comunicação entre Aprendizes

Computadores interligados em rede e, por sua vez, essa rede interligada à Internet constituem um dos mais poderosos meios de troca de informação e de realização de ações cooperativas. Por meio do correio eletrônico (e-mail) é possível enviar mensagens para outras pessoas conectadas na rede e em locais os mais remotos do planeta. É possível entrar em contato com pessoas e trocar idéias socialmente, ou conseguir ajuda na resolução de problemas e mesmo cooperar com um grupo na elaboração de uma tarefa complexa – tudo isso acontecendo sem que ninguém deixe seu posto de trabalho, de estudo, ou a sua habitação.

Do ponto de vista de construção de conhecimento, a cooperação que acontece entre pessoas de um determinado grupo é uma das maneiras mais interessantes de uso das facilidades de comunicação do computador, constituindo uma das abordagens de educação a distância. Essa abordagem tem sido denominada *estar junto virtual* (Valente, 1999b) e envolve o acompanhamento e o assessoramento constantes dos membros do grupo no sentido de o professor ou o especialista poder entender o que cada um faz e para ser capaz de propor desafios e auxiliá-lo a atribuir significado ao que está realizando. Só assim é possível ajudar cada um no processamento das informações, aplicando-as, transformando-as, buscando novas informações e, desse modo, construindo novos conhecimentos.

Na abordagem do *estar junto virtual*, a interação entre aprendizes – membros de grupo – pode acontecer por meio de fóruns de discussão, chats, murais e portfólios, de modo que a comunicação via Internet possibilite a realização do ciclo de ações *descrição-execução-reflexão-depuração-descrição* (Valente, 1999a) via rede. Esse ciclo se inicia com o engajamento do grupo na resolução de um problema ou projeto. A ação de cada aprendiz produz resultados que servem como objeto de reflexões. Essas reflexões podem gerar indagações e dificuldades capazes de impedir um aprendiz de resolver o problema ou projeto. Nessa situação, ele pode enviar essas questões ou uma breve descrição do que ocorre para os demais membros do grupo ou para um especialista.

O especialista reflete sobre as questões levantadas e envia sua opinião, ou material, na forma de textos e exemplos de atividades para auxiliar o aprendiz a resolver seus problemas. O aprendiz recebe essas idéias e tenta colocá-las em ação, gerando novas dúvidas, que poderão ser resolvidas com o suporte dos demais colegas ou do especialista. Com isso, estabelece-se um ciclo que mantém os membros do grupo cooperando entre si, realizando atividades inovadoras e criando oportunidades de construção de conhecimento.

Assim, a Internet pode propiciar o "estar junto" dos membros de um grupo, com o suporte de um especialista, todos vivenciando o processo de construção do conhecimento. A Figura 2.4 ilustra o "estar junto virtual".

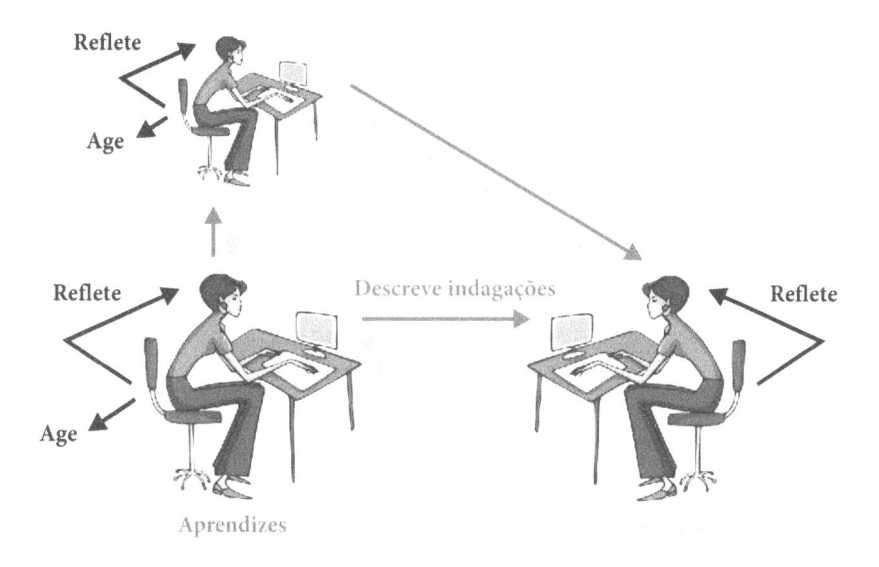

Figura 2.4 *Ciclo de cooperação que se estabelece na interação aprendizes-especialista no* estar junto virtual *via Internet.*

O *estar junto virtual* vai além de uma simples comunicação via rede, pois propicia as condições para a comunicação e a troca de experiências dos membros de um determinado grupo na elaboração de um projeto ou na resolução de um problema. Quando o grupo não tem condições de resolver o problema, pode recorrer à ajuda de um especialista, capaz de criar condições não só para que o problema seja resolvido, mas para que essas oportunidades possam gerar novos conhecimentos. Para que isso ocorra, as interações com os aprendizes devem enfatizar a troca de idéias, o questionamento, o desafio e, em determinados momentos, o fornecimento da informação necessária para que o grupo possa avançar, ou seja, o *estar junto*, ao lado do aprendiz, vivenciando e auxiliando-o a resolver seus problemas.

O Papel do Professor na Interação Aprendiz-Computador

O ciclo que se estabelece na interação aprendiz-computador pode ser mais efetivo se mediado por um agente de aprendizagem ou professor. Para tanto, o professor precisa compreender as idéias do aprendiz e sobre como atuar no processo de construção de conhecimento para intervir apropriadamente na situação, de modo a auxiliá-lo no processo. No entanto, o nível de envolvimento e a atuação do professor são facilitados pelo fato de a tarefa que está sendo descrita poder ser interpretada como a "descrição" do raciocínio do aprendiz, explicitando o seu conhecimento sobre ela.

Essa tarefa pode ser um problema ou um projeto que o aprendiz realiza. O desenvolvimento do projeto serve como pano de fundo para o aluno fazer coisas, usar conhecimentos de que já dispõe, e para o professor poder trabalhar conceitos sobre os quais o aluno não tem total domínio, criando com isso oportunidades para que ele possa atingir níveis de compreensão cada vez altos.

Assim, à medida que o aluno desenvolve seu projeto, o professor pode discutir conceitos que estão imbricados, mas que podem ser categorizados em quatro eixos: sobre desenvolvimento de projetos, sobre conceitos disciplinares envolvidos no projeto, sobre as TIC e sobre aprender.

No eixo "desenvolvimento de projetos" podem ser abordados diversos assuntos, por exemplo, a escolha do tema do projeto. Aqui são os valores, a ética e mesmo a atitude cidadã que podem determinar que o projeto seja capaz de ter um impacto na comunidade ou no meio social em que o aluno atua. Outro tópico a ser tratado são as estratégias sobre como desenvolver o projeto: como iniciá-lo, como manter os objetivos estipulados, como saber que ele está resolvido e os objetivos foram atingidos etc.

No eixo "conceitos envolvidos no projeto", pode-se discutir e trabalhar os conceitos disciplinares e intrínsecos ao tema do projeto (por exemplo, movimento dos planetas) ou sobre como aplicar um determinado conceito. Já no eixo "domínio das tecnologias", são trabalhados os conceitos relativos às TIC, por exemplo, como funciona um comando de um software, que software é mais adequado etc.

Finalmente, no quarto eixo, "estratégias sobre aprender", pode-se trabalhar as idéias sobre como aprender, onde e como buscar informação, que estratégia de aprendizagem está sendo usada pelo aluno. A interação do professor constitui uma "dança" que ele realiza com o aluno, transitando e trabalhando em cada um desses quatro eixos de construção de conhecimento, como ilustrado na Figura 2.5.

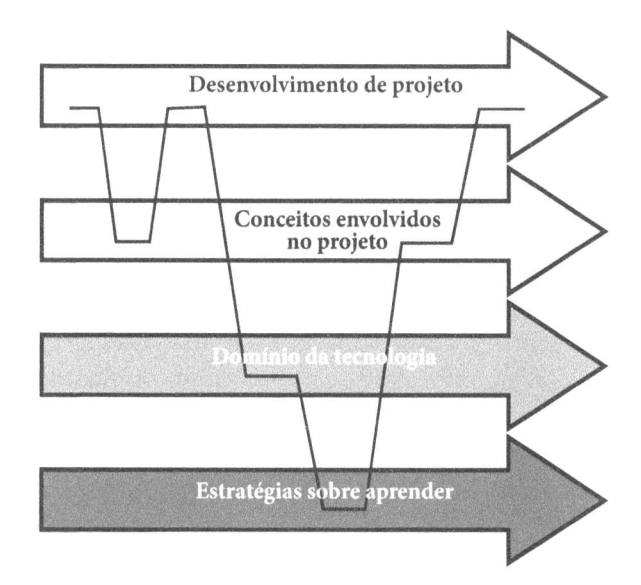

Figura 2.5 *"Dança" que o professor e o aprendiz realizam para construir conhecimento sobre diferentes conceitos envolvidos no desenvolvimento de projetos.*

Porém, de que recursos o professor dispõe para poder realizar essa "dança"? Ela será bastante facilitada se o aprendiz puder manter o registro de suas ações de modo que o professor não necessite estar todo o momento ao seu lado, explorando as diferentes situações que surgem. Ou seja, o trabalho do professor pode ser mais efetivo se o aluno estiver explicitando de alguma forma o conhecimento que constrói.

Por outro lado, torna-se contraproducente o fato de o aluno ter de interromper seu trabalho para poder registrar suas ações. Nesse sentido, as características do trabalho com as TIC, o fato de elas auxiliarem no processo de representação do conhecimento que o aluno usa nas tarefas que realiza, fazem com que essas tecnologias sejam bastante úteis, podendo desempenhar um papel fundamental para tornar o desenvolvimento de projetos uma estratégia pedagógica mais produtiva do ponto de vista da construção de conhecimento.

Nesse sentido, as TIC desempenham diferentes papéis que auxiliam o aluno e o professor nesta interação. Primeiro, elas podem ser utilizadas na busca da informação de que o aprendiz necessita ou na elaboração de cálculos. Segundo, podem auxiliar no processo de representação e explicitação do raciocínio e, por conseguinte, dos conceitos e estratégias que o aprendiz utiliza. Terceiro, as TIC podem executar esse "raciocínio" à medida que apresentam o resultado do que foi solicitado à máquina em termos da representação e explicitação das ações que ela tem de realizar para resolver o projeto. Quarto, a apresentação dos resultados favorece a reflexão, de modo que o aprendiz pode confrontar suas idéias originais com os resultados obtidos. Finalmente, se os resultados não são os esperados, não é difícil alterar a representação das idéias, depurando-as (Valente, 1999b).

É importante mencionar que as TIC auxiliam o trabalho do professor no sentido de que a explicitação das idéias e os resultados apresentados pela máquina permitem ao aprendiz observar o que foi realizado corretamente e o que ainda necessita melhorar. A intervenção do professor é fundamental nos momentos em que o aprendiz não consegue progredir, ou nos momentos de ser desafiado a procurar novas situações e, assim, ter a chance de dar saltos de qualidade no seu trabalho. Para isso, o professor deve estar formado no sentido de ter construído conhecimentos sobre os diferentes conceitos, de maneira a compreender o que o aluno está desenvolvendo e, então, saber intervir adequadamente, realizar a interação com o aluno no sentido de ajudá-lo a construir novos conhecimentos.

Assim, os projetos realizados por intermédio das TIC, além de auxiliarem o aprendiz na construção do seu conhecimento, auxiliam também na explicitação do conhecimento que ele construiu. O aluno, construindo seu conhecimento e podendo explicitá-lo, está gerando conhecimento. O mesmo pode acontecer com as atividades que os administradores e professores realizam por intermédio das TIC. Nesse sentido, a escola como um todo passa a ser geradora de conhecimento. A escola pode, agora, criar mecanismos para organizar, disseminar e usar esse conhecimento, passando a ser gestora dele.

A Escola como Geradora e Gestora de Conhecimento

Os projetos de implementação da informática têm sido centrados em duas ações básicas: instalação de laboratórios de informática na escola e formação dos professores para o uso desses recursos tecnológicos. Como foi mencionado no início deste capítulo, algumas escolas estão usando esses recursos adequadamente, mas, em muitas outras, a informática ainda é tratada como um apêndice, para ser utilizada depois da aula.

Isso acontece pelo motivo de a implantação das TIC na educação estar totalmente centrada no professor, sem se assumir que a escola é um espaço de trabalho complexo, que envolve inúmeros outros fatores, além do professor e dos educandos (Hargreaves, 1995). A implantação de novas idéias depende, fundamentalmente, das ações do professor e dos seus alunos, porém essas ações, para serem efetivas, devem ser acompanhadas de uma maior autonomia para tomar decisões, alterar o currículo, desenvolver propostas de trabalho em equipe e usar as TIC. Isso significa que a mudança na escola deve envolver todos os participantes do processo educativo – alunos, professores, diretores, especialistas, comunidade de pais – e essa mudança tem de ser vista como um processo em construção, realizado por todos esses participantes, contando com o apoio de especialistas externos para assessoramento e suporte técnico para o desenvolvimento curricular (Garcia, 1995).

Tal visão significa entender que implantar a informática na escola não é somente um problema de incrementar atividades administrativas ou mesmo mecânicas por intermédio das TIC. Trata-se de implementar mudanças profundas, mudanças em procedimentos que são centenários, e, para que isso seja possível, é necessário um grande investimento em formação não só dos professores, mas dos gestores educacionais como administradores, orientadores pedagógicos e supervisores. Todos os envolvidos, gestores educacionais, professores e alunos, necessitam ser construtores de conhecimento, cada um na sua área e especialidade de atuação, contribuindo para que a escola seja entendida como a instituição geradora e gestora de conhecimento.

Se a nova abordagem educacional, como discutida ao longo deste capítulo, é centrada no processo de construção de conhecimento que o aluno realiza, o mesmo deve ser verdadeiro para a formação dos professores e dos gestores da escola. Nesse sentido, a formação dos professores e gestores também deve ser fundamentada no processo de construção de conhecimento, e também auxiliada pelo uso das TIC. Ou seja, os professores e gestores devem vivenciar os mesmos processos e experiências de construção de conhecimento que os seus alunos.

A formação de gestores educacionais usando as TIC já está sendo realizada por diversas instituições de ensino, como exemplo, o Ministério da Educação, por intermédio do Programa Nacional Escola de Gestores da Educação Básica (Escola de Gestores, 2007) e o Programa de Pós-Graduação em Educação, da PUC-SP, que desenvolveu dois cursos nessa área: a formação de educadores para a gestão educacional e tecnológica (Vieira, Almeida e Alonso, 2003) e a formação de gestores educacionais no âmbito de secretarias de educação de diversos estados brasileiros (Almeida e Almeida, 2006).

No processo de implantação das TIC nas escolas usando as abordagens discutidas ao longo do capítulo, os alunos, professores e gestores, quando realizam seus respectivos projetos utilizando tais tecnologias, estão tendo a chance de construir seu conhecimento. Ao mesmo tempo, os produtos realizados, com o conhecimento construído, podem ser descritos e documentados, constituindo um repositório de "conhecimento" gerado pela escola. São experiências contextualizadas na realidade da escola e que devem ser disseminadas e usadas como objeto de reflexão da própria escola ou de outras pessoas ou instituições educacionais. Porém, o conhecimento construído e representado por intermédio das TIC deve ser trabalhado, organizado, para que possa ser disseminado. Não adianta esse conhecimento estar somente representado.

Essa tem sido a prática que tenho adotado em meus cursos de graduação e de pós-graduação Multimeios e Educação, oferecidos no Instituto de Artes da Unicamp. Os alunos constroem conhecimento usando as TIC, tanto para realizar atividades inerentes à disciplina quando para interagir com o professor e com os colegas. Os textos lidos, as discussões nos fóruns, os documentos que os alunos produzem ficam armazenados no sistema de educação a distância. No entanto, se só permanecem nesse sistema, não poderão ser consultados por pessoas externas ao curso. Para que essa informação possa ser acessada ela é organizada na forma de um site para a Web, onde é descrito o objetivo e a metodologia usada na disciplina, os textos lidos e sites consultados, os produtos elaborados pelos alunos, juntamente com um artigo descrevendo essa produção. Os sites das disciplinas oferecidas desde 2003 estão disponibilizados na página do Instituto de Artes da Unicamp (Disciplinas na Web, 2006).

O fato de essa informação estar disponível e poder ser consultada por outras pessoas facilita a troca de idéias, a reflexão, criando, com isso, a chance de saltos para outros níveis mais elevados de construção (Prado e Valente, 2002; Prado, 2003).

Considerações Finais

Com base nas discussões e nos exemplos apresentados, é possível entender que os recursos tecnológicos podem assumir três papéis na escola geradora de conhecimento. Primeiro, são utilizados para resolver problemas e, com isso, auxiliar o aluno, professores e gestores no processo de construção do seu respectivo conhecimento, como já mencionado. Segundo, as TIC podem servir como recursos para organizar e disseminar os conhecimentos gerados em todos os níveis. Isso pode ser feito por meio de banco de dados contendo informações geradas tanto do ponto de vista acadêmico quanto administrativo. O conhecimento acadêmico gerado em todos os níveis, do aluno ao gestor, pode ser disseminado para a sociedade na forma de páginas na Internet ou por intermédio de outros meios, como publicações.

Terceiro, essas tecnologias atuam como uma interface digital de interação entre todos os participantes do processo educativo na escola, e também com especialistas externos. Esses especialistas podem *estar juntos* virtualmente da escola (Valente, 1999c), auxiliando cada um dos profissionais na realização de ações que contribuem para a construção de seu conhecimento e, portanto, para a escola ser uma instituição mais eficiente como geradora de conhecimento. Do mesmo modo, as escolas podem estar interligadas, e seus profissionais e alunos interagindo, formando uma verdadeira rede dinâmica de aprendizagem coletiva, como foi proposto e observado no Projeto Cer (Vallin, 2004).

Essa visão implica entender que a implantação das TIC na escola não pode ser vista como a instalação de um laboratório de informática, e nem mesmo como um curso de formação de professores para o uso dessas tecnologias. As TIC devem estar impregnadas em todas as atividades, dos alunos, dos professores e dos gestores, de modo que cada um, na sua área de atuação ou especificidade, possa tirar proveito e realizar sua atividade com mais eficiência. Além disso, a escola deve deixar de ser a instituição que dissemina um conhecimento amorfo, para ser a que gera conhecimento como fruto do trabalho que os alunos, professores e gestores realizam. Nesse contexto, as TIC passam a servir como auxiliar tanto na geração quanto na organização e disseminação desse conhecimento. A escola adquire vida e passa a ter um papel mais preponderante na sociedade do conhecimento.

Referências Bibliográficas

ALMEIDA, F. J.; ALMEIDA, M. E. B. B. (Org.) *Liderança, gestão e tecnologias*: para a melhoria da educação no Brasil. São Paulo: s.n, 2006.

DAVIS, S. M.; BOTKIN, J. W. *The monster under the bad*: how business is mastering the opportunity of knowledge for profit. Nova York: Simon & Schuster, 1994.

DEWEY, J.; DEWEY, E. *Schools of Tomorrow*. Nova York: E. P. Dutton & Co., 1915.

DISCIPLINAS NA WEB Sites das disciplinas Multimeio e Educação. 2006. Disponível em: www.iar.unicamp.br/disciplinas. Acesso em: jun. 2006.

DRUCKER, P. F. *Post-Capitalism Society*. Nova York: Harper Collins. Traduzido para o português como *Sociedade pós-capitalista*. São Paulo: Pioneira, 1993.

ESCOLA DE GESTORES Site da Escola de Gestores do Ministério da Educação, 2007. Disponível em: www.escoladegestores.inep.gov.br/informacoes_basicas/o_que_e.htm. Acesso em: jan. 2007.

FULLAN, M.; HARGREAVES, A. *A escola como organização aprendente*: buscando uma educação de qualidade. Porto Alegre: Artes Médicas Sul, 2000.

GARCIA, C. M. *Formación del Profesorado para el Cambio Educativo*. Barcelona: Editora da Universidade de Barcelona, 1995.

HARGREAVES, A. *Professorado, Cultura y Postmodernidad*. Madrid: Morata, 1995.

MANTOAN, M. T. E. O processo de conhecimento – tipos de abstração e tomada de consciência. *NIED-Memo 27*. Campinas, Nied/Unicamp, 1994.

MORIN, E. *O Método*: a natureza da natureza. Portugal: Publicações Europa-América, 1997.

PIAGET, J. *Abstração reflexionante*: relações lógico-aritméticas e ordem das relações espaciais. Porto Alegre: ArtMed, 1995.

PRADO, M. E. B. B. *Educação a distância e formação do professor*: redimensionando concepções de aprendizagem. São Paulo, 2003. Tese (Doutorado). Programa de Pós-Graduação em Educação: Currículo, Pontifícia Universidade Católica de São Paulo.

PRADO, M. E. B. B.; VALENTE, J. A. A educação a distância possibilitando a formação do professor com base no ciclo da prática pedagógica. In: MORAES, M. C. (Org.) *Educação a distância*: fundamentos e práticas. Campinas: Unicamp/Nied, 2002. p. 27-50.

VALENTE, J. A. Por que o computador na educação? In: VALENTE, J. A. (Org.) *Computadores e conhecimento*: repensando a educação. Campinas: Gráfica da Unicamp, 1993.

_____. O papel do professor no ambiente Logo. In: VALENTE, J. A. (Org.) *O professor no ambiente Logo*: formação e atuação. Campinas: Unicamp/Nied, 1996. p. 1-34.

_____ (Org.) *Computadores na sociedade do conhecimento*. Campinas: Unicamp/Nied, 1999a. Disponível em: www.nied.unicamp.br/oea. Acesso em: jun. 2006.

_____. Análise dos diferentes tipos de software usados na educação. In: VALENTE, J. A. (Org.) *Computadores na sociedade do conhecimento*. Campinas: Unicamp/Nied, 1999b. p. 89-110. Disponível em: http://www.nied.unicamp.br/oea. Acesso em: jun. 2006.

VALENTE, J. A. Diferentes abordagens de educação a distância, 1999c. Disponível em: http://www.proinfo.gov.br/upload/biblioteca/195.pdf. Acesso em: out. 2004.

_____. A espiral da aprendizagem e as tecnologias da informação e comunicação: repensando conceitos. In: JOLY, M. C. (Ed.) *Tecnologia no ensino*: implicações para a aprendizagem. São Paulo: Casa do Psicólogo Editora, 2002. p. 15-37.

VALLIN, C. *Projeto CER*: comunidade escolar de estudo, trabalho e reflexão. São Paulo, 2004. Tese (Doutorado) Programa de Pós-Graduação em Educação: Currículo, Pontifícia Universidade Católica de São Paulo.

VIEIRA, A. T.; ALMEIDA, M. E. B.; ALONSO, M. (Org.) *Gestão educacional e tecnologia*. São Paulo: Avercamp, 2003.

WARDMAN, K. T. *Criando organizações que aprendem*. São Paulo: Futura, 1996.

3

Educação e Desenvolvimento Local

Ladislau Dowbor

Resumo

Uma nova visão está entrando rapidamente no universo da educação, a de que os alunos, além do currículo tradicional, devem conhecer e compreender a realidade em que vivem e serão chamados a participar como cidadãos e como profissionais. O desenvolvimento moderno necessita cada vez mais de pessoas informadas sobre a própria realidade de vida e trabalho. Não basta termos estudado quem foi D. João VI se não conhecemos a origem ou as tradições culturais que constituíram a nossa cidade, os seus potenciais econômicos, os desafios ambientais, o acerto ou a irracionalidade da sua organização territorial, os seus desequilíbrios sociais. Pessoas desinformadas não participam, e sem participação não há desenvolvimento.

O envolvimento mais construtivo do cidadão se dá no âmbito da sua própria cidade e dos seus entornos, na região onde cresceu, ao se articular com pessoas que conhece diretamente e instituições concretas que fazem parte de seu cotidiano. Trata-se de fechar a imensa brecha entre o conhecimento formal curricular e o mundo onde cada pessoa se desenvolve. Numerosas experiências desse tipo estão se multiplicando no Brasil, e o presente capítulo visa facilitar a compreensão de tal processo.

Introdução

A região de São Joaquim, no sul de Santa Catarina, era carente, com pequenos produtores sem perspectiva, e com os indicadores de desenvolvimento humano mais baixos do Estado. Como outras regiões do país, São Joaquim e os municípios vizinhos esperavam que o desenvolvimento "chegasse" de fora, sob forma do investimento de uma grande empresa, ou de um projeto do governo. Há poucos anos, vários dos residentes decidiram que não iriam mais esperar, e optaram por uma outra visão de solução dos seus problemas: enfrentá-los eles mesmos. Identificaram características diferenciadas do clima local e constataram que era excepcionalmente favorável à fruticultura. Organizaram-se e, com os meios de que dispunham, fizeram parcerias com instituições de pesquisa, formaram cooperativas, abriram canais conjuntos de comercialização para não depender de atravessadores, e hoje constituem uma das regiões que mais rapidamente se desenvolve no Brasil. E não estão dependendo de uma grande corporação que de um dia para o outro pode mudar de região: dependem de si mesmos.

Essa visão de que podemos ser donos da nossa própria transformação econômica e social, de que o desenvolvimento não se espera, mas se faz, constitui uma das mudanças mais profundas que está ocorrendo no país. Tira-nos da atitude de espectadores críticos de um governo sempre insuficiente, ou do pessimismo passivo. Devolve ao cidadão a compreensão de que pode tomar o seu destino em suas mãos, conquanto haja uma dinâmica social local que facilite o processo, gerando sinergia entre diversos esforços.

A idéia da educação para o desenvolvimento local está diretamente vinculada a essa compreensão e à necessidade de formar pessoas que no futuro possam participar de forma ativa das iniciativas capazes de transformar o seu entorno, de gerar dinâmicas construtivas. Hoje, quando se tenta promover iniciativas desse tipo, constata-se que não só os jovens, mas inclusive os adultos, desconhecem da origem do nome da sua própria rua até os potenciais do subsolo da região onde se criaram. Para desempenharmos uma cidadania ativa, precisamos ter uma cidadania informada, e isso começa cedo. A educação não deve servir apenas como trampolim para uma pessoa escapar da sua região: deve dar-lhe os conhecimentos necessários para ajudar a transformá-la.

Na Itália, visitamos uma cidade onde o chão da praça central era um gigantesco baixo-relevo da própria cidade e das regiões vizinhas, permitindo às pessoas visualizar por exemplo, os prédios, as grandes vias de comunicação e o desenho da bacia hidrográfica. Entre outros usos, a praça é utilizada pelos professores para discutir com os alunos a distribuição territorial das principais áreas econômicas, mostrar-lhes como a poluição em um ponto se espalha para o conjunto da cidade e assim por diante. Há cidades que elaboraram um atlas local para que as crianças possam entender o seu espaço; outras estão dinamizando a produção de indicadores para que os problemas locais se tornem mais compreensíveis e mais fáceis de serem incorporados no currículo escolar. Os meios são numerosos e variados, e os detalharemos no presente texto, mas o essencial é a atitude de considerar que as crianças podem e devem se apropriar, por meio de conhecimento organizado, do território onde são chamadas a viver, e que a educação tem um papel central a desempenhar nesse plano.

Há uma dimensão pedagógica importante nesse enfoque. Ao estudar de forma científica e organizada a realidade que conhecem por vivência mas de maneira fragmentada, as crianças tendem a assimilar melhor os próprios conceitos científicos, pois é a realidade delas que adquire sentido. Ao estudarem, por exemplo, as dinâmicas migratórias que constituíram a cidade onde vivem, as crianças tendem a encontrar cada uma a sua origem, segmentos de sua identidade, e começam a ver a ciência como instrumento de compreensão da sua própria vida, da vida da sua família. A ciência passa a ser apropriada, e não mais apenas uma obrigação escolar.

Globalização e Desenvolvimento Local

Quando lemos a imprensa, ou até revistas técnicas, parece-nos que tudo está globalizado, só se fala em globalização, no cassino financeiro mundial, nas corporações transnacionais. A globalização é um fato indiscutível, diretamente ligado a transformações tecnológicas da atualidade e à concentração mundial do poder econômico. No entanto, nem tudo foi globalizado. Quando olhamos dinâmicas simples, mas essenciais para a nossa vida, encontramos o espaço local. Assim, a qualidade de vida no nosso bairro é um problema local, envolvendo o asfaltamento, o sistema de drenagem, as infra-estruturas do bairro.

Esse raciocínio pode ser estendido a inúmeras iniciativas, como a de São Joaquim citada, mas também a soluções práticas, por exemplo, a decisão de Belo Horizonte de tirar os contratos da merenda escolar da mão de grandes intermediários, contratando grupos locais de agricultura familiar para abastecer as escolas, o que dinamizou o emprego e o fluxo econômico da cidade, além de melhorar sensivelmente a qualidade da comida – foram incluídas cláusulas sobre agrotóxicos – e de promover a construção do capital social. Dependem essencialmente da iniciativa local a qualidade da água, da saúde, do transporte coletivo, bem como a riqueza ou a pobreza da vida cultural. Enfim, grande parte do que constitui o que hoje chamamos de qualidade de vida não depende muito – ainda que possa sofrer os seus impactos – da globalização, depende da iniciativa local.

A importância crescente do desenvolvimento local encontra-se atualmente em inúmeros estudos, do Banco Mundial, das Nações Unidas, de pesquisadores universitários. Iniciativas como as que mencionamos vêm sendo estudadas regularmente. O Programa Gestão Pública e Cidadania, por exemplo, desenvolvido pela Fundação Getúlio Vargas de São Paulo, tem cerca de 7,5 mil experiências desses tipos cadastradas e estudadas. O Centro de Estudos e Pesquisas de Administração Municipal (Cepam), com atuação no estado de São Paulo, acompanha centenas de experiências. O Instituto de Administração Municipal (Ibam) do Rio de Janeiro acompanha iniciativas no Brasil inteiro, como também fazem o Instituto Pólis e a Fundação Banco do Brasil – que promoveu a Rede de Tecnologias Sociais – e outras organizações.

É interessante constatar que, quanto mais se desenvolve a globalização, mais as pessoas estão resgatando o espaço local e buscando melhorar as condições de vida no seu entorno imediato. Naisbitt, um pesquisador norte-americano, chegou a chamar esse processo de duas vias, de globalização e de localização, de "paradoxo global". Na realidade, a nossa cidadania se exerce em diversos níveis, mas é no plano local que a participação pode se expressar de forma mais concreta.

A grande diferença para municípios que tomaram as rédeas do próprio desenvolvimento é que, em vez de serem objetos passivos do processo de globalização, passaram a direcionar a sua inserção segundo os seus interesses. Promover o desenvolvimento local não significa voltar as costas para os processos mais amplos, inclusive planetários: significa utilizar as diversas dimensões territoriais segundo os interesses da comunidade.

Há municípios turísticos, por exemplo, nos quais um gigante do turismo industrial ocupa uma enorme área da orla marítima, joga a população ribeirinha para o interior, e obtém lucros a partir da beleza natural da região na mesma proporção em que dela priva os seus habitantes. Outros municípios desenvolveram o turismo sustentável, e aproveitam a tendência crescente da busca de lugares mais sossegados, com pousadas simples mas em ambiente agradável, ajudando, e não desarticulando, as atividades preexistentes, como a pesca artesanal, que, inclusive se torna um atrativo. Tanto o turismo de *resorts* como o turismo sustentável participam do processo de globalização, mas na segunda opção há um enriquecimento da comunidade, que continua a ser dona do seu desenvolvimento.

Com o peso crescente das iniciativas locais, é natural que da educação se esperem não só conhecimentos gerais, mas a compreensão de como os conhecimentos gerais se materializam em possibilidades de ação no plano local.

Urbanização e Iniciativas Sociais

Boa parte da atitude passiva de "espera" do desenvolvimento deve-se ao fato de nossa urbanização ainda ser muito recente. Nos anos 1950, éramos, como ordem de grandeza, dois terços de população rural, hoje somos 82% de população urbana. A urbanização muda profundamente a forma de organização da sociedade em torno das suas necessidades. Uma família no campo resolve individualmente os seus próprios problemas de abastecimento de água, de lixo, de produção de hortifrutigranjeiros, de transporte.

Na cidade, não é viável cada um ter o seu poço, inclusive porque o adensamento da população provoca a poluição dos lençóis freáticos pelas águas negras. O transporte é, em grande parte, coletivo, o abastecimento depende de uma rua comercial, as casas têm de estar interligadas com redes de água, esgotos, telefonia, eletricidade, freqüentemente com cabos de fibras óticas, sem falar da rede de ruas e calçadas, de serviços coletivos de limpeza pública e remoção de lixo e assim por diante. A cidade é um espaço onde predomina o sistema de consumo coletivo em rede.

No espaço adensado urbano, as dinâmicas de colaboração predominam. Não adianta uma residência combater o mosquito da dengue se o vizinho não colabora. A poluição de um córrego vai afetar toda a população que vive rio abaixo. Assim, enquanto a qualidade de vida da era rural dependia, em grande parte, da iniciativa individual, na cidade passa a ser essencial a iniciativa social, que envolve muitas pessoas e a participação informada de todos.

O próprio entorno rural passa a se articular cada vez mais com a área urbana, tanto por meio do movimento de chácaras e lazer rural da população urbana, como por causa das atividades rurais que se completam com a cidade, como é o caso do abastecimento alimentar, das famílias rurais que complementam a renda com trabalho urbano, ou da necessidade de serviços descentralizados de educação e saúde. Gera-se, assim, um espaço articulado de complementaridades entre o campo e a cidade. Onde antes havia a divisão nítida entre o *rural* e o *urbano*, aparece o que tem sido chamado de *rurbano*.

No território assim constituído, as pessoas passam a se identificar como comunidade, a administrar conjuntamente problemas que são comuns. Esse "aprender a colaborar" se tornou suficientemente importante para ser classificado como um capital, uma riqueza de cada comunidade, sob forma de capital social. Em outros termos: se, antigamente, o enriquecimento e a qualidade de vida dependiam diretamente – por exemplo em uma propriedade rural – do esforço da família, na cidade a qualidade de vida e o desenvolvimento vão depender cada vez mais da capacidade inteligente de organização das complementaridades, das sinergias no interesse comum.

É nesse plano que desponta a imensa riqueza da iniciativa local: como cada localidade é diferenciada segundo o seu grau de desenvolvimento, a região onde se situa, a cultura herdada, as atividades predominantes e a disponibilidade de determinados recursos naturais, as soluções terão de ser diferentes para cada uma. E só as pessoas que vivem na localidade, que a conhecem efetivamente, é que sabem realmente quais são as necessidades mais prementes, os principais recursos subutilizados e assim por diante. Se elas não tomarem iniciativas, dificilmente alguém o fará em seu lugar.

O Brasil tem quase 5.600 municípios. Não é viável o governo federal, ou mesmo o governo estadual, conhecer todos os problemas de tantos lugares diferentes. Tampouco está na mão de algumas grandes corporações resolver tantos assuntos, ainda que tivessem interesse. De certa forma, os municípios formam os "blocos" com os quais se constrói um país, e cada bloco ou componente tem de se organizar de forma adequada segundo as suas necessidades, para que o conjunto – o país – funcione.

Assim, passamos de uma visão tradicional dicotômica, na qual de um lado ficava a iniciativa individual e, de outro, a grande organização, estatal ou privada, para uma visão de iniciativas colaborativas no território. As inúmeras organizações da sociedade civil, as ONGs, as organizações comunitárias, os grupos de interesse, fazem parte dessa construção de uma sociedade que gradualmente aprende a articular demandas que são diferenciadas mas nem por isso deixam de ter dimensões complementares.

A educação não pode se limitar a constituir um tipo de estoque básico de conhecimentos para cada aluno. As pessoas que convivem em um território têm de passar a conhecer os problemas comuns, as alternativas, os potenciais. A escola torna-se, então, uma articuladora entre as necessidades do desenvolvimento local e os conhecimentos correspondentes. Não se trata de uma diferenciação discriminadora, do tipo "escola pobre para pobres"; trata-se de uma educação mais emancipadora, na medida em que assegura ao jovem os instrumentos de intervenção sobre a realidade que é a sua.

Informação, Educação e Cidadania

A pesquisadora norte-americana Hazel Henderson criou uma imagem interessante. Imaginemos um trânsito atravancando uma região da cidade. Uma das soluções é deixar cada um se virar como pode, um tipo de liberalismo exacerbado. O resultado provavelmente será que todos buscarão maximizar as suas vantagens individuais, gerando um engarrafamento-monstro, pois a tendência é ocupar todos os espaços vazios, e a maioria vai ter um comportamento semelhante. Outra solução é colocar guardas que irão direcionar todo o fluxo de trânsito, de forma imperativa, com o intuito de desobstruir a região. A solução pode ser mais interessante, mas não respeita as diferenças de opção ou mesmo de destino dos diversos motoristas. Uma terceira opção é deixar a escolha ao cidadão, mas assegurar, mediante rádio ou painéis, ampla informação sobre onde está o engarrafamento, os tempos previstos de demora e as alternativas. Esse tipo de decisão, democrática mas informada, permite o comportamento inteligente de cada indivíduo segundo os seus interesses e situação particular e, ao mesmo tempo, o interesse comum.

Sempre haverá, naturalmente, um pouco de cada uma dessas opções nas diversas formas de organizar o desenvolvimento, mas o que nos interessa particularmente é a terceira, pois mostra que, além do vale-tudo individual, ou da disciplina da "ordem", pode haver formas organizadas e inteligentes de ação sem ninguém precisar mandar nas pessoas e respeitando a sua liberdade. Em outros termos, um bom conhecimento da realidade, sólidos sistemas de informação e transparência na sua divulgação podem permitir iniciativas inteligentes por parte de todos.

Há algum tempo, Porto Alegre colocou em mapas digitalizados todas as informações sobre unidades econômicas da cidade, que estão registradas na Secretaria da Fazenda para se obter um alvará de funcionamento. Quando, por exemplo, um comerciante quer abrir uma farmácia, mostram-lhe o mapa de distribuição das farmácias na cidade. Com isso, ele localiza as áreas nas quais já há várias farmácias, e onde há falta. Assim, com boa informação, o comerciante irá localizar a sua farmácia onde há clientela que está precisando, servindo melhor os seus próprios interesses e prestando um serviço socialmente mais útil.

Em outros termos, a coerência sistêmica de numerosas iniciativas de uma cidade, de um território, depende fortemente de uma cidadania informada. A realidade atual é de que só alguns políticos ou chefes econômicos locais dispõem da informação e ditam o seu programa à cidade. Assim, a democratização do conhecimento do território, das suas dinâmicas mais variadas, é uma condição central do desenvolvimento. E onde o cidadão vai colher conhecimento sobre a sua região, se discussões sobre a cidade só aparecem uma vez a cada quatro anos nos discursos eleitorais?

Um relatório recente do Instituto de Estudos Socioeconômicos (Inesc), ONG que trabalha sobre o controle do dinheiro público, é interessante nesse sentido:

> O fato de termos uma sociedade com baixo nível de escolaridade constitui um desafio a mais, não só para melhorar a escolaridade, mas para educar para a cidadania, para que os cidadãos saibam suas responsabilidades e saibam cobrar dos seus legisladores e do poder público em geral, a transparência, a decomposição dos números que não entendem. Apesar disso, e embora não haja uma cultura disseminada do controle social na população, muitos cidadãos exercem o controle social com extrema eficácia porque têm noção de prioridade e fazem comparações, em termos de resultados das políticas, mesmo sem saber ler, e mesmo quando o próprio poder público tenta desqualificá-los, principalmente quando se apontam irregularidades nos Conselhos. Quanto mais as informações são monopólio, ou herméticas e confusas, menor é a capacidade de a sociedade participar e de influenciar o Estado, o que acaba enfraquecendo a noção de democracia, que pode ser medida pelo fluxo, pela qualidade e quantidade das informações que circulam na sociedade. O grande desafio é a transparência no sentido do empoderamento, que significa encontrar instrumentos para que a população entenda o orçamento e fiscalize o poder público. (Inesc, 2006)

O objetivo da educação não é desenvolver conceitos tradicionais de "educação cívica" com moralismos que cheiram a mofo, mas permitir que os jovens tenham acesso aos dados básicos do contexto que regerá as suas vidas. Entender o que acontece com o dinheiro público, quais são os indicadores de mortalidade infantil, quem são os maiores poluidores da sua região, quais são os maiores potenciais de desenvolvimento – tudo isso é uma questão de elementar transparência social. Não se trata de privilegiar o *prático* relativamente ao teórico, trata-se de *dar um embasamento concreto à própria teoria*.

Os Parceiros do Desenvolvimento Local

Uma forma de educar que contemple uma maior compreensão da realidade próxima terá de organizar parcerias com os diversos atores sociais que constroem a dinâmica local. Em particular, as escolas, ou o sistema educacional da região, terão de articular-se com universidades locais ou regionais para elaborar o material correspondente, organizar parcerias com ONGs que trabalham com dados locais, conhecer as diferentes organizações comunitárias, interagir com diversos setores de atividades públicas, buscar o apoio de instituições do sistema S como Sebrae ou Senac, e assim por diante.

O processo é de duplo sentido, pois, por um lado, leva a escola a formar pessoas com maior compreensão das dinâmicas realmente existentes para os futuros profissionais e, por outro, leva a que essas dinâmicas penetrem o próprio sistema educacional, enriquecendo-o. Assim, os professores terão maior contato com as diversas esferas de atividades, e se tornarão, de certa maneira, mediadores científicos e pedagógicos de um território, de uma comunidade. A requalificação dos professores que isso implica poderá ser muito rica, pois eles confrontarão o que ensinam com as realidades vividas, sendo, de alguma forma, colocados na mesma situação que os alunos, que escutam as aulas e enfrentam a dificuldade em fazer a ponte entre o que é ensinado e a realidade concreta do seu cotidiano.

O impacto em termos de motivação, para uns e outros, poderá ser grande, sobretudo para os alunos, a quem sempre se explica que "um dia" entenderão por que aquilo que estudam é importante. O aluno que terá aprendido em termos históricos e geográficos como se desenvolveu a sua cidade, o seu bairro, terá maior capacidade e interesse em contrastar esse desenvolvimento com o processo de urbanização de outras regiões, de outros países, e compreenderá melhor os conceitos teóricos das dinâmicas demográficas em geral.

O processo envolve também mudanças dos procedimentos pedagógicos, já que é diferente fazer os alunos anotarem o que o professor diz sobre dona Carlota Joaquina e organizar de maneira científica o conhecimento prático – mas fragmentado – que existe na cabeça dos aprendizes. Em particular, seria natural organizar de forma regular, e não esporádica, discussões que envolvam alunos, professores e profissionais de diversas áreas de atividades, de líderes comunitários a gerentes de banco, de sindicalistas a empresários, de profissionais liberais a desempregados, apoiando esses contatos sistemáticos com material científico de apoio.

Na sociedade do conhecimento para a qual evoluímos rapidamente, todos – e não só as instituições de ensino – defrontam com as dificuldades de lidar com muito mais conhecimento e informação. As empresas realizam regularmente programas de requalificação dos trabalhadores, e hoje em dia trabalham com o conceito de *knowledge organization*, ou de *learning organizations*, na linha da aprendizagem permanente.

Acabou o tempo em que as pessoas primeiro estudam, depois trabalham, e depois se aposentam. A relação com a informação e o conhecimento as acompanha cada vez mais durante toda a sua vida. É um deslocamento profundo entre a cronologia da educação formal e a cronologia da vida profissional.

Nesse sentido, todas as organizações, e não só as escolas, se tornaram instituições onde se aprende, e nas quais se reconsideram os dados da realidade. A escola precisa estar articulada com esses diversos espaços de aprendizagem para ser uma parceira das transformações necessárias.

Um exemplo interessante vem de Jacksonville, nos Estados Unidos. A cidade produz anualmente um balanço de evolução da sua qualidade de vida, avaliando a saúde, a educação, a segurança, o emprego, as atividades econômicas e outros. Esse relatório anual é feito com a participação dos mais variados parceiros, e permite inserir o conhecimento científico da realidade no cotidiano dos cidadãos. O mundo da educação tem por vocação ensinar a trabalhar de forma organizada o conhecimento. Pode ficar fora de esforços deste tipo?

Aparecem como parceiros necessários as universidades regionais, as empresas, o sistema S, diversos órgãos das prefeituras, as ONGs ambientais, as organizações comunitárias, a mídia local, as representações locais do Instituto Brasileiro de Geografia e Estatística (IBGE), Empresa Brasileira de Pesquisa Agropecuária (Embrapa) e outros organismos de pesquisa e desenvolvimento. Enfim, há um mundo de conhecimentos dispersos e subutilizados que podem se tornar matéria-prima de um ensino diferenciado.

O que visamos é uma escola um pouco menos lecionadora, e um pouco mais articuladora dos diversos espaços do conhecimento que há em cada localidade, em cada região. E educar os alunos de forma a que se sintam familiarizados com essa realidade e nela inseridos.

O impacto das tecnologias[1]

É impressionante a solidão do professor diante da sua turma, com os seus 50 minutos e uma fatia de conhecimento predefinida a transmitir. Alguns serão melhores, outros, piores, para enfrentar esse processo; mas, no conjunto, esse

---

[1] Desenvolvemos esse tema no livro *Tecnologias do conhecimento*: os desafios da educação. 3. ed. Petrópolis: Vozes, 2005. Disponível em: http://www.dowbor.org.

universo fatiado pouco corresponde à motivação dos alunos, e tornou-se muito difícil para o professor, individualmente, modificar os procedimentos. Tal quadro levou a uma situação interessante, de um grande número de pessoas na área educacional querendo introduzir modificações, ao mesmo tempo em que pouco se muda. É um tipo de impotência institucional, em que uma engrenagem tem dificuldade de alterar algo na medida em que depende de outras engrenagens. A mudança sistêmica é sempre difícil. E, sobretudo, as soluções individuais não bastam.

Um dos paradoxos que enfrentamos é o contraste entre a profundidade das mudanças das tecnologias do conhecimento e o pouco que os procedimentos pedagógicos mudaram. A maleabilidade dos conhecimentos foi e está sendo profundamente revolucionada. Pondo de lado os diversos tipos de exageros sobre a "inteligência artificial", ou as desconfianças naturais dos desinformados; a realidade é que a informática, associada às telecomunicações, permite:

- estocar de forma prática, em disquetes, em discos rígidos e em discos *laser*, ou simplesmente em algum endereço da rede, gigantescos volumes de informação. Estamos falando de centenas de milhões de unidades de informação que cabem no bolso, e do acesso universal a qualquer informação digitalizada;

- trabalhar essa informação de maneira inteligente, permitindo a formação de bancos de dados sociais e individuais de uso simples e prático, e eliminando as rotinas burocráticas que tanto paralisam o trabalho científico. Pesquisar dezenas de obras para saber quem disse o que sobre um assunto particular, buscando as mais diversas opiniões, torna-se uma tarefa extremamente simples;

- transmitir de maneira muito flexível a informação através da Internet, de forma barata e precisa, inaugurando uma nova era de comunicação de conhecimentos. Isso implica que, de qualquer sala de aula ou residência, podem ser acessados dados de qualquer biblioteca do mundo, ou, ainda, que um conjunto de escolas pode transmitir informações científicas de uma para outra, o mesmo acontecendo com instituições regionais articuladas em redes educacionais;

- integrar a imagem fixa ou animada, o som e o texto de maneira muito simples, ultrapassando a tradicional divisão entre a mensagem lida no livro, ouvida no rádio ou vista em uma tela, envolvendo inclusive a possibilidade de qualquer escola ter uma rádio comunitária atualmente, tornando-se um articulador local poderoso no plano do conhecimento;

- manejar os sistemas sem ser especialista: acabou-se o tempo em que o usuário tinha de aprender uma *linguagem*, ou simplesmente tinha de parar de pensar no problema do seu interesse científico para pensar no como manejar o computador. A geração dos programas *user-friendly*, ou seja, *amigos do usuário*, torna o processo pouco mais complicado que o da aprendizagem do uso da máquina de escrever, mas exige também uma mudança de atitudes quanto ao conhecimento de forma geral, mudança cultural que, ela sim, freqüentemente é complexa.

Trata-se aqui de dados muito conhecidos, e o que queremos notar, ao lembrá-los brevemente, é que estamos perante um universo que se descortina com rapidez vertiginosa, e que será o universo do cotidiano das pessoas que hoje formamos. Por outro lado, as pessoas só agora começam a se dar conta de que o custo total de um equipamento de primeira linha, com enorme capacidade de estocagem de dados, impressora, *modem*, *scanner* para transporte direto de textos ou imagens do papel para a forma magnética, continua caindo regularmente.[2]

Há um potencial de democratização radical do apoio aos professores, e de nivelamento por cima do conjunto do mundo educacional no país, que as tecnologias hoje permitem, e a luta por essa democratização tornou-se essencial na mudança sistêmica, que ultrapasse o âmbito de iniciativa do educador individual ou da escola isoladamente. Não há dúvida de que o educador freqüentemente ainda se debate com os problemas mais dramáticos e elementares. Mas a implicação prática que vemos, diante da existência paralela desse atraso e da modernização, é que temos de trabalhar em *dois tempos*, fazendo o melhor possível no universo preterido que constitui a nossa educação, mas criando rapidamente as condições para uma utilização *nossa* dos novos potenciais que surgem.

No plano da implantação local de tecnologias a serviço da educação, o exemplo de Piraí, pequena cidade do Rio de Janeiro, é importante. O projeto, de iniciativa municipal, envolveu convênios com as empresas que administram torres de retransmissão de sinal de TV e de telefonia celular para a instalação de equipamento de retransmissão de sinal Internet por rádio. Assim se assegura a cobertura de todo o território municipal. A partir de alguns pontos de recepção, fez-se uma distribuição do sinal banda larga por cabo, dando acesso a todas as escolas, instituições públicas e empresas.

---

[2] A disponibilização de um computador básico na faixa de US$ 100, meta de uma série de organizações internacionais, está em fase de materialização rápida; soluções de disponibilização generalizada de acesso banda larga como em Piraí (projeto Piraí-digital) mostram que colocar as escolas no mesmo patamar tecnológico básico tornou-se rigorosamente viável em prazo bastante curto.

Como a gestão do sistema é pública, utilizou-se a diferenciação de tarifas para que o lucro maior das empresas cobrisse uma subvenção ao acesso domiciliar, e hoje qualquer família humilde pode ter acesso banda larga em casa por R$ 35 por mês. Convênios de crédito com bancos oficiais permitem a compra de equipamentos particulares com juros baixos. O resultado prático é que o conjunto do município "banha" no espaço Internet, gerando uma produtividade sistêmica maior do esforço de todos, além de mudança de atitudes de jovens, de maior facilidade de trabalho dos professores que têm possibilidade de acesso em casa, e outras vantagens.

O que temos hoje é uma rápida penetração das tecnologias e uma lenta assimilação das implicações que acarretam para a educação. Convivem, assim, dois sistemas pouco articulados, e freqüentemente vemos escolas que trancam computadores em uma sala, o "laboratório", em vez de inserir o seu uso em dinâmicas pedagógicas repensadas.

Educação e Gestão do Conhecimento

Com o risco de dizer o óbvio, mas visando à sistematização, podemos considerar que, em termos de gestão do conhecimento, os novos pontos de referência, ou transformações mais significativas, seriam os seguintes:

- é necessário repensar de forma mais dinâmica e com novos enfoques a questão do universo de conhecimentos a trabalhar: ninguém mais pode aprender tudo, mesmo de uma área especializada; estar entre *cabeça bem cheia* e *cabeça bem feita* deixa poucas opções;

- nesse universo de conhecimentos, assumem maior importância relativa as metodologias, o aprender a *navegar*, reduzindo-se ainda mais a concepção de *estoque* de conhecimentos a transmitir;

- torna-se cada vez mais fluida a noção de área especializada de conhecimentos, ou de *carreira*, quando do engenheiro exige-se cada vez mais uma compreensão da administração, quando qualquer cientista social precisa de uma visão dos problemas econômicos e assim por diante, devendo-se, inclusive, colocar em questão os corporativismos científicos;

- aprofunda-se a transformação da cronologia do conhecimento: a visão do homem que primeiro estuda, depois trabalha, depois se aposenta torna-se cada vez mais anacrônica, e a complexidade das diversas cronologias aumenta;

- modifica-se profundamente a função do educando, em particular do adulto, que deve se tornar sujeito da própria formação, diante da diferenciação e da riqueza dos espaços de conhecimento nos quais deverá participar;

- a luta pelo acesso aos espaços de conhecimento vincula-se ainda mais profundamente ao resgate da cidadania, em particular, para a maioria pobre da população, como parte integrante das condições de vida e de trabalho;

- finalmente, longe de tentar ignorar as transformações, ou de atuar de forma defensiva diante das novas tecnologias, precisamos penetrar as dinâmicas para entender de que forma os seus efeitos podem ser invertidos, levando a um processo reequilibrador da sociedade, quando hoje tendem a reforçar as polarizações e a desigualdade.

De maneira geral, todas essas transformações tendem a nos atropelar, gerando resistências fortes, sentimentos de impotência, reações pouco articuladas. No conjunto, no entanto, há o fato essencial de as novas tecnologias representarem uma oportunidade radical de democratização do acesso ao conhecimento.

A palavra-chave é a *conectividade*. Uma vez feito o investimento inicial de acesso banda larga de uma escola, ou de uma família, é a totalidade do conhecimento digitalizado do planeta que se torna acessível, representando uma mudança radical, particularmente para pequenos municípios, para regiões isoladas e, na realidade, para qualquer segmento relativamente pouco equipado – inclusive das metrópoles.[3] Quando se olha o que existe em geral nas bibliotecas escolares, e a pobreza das livrarias – centradas em livros de auto-ajuda, volumes traduzidos sobre como ganhar dinheiro e fazer amigos, além de algumas bobagens mais –, compreende-se o quanto o aproveitamento adequado da conectividade pode tornar-se uma forma radical de democratização do acesso ao conhecimento mais significativo.

Ao mesmo tempo, essa conectividade permite que mesmo pequenas organizações comunitárias, ONGs, pequenas empresas e núcleos de pesquisa relativamente isolados se articularem em rede. O problema de "ser grande" está deixando de ser essencial, quando se está bem conectado, quando se pertence a uma rede interativa.

Em outros termos, a era do conhecimento exige muito mais conhecimento atualizado e inserido nos significados locais e regionais, e, ao mesmo tempo, as tecnologias da informação e comunicação tornam o acesso a esse conhecimento muito mais viável. A educação precisa, de certa forma, organizar essa transição.

---

[3] Há uma batalha planetária na área da propriedade intelectual, com diversas corporações mundiais tentando tornar o conhecimento em geral pouco acessível, e para isso utilizando diversos tipos de protecionismos. Há uma forte contracorrente na linha da liberdade de acesso ao conhecimento. Ver a esse respeito Rifkin (2001).

O Desafio Educacional Local e os Conselhos Municipais

Um diretor de escola, normalmente, anda assoberbado por problemas do cotidiano, com muita visão do imediato e pouco tempo para a visão mais ampla. O professor enfrenta a gestão da sala de aula e, com freqüência, está muito centrado na disciplina que ministra. Nesse sentido, o conselho municipal de educação, reunindo pessoas que conhecem ao mesmo tempo o seu município, o seu bairro e os problemas mais amplos do desenvolvimento local e a rede escolar da região, pode tornar-se o núcleo irradiador da construção do enriquecimento científico mais amplo, local e regionalmente falando.

Essas visões implicam, sem dúvida, uma atitude criativa por parte dos conselheiros de educação. Um documento endereçado ao Pró-Conselho[4] ressalta o respaldo formal que tais iniciativas podem encontrar:

> Importa dizer que o Conselho desempenha importante papel na busca de uma inovação pedagógica que valorize a profissão docente e incentive a criatividade. Por outro lado, ele pode ser um pólo de audiências, análises e estudos de políticas educacionais do seu sistema de ensino. Finalmente, importa não se esquecer da fundamentação ética, legal de suas atribuições para se ganhar em legitimidade perante a sociedade e os poderes públicos... Sob esses aspectos, o conselheiro será visto como um gestor cuja natureza remete ao verbo gerar e gerar é produzir o novo: um novo desenho para a educação municipal consoante os mais lídimos princípios democráticos e republicanos.

Outro documento, de Eliete Santiago, insiste no papel dos conselhos municipais de educação como

> forma de participação da sociedade no controle social do Estado. Configura-se como um espaço para a discussão efetiva da política educacional e conseqüentemente seu controle e avaliação propositiva. Nesse caso, espera-se a afirmação do seu caráter deliberativo de modo a avançar cada vez mais em relação à sua função consultiva.

Isso envolve "a organização do espaço e do tempo escolar e do tempo curricular com ênfase na sua distribuição, organização e uso, e os resultados de aprendizagens com ênfase no conhecimento de experiências inovadoras".[5]

Esboços dessa orientação podem ser encontrados em diversas iniciativas no país. Em Santa Catarina, nasceu o projeto Minha Escola – Meu Lugar, por meio do qual o estudo dos problemas locais está sendo inserido nos currículos escolares. Paralelamente, as universidades regionais – como Lajes, Blumenau e outras –

---

[4] Sistema de apoio aos conselhos municipais de educação do MEC.
[5] *Direito à aprendizagem*: o desafio do direito à educação (Texto Preliminar).

contribuem com a elaboração de visões da situação e das necessidades regionais, o que, por sua vez, está gerando material para o ensino fundamental, mas também para as escolas médias, as instituições de formação profissional e as próprias universidades. Gera-se, assim, a problematização e a organização científicas do conhecimento aplicado. São passos iniciais, mas a abertura de caminho é muito importante.

No âmbito do Ministério do Meio Ambiente, juntamente com o Ministério das Cidades, criou-se o programa Municípios Educadores Sustentáveis, que também permite inserir nas escolas uma nova visão tanto do estudo da problemática local como da responsabilização e do protagonismo infantis e juvenis relativamente a seu meio. Então, por exemplo, as escolas podem contribuir para elaborar indicadores regionais e sistemas de avaliação para o monitoramento e a avaliação da situação ambiental.

> O Programa Municípios Educadores Sustentáveis propõe promover o diálogo entre os diversos setores organizados, colegiados, com os projetos e ações desenvolvidos nos municípios, bacias hidrográficas e regiões administrativas. Ao mesmo tempo, propõe dar-lhes um enfoque educativo, no qual cidadãs e cidadãos passam a ser editores/educadores de conhecimento socioambiental, formando outros editores/educadores, e multiplicando-se sucessivamente, de modo que o município se transforme em educador para a sustentabilidade. (Ministério do Meio Ambiente, 2005.)

A responsabilidade escolar nesse processo é essencial, pois precisamos construir uma geração de pessoas que entendam efetivamente o meio onde estão inseridas, e o mesmo documento ressalta que

> todos somos responsáveis pela construção de sociedades sustentáveis. Isso significa promover a valorização do território e dos recursos locais (naturais, econômicos, humanos, institucionais e culturais), que constituem o potencial local de melhoria da qualidade de vida para todos. É preciso conhecer melhor este potencial, para chegar à modalidade de desenvolvimento sustentável adequada à situação local, regional e planetária. (Ministério do Meio Ambiente, 2005.)

No município de Vicência, em Pernambuco, encontramos o seguinte relato:

> Educação é a principal condição para o desenvolvimento local sustentável. Nessa dimensão, a Secretaria de Educação do Município implantou o projeto "Escolas rurais, construindo o desenvolvimento local", com a perspectiva de melhoria da qualidade do ensino e, conseqüentemente, a melhoria da qualidade de vida das comunidades rurais.

O projeto permitiu "uma metodologia diferenciada que leva a uma contribuição para uma melhor compreensão de um verdadeiro exercício de cidadania.

O projeto tem como objetivo tornar a escola o centro de produção de conhecimento, contribuindo para o desenvolvimento local".[6]

Na Bahia, no pequeno município de Pintadas, distante da modernidade do asfalto, todo ano quase a metade dos homens viajava para o Sudeste para o corte de cana. A parceria de uma prefeita dinâmica, de alguns produtores e de pessoas com visão das necessidades locais permitiu que os que buscavam emprego em lugares distantes se voltassem para a construção do próprio município. Começaram com uma parceria da Secretaria da Educação local com uma universidade de Salvador para elaborar um plano de saneamento básico da cidade, o que reduziu os custos de saúde, recuperou terras e liberou verbas para a produção. A geração de conhecimentos sobre a realidade local e a promoção de uma atitude pró-ativa para o desenvolvimento fazem parte evidente de uma educação que pode se tornar o instrumento científico e pedagógico da transformação local.

São visões que vão se concretizando gradualmente, com experiências que buscam, de forma diferenciada e segundo as realidades locais e regionais, caminhos práticos que permitam dar à educação um papel mais amplo de irradiador de conhecimentos para o desenvolvimento local, formando uma nova geração de pessoas conhecedoras dos desafios que terão de enfrentar.

Não há cartilha para esse tipo de procedimentos. Em alguns municípios o problema central é de água, em outros, é de infra-estruturas, e em outros é de segurança ou de desemprego. Alguns podem apoiar-se em uma empresa de visão aberta, outros se ligarão a universidades regionais. Há cidades com prefeitos dispostos a ajudar no desenvolvimento integrado e sustentável, há outras onde a compreensão do valor do conhecimento ainda é incipiente e as autoridades acham que desenvolver um município consiste em inaugurar obras. As realidades são diferentes, e não há como escapar ao trabalho criativo que cada conselho municipal deverá desenvolver.

Dito isso, apresentamos a seguir algumas sugestões para servir de pontos de referência, baseadas que estão no conhecimento de propostas que deram certo e de outras que deram errado, visando não servir de cartilha, mas de inspiração. Em termos bem práticos, a sugestão é de que um conselho municipal de educação organize essas atividades em quatro linhas:

- montar um núcleo de apoio e desenvolvimento da iniciativa de inserção da realidade local nas atividades escolares;

---

[6] Relato comunicado pelo prof. Peter Spink do Programa Gestão Pública e Cidadania, FGV-SP, São Paulo; o programa tem acompanhado experiências similares em Araraquara (SP); São Gabriel da Cachoeira (AM); Turmalina (MG); Sento Sé (BA); Três Passos (RS); Mauá (BA) e outros. Disponível em: http://www.inovando.fgvsp.br. Acesso em: mar. 2007.

- organizar parcerias com os diversos atores locais passíveis de contribuir com o processo;

- organizar/desenvolver o conhecimento da realidade local, aproveitando a contribuição dos atores sociais do local e da região;

- organizar a inserção desse conhecimento no currículo e em diversas atividades da escola e da comunidade.

Montar um núcleo de apoio é essencial, pois, sem um grupo de pessoas dispostas a assegurar que a iniciativa chegue aos resultados práticos, dificilmente haverá progresso. O Conselho Municipal de Educação poderá nomear um grupo de conselheiros mais interessados, traçar uma primeira proposta, ou visão, e associar à iniciativa alguns professores ou diretores de escola que queiram colocá-la em prática. É importante que haja um coordenador e um cronograma mínimo.

Quanto aos *atores locais*, a visão a se trabalhar é a de uma rede permanente de apoio. Muitas instituições hoje têm na produção de conhecimento uma dimensão importante das suas atividades. Trata-se, evidentemente, das faculdades ou universidades locais ou regionais, das empresas, das repartições regionais do IBGE, de instituições como Embrapa, Emater e outras, de ONGs que trabalham com dimensões particulares da realidade e organizações comunitárias.

O objetivo da rede não é simplesmente recolher informação, na visão de um grande banco de dados, mas assegurar que seja disponibilizada, que circule entre os diversos atores sociais da região e – sobretudo – que permeie o ambiente escolar. Por exemplo, em Santos, no estado de São Paulo, foi criado um centro de documentação da cidade, com dotação da prefeitura, mas dirigido por um colegiado que envolveu quatro reitores, quatro representantes de organizações da sociedade civil e quatro representantes da prefeitura. O objetivo era evitar que as informações sobre o município fossem *apropriadas* e transformadas em informação *chapa branca*, e garantir acesso e circulação.

A diversidade de soluções no país é imensa, pois temos de poderosos centros metropolitanos até pequenos municípios rurais. O essencial é ter em conta que todos os atores sociais locais produzem informação de alguma forma, e que essa informação organizada e disponibilizada se torna valiosa para todos. Para o sistema educacional local, em particular, torna-se fonte de estudo e aprendizagem.[7]

---

[7] Há uma antiga e estéril discussão sobre a superioridade da teoria ou da prática. Na realidade, não há nenhuma superioridade pedagógica no ensino de visões conceituais mais abstratas relativamente ao conhecimento concreto local: é uma falsa dualidade, pois é na interação que se gera a capacidade de aprender e de lidar com os próprios conceitos abstratos. Essa falsa dualidade tem dado lugar a simplificações absurdas como "na prática, a teoria não funciona", prejudicando justamente a apreensão teórica dos problemas.

Os municípios particularmente desprovidos de infra-estruturas adequadas poderão fazer parcerias com instituições científicas regionais e apresentar projetos de apoio a instâncias de nível mais elevado. Há cidades que recorrem também a articulações intermunicipais, como é o caso dos consórcios, podendo, assim, racionalizar os seus esforços.

Organizar o conhecimento local normalmente não envolve produzir informações novas. As diversas secretarias produzem informação, bem como as empresas e outras entidades mencionadas. Temos hoje também informações básicas organizadas por municípios no IBGE, no projeto correspondente do Instituto de Pesquisa Econômica Aplicada/Programa das Nações Unidas para o Desenvolvimento (Ipea/Pnud), e outras instituições, com diversas metodologias e pouco articuladas, mas que podem servir de base. Essas informações, hoje dispersas e fragmentadas, deverão ser organizadas e servir de ponto de partida para uma série de estudos do município ou da região.

Há, igualmente, mesmo para as regiões pouco estudadas, relatórios antigos de consultoria, monografias nas universidades da região, relatos de viagem, estudos antropológicos e outros documentos acumulados, hoje subaproveitados, mas que podem se tornar preciosos na visão de se gerar uma compreensão, por parte da nova geração, da realidade em que vive.

Sem recorrer a consultorias caras, atualmente é bastante viável contratar o apoio metodológico para a organização e a sistematização dessas informações, e para a elaboração de material de ensino, de textos de apoio para leitura e assim por diante.

Considerações Finais

A *inserção do conhecimento local no currículo e nas atividades escolares* implica uma inflexão significativa relativamente à rotina escolar, mais afeita a cartilhas gerais rodadas no tempo. A dificuldade central é inserir na escola um conhecimento local que os professores ainda não possuem. Nesse sentido, parece razoável, enquanto se organiza a produção de material de apoio para os professores e alunos – as diversas informações e os estudos sobre a realidade local e regional –, ir gradualmente inserindo o estudo dessa realidade mediante um contato maior com a comunidade profissional do lugar.

Há escolas, hoje em dia, que realizam *trabalhos de campo* em que alunos com prancheta vão visitar uma cidade, ou um bairro. São atividades úteis, mas formais e pouco produtivas quando não acompanhadas da construção sistemática do conhecimento da realidade regional. Qualquer cidade atualmente tem líderes comunitários que podem trazer a história oral do seu bairro ou da sua região de origem, empresários ou técnicos de diversas áreas, gerentes de saúde ou mesmo de escolas que podem explicitar como se dão, na realidade, as dificuldades de administrar as áreas sociais, agricultores ou agrônomos que conhecem muito do solo local e das suas potencialidades e artesãos que podem até atrair os jovens para a aprendizagem, entre vários outros exemplos.

Uma dimensão importante da proposta é a possibilidade de mobilizar os alunos e professores nas pesquisas do local e da região. Esse tipo de atividade assegura tanto a assimilação de conceitos como o cruzamento de conhecimentos entre as diversas áreas, rearticulando informações que, nas escolas, são segmentadas em disciplinas.

Em outros termos, é preciso "redescobrir" o manancial de conhecimentos que existe em cada região, valorizá-lo, e transmiti-lo de forma organizada para as gerações futuras. Conhecimentos técnicos são importantes, mas têm de ser ancorados na realidade em que as pessoas vivem, de maneira a serem apreendidos na sua dimensão mais ampla.

Referências Bibliográficas

DOWBOR, L. *Tecnologias do conhecimento*: os desafios da educação 3. ed. Petrópolis: Vozes, 2005. Disponível em: http://dowbor.org.

INESC. Transparência e controle social. Disponível em: http://www.inesc.gov.br. Acesso em 2006.

JACKSONVILLE. *Quality of life progress report*: a guideline for building a better community. (Relatório de progresso da qualidade de vida: um guia para construir uma comunidade melhor.) Disponível em: http://www.jcci.org. Acesso em: fev. 2006.

MINISTÉRIO DO MEIO AMBIENTE. *Programa municípios educadores sustentáveis*. 2. ed. Brasília, 2005. 24 p.

RIFKIN, J. *A Era do acesso*. São Paulo: Makron Books, 2001.

4

Tecnologia e Subjetividade na Formulação de Estratégias Empresariais

Débora Pereira

Resumo

A implementação de estratégias eficientes tornou-se um elemento essencial na gestão de organizações, tendo em vista a necessidade de gerir recursos de forma eficiente, visando atingir resultados financeiros acima da média. Com o aumento do dinamismo dos mercados, que passaram de locais para globais, as empresas necessitam estabelecer um constante monitoramento do mercado em que estão inseridas, para conseguirem antecipar tendências. Desse modo, ampliou-se a necessidade de aplicar ferramentas tecnológicas visando auxiliar os gestores no processo decisório, com o intuito de facilitar o processamento de informações e a análise de variáveis complexas. No entanto, a aplicação desses instrumentos não elimina o papel dos indivíduos no processo, uma vez que determinados conhecimentos, comumente provenientes da experiência adquirida em determinado setor, impactam fortemente a qualidade das ações formuladas.

Introdução

O aumento da complexidade dos mercados, decorrente da ampliação no número de competidores e da expansão das atividades comerciais em escala global, faz com que as empresas encontrem grandes dificuldades em estabelecer vantagens competitivas sustentáveis e passíveis de diferenciá-las dos concorrentes. Com isso, as inovações tecnológicas e a extensão das exigências dos clientes trazem consigo a necessidade de um constante monitoramento mercadológico, tendo em vista a antecipação de tendências.

Para enfrentar essa nova dinâmica, torna-se essencial o estabelecimento de estratégias mercadológicas eficazes, capazes de efetuar uma perfeita inter-relação entre os recursos empresariais e as demandas impostas pelo ambiente externo. No entanto, as ferramentas tradicionalmente utilizadas para o estabelecimento dessas ações já não são suficientes nessa nova realidade, tendo em vista a sua tendência de conduzir os gestores à formulação de cenários cautelosos, sem fornecer margem à flexibilidade e à inovação necessárias para a sobrevivência das organizações.

No intuito de superar esses desafios, os pesquisadores voltam seus esforços para o desenvolvimento de recursos tecnológicos que possibilitem a construção de cenários a partir de variáveis diversificadas, o que oferece um importante suporte aos gestores durante o processo decisório. Embora tenham sido alcançadas diversas contribuições, as soluções disponíveis ainda possuem limitações, decorrentes do fato de que, mesmo se dispondo de tais recursos, ainda há grande influência de fatores subjetivos durante tal processo. Desse modo, a intuição dos gestores responsáveis pela avaliação das informações possui um papel relevante, uma vez que a lógica intrínseca aos indivíduos ou à organização pode limitar o próprio poder criativo das ferramentas em uso.

Nesse cenário, analisamos as contribuições e limitações das principais ferramentas tecnológicas, atreladas ao papel da intuição no processo de elaboração de estratégias empresariais, com o objetivo de identificar os fatores críticos existentes na atividade e as alternativas para superação de obstáculos.

Estratégias Empresariais: Origem e Evolução

A necessidade de antever o futuro é uma atividade que permeia a vida humana. Todas as decisões diárias incluem um certo grau de previsão, já que se consideram os riscos envolvidos em qualquer tipo de ação antes de se optar por aquela mais condizente com determinados interesses (Heijden, 2004). Da mesma forma, os administradores a todo momento avaliam as características do ambiente no qual estão atuando, para então definir como serão utilizados os limitados recursos empresariais em prol do alcance de certos objetivos, tendo a estratégia como base para orientar a gestão desses recursos.

Historicamente, o termo estratégia originou-se no setor militar e a própria palavra, proveniente do grego, refere-se a um "magistrado ou comandante – chefe militar", conforme afirma Ghemawat (2000, p. 16). A expansão de seu uso deu-se a partir da Segunda Guerra Mundial, quando se tornou essencial o estabelecimento de métodos adequados para a gestão de recursos – os quais haviam se tornado extremamente escassos. Posteriormente, o desenvolvimento do comércio, trazendo o crescimento do número de concorrentes, uma maior disputa pelo mercado consumidor e a necessidade de lidar melhor com as oscilações entre oferta e demanda, exigiu a alocação dos recursos empresariais segundo um determinado padrão. A partir de então, a estratégia e, mais tarde, o planejamento estratégico foram encarados como a solução para os problemas que as organizações enfrentavam.

No entanto, é interessante notar que, originalmente, a ciência da estratégia na área de administração surgiu segundo uma perspectiva interdisciplinar, desenvolvendo-se a partir de uma disciplina criada para ser ministrada a estudantes que já haviam passado pelas diversas áreas de estudo, tendo como objetivo a consolidação dos conceitos discutidos de forma compartimentada, por exemlo, em recursos humanos, marketing, finanças e produção, adotando o título de *política de negócios*, posteriormente alterado para *administração estratégica* (Wright, Kroll e Parnell, 2000). O interesse em desenvolver modos de vislumbrar as possíveis mudanças ambientais, decorrente do aumento do dinamismo dos mercados, acabou por estabelecer um forte vínculo entre a formulação de estratégias e os conceitos da ciência clássica, tendo o racionalismo e o determinismo como pontos de convergência.

Entende-se como ciência clássica a visão determinista de mundo à qual a ciência esteve atrelada durante séculos, estabelecendo relações de causa e efeito para os fenômenos universais. Havia então uma constante busca dos cientistas por algum tipo de ordem na natureza, acreditando que somente seria admissível uma realidade baseada na estabilidade dos eventos naturais (Prigogine, 1996). Sob esse paradigma, para que as relações de causa e efeito possam fazer sentido, é necessário que o tempo seja visto como algo estável e constante, eliminando-se a possibilidade de qualquer tipo de instabilidade e adotando-se um sentido valorativo único para passado, presente e futuro.

A transposição dessa lógica para o campo da estratégia é identificada no estabelecimento de previsões mercadológicas baseadas na simples extrapolação estatística, o que culmina em análises cautelosas e pouco inovadoras. Prigogine, em sua obra de 1996, amplia essa discussão ao afirmar que determinismo e reversibilidade acabaram por influenciar todo o pensamento ocidental, que passou a ter a racionalidade como princípio básico, advertindo ainda que um mundo determinista tem o poder de eliminar toda sorte de criatividade e, principalmente, de impossibilitar a busca da ética nas ações. Heijden (2004, p. 85) ressalta esse aspecto, defendendo que o conceito de estratégia tem como base a "suposição de que aspectos do ambiente contextual são previsíveis até certo ponto". Nesse processo, "consideramos os eventos e começamos a observar tendências e padrões [e] a pensar em termos de causalidade".

Além dessa tendência, verifica-se também que, ao estipular uma estrutura para aplicação de recursos, os gestores estão agindo de acordo com uma imagem mental que possuem a respeito de como será o futuro e de quais serão as características necessárias às empresas vencedoras. Isso faz com que a realidade seja interpretada segundo uma lógica intrínseca a cada indivíduo, o que traz a necessidade da aplicação de metodologias voltadas à redução da influência da subjetividade nas decisões. Porém, é exatamente nessas metodologias que se verifica o impacto da ciência clássica, culminando em simplificações que restringem as variáveis sob análise e resultam em diagnósticos reducionistas do fenômeno em questão.

Tal visão está fortemente presente no paradigma racional de planejamento estratégico, conforme afirma Mintzberg (apud Heijden, 2004). De acordo com essa escola, o planejamento tem como princípio o desenvolvimento de previsões ou de cenários, com base nos quais será determinado um objetivo organizacional, que levará ao controle de ações e metas. A previsão, nesse paradigma, é efetuada com base no passado, segundo a premissa de que o ambiente é maioritariamente estável, seguindo determinados padrões de comportamento.

Uma outra característica do paradigma racional é a separação entre pensamento e ação, demonstrada pela existência de departamentos voltados quase exclusivamente à formulação de estratégias, delegando a implementação a outros setores. No entanto, esse tipo de estrutura tende a reduzir a eficácia das ações, como conseqüência de falhas na comunicação entre as partes, bem como da redução do envolvimento dos funcionários durante o processo (Hatch, 1997).

A ciência da estratégia empresarial, nesse caso, pressupõe um estilo gerencial *top-down*, partindo-se da idéia de que somente a alta gerência pensa ou manipula o conhecimento explícito existente, não sendo reservada a devida atenção ao papel do conhecimento como fonte de competitividade, conforme apontam Nonaka e Takeuchi (1997). Como visto, esse tipo de atitude limita a visão dos estrategistas em relação aos temas que realmente interessam à empresa, fazendo com que as ações estejam muito comprometidas com modelos mentais estabelecidos, os quais nem sempre estão de acordo com a realidade do mercado ou dos demais escalões da empresa. Micklethwait e Wooldridge (1998, p. 119) comentam esse problema:

> Os estrategistas não possuem um conhecimento detalhado do que é necessário às organizações para que tomem decisões seguras. E os trabalhadores de linha de frente que possuem esse conhecimento estão demasiadamente afastados da elaboração da estratégia para ter qualquer impacto sobre ela. Se existe algum significado em toda essa conversa sobre organizações voltadas para o aprendizado, ele é o seguinte: a inteligência estratégica da empresa deveria envolver todos os seus funcionários; não deve ser apenas o domínio de um pequeno grupo de planejadores.

Nos anos 1960, a maioria das empresas possuía um departamento de planejamento; já na década de 1970, presenciou-se a explosão das consultorias, as quais ofertavam procedimentos padronizados que auxiliam a tomada de decisão estratégica ao reduzirem a complexidade do processo. Para tanto, eram estabelecidos conceitos-chave, originados de teorias econômicas, que serviam de parâmetros a partir dos quais todo o raciocínio estratégico era desenvolvido (Ghemawat, 2000). O intuito de limitar o número de índices sob análise colaborou para que as ferramentas propostas adquirissem uma tendência reducionista do fenômeno.

Heijden (2004, p. 32) discute o impacto dessa linha de pensamento ressaltando que, exatamente por as previsões terem como base a manutenção do passado – "todas as previsões são baseadas na suposição de que o passado pode ser estendido para o futuro" –, não são eficientes na antecipação de incertezas; elas pressupõem uma certa estabilidade no sistema, o que leva a uma visão limitada da indústria em questão. Knyazeva (2003, p. 99-100) afirma ainda que as inferências realizadas por extrapolação não são confiáveis, pois "o desenvolvimento ocorre por meio de escolhas acidentais de um caminho em torno de pontos de bifurcação, e a alteração (assim é a natureza das coisas), como norma, jamais se repete"; além disso, defende que o processo de evolução acaba por apresentar uma contínua redução de eventos prováveis.

Considerando as adversidades enfrentadas na antecipação das tendências mercadológicas atuais, tornou-se senso comum que a estratégia deve refletir o setor em que a empresa está inserida, sendo necessário que as organizações que atuam em ambientes complexos formulem cenários para um período de tempo menor, o que conferiria maior flexibilidade às ações. Isso se dá porque a previsão do futuro para menores períodos de tempo é passível de ser efetuada de forma eficiente, enquanto sua eficácia tende a cair quanto maior for o período, segundo Heijden (2004). Todavia, o ambiente, por mais estável que seja, passa por períodos de turbulência mais ou menos freqüentes. Diante de situações de mudanças radicais, as empresas que efetuam suas estratégias estritamente com base no pensamento racional correm um elevado risco de serem surpreendidas e terem dificuldades em superar um período crítico no mercado em que atuam.

As críticas com relação aos modelos mecanicistas do pensamento estratégico têm como base pesquisas que demonstram a limitação de seus instrumentos ao comprovar que as análises, principalmente voltadas à avaliação de portfólio, apresentavam resultados divergentes de acordo com a técnica adotada. Na década de 1980, ampliam-se os questionamentos quanto à validade dos instrumentos comercializados pelas consultorias, partindo-se do argumento de que eles não ofereciam margem para considerações relativas à experiência do gestor no negócio, atribuindo maior relevância à redução dos riscos financeiros, em detrimento do aproveitamento de oportunidades com vistas ao desempenho futuro (Ghemawat, 2000).

Paralelamente, o aumento da competitividade entre empresas traz constantes incertezas e mudanças abruptas no ambiente competitivo, o que torna imprescindíveis o acompanhamento e a avaliação contínuos do mercado, visando antecipar o comportamento das diversas variáveis ambientais. Nesse nível de complexidade, o paradigma racional no campo da estratégia deixa completamente de atender à demanda das empresas, que passam a requerer abordagens diferenciadas de previsão.

Essa situação, aliada aos conceitos da irreversibilidade e complexidade, que fazem os gestores responsáveis pelo estabelecimento de ações de longo prazo darem conta de que estão tratando apenas com premissas e não com respostas definitivas, desloca a ênfase dos procedimentos empregados na formulação de estratégias para o compartilhamento das diferentes visões dos indivíduos envolvidos no processo, de modo a se estabelecer um modelo mental comum que determinará quais ações devem ser implementadas para que uma organização obtenha sucesso (Heijden, 2004).

Para fazer frente às novas demandas, surgem modelos que proporcionam maior flexibilidade às empresas, substituindo o método de previsão, e dissemina-se a construção de cenários. Conforme define Schwatz (apud Oliveira, 2000, p. 26), cenários são "histórias sobre a maneira como o mundo poderá se transformar no futuro, que podem nos ajudar a reconhecer e adaptar os aspectos mutantes do nosso meio atual". Essas histórias auxiliam os administradores a entender melhor o comportamento do ambiente em que atuam e a elaborar ações que respondam de forma mais adequada, mediante a avaliação de diferentes alternativas, o que resulta na ampliação dos modelos mentais considerados e reduz a possibilidade de que variáveis críticas sejam menosprezadas.

A formulação dos cenários se dá por meios diferentes das previsões, visando adicionar maior flexibilidade ao processo (Heijden, 2004, p. 34):

> [...] são concebidos através de um processo de pensamento causal, e não probabilístico, refletindo interpretações diferentes dos fenômenos que regem a estrutura subjacente do ambiente de negócios. Os cenários são usados como meio de definir a estratégia em relação a uma série de modelos de futuro do mundo, plausíveis mas estruturalmente muito diferentes. Uma vez decidido o conjunto de cenários, eles serão tratados como sendo igualmente prováveis. Todos devem receber o mesmo peso, sempre que estiverem sendo tomadas decisões estratégicas.

Porter (1989), comentando o tema, afirma que os cenários facilitam a percepção de incerteza durante o processo de decisão, superando a tendência de pensar de forma convencional ou limitada. Desse modo, embora mais abertos ao dinamismo próprio dos ambientes modernos, tais modelos acabam por ampliar a insegurança do gestor na etapa de análise das diferentes alternativas de ação, uma vez que ele estará sempre ciente de que há alternativas múltiplas e de que o ambiente está em constante mudança – criando um estado de contínua tensão. Tendo em vista a superação desse problema, surgem diversas tecnologias para dar suporte ao processo de formulação das estratégias.

A Influência da Subjetividade nos Processos Decisórios

Atualmente, tornou-se inquestionável que a ampliação do uso das ferramentas de informática para fins de coleta, armazenagem e disseminação de dados possibilita o emprego de informações mais criteriosas e adequadas em diversas atividades empresariais. Embora se saiba que quantidade de dados não significa qualidade de informação e que seu excesso pode resultar na redução da produtividade, o desenvolvimento tecnológico proporcionou os meios necessários à disseminação das informações, desde que as pessoas envolvidas estejam qualificadas para fazer bom uso do ferramental disponível. Conforme comenta Vicentini (1997), para que tais recursos pudessem ser desenvolvidos, houve a influência das ciências cognitivas, cujos estudos buscam elaborar instrumentos voltados à transposição dos sistemas cognitivos humanos para os computadores, de modo a otimizar processos e decisões.

Uma das ferramentas utilizadas pelas ciências cognitivas para transferir as características do sistema cognitivo humano para a linguagem computacional é a simulação. A utilização desse tipo de abordagem permite ao administrador efetuar análises que retratam as influências de suas ações sobre um determinado mercado, tornando possível avaliar, por exemplo, no caso de lançamento de um determinado produto, quais seriam os impactos relacionados à forma como os concorrentes reagiriam, os níveis de resposta dos consumidores, os faturamentos da empresa, entre outros aspectos, antecipando os eventuais desvios a serem corrigidos.

Todavia, para que a realização de simulações seja viável, deve haver um modelo no qual serão imputadas as variáveis de ação desejadas. O conceito de modelo refere-se à "imitação humana da natureza", que consiste na "produção de modelos de um fato, de tal modo que a representação da realidade possa ser feita através da repetição e de simulações" (Dupuy apud Begosso, 2001, p. 143). Ou seja, cria-se uma determinada situação – dentro de um ambiente tecnológico – na qual são efetuadas as simulações desejadas.

A lógica por trás desses dois instrumentos complementares, a simulação e os modelos, é o desenvolvimento de um sistema computacional que possua uma série de variáveis ambientais inter-relacionadas, visando criar uma cópia da realidade. Para os objetivos da administração, um modelo teria de considerar variáveis complexas e díspares, como taxas de inflação, nível populacional, poder aquisitivo, disponibilidade de matéria-prima e mão-de-obra, entre uma infinidade de aspectos sociais e econômicos que estão envolvidos em dada situação mercadológica. No entanto, embora as tecnologias à disposição ofereçam ao administrador uma série de ferramentas que testam a validade e a qualidade de suas ações, ainda existem diversas dificuldades a serem superadas.

Um exemplo são as limitações existentes na transferência do conhecimento humano para linguagens computacionais. O tema é discutido por Ackoff (1981), para quem o cenário ideal seria aquele em que se alcançasse um modelo mais completo da realidade e no qual absolutamente todas as variáveis estivessem presentes. Todavia, o autor comenta que os próprios profissionais de administração não estariam aptos a vislumbrar uma situação tão complexa, sendo possível desenvolver apenas visões compartimentadas do todo, efetuando-se algumas pequenas relações entre as diferentes variáveis.

Um exemplo dessa limitação é demonstrada pela atividade de um profissional de marketing, que avaliaria um cenário com base nos conceitos pessoais sobre o perfil do mercado consumidor, sem considerar as variáveis financeiras ou a capacidade produtiva envolvidas. O cenário, para esse profissional, poderia demonstrar a viabilidade de lançamento de um novo produto. Porém, tal ação pode mostrar-se totalmente desastrosa do ponto de vista financeiro – exigindo, talvez, um grande aporte de investimentos por causa do aumento no volume de produção.

A existência de lógicas mentais diferenciadas dentro das organizações é discutida por Genelot (2001) ao defender que as organizações são compostas de metassistemas que englobam sistemas de níveis inferiores, ao mesmo tempo em que os controlam e lhes atribuem sentido. Essa dinâmica parte de um primeiro nível, responsável pelas decisões em tempo real; passa por um segundo nível, que se volta às ações de curto prazo (um ano); vai para um terceiro nível, que vislumbra questões de médio e longo prazos, mas já passíveis de apresentar suas primeiras evidências; até alcançar um quarto nível, no qual se estabelece uma estrutura mental voltada ao longo prazo, às mutações e quebras de paradigmas.

As diferentes noções de prazo levam cada metassistema a funcionar sob uma lógica própria e diferenciada, fazendo com que a empresa corra o risco de escolher estratégias baseadas em um ponto de vista de segundo nível, no qual são estabelecidas métricas de avaliação e quantificação de resultados, o que restringe a criatividade e a inovação – aspectos alcançados apenas em sistemas abertos à flexibilidade e ao diálogo entre conceitos divergentes. Desse modo, o raciocínio comum, em boa parte das organizações, de adotar uma estrutura mental de segundo nível nos metassistemas de terceiro nível faz com que elas percam o controle de seu processo de evolução, pois o foco no tempo real não possibilita o distanciamento necessário para o desenvolvimento de modelos mentais voltados à evolução (Genelot, 2001).

Ressalta-se, então, a necessidade de os gestores possuírem a habilidade de pensar conforme lógicas pertencentes aos diversos metassistemas, dialogando constantemente entre os diferentes níveis, para que as estratégias elaboradas sejam eficientes. Caso esse processo parta do princípio de que ocorrerá uma mera manutenção do passado, com base na visão dos gestores, as atividades de planejamento e construção de cenários em administração perdem grande parte de sua utilidade: desenvolvidos com esses critérios, serviriam apenas para reforçar pressupostos existentes nos valores e nas idéias dos envolvidos, havendo pouca abertura para a criatividade e a inovação.

Esse problema pode ser potencializado quando a empresa possui um estilo gerencial de recompensar aqueles que aceitam seguir padrões estabelecidos, desestimulando comportamentos críticos e questionadores por parte dos subordinados, conforme aponta Fleury e Oliveira Jr. (2002). Essa atitude é elaborada por diversas instituições ao longo da nossa vida, fazendo com que as empresas apenas reforcem tal lógica:

> A escola nos educa para nunca admitir que não sabemos a resposta e a maioria das empresas reforça essa lição, recompensando as pessoas competentes em defender seus pontos de vista, e não em indagar sobre problemas complexos. [...] É a chamada incompetência hábil – equipes repletas de pessoas inacreditavelmente qualificadas em impedir a sua aprendizagem. (Senge, 2004, p. 58)

Embora a influência do profissional no estabelecimento de cenários possa gerar inconsistências, há diversos benefícios a serem considerados. Gardner (2003, p. 384), ao abordar os modelos mentais, denominados por ele como imagética, defende que "o homem cria um modelo mental que organiza toda a informação que pode ser tirada diretamente das premissas dadas. A partir daí, formula suas inferências para a tomada de decisão [...]". A afirmação demonstra que a construção dos modelos mentais tem como base as experiências acumuladas e o conhecimento prévio do indivíduo sobre determinados fenômenos, o que auxilia no desenvolvimento de uma lógica intrínseca a situações complexas – facilitando a tomada de decisão.

Os modelos mentais também são baseados na habilidade do ser humano em identificar padrões entre eventos, e somente por meio da identificação de tais padrões é que o indivíduo passa a construir possibilidades futuras (Minstzberg, 1994). Por outro lado, o risco envolvido no processo é a limitação gerada pelos modelos mentais, que auxiliam na manutenção de uma realidade já conhecida e confortável. Day (2003, p. 38) comenta essa dificuldade, ressaltando que "as pessoas tendem tão-somente a ver o que se encaixa nesses modelos mentais e filtram ou distorcem o que não se enquadra".

No entanto, além de se efetuar o cruzamento das diversas lógicas presentes nas empresas, deve-se considerar também que as variáveis envolvidas em uma situação real são tão diversas e complexas que não é possível, a um modelo computacional, apresentá-las de modo totalitário, inviabilizando a obtenção de um sistema completo e isento de erros. Em resposta a esse problema, a construção de modelos que abranjam toda a complexidade da análise humana e que possam ser transpostos para sistemas computacionais torna-se o grande desafio das ciências cognitivas.

Diante dessas limitações, os cientistas possuem alternativas para que os modelos disponíveis reflitam a realidade de maneira razoavelmente abrangente. Uma delas é a construção de modelos segmentados do todo que representa um ambiente. Segundo essa abordagem, seriam construídos modelos para cada um dos itens que compõem uma empresa, como clientes, fornecedores e colaboradores. A partir da análise dos modelos para cada um desses aspectos é que o gestor estaria capacitado para avaliar cenários mais complexos, identificando influências e correlações entre todas essas frentes (Ackoff, 1981).

Identificam-se, então, duas variáveis que se relacionam na composição da simulação de um evento futuro: o modelo mental dos indivíduos e o modelo computacional criado a partir dele. Verifica-se que os modelos mentais se comportam como um filtro, que organiza as informações até que elas componham um todo que faça sentido ao tomador de decisão. Esses modelos, então, formulam uma lógica tal que influencia e orienta a decisão. Desse modo, a utilização da intuição, sob a influência de modelos mentais criados com base na experiência adquirida pelos indivíduos, pode apresentar benefícios, na medida em que traduz situações complexas em uma linguagem mais amigável para o gestor envolvido na análise. Dessa ótica, a avaliação da situação é facilitada e o cenário pode ser analisado de forma qualitativamente superior, pois o indivíduo já possui informações acumuladas a respeito de determinadas tendências e certos comportamentos do setor.

Reforçando essa idéia, e considerando as discussões apresentadas por Simon (apud Mintzberg, 1994, p. 329), entende-se que os gestores devem não somente ser capazes de analisar problemas de forma sistemática, utilizando todas as ferramentas disponíveis, mas também contar com sua capacidade de responder a problemas de forma intuitiva, o que conferiria maior agilidade ao processo. Os mesmos autores ressaltam que um gerente não deve se preocupar em optar por lidar com problemas por meio de uma ferramenta analítica ou intuitiva, mas sim, buscar aplicar todas as ferramentas possíveis, escolhendo a mais apropriada em determinada situação, sendo necessário apenas que desenvolva a habilidade de relacionar aspectos tecnológicos e intuitivos.

Tecnologia Aplicada ao Desenvolvimento de Estratégias

Embora possam contribuir na facilitação do processo de estabelecimento de estratégias, as ferramentas de informática funcionarão segundo os parâmetros inseridos pelos indivíduos. Para tanto, em uma etapa inicial, os administradores coletam uma série de informações nas mais diversas fontes, como jornais, revistas, visitas a clientes, histórico da empresa, entre outras. Surge daí uma variável que reduz a confiabilidade da elaboração de cenários: a qualidade das fontes de informações utilizadas.

Na realidade, esse é um dos problemas centrais na discussão sobre sua validade, uma vez que, conforme comenta Oliveira (2000), a confiabilidade dos dados utilizados está diretamente relacionada com a qualidade final do planejamento. Ressalta-se ainda o fato de que, em sua maioria, os gestores são pouco criteriosos durante a seleção das informações, com tendência a considerar a maior parte dos materiais coletados, sem efetuar uma análise quanto à sua consistência e relevância.

Há também outras limitações quanto ao amplo uso de recursos tecnológicos como principal ferramenta de suporte. Conforme expõe Terra (2000), a informática permite uma maior interação com os clientes, possibilitando a detecção de tendências e facilitando, inclusive, a personalização da oferta da empresa, mas o uso de um sistema de gestão de informações por si só não é suficiente para potencializar a criatividade e a geração de idéias no ambiente empresarial. Isso ocorre porque o conhecimento somente é criado mediante a interpretação das informações disponíveis, e o excesso de dados pode, inclusive, reduzir a produtividade do processo, na medida em que o aumento das variáveis sob análise dificulta ainda mais a decisão.

Além disso, algumas empresas entendem que os sistemas de processamento de informações podem ser utilizados para aumentar a produtividade e a qualidade das atividades empresariais, que possibilitam a concentração das decisões nas mãos de poucos indivíduos e viabilizam a substituição das pessoas por máquinas. Essa visão, discutida por Morgan (1996), seria característica das organizações que ainda mantêm um estilo de administração burocrático, não estando aptas a utilizar todo o potencial desses instrumentos.

Porter (1986) promove discussões sobre essa questão, embora voltando-se para a análise de informações sobre concorrentes, mas passível de aplicação também em esforços para coleta de material em diferentes áreas. O autor chama a atenção para o fato de que as informações relevantes para análise de uma situação dificilmente aparecerão em um único momento no tempo, o que justifica o estabelecimento de uma sistemática para coleta e armazenamento de dados críticos, oferecendo maior eficiência ao processo – atividade que denomina como "sistema de inteligência". A forma como essa sistemática será estabelecida varia entre as empresas, que deverão buscar aquela que melhor sirva às suas necessidades específicas.

Para ilustrar essa questão, nos valeremos de uma experiência vivenciada, voltada ao estabelecimento de uma base de dados sobre informações de mercado. Com o intuito de otimizar os esforços, logo no início das atividades decidiu-se efetuar um levantamento junto aos gestores envolvidos no estabelecimento de estratégias, de modo a identificar as informações mais relevantes. Nessa etapa, buscou-se também conhecer a periodicidade de atualização dos dados, tendo como base não somente a freqüência de consulta por parte dos gestores, mas também a disponibilidade em fontes de informações externas.

Uma das maiores dificuldades encontradas no processo de implantação foi que as informações mercadológicas apresentavam inconsistência entre as diversas fontes. Isso criou a necessidade de que os dados armazenados fossem posteriormente analisados por uma equipe de indivíduos com vasta experiência no setor, os quais forneciam sua visão pessoal sobre o tema e definiam o que deveria ser disseminado ao restante da organização. Influenciava nessa atividade o fato de que tais pessoas participavam de reuniões em entidades, de congressos e visitas a clientes, e por isso possuíam outros parâmetros de análise que contribuíam fortemente na validação. Os relatórios resultantes dessas avaliações eram disponibilizados por meio da Intranet da companhia, cujo acesso era aberto a todos os funcionários.

No entanto, mesmo havendo constante troca de experiências, a atividade de cadastro no banco de dados que dava suporte ao sistema foi concentrada em um único colaborador, o qual serviria de interface entre as diversas pessoas que possuíam contribuições e se responsabilizaria pela disseminação. Ao longo do tempo, essa atividade se demonstrou complexa, resultando em dificuldades para se efetuar a manutenção e a divulgação dos relatórios dentro dos prazos estabelecidos com os usuários do sistema.

Por outro lado, apesar de haver o envolvimento da alta gerência e forte divulgação entre os colaboradores, verificou-se uma baixa adesão dos usuários finais quanto ao uso da ferramenta. Os indicadores definidos para avaliação da eficácia da ação demonstraram que os funcionários ainda efetuavam consultas individuais às fontes oficiais de informações, o que foi constatado pela taxa de *downloads* de Internet realizados nos períodos em que havia maior demanda por relatórios de gestão.

Também, a concentração dos esforços de busca e disseminação de informações em um único indivíduo fizeram com que não fosse promovida uma efetiva gestão do conhecimento, pois a informação continuou restrita a algumas pessoas-chave. Isso fez com que a estratégia, mesmo utilizando recursos tecnológicos, ainda possuísse características do fordismo-taylorismo e do paradigma racional ao manter elementos cruciais para a elaboração sendo geridos, analisados e disseminados por um grupo limitado de indivíduos. Esse problema é tratado por Nonaka e Takeuchi (1997), para os quais a ciência da estratégia possui uma série de limitações em relação ao tratamento fornecido ao conhecimento, à medida que propaga a idéia de que somente os gestores da alta direção possuem a capacidade necessária para manipular e disseminar o conhecimento existente na organização, além de desconsiderar os valores e crenças dos colaboradores envolvidos na implementação, o que dificulta a inovação e a criação de valor.

No exemplo discutido, entretanto, um dos ganhos de sistematizar o processo foi a promoção de efetiva troca de experiências entre os elementos envolvidos na análise dos dados armazenados. O estabelecimento da regra de sempre se registrar os parâmetros adotados para dar maior ou menor ênfase a certas informações possibilitou a formação de novos colaboradores, pois esses compartilhavam a percepção de indivíduos com maior experiência no tema. Da mesma forma, estabeleceu-se um método para efetuar a rastreabilidade das informações em qualquer etapa e a qualquer tempo, resultando em maior transparência.

Para superar esses desafios, torna-se necessário atentar para a qualidade das pessoas envolvidas no processo de construção das premissas sobre o futuro. Somente após compor um corpo de colaboradores dotados de capacidade para analisar criticamente as situações, e que tenham a flexibilidade necessária para vislumbrar e discutir diferentes pontos de vista, é que uma empresa estará apta a utilizar todo o potencial dessa atividade.

Um outro requisito necessário aos colaboradores envolvidos no processo de construção de cenários é sua atualização em relação às diversas ferramentas de tecnologia à disposição para o desenvolvimento de tal tarefa. Esse ponto se torna ainda mais relevante diante da atual velocidade com que ocorrem as mudanças tecnológicas. Lacerda (2001, p. 166) ressalta que "o ciclo tecnológico está mais curto que a carreira profissional, o que obriga as pessoas a se reciclarem permanentemente em busca de uma atualização de conceitos, técnicas, conhecimentos e metodologias inovadoras".

Assim, considerando que as ferramentas de informática à disposição dos administradores sofrem transformações e evoluções freqüentes, torna-se cada vez mais difícil para as empresas manter colaboradores que possuam ampla experiência e conhecimento do setor em análise, e que estejam igualmente capacitados para lidar com as variáveis tecnológicas envolvidas. O resultado, nesse caso, é o uso de um porcentual muito pequeno dos recursos tecnológicos à disposição, ampliando-se os riscos de construção de cenários conservadores e de menor efetividade.

Além das dificuldades geradas pelos próprios indivíduos envolvidos no processo, há as limitações definidas pelo ambiente organizacional em que eles estão inseridos. Afinal, poucas empresas possuem a flexibilidade necessária para vislumbrar cenários adversos e capazes de colocar em cheque a continuidade de seus negócios. A tendência das empresas de limitarem sua própria capacidade de análise é comentada por Day, Schoemaker e Gunther (2003, p. 51) ao afirmarem que "o raciocínio expansivo sobre o futuro é imediatamente subvertido pela rigidez e pelas restrições das fórmulas de sucesso da indústria, da sabedoria convencional e das falsas analogias do passado". Ou seja, o próprio histórico de crescimento de uma empresa pode levá-la à simples manutenção da sua forma atual de gestão, tendo como premissa a repetição de um resultado positivo e limitando sua capacidade de verificar se o paradigma considerado para o mercado em questão ainda continua válido.

Os questionamentos com relação à qualidade das informações avaliadas durante a composição de um cenário, a influência de características pessoais no processo de decisão e o ambiente organizacional em análise colocam limitações ao uso de recursos tecnológicos para definição de estratégias. Sua colaboração pode ser limitada, principalmente se os indivíduos tenderem a apenas repetir padrões de decisão, sem inovar ou modificar seu comportamento diante da possibilidade de uma situação adversa. Todavia, diversas ferramentas estão à disposição das organizações tendo como objetivo reduzir a influência de fatores individuais nesse processo, bem como aumentar a qualidade das informações empregadas, sendo necessário, por parte dos gestores, proporcionar um ambiente organizacional no qual as estruturas hierárquicas e os perfis profissionais possibilitem o pleno uso dos instrumentos adotados.

Considerações Finais

A análise do pensamento científico clássico demonstra como ele está diretamente relacionado com a forma como uma sociedade interpreta a realidade, sendo possível identificar reflexos nas mais diversas áreas. No campo da administração, isso acontece principalmente no estabelecimento do mecanicismo das organizações burocráticas, culminando, posteriormente, na adoção do paradigma racional para formulação de estratégias. Ao separar planejamento de ação, esse conceito estabelece uma postura determinista, por entender que há uma única ação adequada para a empresa – alternativa essa que deve ser identificada por meio de previsões baseadas em dados numéricos. Após acompanhar a perda de credibilidade dos paradigmas clássicos durante o século XX, a área de administração emergiu com novas ferramentas para o desenvolvimento de cenários estratégicos, proporcionando certa previsibilidade do futuro, sem perder de vista a ruptura e a evolução características dos ambientes competitivos.

As modernas tecnologias em computação oferecem diversas contribuições para o processo de formulação de estratégias para fins empresariais. As ferramentas desenvolvidas proporcionam aos administradores importantes instrumentos para testar hipóteses e validar premissas antes de optar por uma ação específica. Seus estudos oferecem ainda uma visão mais abrangente sobre a importância dos modelos mentais na construção da lógica dos processos decisórios, esclarecendo que a intuição, embora introduza limitações, também fornece contribuições importantes para a formulação de cenários, permitindo, inclusive, reduzir o tempo empregado nessa atividade.

As abordagens apresentadas fazem concluir que já não há mais espaço para o conflito entre os usos da racionalidade, aqui representada pelos modelos e simulações aplicados no setor de tecnologia, e da intuição na composição de cenários e estratégias. Na realidade, trata-se de lógicas complementares que levam à obtenção de resultados superiores, na medida em que ampliam a visão sobre as diversas variáveis que impactam as análises.

Finalmente, verifica-se que, embora a tecnologia tenha oferecido diversas inovações importantes que facilitaram o acesso às informações e sua manipulação, a própria ciência cognitiva demonstra que a ação dos indivíduos ainda é de extrema importância nesse processo, já que os sistemas computacionais não são capazes de abranger toda a complexidade que a realidade nos apresenta. Mais uma vez, os fatores humano e tecnológico se complementam, ampliando o potencial das empresas de vislumbrar um cenário futuro e adequarem suas estruturas a ele.

Referências Bibliográficas

ACKOFF, R. L. *Planejamento empresarial*. Trad. Marco Túlio de Freitas. Rio de Janeiro: Livros Técnicos e Científicos, 1981.

BEGOSSO, L. C. O papel dos modelos na ciência cognitiva. In: GONZALEZ, M. E. Q.; DEL-MASSO, M. C. S.; PIQUEIRA, J. R. C. (Org.) *Encontro com as ciências cognitivas*, v. 3. São Paulo: Cultura Acadêmica, 2001.

DAY, G. S.; SCHOEMAKER, P. J. H.; GUNTHER, R. E. *Gestão de tecnologias emergentes*. Porto Alegre: Bookman, 2003.

FLEURY, M. T. L.; OLIVEIRA JR., M. M. Aprendizagem e gestão do conhecimento. In: FLEURY, M. T. L. *As pessoas na organização*. São Paulo: Gente, 2002.

GARDNER, H. *A nova ciência da mente*: uma história da revolução cognitiva. Trad. Cláudia Malbergier Caon. 3. ed. São Paulo: USP, 2003.

GENELOT, D. *Manager dans la complexité*: réflexions à l'usage des dirigeants. 3. ed. Paris: Inep Consulting Éditions, 2001.

GHEMAWAT, P. *A estratégia e o cenário dos negócios*: textos e casos. Trad. Nivaldo Montingelli Jr. Porto Alegre: Bookman, 2000.

HATCH, M. J. *Organization theory*: modern, symbolic and postmodern perspectives. Nova York: Oxford, 1997.

HEIJDEN, K. *Planejamento de cenários*: a arte da conversação estratégica. Trad. Carlos Alberto Silveira Netto Soares e Nivaldo Montingelli Jr. Porto Alegre: Bookman, 2004.

KNYAZEVA, H. O pensamento complexo não-linear e sua aplicação nas atividades de gestão. In: CARVALHO, E. de A.; MENDONÇA, T. (Org.) *Ensaios de complexidade 2*. Porto Alegre: Sulina, 2003.

LACERDA, A. C. et al. *Tecnologia, estratégia para a competitividade*: inserindo a variável tecnológica no planejamento estratégico. São Paulo: Nobel, 2001.

MICKLETHWAIT, J.; WOOLDRIDGE, A. *Os bruxos da administração*: como entender a babel dos gurus empresariais. 8. ed. Rio de Janeiro: Campus, 1998.

MINTZBERG, H. *The rise and fall of strategic planning*. Nova York: Free Press, 1994.

MINTZBERG, H.; AHLTRAND, B.; LAMPEL, J. *Safári de estratégia*. Trad. Nivaldo Montingelli Jr. Porto Alegre: Bookman, 2000.

MORGAN, G. *Imagens da organização*. Trad. Cecília Whitaker Bergamini e Roberto Coda. São Paulo: Atlas, 1996.

NONAKA, I.; TAKEUCHI, H. *Criação de conhecimento na empresa*: como as empresas japonesas geram a dinâmica da informação. 13. ed. Rio de Janeiro: Elsevier, 1997.

OLIVEIRA, M. M. *A área de telecomunicações no Brasil*: um estudo sobre a dinâmica do setor industrial na década de mil novecentos e noventa, São Paulo, 2000. Dissertação (Mestrado em Administração de Empresas) – Pontifícia Universidade Católica São Paulo.

PORTER, M. E. *Estratégia competitiva*: técnicas para análise de indústrias e da concorrência. Trad. Elizabeth Maria de Pinho Braga. 29. ed. Rio de Janeiro: Campus, 1986.

PORTER, M. E. *Vantagem competitiva*: criando e sustentando um desempenho superior. Trad. Elizabeth Maria de Pinho Braga. 27. ed. Rio de Janeiro: Campus, 1989.

PRIGOGINE, I. *O fim das certezas*: tempo, caos e as leis da natureza. Trad. Roberto Leal Ferreira. São Paulo: Unesp, 1996.

SENGE, P. M. *A quinta disciplina*: arte e prática da organização que aprende. 16. ed. São Paulo: Best Seller, 2004.

TERRA, J. C. C. *Gestão do conhecimento*: o grande desafio empresarial. São Paulo: Negócio, 2000.

VICENTINI, M. R. La Mettrie, Auto-organização e ciência cognitiva. In: GONZALEZ, M. E. Q. et al. (Org.) *Encontro com as ciências cognitivas*. São Paulo: Faculdade de Filosofia e Ciências, 1997.

WRIGHT, P.; KROLL, M. J.; PARNELL, J. *Administração estratégica*: conceitos. Trad. Celso A. Rimoli e Lenita R. Esteves. São Paulo: Atlas, 2000.

5

A Implementação do Balanced Scorecard como um Evento de Geração de Conhecimento

Luís Eduardo de Carvalho

Resumo

Este capítulo tem por objetivo expor como a implementação do modelo de gestão criado por Robert Kaplan e David Norton, o *balanced scorecard*, além do seu objetivo primeiro de auxiliar na implementação da estratégia, constitui-se um evento de geração de conhecimento tal qual proposto por Nonaka e Takeuchi (1997). A hipótese a ser explorada é de que o *balanced scorecard* ativa a chamada espiral do conhecimento na medida em que favorece a interação entre conhecimentos tácito e explícito e leva o conhecimento do nível individual para o grupal e organizacional.

Introdução

O *balanced scorecard* é uma prática gerencial inicialmente criada para mensurar o desempenho organizacional e que passou a ser utilizada como uma ferramenta para a gestão e a implementação de estratégias. Com origem nos Estados Unidos, a metodologia rapidamente foi difundida, e está sendo aplicada por empresas em todos os continentes. Em pesquisa conduzida pela consultoria Bain & Company, em 2003, sobre as práticas de gestão mais utilizadas no Brasil e no mundo, aparece como utilizado por 51% das grandes empresas, um significativo crescimento se comparado com seu porcentual na mesma pesquisa realizada no ano 2000, quando sua utilização era de 30%.

A abordagem de criação de conhecimento nas organizações criada pelos autores Nonaka e Takeuchi tem-se mostrado de alta relevância dentro da disciplina de gestão do conhecimento, pois possibilita uma compreensão de como o conhecimento é criado nas organizações e como fazer para estimular que isso ocorra. Esse modelo está ancorado no pressuposto de que o conhecimento humano é criado e expandido mediante a interação entre o conhecimento *tácito* e o conhecimento *explícito*, o que promove a chamada *conversão do conhecimento*, um processo "social" entre indivíduos.

Este capítulo tem como objetivo mostrar que uma aplicação pouco enfatizada da implantação do *balanced scorecard* é sua contribuição na criação de conhecimento nas empresas onde é implantado ao estimular a conversão de conhecimento tácito em explícito (Nonaka e Takeuchi, 1997).

A relevância de identificar os pontos de convergência entre o *balanced scorecard* e a abordagem da criação do conhecimento é apontar aplicações outras para o *balanced scorecard* ao contribuir para a *geração de conhecimento* e, com isso, potencializar essas aplicações em empresas que já o utilizam ou venham a adotá-lo como prática de gestão. Da perspectiva da gestão do conhecimento, a identificação dessa convergência possibilita tornar mais tangíveis os conceitos propostos por Nonaka e Takeuchi ao relacioná-los com uma prática de gestão amplamente difundida.

A Criação de Conhecimento nas Empresas

A abordagem da *criação do conhecimento* baseia sua análise em duas dimensões, a *ontológica*, que enfatiza as entidades criadoras do conhecimento (individual, grupal e organizacional), e a *epistemológica*, que adota a distinção entre conhecimento *tácito* e conhecimento *explícito*.

A dimensão *ontológica* ressalta que o conhecimento só é criado pelos indivíduos, não havendo criação de conhecimento sem eles. Nesse sentido, "a criação do conhecimento organizacional deve ser entendida como um processo que amplia 'organizacionalmente' o conhecimento, cristalizando-o como parte da rede de conhecimento da organização".

Já na dimensão *epistemológica*, o conhecimento humano pode ser dividido em dois tipos: conhecimento *tácito* e conhecimento *explícito*. O conhecimento *tácito*, difícil de ser articulado na linguagem formal, é o conhecimento pessoal incorporado à experiência individual e envolve fatores intangíveis como crenças pessoais, perspectivas e sistemas de valor. O conhecimento *explícito*, que pode ser articulado na linguagem formal, como afirmações gramaticais, expressões matemáticas, especificações e manuais, pode ser transmitido facilmente entre os indivíduos e tem sido o modo dominante de conhecimento na tradição filosófica ocidental.

O modelo de criação do conhecimento está ancorado no pressuposto de que o conhecimento humano é criado e expandido mediante a interação entre o conhecimento *tácito* e o conhecimento *explícito*, a chamada *conversão do conhecimento* e não se pode deixar de notar que "essa conversão é um processo social entre indivíduos, e não ocorre confinada dentro de um indivíduo".

Formas de conversão do conhecimento

As formas de conversão do conhecimento são quatro: conversão do conhecimento tácito em tácito, chamada *socialização*; conversão do conhecimento tácito em explícito, chamada *externalização*; conversão do conhecimento explícito em explícito, a *combinação*; e conversão do conhecimento explícito em tácito, que é a *internalização*.

A *socialização* é um processo de compartilhamento de experiências e, a partir daí, cria-se mais conhecimento tácito, como modelos mentais, ou habilidades técnicas compartilhadas. Um exemplo pode ser o aprendizado do aprendiz com seu mestre, por meio da observação, imitação e prática, sendo essa última a base para a aquisição de conhecimento tácito.

A *externalização* é o processo de transformação do conhecimento tácito em explícito, na forma de metáforas, analogias, conceitos, hipóteses ou modelos. Pode-se dizer que, de todos os processos de conversão, esse é o que mais contribui para a geração de conhecimento. Um exemplo de externalização é o de um cozinheiro que sabe intuitivamente preparar um prato (conhecimento tácito) e documenta o processo e os ingredientes, gerando a receita (conhecimento explícito).

A *combinação* é um processo de sistematização de conjuntos diferentes de conhecimento explícito. A reconfiguração das informações existentes por intermédio da classificação, do acréscimo, da combinação e da categorização do conhecimento explícito (como realizado em bancos de dados de computadores) pode levar a novos conhecimentos. Um bom exemplo de combinação é o processo de construção de um plano estratégico, em que são agrupadas várias informações, dentro de uma ordem lógica, gerando algo novo.

A *internalização* é o processo de incorporação do conhecimento explícito ao conhecimento tácito e está intimamente ligada ao *aprender fazendo*. Para que o conhecimento explícito se torne tácito são necessárias a verbalização e a diagramação do conhecimento na forma de documentos manuais ou histórias orais. A documentação ajuda os indivíduos a internalizar suas experiências, aumentando, assim, seu conhecimento tácito. A Figura 5.1 mostra de forma integrada os modos de conversão do conhecimento.

	em Tácito	em Explícito
do Tácito	Socialização	Externalização
do Explícito	Internalização	Combinação

Figura 5.1 *Modos de conversão do conhecimento.*
Fonte: Nonaka e Takeuchi, 1997.

A espiral do conhecimento

Se, por um lado, a criação do conhecimento organizacional é uma interação contínua e dinâmica entre os conhecimentos tácito e explícito e, por outro, o conhecimento dos indivíduos constitui a base da criação do conhecimento organizacional, o desafio das empresas passa a ser, ao mesmo tempo, possibilitar essa interação entre os dois tipos de conhecimento e garantir que esse conhecimento seja ampliado organizacionalmente por meio dos quatro modos de conversão, a este processo é dado o nome de espiral do conhecimento.

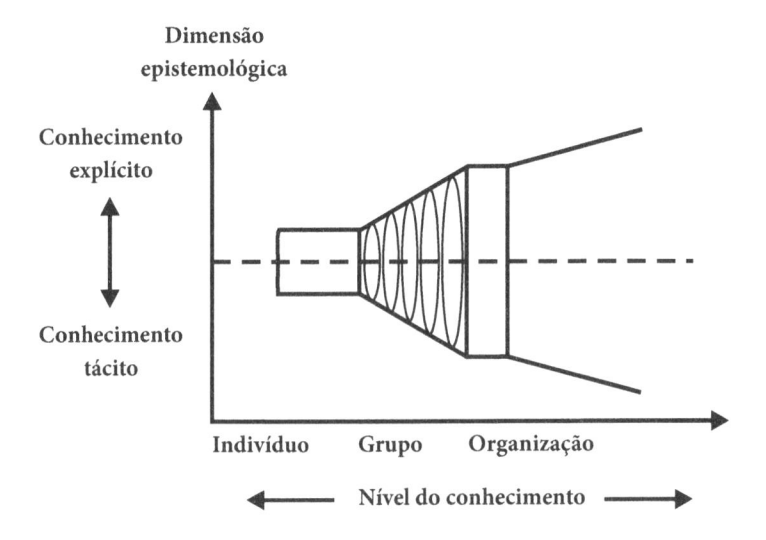

Figura 5.2 *A espiral do conhecimento.*
Fonte: Nonaka e Takeuchi, 1997.

A espiral do conhecimento tem início no nível individual e vai ascendendo e ampliando comunidades de interação que cruzam fronteiras entre seções, departamentos, divisões e organizações.

O *Balanced Scorecard* e os Princípios da Organização Orientada à Estratégia

A origem do *balanced scorecard* ocorreu em meados de 1990, quando os professores Robert Kaplan e David Norton atuaram em um projeto de pesquisa envolvendo várias empresas cujo objetivo era buscar novas maneiras de medir o desempenho organizacional. A percepção era de que, sem a melhoria do sistema de medição de desempenho, os executivos não conseguiriam mobilizar com eficácia seus ativos intangíveis, perdendo, dessa forma, grandes oportunidades de criação de valor.

Desde sua concepção original, em que a ênfase era a mensuração do desempenho das empresas, o *balanced scorecard* passou por duas evoluções: uma com forte contribuição na comunicação e alinhamento estratégico e outra na qual se consolidou como um sistema de gestão estratégica (Costa, 2001).

Na primeira evolução, percebeu-se que, com a sistematização dos indicadores em perspectivas, se criava uma grande oportunidade de comunicar a estratégia e, com isso, aumentar o alinhamento interno sobre a estratégia. Nesse momento, a novidade é o surgimento da ferramenta chamada *mapa estratégico*. Segundo os autores: "o mapa estratégico revelou-se inovação tão importante quanto o próprio *balanced scorecard* original. Os executivos consideram a representação gráfica da estratégia algo ao mesmo tempo natural e vigoroso" (Kaplan e Norton, 2004, p. XI).

A segunda evolução aconteceu de forma inesperada até mesmo para os criadores do conceito:

> [...] constatamos que as empresas adeptas estavam usando o BSC para a solução de um problema muito mais importante do que a mensuração do desempenho na era da informação. A questão da qual francamente não estávamos conscientes quando concebemos o *balanced scorecard* consistia em como implementar novas estratégias. (Kaplan e Norton, 2001, p. 8)

Vale ressaltar que nesse momento os autores identificaram um padrão comum nas organizações bem-sucedidas na implementação da estratégia, que são os chamados cinco princípios das organizações orientadas à estratégia. A seguir, serão abordados os elementos básicos do *balanced scorecard*: perspectivas de negócio, mapa estratégico, indicadores e projetos estratégicos, bem como os cinco princípios da organização orientada à estratégia.

As perspectivas de negócio

Um conceito-chave para o *balanced scorecard* é o de perspectivas de negócio. As perspectivas geralmente utilizadas são quatro: financeira, clientes ou mercado, processos internos e aprendizado.

A perspectiva *financeira* trata dos desafios financeiros da empresa e geralmente é associada ao crescimento, à redução de custos, ao aumento de receitas e à gestão dos riscos. A perspectiva de *clientes ou mercado* trata, sobretudo, da criação de valor sob a ótica dos clientes, e tem como sua componente mais importante a proposição de valor, que procura explicitar como a empresa será reconhecida perante seus clientes, detalhada por meio de atributos de valor, como disponibilidade, serviços adicionais, preço etc. A perspectiva de *processos internos* aborda os processo prioritários para o alcance da proposta de valor. A perspectiva de *aprendizado e crescimento* trata da gestão dos ativos intangíveis: o desenvolvimento das competências internas, o clima organizacional e a prontidão tecnológica da empresa.

Mapa estratégico

O mapa estratégico constitui-se em um diagrama com as perspectivas de negócio que apresenta objetivos estratégicos, geralmente representados por elipses conectadas por setas que ilustram relações de causa-efeito.

Independente do conteúdo estratégico, "o mapa estratégico fornece uma maneira uniforme e consistente de descrever a estratégia, que facilita a definição e o gerenciamento dos objetivos e indicadores. O mapa estratégico representa o elo perdido entre a formulação e a execução da estratégia" (Kaplan e Norton, 2004, p. 10).

Indicadores

Segundo os autores, os indicadores têm dois papéis: mensurar o alcance da estratégia e comunicar a estratégia. Há dois tipos de indicadores: de resultado (*lag indicators*), que reflete fatos acontecidos, como retorno sobre o investimento e geração e caixa, e indicadores de tendência (*lead indicators*), que demonstram a criação de valor no longo prazo (Costa, 2001, p. 12).

Projetos estratégicos

Os projetos estratégicos são um conjunto de ações necessárias para atingir os objetivos estratégicos e preencher lacunas de desempenho existentes entre o desempenho atual dos indicadores e as metas futuras. Eles se diferenciam dos objetivos estratégicos e da rotina estratégica por ser mais específicos, por ter início e conclusão predeterminados e por ter pessoas ou times dedicados à sua execução.

Os cinco princípios de uma organização orientada à estratégia

No decorrer das várias implementações das quais participaram, Kaplan e Norton identificaram um padrão comum que buscaram traduzir em cinco princípios das organizações orientadas à estratégia:

Mobilização da liderança – Trata sobretudo de três aspectos: estabelecer o senso de urgência para com a estratégia, criar o time de líderes e desenvolver a visão e a estratégia.

Tradução da estratégia em termos operacionais – Trata da construção do mapa estratégico, de indicadores, metas e projetos. A empresa deve construir o seu mapa estratégico, explicitando os grandes desafios em cada uma das perspectivas – financeira, clientes ou mercado, processos internos e aprendizado e crescimento. A seguir, devem ser definidos indicadores de desempenho e metas para cada um dos objetivos, bem como priorizadas as chamadas iniciativas estratégicas, que serão os grandes projetos que suportarão o alcance da estratégia.

A Figura 5.3 ilustra, para o caso de uma companhia aérea com estratégia de excelência operacional, uma parte do mapa estratégico, onde estão ilustrados as quatro perspectivas, os objetivos estratégicos (elipses) e as relações de causa-efeito (setas). Adicionalmente, são exemplificados indicadores, metas de desempenho e os projetos estratégicos associados.

Alinhamento para ganhar sinergias – Trata de questões importantes: o papel da corporação, o desdobramento para unidades de negócio e o desdobramento para unidades de serviços. Objeto do mais recente livro de Kaplan e Norton, *Alinhamento* (2006), esse princípio nasce da necessidade de possibilitar que a estratégia corporativa seja devidamente alinhada por toda a organização: "Em todos os casos, as empresas bem-sucedidas usam os *balanced scorecards* de maneira coordenada em toda a organização, para garantir que o todo exceda a soma das partes" (Kaplan e Norton, 2001, p. 22).

Ao trazer à tona a questão dos desdobramentos para as áreas de apoio, o *balanced scorecard* estimula que áreas como tecnologia da informação, financeira e recursos humanos reflitam sobre seus papéis nas organizações em que estão inseridas e construam seus próprios mapas estratégicos.

Fazer da estratégia tarefa de todos – Trata da comunicação da estratégia a toda a organização e do alinhamento dos programas de remuneração variável à estratégia. A construção do *balanced scorecard* geralmente ocorre com a equipe

Mapa Estratégico

Diagrama das relações de causa e efeito entre objetivos

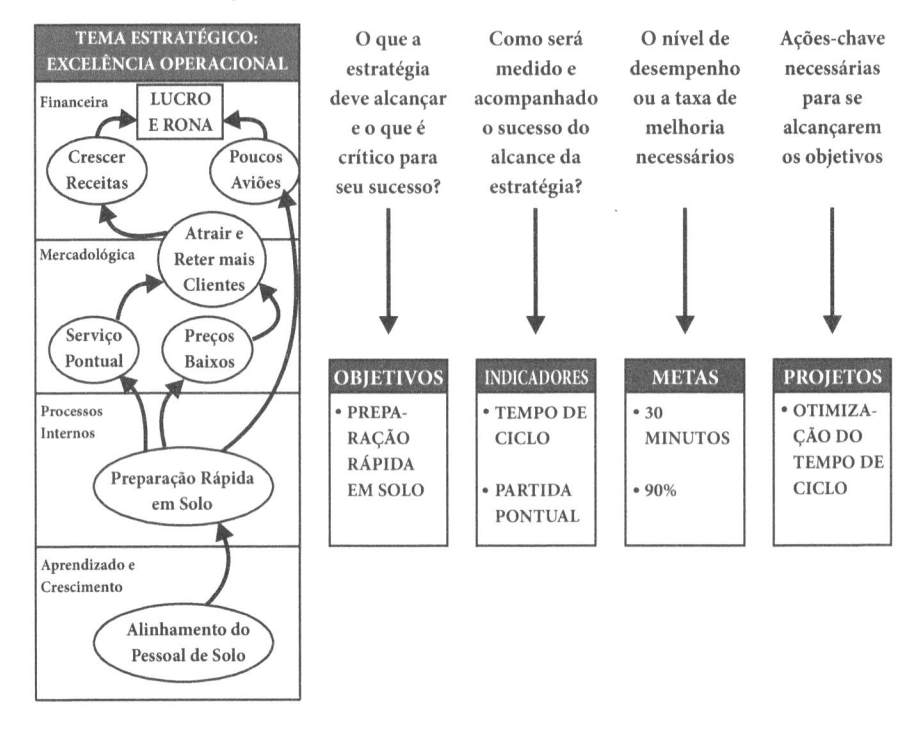

	O que a estratégia deve alcançar e o que é crítico para seu sucesso?	Como será medido e acompanhado o sucesso do alcance da estratégia?	O nível de desempenho ou a taxa de melhoria necessários	Ações-chave necessárias para se alcançarem os objetivos
TEMA ESTRATÉGICO: EXCELÊNCIA OPERACIONAL				
Financeira: LUCRO E RONA, Crescer Receitas, Poucos Aviões				
Mercadológica: Atrair e Reter mais Clientes, Serviço Pontual, Preços Baixos				
Processos Internos: Preparação Rápida em Solo				
Aprendizado e Crescimento: Alinhamento do Pessoal de Solo				
	OBJETIVOS • PREPARAÇÃO RÁPIDA EM SOLO	**INDICADORES** • TEMPO DE CICLO • PARTIDA PONTUAL	**METAS** • 30 MINUTOS • 90%	**PROJETOS** • OTIMIZAÇÃO DO TEMPO DE CICLO

Figura 5.3 *Os componentes do* balanced scorecard.
Fonte: Kaplan e Norton, 2004.

dos principais líderes da empresa, o que ainda não garante que os desafios estratégicos estarão permeados por toda a organização; é nesse contexto que o princípio de *transformar a estratégia em trabalho de todos* passa a se fazer necessário. São três as essências desse princípio: a comunicação e a disseminação do mapa estratégico; a disponibilização dos dados de desempenho em softwares de apoio; e o alinhamento dos programas de remuneração variável com o desempenho estratégico. A comunicação da estratégia pode dar-se de várias formas: apresentação pelos líderes, materiais de apoio como *folders* e vídeos explicitando a estratégia, entre outras. Já a disponibilização do mapa estratégico e da performance dos indicadores por meio de um software, geralmente através da rede corporativa, possibilita que cada funcionário esteja avaliando a evolução da empresa no alcance de sua estratégia.

Fazer da estratégia um processo contínuo – O princípio de transformar a estratégia em um processo contínuo tem como eixo central a realização de reuniões de análise estratégicas e a integração do processo orçamentário com a estratégia. A necessidade de transformar o processo estratégico em algo contínuo pode ser ilustrada com informações como a de que 85% das equipes gerenciais dedicam menos de uma hora por mês discutindo questões estratégicas (Kaplan e Norton, 2001). Reuniões de análise estratégica são encontros periódicos nos quais a equipe de líderes da empresa avalia a estratégia.

Há dois tipos de reuniões estratégicas: as reuniões de controle, em que se procura verificar o desempenho dos indicadores buscando entender seu comportamento com relação às metas, e as reuniões de aprendizado, nas quais se questiona a hipótese estratégica, podendo ou não implicar mudanças no mapa estratégico.

O *Balanced Scorecard* como um Evento de Criação do Conhecimento: Unindo as Duas Abordagens

A seguir, procura-se ilustrar como a implementação do *balanced scorecard* aciona a espiral do conhecimento estratégico favorecendo tanto a interação do conhecimento tácito com o explícito, como sua ampliação organizacional do nível individual ao grupal e a toda a organização. Serão analisados cada um dos princípios de uma organização orientada à estratégia, ressaltando-se sua colaboração para a criação do conhecimento organizacional.

O princípio da *mobilização da liderança* envolve o processo de estabelecer o senso de urgência para com a estratégia, criar o time de líderes e desenvolver a visão e a estratégia. Da ótica organizacional, o conhecimento passa dos indivíduos ao grupo de líderes e, da ótica epistemológica, o que se observa nesse primeiro momento é a ocorrência da *socialização*, quando os participantes discutem e compartilham seus conhecimentos tácitos sobre visão e rumos estratégicos e *combinação*, ao utilizar informações de várias origens para comporem o plano estratégico.

O princípio da *tradução da estratégia em termos operacionais* envolve a criação do mapa estratégico, dos indicadores, das metas e dos projetos estratégicos. De todos os princípios, talvez seja o que tenha uma maior associação direta com uma das formas de conversão do conhecimento, a *externalização*, ou seja, nesse momento, um grande esforço é feito no sentido de converter o conhecimento tácito dos líderes da organização em conhecimento explícito, sobretudo por meio do mapa estratégico, que torna explícitos não só os desafios, mas também suas relações de causa-efeito. Os principais momentos de conversão do conhecimento tácito em explícito no processo de construção do mapa estratégico são as entrevistas com os líderes, que, uma vez documentadas, servirão como base para a construção do mapa estratégico.

Embora nessa etapa ocorra de forma intensa a *externalização*, pode-se perceber também a ocorrência da *combinação*, pois a base para a construção do mapa estratégico são as entrevistas (conhecimento tácito externalizado) e o plano estratégico, conhecimento já explícito.

O princípio do *alinhamento para ganhar sinergias* trata do desdobramento da estratégia para as unidades de negócio e áreas de apoio. Em outras palavras, o que se observa nesse princípio é a tradução da estratégia de forma alinhada à estratégia corporativa. Nesse caso, além da *externalização*, pode-se perceber uma forte presença da *combinação*, pois diferentes formas de conhecimento explícito poderão ser utilizadas, como, por exemplo, a estratégia corporativa e a estratégia da unidade de negócio.

O princípio de *transformar a estratégia em trabalho de todos* trata sobretudo da comunicação da estratégia a toda a organização e do desdobramento da estratégia para as equipes. Nesse caso, percebe-se uma forte relação com a *internalização*,

Tabela 5.1 *Contribuições do* balanced scorecard *à conversão do conhecimento*

Princípios da Organização Orientada à Estratégia	Externalização (Conversão do conhecimento tácito em explícito)	Socialização (Conversão do conhecimento tácito em tácito)	Combinação (Conversão do conhecimento explícito em explícito)	Internalização (Conversão do conhecimento explícito em tácito)
Mobilização da liderança (Visão e estratégia)	Média		Média	
Tradução da estratégia (Mapa estratégico, indicadores, metas e projetos estratégicos)	Alta		Média	
Alinhamento para ganhar sinergias (Mapa estratégico, indicadores, metas e projetos das unidades de negócio e áreas de apoio)	Alta		Alta	
Fazer da estratégia tarefa de todos (Funcionários conscientizados sobre a estratégia)				Alta
Fazer da estratégia um processo contínuo (Reuniões de análise estratégica)		Alta		Média

Fonte: Kaplan e Norton, 2004.

Tabela 5.2 *Contribuições do* balanced scorecard *à ampliação organizacional do conhecimento*

Princípios da Organização Orientada à Estratégia	Forma de Ampliação do Conhecimento
Mobilização da liderança (Visão e estratégia)	Individual → Grupal
Tradução da estratégia (Mapa estratégico, indicadores, metas e projetos estratégicos)	Individual → Grupal
Alinhamento para ganhar sinergias (Mapa estratégico, indicadores, metas e projetos das unidades de negócio e áreas de apoio)	Individual → Grupal
Fazer da estratégia tarefa de todos (Funcionários conscientizados sobre a estratégia)	Grupal → Organizacional
Fazer da estratégia um processo contínuo (Reuniões de análise estratégica)	Individual → Grupal → Individual

Fonte: Kaplan e Norton, 2004.

pois o conhecimento explícito sob a forma de mapas estratégicos, indicadores, metas e projetos estratégicos após o processo de comunicação passa a ser também conhecimento tácito dos indivíduos.

Por fim, o princípio de *transformar a estratégia em um processo contínuo*, que trata das reuniões estratégicas e do alinhamento da estratégia com o processo orçamentário, pode ser percebido como um evento de *socialização*, pois, analisando o mapa estratégico com o desempenho dos indicadores mensurados, os executivos procuram compartilhar seus conhecimentos tácitos sobre o porquê do alcance ou não dos resultados esperados.

A Tabela 5.1 sintetiza as diferentes formas que o *balanced scorecard* contribui para a criação do conhecimento no que se refere às formas de conversão do conhecimento.

Da mesma forma, é possível também sintetizar as principais contribuições da implementação do *balanced scorecard* para a ampliação do conhecimento organizacional.

Considerações Finais

Conforme proposto por Nonaka e Takeuchi (1997), a criação do conhecimento é favorecida pela interação entre conhecimento tácito e explícito, bem como pela transição do conhecimento dos indivíduos aos grupos e a toda organização; como demonstrado, a implementação do *balanced scorecard* parece ter uma contribuição significativa para a ocorrência da criação do conhecimento, sobretudo por favorecer a conversão do conhecimento tácito sobre a estratégia em explícito, por exemplo nos mapas estratégicos, e também por possibilitar a difusão desse conhecimento por toda a empresa, mediante o processo de comunicação.

Referências Bibliográficas

COSTA, A. P. *Contabilidade gerencial*: um estudo sobre a contribuição do balanced scorecard. São Paulo, 2001. Dissertação (Mestrado) – Faculdade de Economia e Administração da Universidade de São Paulo.

KAPLAN, R. S.; NORTON, D. P. *Organização orientada à estratégia*. Rio de Janeiro: Campus, 2001.

_____. *Mapas estratégicos*: convertendo ativos intangíveis em resultados tangíveis. Rio de Janeiro: Campus, 2004.

KAPLAN, R. S.; NORTON, D. P. *Alignment*: using the balanced scorecard to create corporate synergies. Boston: Harvard Business School Press, 2006.

MINTZBERG, H.; ALHSTRAND, B.; LAMPEL, J. *Safári de estratégia*. Porto Alegre: Bookman, 2000.

NONAKA, I.; TAKEUCHI, H. *Criação de conhecimento na empresa*. Rio de Janeiro: Campus, 1997.

6

Caracterizando Empresas Intensivas em Conhecimento

Fernanda Castro De Nadai
Luiz Roberto Calado

Resumo

A intensa competição entre os mercados exige que as empresas sejam capazes de desenvolver e gerenciar de forma eficaz seus recursos (financeiros, estruturais ou humanos). Na literatura, há predominância de abordagens que consideram o capital como o principal recurso a ser gerenciado, entretanto, na economia baseada na informação e de serviço intensivo, atributos como rapidez, flexibilidade, inovação e pessoal capacitado tornam-se, cada vez mais, elementos essenciais para a competitividade das organizações.

Nessa realidade, o conhecimento deve ser considerado um recurso estratégico valioso para o estabelecimento de uma vantagem competitiva sustentável nas organizações – entretanto, nas intensivas em conhecimento, torna-se um atributo essencial.

A proposta deste capítulo é provocar uma discussão sobre o que de fato determina que uma organização seja denominada intensiva em conhecimento, e buscar fundamentar teoricamente o termo *empresas intensivas em conhecimento* utilizado na literatura. São apresentadas então algumas características organizacionais que poderiam determinar essa classificação: atividades desempenhadas, pessoas da organização, mercado de atuação, produtos e serviços, e práticas de gestão – com foco no conhecimento.

Introdução

A atual economia baseada no conhecimento e de serviço intensivo traz implicações estratégicas às organizações que necessitam se manter competitivamente sustentáveis. Faz-se necessário, então, estabelecer estratégias orientadas para pessoas que visem ao desenvolvimento dos atributos e recursos internos da firma, tornando necessário a criação do conhecimento e a construção de processos de aprendizagem.

O capital já não pode ser considerado o único recurso estratégico importante a ser gerenciado nas organizações, e as responsabilidades dos gestores devem ir além da aquisição, alocação e do emprego de maneira eficaz desse recurso, haja vista avaliações do mercado das ações de empresas como a General Electric, por exemplo, que é dez vezes maior que seu valor contábil (Stewart, 2002). Tal fato demonstra que existe algo que vale mais do que os recursos físicos registrados na contabilidade financeira: o capital acumulado em busca do talento e do conhecimento da empresa.

Uma maior dotação e um maior gerenciamento de alguns recursos pela firma, em especial do recurso conhecimento, podem agregar valor aos produtos e serviços oferecidos ao mercado e trazer vantagens competitivas. Uma abordagem que discute a vertente é a da *visão da firma baseada em conhecimento*, de Oliveira Jr. (2001), a qual se baseia na *visão da empresa baseada em recursos* (*resource based view* – RBV) (Collis e Montgomery, 1995). Essa última propõe a valorização dos atributos internos da firma como fonte de vantagem competitiva sustentável.

Este capítulo está estruturado em três seções principais, excluindo a introdução e as considerações finais. A primeira seção traz alguns conceitos e definições do que é conhecimento na perspectiva de diversos autores; a segunda trata do conhecimento como recurso estratégico, conforme a visão da empresa baseada em recursos, e coloca o conhecimento como sendo um dos recursos valiosos a ser gerenciado; por último, na terceira seção, alguns atributos são discutidos: tipo de atividade e processo desempenhados, mercado de atuação, produtos fornecidos ao mercado e práticas de gestão, os quais, dependendo de sua performance, caracterizariam a intensidade do conhecimento em um negócio.

O Conhecimento

Desde a era grega, a filosofia busca respostas sobre a origem do conhecimento. Há dois pensamentos fundamentais e antagônicos na epistemologia filosófica ocidental quanto a essa origem: o racionalismo (inatismo) e o empirismo.

Empiristas como Francis Bacon (1561-1626), John Locke (1632-1704), Stuart Mill (1806-1873), entre outros, endossavam as correntes de pensamento em que os fatos contribuem para a formação do conhecimento, no qual há uma origem única e verdadeira do conhecimento, dada pela experiência, e não existe nenhuma idéia *a priori* (Chauí, 2004).

Por sua vez, ao contrário do empirismo, para o racionalismo ou inatismo existe um conhecimento inato, não no sentido de já nascermos com eles, mas como resultante exclusiva da capacidade de pensar. Para os racionalistas, os fatos não são fontes de todos os conhecimentos, não oferecem condições de certeza, e o conhecimento é fruto de um processo mental ideal. O principal expoente do racionalismo, René Descartes (1596-1650), discorda de que as verdades são apenas de fato, e afirma que elas são também de razão (Descartes, 2003) e que a razão tem predomínio absoluto como fundamento de todo conhecimento.

Mais tarde, Kant (1724-1804), preocupado com a natureza do nosso conhecimento, questionou se era possível uma razão pura independente da experiência – daí o método do criticismo, com o qual ele pretende superar a dicotomia racionalismo-empirismo (Kant, 1980). Assim, o conhecimento surge quando os pensamentos racionalista e empirista caminham juntos, e, embora todo conhecimento comece com a experiência, isso não significa que todo o conhecimento surja da experiência.

Em 1945, Hayek (1945) já pesquisava sobre o uso do conhecimento na sociedade. Porém, apenas por volta de 1960, Drucker (1994) notou a transformação das denominadas *sociedades industriais* para as *sociedades do conhecimento*.

O conhecimento, nas teorias econômicas e administrativas, foi estudado por Schumpeter (1964; 1988) e Senge (1999), entre outros que já abordavam o tema, como Taylor (1985) na administração científica, e Mayo (1954) nas teorias das relações humanas. No fordismo, também já se pensava em aprimorar os conhecimentos aplicados à melhoria da eficiência da produção, com o *sistema de formação profissional fordista*, o qual, segundo Heloani (2003), se constituía em uma iniciativa em prol dos filhos dos empregados – escola na qual era ensinado o "modo de regulação fordista".

Weick e Roberts (1993) e Schein (1985) no estudo sobre cultura organizacional; Senge (1999), Hamel e Prahalad (1990) com o estudo sobre estratégia baseada em recursos; e Stalk, Evans e Shulman (1992) com a abordagem da competição baseada em capacidades também estudaram o conhecimento sob perspectivas diferentes. Portanto, é possível deduzir que a abordagem do conhecimento como uma das ferramentas estratégicas das empresas não é recente.

Porter (1980) também abordou o tema do conhecimento no estudo das vantagens competitivas antes de se tornar contemporâneo. Segundo ele, as vantagens competitivas são geradas a partir da utilização estratégica das informações e do conhecimento pelas organizações como um dos seus recursos estratégicos.

O conhecimento coletivo – soma das contribuições individuais – é visto como um ativo estratégico das empresas por diversos autores – Porter (1980), Nonaka (1994), Brown e Duguid (1991) – e, desse modo, é um recurso que deve ser gerenciado e otimizado, pois cada vez mais será considerado um diferencial competitivo na agregação de valor para produtos e serviços.

Mais especificamente, Nonaka e Takeuchi (1997) afirmam que o conhecimento diz respeito às crenças e aos compromissos, ocorre em função de uma atitude, perspectiva ou intenção específica e, portanto, está relacionado à ação ou a um contexto específico. Por isso, os autores salientam a importância de gerar crenças, compromissos, situações e interações apropriados para que as informações possam ser convertidas em conhecimento e circular pelas organizações e, assim, influenciar julgamentos, comportamentos e atitudes.

Ainda segundo os autores, o conhecimento pode ser classificado em explícito e tácito. O conhecimento explícito é tangível, visível, de natureza objetiva, de fácil comunicação e armazenamento, podendo ser externalizado com palavras, fórmulas, dados, planilhas, entre outras maneiras. Por sua vez, o conhecimento tácito é de natureza subjetiva, de difícil comunicação, transmissão e aprendizagem, por estar embutido nas ações dos indivíduos carregados de emoções, valores, ideais, intuição, habilidades e experiências pessoais.

Outra definição, de Fleury e Oliveira Jr. (2001), traz o conceito de que o conhecimento é fruto das interações que ocorrem no ambiente empresarial, é desenvolvido por meio do processo de aprendizagem e pode ser entendido como um conjunto de informações associadas à experiência, à intuição e aos valores.

Stewart (2002), por sua vez, trata o conhecimento como um recurso que pode ser comprado, produzido e vendido, e por entender que ele está altamente relacionado ao dinheiro, faz-se necessário identificar onde está esse ativo conhecimento nas organizações e como ele pode contribuir para a geração de bons resultados.

Entende-se que o conhecimento é mais profundo, sendo resultante de um processo de contextualização, relações e comparações de informações entre si. A geração de conhecimento dá-se apenas no ser humano, por isso costuma ser repleto de valores e emoções. É possível que alguns conhecimentos sejam externalizados, porém, muitas vezes, durante o processo de externalização nas empresas que realizam a gestão desse conhecimento, corre-se o risco de transformá-lo em informação novamente se o contexto em que aquelas informações estavam inseridas não for externalizado com elas (Davenport e Prusak, 1999).

O Conhecimento como Recurso Estratégico

Na atual sociedade, o conhecimento, a cultura, o tempo, a atenção e a experiência do ser humano tornam-se, cada vez mais, os recursos comerciais mais valiosos e importantes, e a vida de cada pessoa, um mercado potencial aos olhos de muitas organizações contemporâneas (Rifkin, 2001). O conhecimento passou a ser considerado um *recurso* estratégico e, portanto, um dos diferenciais competitivos de uma organização a partir do momento em que passa a atuar em um ambiente de competitividade global.

A teoria da visão da empresa baseada em recursos – *resource based view* (RBV) –, abordagem sintetizada por Collis e Montgomery (1995), é voltada aos recursos internos da firma, além de considerar a influência do ambiente competitivo um dos fatores determinantes do sucesso da empresa. Ou seja, traz a somatória da análise interna, da análise externa da indústria e análise do ambiente competitivo (Porter, 2003).

A abordagem da RBV tem suas raízes em Penrose (1959) e seu desenvolvimento a partir de diversos trabalhos acadêmicos de Wernerfeldt (1984). A incorporação do vocabulário à área da administração somente ocorreu em 1990 com a publicação do artigo de Hamel e Prahalad (1990) na Harvard Business Review e do livro *Competindo pelo futuro* no ano de 1995.

A teoria da RBV foi, na década de 1990, tão importante quanto a análise da indústria de Porter na década de 1980 (Collis e Montgomery, 1995). Porém, a abordagem de análise da indústria considera que a análise da estrutura da indústria é o fator determinante para a rentabilidade das firmas, enquanto, na abordagem baseada em recursos, as competências, capacidades, habilidades e o conhecimento organizacionais são vistos também como fontes de vantagem competitiva para as empresas.

Segundo os autores, os recursos não podem ser avaliados isoladamente porque seu valor é determinado pela interação com as forças de mercado. Por esse motivo, deve existir um conjunto de recursos aliados ao negócio e à estratégia da organização. Entende-se por recursos da firma (a) os ativos tangíveis – propriedades, instalações, estoques de matéria-prima, entre outros, (b) os ativos intangíveis – marcas, cultura, conhecimento tecnológico, patentes, experiência acumulada, entre outros, e (c) as capacidades organizacionais – habilidades específicas da organização como um todo ou de suas partes.

Entre todos os recursos da firma, os mesmos autores salientam que é importante, porém difícil, a identificação do recurso valioso, cuja contribuição é essencial para o negócio da empresa. A RBV pode ajudar trazendo disciplina para o processo freqüentemente confuso e subjetivo de avaliar recursos como valiosos. Para que um recurso seja considerado valioso e, portanto, base para uma estratégia efetiva, deve passar por vários testes de mercados externos de seu valor: imitabilidade, durabilidade, apropriabilidade, substitutabilidade e superioridade competitiva.

No primeiro teste, o de imitabilidade, deve-se procurar respostas para a seguinte questão: este recurso é difícil de ser copiado? Cabe ressaltar que, mesmo se a resposta for afirmativa, a empresa deve estar ciente de que a situação pode não perdurar para sempre. Há maneiras de se tentar intensificar a valorização desse recurso, por exemplo: delinear a estratégia em cima dos recursos com singularidade física – valor da marca, patentes – ou o mercado não comporta mais um competidor.

O segundo, visa testar a durabilidade do recurso, ou seja, testar o tempo de depreciação desse recurso no mercado frente a um competidor. Quanto mais tempo esse recurso durar, mais valioso se tornará. No entanto, a maioria dos recursos tem vida limitada e provém lucros provisórios, uma vez que, após certo período de tempo, o recurso poderá ser imitado ou superado por uma inovação seguinte e, portanto, tornar-se obsoleto e/ou menos rentável.

O terceiro teste, denominado apropriabilidade, refere-se a quem capta valor criado pelo recurso, nem sempre o valor criado pelo recurso é captado pela firma criadora e detentora deste. Ocorre que o recurso é geralmente "negociado" entre todos os *stakeholders* envolvidos. Nesse sentido, delinear uma estratégia baseada em recursos que não são apropriados pela firma pode dificultar a captação de lucros.

Por sua vez, o quarto teste procura verificar a possibilidade de o recurso ser facilmente substituído por um outro recurso diferente – se afirmativo, o valor do recurso tende a reduzir. O quinto e último, o teste de superioridade competitiva, avalia ainda se o recurso pode ser considerado realmente o melhor em relação aos outros competidores da indústria, ou seja, cada firma deve identificar sua competência essencial, aquela que a companhia tem e/ou executa melhor que seus concorrentes. A superioridade de um recurso é determinada pelos próprios competidores, por meio de dados de mercado.

A partir desses testes de mercado, é possível caracterizar o recurso valioso. Ainda assim, é necessário que a organização construa uma estratégia baseada em competências essenciais e permaneça atenta à dinamicidade do contexto da indústria, avaliando constantemente sua situação competitiva, com a (re)aplicação freqüente dos testes de mercado para os recursos considerados valiosos.

Para que essa condição seja mantida, podem ocorrer algumas implicações estratégicas às organizações, como exigência de investimento ininterrupto a fim de manter e construir recursos valiosos; investimento em competências essenciais a partir da análise das cinco forças da indústria de Porter (1980); melhoria nos recursos; e alavancagem dos recursos existentes, objetivando torná-los valiosos mediante a dinâmica da indústria.

Nesse último, Collis e Montgomery (1995) atentam para a existência de alguns erros estratégicos comuns e caros, geralmente cometidos quando da tentativa da diversificação corporativa, entre os quais quando as organizações (a) superestimam a transferência de recursos e capacidades específicas, (b) superestimam sua habilidade de competir em indústrias altamente lucrativas, ou ainda (c) assumem que a alavancagem de recursos genéricos pode ser uma fonte importante de vantagem competitiva em novos mercados, mas não se importam muito com a dinâmica competitiva específica da indústria.

A partir da abordagem da RBV discutida, entende-se que a valorização dos atributos internos da firma deve servir como fonte de vantagem competitiva sustentável e que uma maior dotação de alguns recursos, em especial o conhecimento, agrega valor aos produtos e serviços produzidos e oferecidos ao mercado (Spender, 1996; Grant, 1996; Oliveira Jr., 2001).

Anteriormente, considerou-se que o conhecimento é um recurso importante para a competitividade das organizações, e para as intensivas em conhecimento é ainda mais significativo.

Organizações Intensivas em Conhecimento

Segundo Sveiby (1998), para fazer negócios na era do conhecimento, é preciso compreender características das organizações do conhecimento, de seus produtos e de seu gerenciamento. Na literatura acadêmica, encontra-se então a denominação *organizações intensivas em conhecimento* (OIC) e variâncias, quando se faz referência àquelas organizações que utilizam fortemente o ativo intangível conhecimento, nas etapas da cadeia produtiva, como insumo, produto e processos.

Entende-se que há fatores qualitativos que podem determinar a intensidade do recurso conhecimento nas organizações. Considera-se que alguns destes possíveis fatores, como as atividades desempenhadas pela organização, as competências e habilidades desenvolvidas pelas pessoas que trabalham na organização, o produto ou serviço final oferecido ao mercado, o próprio mercado de atuação em que a empresa está inserida e, ainda, as práticas de gestão do conhecimento, seja individual ou coletivo, interno ou externo, podem caracterizar se uma organização é ou não intensiva em conhecimento.

Atividades Desempenhadas

Os tipos de atividades desempenhadas pelas organizações podem caracterizar uma organização intensiva em conhecimento (OIC). As organizações transnacionais, por exemplo, exercem o papel de "organizadoras", pois sua atividade principal é de apenas administrar contratos e vender sua marca, mediante os esforços de marketing. A produção do bem físico é feita em economias de escala, com alta tecnologia na fabricação, porém por mão-de-obra terceirizada e de baixo custo (Dowbor, 2001).

Organizações como essas tendem a aproveitar as vantagens de cada segmento envolvido na fabricação de seus produtos: seu papel é o de intermediar, gerir o conjunto de relações interempresariais, promover o produto e a marca e organizar essas relações. O preço final dos produtos da Nike, por exemplo, constitui-se, em média, em 25% de manufatura, e o restante corresponde ao marketing e à função de suporte, como serviços de distribuição, armazenamento, financiamento e integração de sistemas. Tais organizações pertencem a uma classe de nível mundial, têm forte poder sobre as demais organizações com as quais se relacionam em razão do seu peso econômico, político e militar, controlam a renovação das tecnologias, modificam os perfis e as preferências do consumidor, os estilos de mensagens publicitárias, sendo responsáveis pela transformação do trabalho (Dowbor, 2001).

Citamos aqui o exemplo das atividades desempenhadas por transnacionais, porém, de acordo com Stewart (2002), o conhecimento está presente em e é relevante para todo tipo de organização, sejam as de baixa tecnologia, as entidades sem fins lucrativos e os órgãos públicos ou, ainda, os negócios de alta tecnologia; o que diferencia é a intensidade do conhecimento no negócio.

As Pessoas

Autores como Alvesson (1993), Nonaka e Takeuchi (1997) e Starbuck (1993) apontam a necessidade de investigar o trabalho do conhecimento presente nas OIC. Quanto maior o papel do conhecimento na criação de valor para os produtos ou serviços de uma organização, mais importante será a atividade intelectual dos funcionários altamente qualificados, portanto, produtores e donos de ativos não materiais.

Progressivamente, o conhecimento e outros intangíveis constituem não somente a base de operação das empresas, mas também parte ou a totalidade dos produtos que elas oferecem. O pessoal inserido nas OIC deve ser orientado para o conhecimento, todos os profissionais precisam refletir sobre o processo do conhecimento e estar envolvidos, de maneira que desenvolvam práticas voltando-as para ações diárias. Devem ser pessoas inteligentes, intelectualmente curiosas e interessadas em adquirir continuamente conhecimento, capazes de criar, compartilhar e utilizar os conhecimentos (Davenport e Prusak, 1999).

Nos Estados Unidos, mais de 60% de todos os funcionários já são trabalhadores do conhecimento, e quatro em cada cinco empresas estão nas chamadas indústrias do conhecimento (Probst et al., 2002).

O trabalhador do conhecimento executa tarefas complexas que, em suma, são atividades de processamento de informações, nas quais geralmente utiliza recursos de tecnologia de informação como apoio para suas atividades (Collins, 1993). Essas atividades do trabalho de conhecimento consistem na aquisição, criação, produção e aplicação de informações que são transformadas em conhecimento pelo indivíduo (Davenport, Jarvenpaa e Beers, 1996). O assunto é abordado posteriormente com mais detalhes.

Produto ou Serviço

Não é simples conceber o que deve ser considerado um produto do conhecimento, contudo, é possível perceber a intensidade do recurso conhecimento em uma organização mediante o tipo de produto ou serviço final que ela produz e oferece ao mercado. Segundo a abordagem de Stewart (2002), há quatro tipos de produto do conhecimento: o conhecimento embutido ou instilado, por meio de produtos e serviços inteligentes; a destilação e venda do conhecimento como produto; a venda de produtos de consumo do conhecimento; e a alavancagem da propriedade intelectual.

Uma empresa do conhecimento também pode ser caracterizada pelo produto final de sua atividade, à medida que produz informação útil como resultado – decisões, análises, planos ou instruções – e utiliza modelos mentais na realização de suas atividades, requerendo alto nível de atenção do indivíduo – pois processar informações consiste em um processo complexo de recuperação, manipulação e produção de resultados (Boff, 2000). Stewart (2002) classifica os produtos do conhecimento em conhecimento cultural, propriedade intelectual, conhecimento baseado em processos, baseado em mídia, conhecimento com indexação eletrônica e eletronicamente ativo.

Mediante as classificações de Boff (2000) e Stewart (2002), é possível identificar se determinada empresa tem produtos ou serviços intensivos em conhecimento.

Em resumo, as empresas são mais intensivas em conhecimento na medida em que seus produtos e processos o são. Os produtos são mais intensivos em conhecimento quando empresas inovadoras aumentam o valor agregado deles – seja por capacitar um produto a se adaptar a condições de mudanças ou por coletar e armazenar informação e aplicá-las em benefício do usuário – de funções básicas e relativamente simples, agregando-lhes valor e tornando-os mais intensivos em conhecimento (Probst et al., 2002).

Mercado de Atuação

Pode-se questionar se as OIC estão inseridas somente em alguns setores da economia. Nesse contexto, Davenport e Prusak (1999) comentam sobre a empresa de consultoria McKinsey and Company, como a mais orientada para o conhecimento de um setor, o qual é intensivo em conhecimento. Ao mesmo tempo, os autores consideram a miniusina siderúrgica Chaparral Steel, e a British Petroleum, como exemplos de empresas que possuem uma gestão do conhecimento de sucesso.

Esses são exemplos que corroboram a dificuldade em separar empresas industriais de produtos de itens manufaturados, das empresas de serviços e idéias. Percebe-se que o setor de software, por exemplo, é um tipo de indústria baseada no conhecimento, porém indústrias tradicionais também estão se tornando usuárias e vendedoras de conhecimento. Isso indica que analisar apenas o mercado de atuação da organização, muitas vezes, pode não determinar a intensidade de conhecimento no negócio.

A fábrica da NEC no Japão substituiu robôs por homens em sua linha de montagem de telefone móvel após constatar que o ser humano atingia a eficiência desejada nas 8 mil unidades produzidas, enquanto o robô, nas 64 mil unidades.

Com esse exemplo, pode-se verificar que mesmo um trabalho mecânico se beneficia da experiência, do conhecimento e da capacidade de adaptação das pessoas e, portanto, podemos considerar que "os intangíveis que agregam valor à maioria dos produtos e serviços são baseados em conhecimento" (Davenport e Prusak, 1999, p. 17).

Conforme demonstra a Figura 6.1, os setores da economia com maior valor de mercado são organizações intensivas em conhecimento.

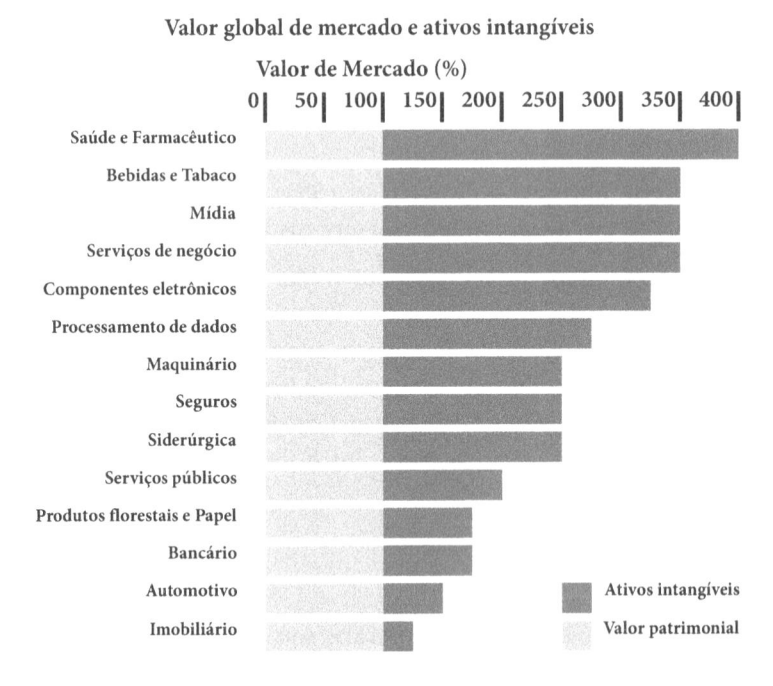

Figura 6.1 *Valor de mercado e ativos intangíveis.*
Fonte: Sveiby, 1998.

Práticas de Gestão do Conhecimento

À medida que os ambientes organizacionais vão se tornando mais complexos e competitivos, os ambientes de informação e de conhecimento passam a ser, ao mesmo tempo, mais importantes e mais difíceis de serem gerenciados, e exigem a implantação de práticas de gestão. O desenvolvimento de práticas efetivas de gestão do conhecimento nas empresas também influencia a sistematização de processos de gestão do conhecimento.

De acordo com Davenport e Prusak (1999), as práticas de gestão do conhecimento podem abranger, pensar na organização como um sistema, construir e facilitar comunidades de aprendizado e prática, concentrar-se em questões de desenvolvimento pessoal, criar estruturas organizacionais menos hierárquicas e até mesmo planejar com o uso de cenários.

Nessa mesma linha, Terra (2005) identificou as práticas de gestão do conhecimento de organizações brasileiras, e considerou que a gestão do conhecimento nas organizações deve inicialmente compreender as características e demandas do ambiente competitivo e entender as necessidades individuais e as coletivas que estão associadas aos processos de criação e de aprendizado dentro da organização.

Se, mais do que em outro tempo, atualmente a organização necessita do ser humano que aprende, que inova, que reflete, que é capaz de analisar, de criticar e de criar, ela tem de oferecer condições e ambientes propícios à comunicação e, portanto, à interação entre os indivíduos para que as atividades de troca de experiências e conhecimento, por mais simples que sejam, se tornem efetivas.

Várias dimensões da prática gerencial e da organização do trabalho propostas em estudo anterior por Terra (2005) – como de gestão dos fatores estratégicos e papel da alta administração; da cultura e dos valores organizacionais; da estrutura organizacional; das práticas de recursos humanos; dos sistemas de informação; da mensuração de resultados, além das práticas de aprendizado com o ambiente – podem facilitar e/ou estimular os processos de geração, difusão e apropriação de conhecimento no ambiente empresarial.

Entre as práticas de gestão do conhecimento abordadas por Terra (2005), apresentadas na Figura 6.2, destaca-se a importância do papel estratégico da alta

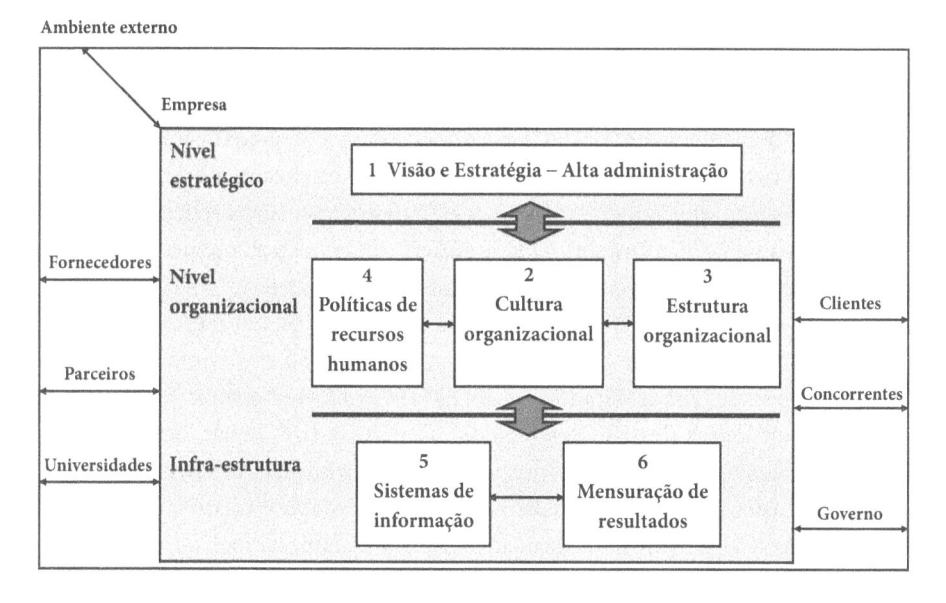

Figura 6.2 *As sete dimensões das práticas gerenciais.*
Fonte: Terra, 2005.

administração, já que os modelos de gerenciamento do conhecimento demandam um certo nível de autoridade, de iniciativa e, portanto, delegação para as linhas de frente que terão de contribuir na externalização de seu conhecimento individual, o qual precisa emergir nas atividades diárias e nos processos internos para que a delegação de poder aconteça.

A alta administração, principalmente de empresas intensivas em conhecimento – como é o caso das jornalísticas, visando cumprir de forma eficaz seu papel de liderança para a gestão do conhecimento, deve estar atenta também a algumas características da cultura organizacional – conjunto de regras e normas formais e informais, atitudes, crenças, espaços de trabalho e, em particular, ao próprio papel (Fleury et al., 2002) – cultura que deve ser voltada à inovação, ao compartilhamento, à integração, pois, assim como a forma de liderança influencia na dinâmica da aprendizagem das pessoas e no compartilhamento do conhecimento (Bartlett e Ghoshal, 2002), a cultura também o faz.

A cultura organizacional voltada à gestão do conhecimento é extremamente importante na mobilização das pessoas para o compartilhamento do conhecimento. Uma vez que aparece a dimensão do interesse, ou seja, uma pessoa não pode ter interesse sem estar em uma situação de interdependência em face de outras e, ao mesmo tempo, não fará nada que possa levá-la a perder nessas relações, o lema "conhecimento é poder" explica, em parte, o não-compartilhamento de conhecimento entre os indivíduos dentro de uma organização.

Dessa perspectiva, é importante que o líder atue como professor, mentor, guia ou facilitador, incentivando as pessoas e a organização a desenvolver habilidades fundamentais para a existência de um aprendizado (Senge, 1999).

Além disso, os executivos também precisam, mais do que em outras épocas, de habilidades de gerenciamento das informações para que possam tomar decisões com mais assertividade. No passado, muitas vezes, os executivos tomavam decisões e fracassavam por falta de informações. Atualmente, suas capacidades devem focar, não somente nos processos de aquisição, mas no tratamento e armazenamento dessas informações como um diferencial competitivo.

Por sua vez, os espaços físicos de trabalhos ou *layout* também exercem influência positiva ou negativa sobre a criatividade, o aprendizado e o clima organizacional das empresas. Quinn, citado por Terra (1999) em seu estudo sobre grandes empresas inovadoras dos Estados Unidos, na Europa e no Japão, destaca a abordagem de *skunk works* (espaços propositalmente informais e desconectados do ambiente corporativo) para emular o ambiente inovativo e criativo de pequenas empresas, haja vista a importância da estrutura organizacional na criação e no compartilhamento do conhecimento.

Além da importância da estrutura organizacional, do posicionamento da alta administração e da cultura para a aprendizagem e o compartilhamento de conhecimento dentro da organização, as políticas de recursos humanos – as quais abrangem do processo de seleção de pessoal à remuneração e às avaliações de desempenho, e também contemplam a disponibilidade de sistemas de informação e medidas claras para mensuração e divulgação dos resultados atingidos – geram condições favoráveis e possibilitam que a gestão do conhecimento de fato ocorra (Terra, 2005).

Quanto às formas de gerenciamento desse conhecimento, Fleury e Oliveira Jr. (2001) afirmam que a gestão do conhecimento nas empresas pode ser realizada a partir de três processos básicos: aquisição e desenvolvimento de conhecimentos, disseminação do conhecimento e construção da memória.

Nessa mesma vertente, Nonaka e Takeuchi (1997) trazem o modelo da "espiral do conhecimento", a qual compreende os quatro modos de conversão do conhecimento – socialização, externalização, combinação e internalização – porém com enfoque na etapa de disseminação do conhecimento.

Cabe então à organização definir qual conhecimento vale a pena ser desenvolvido para posteriormente promover ações de criação, integração e transferência de conhecimento, além de formas de protegê-lo, para que sejam desenvolvidas competências estratégicas e haja um esforço permanente para manter a sustentabilidade da vantagem competitiva mesmo em um ambiente dinâmico.

Dá-se aí, então, a importância da gestão do conhecimento nas organizações. Embora o conhecimento seja um importante ativo maleável e flexível (Spender, 2001), necessita ser identificado como um tipo de conhecimento que agregue valor ao negócio da empresa para que então possa ser gerenciado.

Considerações Finais

A tese central deste capítulo é de que as organizações intensivas em conhecimento se caracterizam pelo grau elevado de conhecimento em seus produtos, processos, pessoas, atividades, clientes e mercados de atuação e práticas de gestão do conhecimento. As organizações necessitam ampliar as formas tradicionais de delineamento de estratégias, uma vez que o conhecimento passa a ser tão importante quanto outros recursos da firma. Esse fato é ainda mais importante nas OIC, por necessitarem mais fortemente do recurso conhecimento em seu negócio.

O conhecimento faz parte da atividade de qualquer pessoa ou organização; o que o capítulo procurou ressaltar é que alguns autores o estão abordando como mais um insumo de produção, um recurso estratégico, transformando o conhecimento em um ativo que, além de ser gerenciado pelas organizações, tem valor no atual contexto econômico e pode ser transacionado no mercado.

Diante dessa realidade, os administradores precisam analisar como a importância crescente do conhecimento pode interferir na posição competitiva da empresa em que atuam, assim, sejam capazes de determinar onde se faz necessário maior esforço para gerir seu conhecimento, para que esse ativo seja mais uma fonte de vantagem competitiva e traga resultados à empresa.

Considerando então que este recurso – conhecimento – pode ser obtido somente por meio das pessoas e das ações, experiências, emoções, dos valores e ideais do indivíduo, é necessário desenvolver práticas contemporâneas de gestão de pessoas e de conhecimento.

Referências Bibliográficas

ALVESSON, M. Organization as rhetoric: knowledge-intensive firms and the struggle with ambiguity. *Journal of Management Studies*, v. 30, n. 6, p. 997-1016, 1993.

BARTLETT, C. A.; GHOSHAL, S. Human resource management and industrial relations. *Sloan Management Review*, v. 43, n. 2, p. 34-41, 2002.

BOFF, L. H. *Processo cognitivo de trabalho de conhecimento*. Porto Alegre, 2000. Tese (Doutorado em Administração) – Universidade Federal do Rio Grande do Sul.

BROWN, S.; DUGUID, P. Organizational learning and communities-of-practice: towards a unified view of working, learning and innovation. *Organization Science*, n. 2, p. 40-57, 1991.

CHAUÍ, M. *Convite à filosofia*. São Paulo: Ática, 2004.

COLLIS, D. J.; MONTGOMERY, C. A. Competing on resources: strategy on the 1990. *Harvard Business Review*, jul./ago. 1995.

COLLINS, R. W. *Impact of information technology on the process and performance of knowledge workers*. Minnesota: University of Minnesota, 1993.

DAVENPORT, T. H.; PRUSAK, L. *Conhecimento empresarial*: como as organizações gerenciam seu capital intelectual. Rio de Janeiro: Campus, 1999.

DAVENPORT, T. H.; JARVENPAA, S. L.; BEERS, M. C. Improving knowledge work processes. *Sloan Management Review*, s/n, p. 53-65, 1996.

DESCARTES, R. *Discurso do método*. São Paulo: Martins Fontes, 2003.

DOWBOR, L. *A reprodução social*. V. 1 – Tecnologia, globalização e governabilidade: os novos horizontes. Rio de Janeiro: Vozes, 2001.

DRUCKER, P. *Sociedade pós-capitalista*. São Paulo: Pioneira, 1994.

FLEURY, M. T. et al. (Org.) *As pessoas na organização*. São Paulo: Gente, 2002.

FLEURY, M. T.; OLIVEIRA JR., M. M. *Gestão estratégica do conhecimento*: integrando aprendizagem, conhecimento e competências. São Paulo: Atlas, 2001.

GRANT, R. M. Toward a knowledge-based theory of the firm. *Strategic Management Journal*, n. 17, p. 109-22, 1996.

HAMEL, G.; PRAHALAD, C. K. The core competences of the corporation. *Harvard Business Review*, v. 68, n. 3, p. 79-91, 1990.

_____. *Competindo pelo futuro*: estratégias inovadoras para obter o controle do seu setor e criar os mercados de amanhã. Rio de Janeiro: Campus, 1995.

HAYEK, F. The use of knowledge in society. *The American Economic Review*, v. 35, n. 4, p. 32-39, set. 1945.

HELOANI, R. *Gestão e organização no capitalismo globalizado*: história da manipulação psicológica no mundo do trabalho. São Paulo: Atlas, 2003.

KANT, I. *Crítica da razão pura*. Coleção Os pensadores, v. 1. São Paulo: Abril Cultural, 1980.

MAYO, E. *The social problems of industrial civilization*. Boston: Harvard University Press, 1954.

NONAKA, I. A dynamic theory of organizational knowledge creation. *Organization Science*, v. 5, n. 1, p. 14-37, 1994.

NONAKA, I. ; TAKEUCHI, H. *Criação do conhecimento na empresa*. Rio de Janeiro: Campus, 1997.

OLIVEIRA JR., M. M. Competências essenciais e conhecimento na empresa. In: FLEURY, M. T. L.; OLIVEIRA JR., M. M. *Gestão estratégica do conhecimento*: integrando aprendizagem, conhecimento e competências. São Paulo: Atlas, 2001.

PENROSE, E. T. *The theory of growth of the firm*. Londres: Basil Blackwell, 1959.

PORTER, M. *Competitive strategy*. Nova York: Free Press, 1980.

_____. *Estratégia competitiva*: técnicas para análise de indústrias e da concorrência. Rio de Janeiro: Campus, 2003.

PROBST, G. et al. *Gestão do conhecimento*: os elementos construtivos do sucesso. Porto Alegre: Bookman, 2002.

RIFKIN, J. *A era do acesso*. São Paulo: Makron Books, 2001.

SCHEIN, E. H. *Organizational culture and leadership*. San Francisco: Jossey-Bass, 1985.

SCHUMPETER, J. A. *História da análise econômica*. v. 1. Rio de Janeiro: Fundo de Cultura, 1964.

_____. *Teoria do desenvolvimento econômico*: uma investigação sobre lucros, capital e crédito. São Paulo: Abril Cultural, 1988.

SENGE, P. M. *A quinta disciplina*: arte, teoria e prática da organização de aprendizagem. São Paulo: Best Seller, 1999.

SPENDER, J. C. Competitive advantage from tacit knowledge? Unpacking the concept and its strategic implications. In: MOINGEON, B.;

EDMONDSON, A. (Ed.) *Organizational learning and competitive advantage*. Londres: Sage, 1996.

SPENDER, J. C. Gerenciando sistemas do conhecimento. In: FLEURY, M. T.; OLIVEIRA JR, M. M. *Gestão estratégica do conhecimento*: integrando aprendizagem, conhecimento e competências. São Paulo: Atlas, 2001.

SPENDER, J. C.; GRANT, M. R. Knowledge and the firm: overview. *Strategic Management Journal*, v. 17, p. 5-9, 1996.

STALK, G.; EVANS, P.; SHULMAN, L. Competing on capabilities: the new rules of corporate strategy. *Harvard Business Review*, Boston, v. 70, n. 2, p. 57-69, mar./abr. 1992.

STARBUCK, W. H. Keeping a butterfly and elephant in a house of cards: the elements of exceptional success. *Journal of Management Studies*, v. 30, n. 6, p. 885-921, 1993.

STEWART, T. A. *A riqueza do conhecimento*: o capital intelectual e a organização do século XXI. Rio de Janeiro: Campus, 2002.

SVEIBY, K. E. *A nova riqueza das organizações*: gerenciando e avaliando patrimônios de conhecimento. Rio de Janeiro: Campus, 1998.

TAYLOR, F. *Princípios da administração científica*. São Paulo: Atlas, 1985.

TERRA, J. C. *Gestão do conhecimento*: aspectos conceituais e estudo exploratório sobre as práticas de empresas brasileiras. São Paulo, 1999. Tese (Doutorado) – Escola Politécnica – Universidade de São Paulo.

_____. *Gestão do conhecimento*: o grande desafio empresarial. Rio de Janeiro: Elsevier, 2005.

WERNERFELDT, B. A. A resource based view of the firm. *Strategic Management Journal*, n. 5, p. 171-180, 1984.

WEICK, K. E.; ROBERTS, K. H. Colective minds in organizations: heedful interralating on flight decks. *Administrative science quarterly*, n. 38, p. 357-381, 1993.

7

Universidade Corporativa:
Uma Reflexão sobre Conceitos e o Termo Universidade

Renata da Conceição Cruz

Resumo

O conhecimento nas organizações passou a ser um grande diferencial competitivo. O desafio está em como organizar e disseminar esse conhecimento. A educação corporativa surge como uma maneira de dar novo papel aos antigos programas de treinamento e desenvolvimento, tendo como grande diferencial o alinhamento das estratégias organizacionais aos programas. Nessa nova ótica, surgem as universidades corporativas, como uma forma física e estrutural de propagação do conhecimento da organização aos funcionários e à cadeia de valor: fornecedores, clientes, comunidade. Como pontos de fundamental importância para a criação da universidade estão o engajamento da alta cúpula da organização e a definição das competências organizacionais para o desenho das estratégias educacionais.

O capítulo traz a concepção teórica de educação corporativa e universidade corporativa, apontando as vantagens e desvantagens do conceito, evidenciando casos de sucesso na implantação de universidades corporativas no Brasil, além de uma visão crítica sobre a utilização do termo *universidade* emprestado ao âmbito organizacional.

Introdução

Na era do conhecimento, a aprendizagem no mundo corporativo surge como um fator gerador de desenvolvimento e crescimento para a organização. No entanto, essa aprendizagem hoje não se restringe à área de recursos humanos, deve ser inerente ao negócio e alinhada à estratégia da empresa. Na concepção de aprendizagem na organização, nasce um modelo de educação corporativa denominado *universidade corporativa*, modificando os objetivos e o formato dos antigos programas de treinamento e desenvolvimento, criados e aplicados pela área de recursos humanos, área utilizada normalmente com esse enfoque tradicional. Essa demanda surgiu por causa de uma necessidade cada vez maior de alinhar a educação do corpo empresarial com as estratégias da empresa e a especificidade do negócio.

O fenômeno das universidades corporativas cresce significativamente pelo mundo, evidenciando, por meio de alguns estudos, sua efetiva contribuição para o crescimento e o desenvolvimento da empresa. Supõe-se que esse novo formato de educação corporativa contribua para a produção, a acumulação e a difusão do conhecimento, bem como para o desenvolvimento de novas competências nas organizações. Com a necessidade cada vez maior de aumentar o lucro e a competitividade global das empresas, a educação corporativa passa a exercer um papel de importância estratégica para o alcance desse objetivo.

Por intermédio das universidades corporativas, as empresas buscam superar os modelos estáticos e reativos do treinamento e desenvolvimento, adotando amplo sistema educacional corporativo. Inicialmente, a empresa enfrenta dificuldades para implementar o novo modelo, principalmente em relação à mensuração de seus resultados. A saída para algumas está na contratação de novos profissionais imbuídos dessa visão atual de educação corporativa, para que eles se encarreguem de constituir fisicamente a universidade corporativa e seus programas de desenvolvimento a partir do direcionamento estratégico apontado pelo corpo diretivo.

Outro ponto a ser considerado é o quanto a parceria com as universidades abertas pode ser positiva nesse processo, pois a empresa sabe o que deseja e a universidade sabe como organizar e transmitir o conhecimento mediante uma didática estruturada. Por outro lado, tal parceria pode não atender a necessidade da organização que necessita de um enfoque menos teórico e mais prático, utilizando, em alguns casos, os líderes dos processos como disseminadores do conhecimento nas universidades corporativas.

Este capítulo tem como objetivo apresentar a abordagem científica dessa nova concepção de educação corporativa, pela atualidade do tema e por ser considerada uma nova fórmula para o sucesso da organização no que tange ao alinhamento do conhecimento às estratégias e aos objetivos organizacionais. Uma das questões que surge em relação ao tema é se a utilização do termo *universidade* para essa nova forma de educação corporativa é adequada. Quais são as vantagens e desvantagens da adoção desse modelo?

Primeiro será abordada a conceituação teórica de educação corporativa e universidade corporativa, alinhada às questões da gestão do conhecimento e das novas tendências estratégicas de recursos humanos. Neste momento, pretende-se analisar as diversas opiniões dos autores acerca desses assuntos.

Posteriormente, seguiremos para a definição do termo *universidade*, analisando as opiniões dos autores sobre o empréstimo do termo ao formato de educação corporativa e elencando as vantagens e desvantagens da adoção da universidade corporativa como criadora e difusora do conhecimento dentro da organização. Há a intenção, ainda, de ressaltar alguns casos de sucesso de implantação de universidades corporativas em empresas sediadas no Brasil. Para finalizar, será retomado o levantamento teórico, e se fará uma leitura crítica, ainda que sucinta, dos pontos abordados no capítulo.

A Educação Corporativa

A educação empresarial é empregada há muitos anos, porém, inicialmente, focava os níveis gerenciais e a alta cúpula da organização. Os funcionários que ocupavam outras posições tinham geralmente treinamentos pontuais, com o foco mais corretivo do que preventivo. Hoje, a integração de todos os funcionários, independentemente do nível hierárquico, compreensão das demandas do mercado e alinhamento das estratégias da organização, não é mais um evento esporádico, mas uma necessidade constante para manter a competitividade, a sustentabilidade e o crescimento da empresa.

Segundo Meister (1999), a capacidade de ativar a inteligência, a inventividade e a energia do funcionário nunca foi tão primordial como na economia do conhecimento. Um maior número de pessoas realiza trabalhos que demandam conhecimento específico e geral, e os cargos estão cada vez mais abrangentes em termos de exigência intelectual. A economia do conhecimento exige um aprendizado contínuo para o desenvolvimento de qualificações mais amplas, daí a iniciativa das empresas em implantar programas de aprendizagem e a educação corporativa como meio difusor.

Traçando um paralelo histórico, a partir da visão taylorista, no *movimento da administração científica* no início do século XX, surgiu a necessidade do treinamento e do desenvolvimento das pessoas, em razão da premissa de que havia uma única forma correta de se executar o trabalho. O treinamento e o desenvolvimento eram limitados a apenas orientar os funcionários sobre a técnica do manuseio de máquinas e equipamentos e o método das operações. Havia pouca ou nenhuma intenção em desenvolver pessoas críticas ou que pudessem colaborar no processo de produção, a intenção era apenas de doutrinar a equipe sobre o que a empresa e seus líderes entendiam como correto.

Após o *movimento das relações humanas*, iniciou-se a inclusão de temas comportamentais nos programas de treinamento, o que se aprofundou nos anos 1960 e 1970 com o modelo de *desenvolvimento organizacional*. A partir daí, houve uma preocupação maior com o desenvolvimento humano, abrindo espaço para a participação, ainda que modesta, do trabalhador no processo produtivo, podendo ele opinar sobre a melhor prática ou sobre condições de trabalho mais adequadas.

Essas mudanças contribuíram para que as organizações migrassem de uma visão focada em processo para uma visão mais dinâmica, reconhecendo que a educação dos colaboradores passara a ser de fundamental importância. Então, o conceito tornou-se ainda mais abrangente com a aplicação da gestão do conhecimento nas organizações, visando reter e reciclar os conhecimentos inerentes ao negócio de forma estruturada e focando em resultado. Dessa forma, a empresa busca manter-se competitiva em um ambiente conturbado no qual a velocidade do conhecimento pode acarretar altos lucros ou prejuízos incalculáveis.

Atualmente, o conhecimento passa a ter *prazo de validade*, deteriorando-se em pouco tempo por causa das mudanças do ambiente e do surgimento de novos conhecimentos, daí o grande desafio das organizações em reciclar e armazenar de forma estruturada esse conhecimento tão perecível. Meister (1999) corrobora essa argumentação quando cita que a educação passa a ser um sistema orientado à gestão de um mercado específico que compete por preço e qualidade. Na opinião da autora, não há aquilo que chamamos *graduação*, pois nossos conhecimentos e qualificações só são adequados por um período que pode ser de 12 a 18 meses, depois do qual é necessário reciclar para competir na economia global do conhecimento.

A aprendizagem contínua do profissional torna-se uma necessidade essencial em uma época em que o conhecimento passou a ser tão valorizado e tão perene, sendo cada vez maior a exigência de profissionais polivalentes com conhecimentos gerais e específicos, aplicáveis à prática diária de suas funções na organização. O profissional da era do conhecimento precisa não apenas do conhecimento e de sua atualização constante desse, mas também de uma nova atitude mental, segundo a qual deixa de vivenciar o cargo e passa a vivenciar o mercado. A partir daí, consegue ampliar sua visão e sua criticidade, contribuindo para o crescimento de sua carreira e da empresa onde estiver atuando.

Com a rapidez das mudanças organizacionais dos últimos anos, as empresas iniciaram uma reflexão sobre a utilidade, a abrangência e a efetividade dos seus programas de treinamento e desenvolvimento, que, embora fossem fortemente aplicados, chegaram a um estágio de estagnação no qual a mensuração dos seus reflexos para a contribuição ao crescimento da organização se tornou um grande desafio. Busca-se não só a aplicação prática da educação corporativa, mas a análise dos impactos de tal prática no resultado da empresa, seja pelo aumento nas vendas ou na produtividade, pelo crescimento no resultado financeiro ou pela ampliação da participação de mercado.

Segundo Ulrich (1998), traduzir estratégias empresariais em práticas de RH contribui para a adaptação da empresa às mudanças pelos seguintes motivos: diminuição do tempo entre a concepção e a execução da estratégia; compreensão sobre as exigências dos consumidores traduzindo as estratégias de atendimento em políticas e práticas específicas; e obtenção de um melhor desempenho financeiro com uma execução mais eficaz da estratégia. Obtém-se uma lógica estruturada em que a estratégia permeia os diversos níveis da organização e deixa de ser um conceito para se transformar em uma prática.

Consolida-se, então, a necessidade de trazer a temática de educação para dentro das empresas, buscando-se uma efetiva contribuição do conhecimento para os resultados estratégicos da organização, mediante o desenvolvimento das pessoas.

Essa demanda trouxe à tona o tema *organizações de aprendizagem*. Senge (1990) propõe que qualquer organização pode mudar e conseguir avanços surpreendentes se adotar técnicas que ajudem seus membros a se livrar das deficiências de aprendizagem, da forma de pensar, criar e trabalhar. Em síntese, para o autor é possível criar, em qualquer organização, um ambiente de renovação constante, um processo de contínuo aprendizado. Assim, a aprendizagem organizacional configurou-se como uma fonte de vantagem competitiva.

A mudança do perfil de treinamento e desenvolvimento, gerada pela urgência de conhecimento direcionado e alinhado à estratégia da organização, fez com que as empresas transformassem sua área de treinamento e desenvolvimento em uma organização do conhecimento, denominada universidade corporativa. As universidades corporativas surgem como uma das estratégias organizacionais de implantação de um processo contínuo de educação corporativa, visando à promoção da aprendizagem organizacional e da gestão do conhecimento.

A Universidade Corporativa

A universidade corporativa nasceu nos Estados Unidos, sendo inicialmente um *campus universitário* onde as empresas despendiam recursos materiais e humanos para o desenvolvimento de seu corpo organizacional. Hoje em dia, porém, existe um foco maior no processo em si e não no espaço físico, utilizado apenas como um dos veículos possíveis de aprendizado.

Meister (1999) cita que as universidades corporativas são, essencialmente, as dependências internas para a educação e o treinamento que surgiram nas empresas, por causa da frustração com o conteúdo e a qualidade do ensino superior (pós-secundário) e da necessidade de um aprendizado constante. A autora elenca sete competências básicas no ambiente de negócios, definidas como a soma de qualificações, conhecimento e "conhecimento implícito", necessárias para superar o desempenho da concorrência e que, segundo ela, são a base da empregabilidade do indivíduo:

1. *Aprendendo a aprender*: capacidade analítica, de questionamento e pensamento criativo, como uma forma natural de agir no ambiente organizacional, para a aplicação do conhecimento diante do surgimento de novos desafios.

2. *Comunicação e colaboração*: habilidades pessoais de saber ouvir e comunicar de forma eficaz, e trabalho em equipe, colaborando e compartilhando conhecimento com qualquer membro da cadeia de valor.

3. *Raciocínio criativo e resolução de problemas*: capacidade de descobrir sozinho formas de tornar o trabalho eficiente e eficaz, por meio do raciocínio crítico.

4. *Conhecimento tecnológico*: comunicação pela Internet, recomendando e compartilhando melhores práticas.

5. *Conhecimento de negócios globais*: compreensão do quadro global, por ele ser um ambiente imprevisível e volátil, preparando-se para enfrentar as situações adversas.

6. *Desenvolvimento de lideranças*: todos devem ser encorajados a ser um agente de mudança, buscando melhorias e comprometimento dos demais membros da equipe.

7. *Autogerenciamento da carreira*: cada um deve assumir o controle de sua carreira, gerenciando o próprio desenvolvimento.

De acordo com Irmer e Andresen (2000, apud Vergara e Ramos, 2002), aproximadamente 12 universidades corporativas foram constituídas por grandes empresas alemãs. Na pesquisa desenvolvida pelos autores, foi constatado que as empresas enxergavam a educação corporativa como uma necessidade estratégica, e que o principal objetivo delas, ao implantar a universidade corporativa, era o de coordenar e consolidar seus programas de treinamento, desenvolvimento e educação na forma de uma consistente arquitetura de aprendizagem.

As organizações procuram alternativas de acessar seu público, formado não apenas pelos funcionários e clientes, mas por toda a cadeia de valor, de maneira eficiente e eficaz, mediante a otimização de recursos e utilizando muito fortemente as ferramentas tecnológicas para o desenvolvimento de conhecimento, competências e qualificações necessários para atingir os seus objetivos estratégicos.

Segundo Meister (1999), nas universidades corporativas norte-americanas o ensino a distância, em especial o *e-learning*, está assumindo um papel importante, pois oferece ao indivíduo a possibilidade de estudar a qualquer hora e em qualquer lugar, acelerando seu aprendizado. A autora chega a apontar os recursos de multimídia como contribuição significativa para que as universidades corporativas se configurem como inovadores laboratórios de aprendizagem, nos quais diferentes maneiras de disseminar conhecimento são aplicadas. Mas o recurso ainda é pouco utilizado nas empresas latino-americanas em razão de vários fatores socioeconômicos que dificultam a implantação dessa plataforma tecnológica.

Para a criação de uma universidade corporativa, é unânime a visão dos autores em relação ao envolvimento e à participação da alta cúpula da empresa, de forma engajada e entusiasta, para a utilização desse formato que objetiva o desenvolvimento humano e organizacional. A visão estratégica da alta gestão (ou alta direção) deve reconhecer que, ao adotar uma cultura educacional (ou cultura de gestão do conhecimento), esta pode trazer resultados superiores, tornando-se uma vantagem competitiva em relação à concorrência. Para que essa cultura seja permanente e efetiva, a aprendizagem deve ser disseminada a todos os níveis da organização. Além disso, os gerentes e supervisores devem estar alinhados, pois parte do sucesso da iniciativa dependerá desses atores, que também assumirão o papel de facilitadores.

Há dois importantes objetivos das universidades corporativas de acordo com Meister (1999): "tornar-se agente de mudanças na organização e desenvolver qualificações baseadas nas competências". Com relação ao primeiro objetivo, a universidade corporativa é um veículo de disseminação da visão corporativa e da criação de uma nova cultura; no segundo, a ênfase é dada ao desenvolvimento das qualificações, dos conhecimentos e das competências. Esse formato facilita a implantação da gestão por competência, pois define de forma clara as competências essenciais, possibilitando a gestão efetiva delas.

De acordo com Eboli (2004, p. 48):

> A missão da universidade corporativa consiste em desenvolver talentos na gestão dos negócios, promovendo a gestão do conhecimento organizacional (geração, assimilação, difusão e aplicação), por meio de um processo de aprendizagem ativa e contínua.

Em relação ao currículo a ser adotado, deve oferecer aos funcionários treinamento em várias competências básicas do ambiente de negócios e que sejam pilares de sustentação da vantagem competitiva da organização. Quanto à concepção do currículo dos cursos, Meister (1999) cita a necessidade da disseminação da cultura, dos valores, das tradições e da missão da empresa em todos os níveis da organização, por meio de programas de aprendizado de *cidadania corporativa*. Outra necessidade é proporcionar uma *estrutura contextual* para a empresa, definida como o conhecimento do contexto em que a empresa opera, como noções sobre os negócios, clientes e concorrentes. Finalmente, criar *competências básicas* entre os funcionários no ambiente dos negócios. A autora conceitua a união desses importantes norteadores do currículo da universidade corporativa como *três Cs*.

A inclusão de fornecedores, clientes e demais membros que componham a cadeia de valor nos treinamentos de abordagem ampla das universidades corporativas pode gerar melhores resultados para a empresa. Isso ocorre por causa do alinhamento das competências, que proporciona um melhor conhecimento sobre a organização e uma atuação com maior sinergia para sua sustentação, pois, dentro da cadeia de valor, existe uma atitude mais colaborativa do que competitiva, em razão da interdependência entre seus membros.

Distinção Conceitual entre Universidade Aberta e Universidade Corporativa

Na esfera organizacional, são utilizados inúmeros jargões, algumas vezes, emprestados de outras áreas do conhecimento, ou lhes são atribuídos significados não adequados aos objetivos organizacionais. Com a atribuição de um novo significado a um conceito já consolidado, pode-se distorcer a essência desse conceito, que passa a ser compreendido de forma distorcida. Analisaremos se o termo universidade corporativa, nome atribuído a um novo formato de educação corporativa, está alinhado ao conceito acadêmico da universidade tradicional.

Segundo Bueno (1996), a definição de universidade é a de "uma instituição educacional que abrange um conjunto de escolas superiores, destinadas à especialização profissional e científica; centro de cultura superior". Para Ferreira (2000), a universidade é "um conjunto de faculdades ou escolas para a especialização profissional e científica; edificação onde funciona esse conjunto". Então, o papel da universidade corporativa seria, sim, de uma universidade quanto a ser um local físico de disseminação de conhecimento voltado à especialização profissional. Mas a universidade corporativa não englobaria a especialização científica, pois trata do conhecimento prático, aplicado a objetivos específicos.

O aspecto prático da universidade corporativa fica bem explícito quando analisamos a citação de Meister (1999), explanando que as empresas desejam cultivar noções de vínculo e orgulho em seus funcionários, treinando-os formalmente nos valores, cultura e tradição da organização, e desenvolvendo nos funcionários os comportamentos específicos que estes precisam adotar para que trabalhem alinhados aos valores da empresa.

Em relação a esse treinamento específico, Vergara (2000) afirma que a universidade corporativa possui um caráter doutrinário, em sua concepção, diferente das universidades tradicionais, "instituições pluridisciplinares [...] de domínio e cultivo de saber humano" (Lei n. 9.394). Se as universidades corporativas possuem o objetivo de desenvolver e disseminar conhecimentos relativos à atividade empresarial, as universidades tradicionais são em tese, segundo Vergara (2000, p. 86), o "locus privilegiado para a reflexão, o questionamento do 'por que' e do 'para que' num sentido político e social, e para a crítica até do próprio ambiente de negócios e de sua gênese capitalista".

Interessantes são as visões dos autores em relação à utilização do conceito de universidade no ambiente corporativo, principalmente porque estimulam a reflexão sobre as utilizações pouco adequadas de certos termos que emprestamos de outras áreas para respaldar novos processos.

Eboli (2004) conceitua de forma simples e objetiva as principais diferenças entre a universidade corporativa e as instituições de ensino superior ou universidades tradicionais, conforme observado no Quadro 7.1.

Quadro 7.1 *Papéis das universidades corporativas* versus *universidades tradicionais*

Universidades corporativas	Universidades tradicionais
• Desenvolvimento de competências voltadas à realidade do negócio	• Desenvolvimento de competências voltadas à realidade do trabalho
• Aprendizagem focada na prática dos negócios	• Aprendizagem focada em uma formação conceitual sólida e universal
• Pertence ao sistema de gestão da empresa	• Pertence ao sistema educacional formal
• Transmite as crenças e cultura da organização e seu segmento de atuação	• Transmite valores e crenças universais da sociedade
• Desenvolve a cultura empresarial	• Desenvolve a cultura acadêmica
• Forma cidadãos competentes que contribuem para o sucesso da empresa e de seus clientes	• Forma cidadãos capazes de gerar o crescimento de organizações e da comunidade

Fonte: Adaptação da autora baseada nas considerações de Eboli (2004, p 202).

Todas as mudanças do ambiente global remetem à necessidade da gestão do conhecimento nas organizações e, com isso, abrem-se novas conceituações e novos formatos para a aplicabilidade dessa gestão. As necessidades foram alteradas e as instituições precisam adaptar-se às novas demandas.

Essas necessidades fizeram com que as universidades tradicionais passassem a ter um papel ainda mais fundamental, e indivíduos capazes de construir e desconstruir o conhecimento, formando não somente profissionais, mas também cidadãos, pois as pessoas precisam desenvolver sua capacidade de reflexão e julgamento (Demo, 2001). Na sociedade do conhecimento, o senso crítico é elemento fundamental para a atuação ativa na solução de problemas concretos.

A partir dessa premissa, pode-se traçar um paralelo entre a teoria e a realidade observada. As universidades brasileiras, em especial as privadas de perfil comercial, enfrentam dificuldades na formação dos indivíduos com o enfoque anteriormente citado. Há uma ineficiência na capacitação profissional dos alunos, não pela falta de uma estrutura educacional da entidade, mas, principalmente, pelas deficiências na estrutura básica de ensino, o que prejudicou os alunos na aprendizagem fundamental, gerando dificuldades no processo de capacitação para o trabalho.

Em relação à formação de cidadãos, as universidades hoje encontram dificuldades nesse quesito pela abordagem simplista de conceitos e práticas de cidadania e pela falta de iniciativa dos alunos, pouco habituados a *experienciar* a cidadania. Certamente essa análise deve ser aprofundada, pois é fato que existe um movimento de mudança acontecendo, e boas iniciativas têm apresentado resultados positivos, como é o caso do Trote da Cidadania.[1]

Quanto ao conceito de cidadania, no âmbito organizacional, Fisher (1999) ressalta que a cidadania organizacional assume outras perspectivas além do processo de socialização e disseminação da cultura, apresentado por Meister. A autora aponta a cidadania organizacional como pré-condição para o desenvolvimento da empresa, o que só é possível com modelos satisfatórios de relacionamentos internos e canais de participação que proporcionem a fluência das contribuições das pessoas nos diversos níveis, gerando, assim, um sentimento positivo de pertencer a uma organização. Entendida dessa forma, a cidadania organizacional não se limita a um programa de treinamento, é uma política de gestão de pessoas visando à melhoria de relações entre empresa e indivíduo e ao incremento do patrimônio do conhecimento da organização.

Vantagens e Desvantagens da Universidade Corporativa

Mais relevante do que a correta utilização do termo universidade no âmbito empresarial está o questionamento sobre os pontos positivos e negativos desse novo modelo, principalmente em relação à criação de universidades corporativas em países emergentes, como é o caso do Brasil. Sabe-se das dificuldades enfrentadas pelas empresas nacionais para se manterem competitivas em um mercado globalizado, e a criação de um método de educação corporativa poderia gerar um impacto positivo para tais organizações, o que facilitaria a competição igualitária com as empresas globais.

O objetivo não é traçar um duelo competitivo entre a universidade aberta e a universidade corporativa, pois ambas cumprem seus papéis de desenvolver e preparar pessoas. A questão relevante está em analisar os benefícios do modelo e os impactos que ocorrem nos ambientes sociais e organizacionais. O fato de a organização empresarial ter utilizado como forma de educação corporativa o

---

[1] O Trote da Cidadania foi criado em 1999, por meio de um concurso promovido pela Fundação DPaschoal com o objetivo de premiar a melhor recepção de calouros nas universidades com ações sociais. Nos dias de hoje, a prática foi culturalmente adotada pelas universidades que estimulam e apóiam ações sócio-educativas, diferente dos antigos trotes universitários, que incitavam violência e segregação entre os alunos. (Fonte: www.trotedacidadania.com.br)

modelo preexistente de uma universidade faz transparecer a seriedade da proposta, e demonstra a preocupação em suprir a organização de conhecimentos práticos, uma carência da universidade tradicional, preparando a empresa para ações mais alinhadas às estratégias e buscando melhoria de resultados.

No livro *Universidade corporativa no Brasil*: mitos e verdades, Eboli, tece algumas considerações sobre as vantagens e desvantagens da criação de universidades corporativas que estão ressaltadas no Quadro 7.2.

Analisando o quadro, pode-se refletir sobre alguns pontos relevantes em relação às vantagens da universidade corporativa para a sociedade, como a otimização dos

Quadro 7.2 *Vantagens e desvantagens da criação de universidades corporativas*

	Vantagens	**Desvantagens**
Sociedade	Otimizar resultados por meio do desenvolvimento de políticas específicas para a educação corporativa, vinculando-as à educação do Estado.	Aumentar a acomodação do governo em relação a sua responsabilidade pelo sistema educacional.
	Melhor preparação da força de trabalho por meio de educação mais orientada à prática.	Desviar a atenção e os recursos do sistema formal de educação, acirrando conflitos de interesse.
	Levar conhecimento às regiões afastadas dos grandes centros.	Enfraquecer o interesse pela pesquisa básica por causa da intenção e busca imediata de resultados por parte das empresas.
	Criar sinergia entre os investimentos das empresas e do Estado.	Beneficiar ações de treinamento e educação que não revertam em desenvolvimento do país.
Academia	Possibilidade de parceria entre universidade tradicional e corporativa.	
	Aperfeiçoamento contínuo dos programas por meio dessa parceria.	
Empresas	Aumentar o investimento das empresas em educação.	Perder foco de seu sistema de educação, deixando de lado a atuação em seu *core business*.
	Melhorar a vantagem competitiva e a inserção das empresas nacionais no cenário global.	Restringir o escopo da educação corporativa à regulamentação do governo.
	Maior visibilidade perante comunidade, cliente, fornecedores e investidores.	Engessar os sistemas de educação corporativa por causa da burocracia da regulamentação nos órgãos do Estado.

Fonte: Adaptação da autora, baseada nos conceitos de Eboli, 2004, p. 265.

resultados da aprendizagem com a soma de forças entre as iniciativas empresariais e do Estado, além de orientação profissional voltada à prática. Por outro lado, analisando o cenário educacional brasileiro, é evidente a ineficiência do Estado, que pode se acomodar com a iniciativa das empresas em preparar adequadamente o profissional, deixando de cumprir o seu papel e de buscar melhorias para o sistema educacional. Nesse aspecto, a minoria atendida pela universidade corporativa terá uma vantagem e um diferencial em relação à maioria dos profissionais, que não é preparada adequadamente pelo sistema educacional oferecido pelo Estado.

A organização criou um sistema intitulado universidade corporativa, mas isso não representa nenhuma desvantagem, de acordo com a autora, para a academia (universidades tradicionais), pelo contrário, somente são citadas vantagens pela possibilidade de parceria. Uma reflexão importante pode ser feita a partir da análise de que, no início do processo, poderá haver uma parceria, mas e se ao longo do tempo as universidades corporativas se tornarem independentes? Neste cenário, é possível haver desvantagens para a universidade tradicional, que deixará de trocar experiências com a organização, o que não mais permitirá a inclusão da visão prática nos cursos universitários. Outra desvantagem para o profissional e para a sociedade é a pouca ênfase da universidade corporativa em reflexões teóricas que permitem a evolução dos conceitos existentes, reduzindo-se a possibilidade de produção acadêmica, o que é uma desvantagem também para a academia.

Em relação a vantagens para a organização, segundo Eboli (2004), podem ser muitas, pois é instituído um sistema organizado de educação corporativa alinhada aos objetivos estratégicos, permitindo maior integração com a cadeia de valor e gerando vantagem competitiva. Certamente a organização deverá ter o conhecimento sobre as possíveis desvantagens, como as burocracias que envolvem a regulamentação da instituição nos órgãos do Estado e a possibilidade de se perder o foco principal de atuação da empresa, dando-se maior ênfase à educação corporativa do que ao resultado da organização.

Vale ressaltar a questão da empregabilidade para o funcionário que visualiza na educação corporativa a forma de se manter atualizado para o mercado de trabalho. Realmente, esse conhecimento pode ter um enfoque mais abrangente, mas, dependendo do direcionamento da organização, o conhecimento disponibilizado aos colaboradores pode ser muito inerente ao negócio ou à empresa (especialista). Daí a necessidade do profissional em ampliar seus conhecimentos, identificando suas deficiências e buscando conhecimentos em outros campos (generalista).

Casos de Sucesso

Embora a universidade corporativa tenha suas especificidades se comparada ao amplo conceito de universidade, não há como negar sua importância na evolução das empresas que passam a se preocupar com a educação corporativa de forma séria e engajada. A partir desse movimento, observou-se o quanto as empresas começaram a reconhecer os benefícios e ganhos atrelados à gestão do conhecimento.

Com base nos dados de uma pesquisa que realizou, Eboli (2004) apresenta casos de sucesso de universidades corporativas criadas por 21 empresas renomadas com atuação em diversos setores produtivos no Brasil. O Quadro 7.3 ilustra o perfil das empresas que fizeram parte da amostra da autora.

Quadro 7.3 *Perfil das empresas pioneiras em educação corporativa no Brasil.*

Nome da empresa	Tipo	Origem dos recursos	Nome do sistema de educação corporativa	Início das atividades
Alcatel	Privada	França	Alcatel University	1998
Amil (Saúde)	Privada	Brasil	Amil Universidade Corporativa	2000
Banco do Brasil	Pública	Brasil	Universidade Corporativa Banco do Brasil	2002
Bank Boston	Privada	Estados Unidos	Boston School	1999
BNDES	Pública	Brasil	Universidade BNDES	2002
CAIXA	Privada	Brasil	Universidade Caixa	2001
Carrefour	Privada	França	Instituto de Formação Carrefour	2000
Correios	Pública	Brasil	Universidade Correios – Único	2001
CVRD	Privada	Brasil	Universidade Vale	2003
Elektro	Privada	Estados Unidos	Centro de Excelência Elektro	2001
Embratel	Privada	Estados Unidos	Universidade Corporativa Embratel – UCE	2002
Lojas Renner	Privada	Brasil	Universidade Renner	2002
Microsiga	Privada	Brasil	Educação Corporativa Microsiga	2000
Natura	Privada	Brasil	Educação Corporativa Natura – ECN	2002
Real-ABN Amro	Privada	Holanda	Academia ABN Amro	2001
Rede Bahia	Privada	Brasil	Uniredebahia	2001
Sabesp	Pública	Brasil	Universidade Empresarial Sabesp	2000
Sadia	Privada	Brasil	Uni S	2003
Siemens	Privada	Alemanha	Siemens Management Learning	1998
Visa do Brasil	Privada	Estados Unidos	Universidade Visa	2001
Volkswagen	Privada	Alemanha	AutoUni – UC da Volkswagen do Brasil	1999

Fonte: Adaptação da autora, baseada nos dados de Eboli, 2004, p. 67.

Nota-se, a partir de uma rápida análise das empresas que fizeram parte da pesquisa, que seis organizações atuam no ramo financeiro, um seguimento competitivo e intensivo em conhecimento. Essas organizações despertaram para as vantagens de desenvolver um sistema efetivo de educação corporativa com o objetivo de qualificar as pessoas para garantir a sua competitividade no setor.

Na análise dessas 21 empresas, Eboli (2004) também procurou fazer uma distinção entre os princípios e as práticas de sucesso na educação corporativa. A autora ressalta que os princípios são as bases filosóficas que norteiam uma ação, e a prática está relacionada à escolha organizacional que transforma a estratégia (competências empresariais) em escolhas pessoais (competências humanas). Partindo dessa premissa, ela desenvolveu os sete princípios básicos que contribuem para o sucesso de um sistema de educação corporativa, os quais, juntamente com as práticas correspondentes e sua freqüência nas empresas pesquisadas, são mostrados no Quadro 7.4.

Entre os resultados mais relevantes dessa pesquisa está, em primeiro, a iniciativa da autora em estudar um tema relativamente novo, traçando o perfil da educação corporativa no Brasil; em segundo, a conceituação de princípios que auxiliam na criação da universidade e práticas essenciais para o funcionamento da

Quadro 7.4 *Princípios e práticas adotados por empresas pioneiras em educação corporativa no Brasil.*

Definição dos princípios	Definição das práticas	Freqüência das práticas identificadas nas empresas pesquisadas
Competitividade	Comprometimento e envolvimento da alta cúpula.	Com o sistema, garantindo o escopo estratégico.
	Modelo de gestão de pessoas alinhado à estratégia da empresa.	Identificada a prática em todos os casos pesquisados.
	Gestão por competências.	Identificada a prática em todos os casos pesquisados, embora em diferentes fases de implantação.
	Programas educacionais alinhados à estratégia do negócio.	Citada explicitamente em 95% da amostra pesquisada.
Perpetuidade	Tornar-se veículo de disseminação da cultura empresarial.	Identificada em 76% dos casos pesquisados.
	Atribuir aos líderes e gestores a responsabilidade pelo processo de aprendizagem.	Identificada a prática em todos os casos pesquisados, embora se utilizem formas diferentes de envolvimento dos líderes.
Conectividade	Incluir público interno e externo nos programas educacionais.	76% das universidades corporativas analisadas apresentaram programas voltados para o público interno e externo; 19% atendem apenas o público interno; 5% atendem apenas o público externo.
	Utilizar modelo de gestão do conhecimento.	Identificada a utilização desse modelo em 71% das universidades corporativas analisadas, sendo que cada uma se encontra em uma fase de implantação. Utilizam formas presenciais e virtuais, possibilitando a integração de saberes.

Definição dos princípios	Definição das práticas	Freqüência das práticas identificadas nas empresas pesquisadas
Disponibilidade	Utilizar a tecnologia (educação virtual) como mediadora da aprendizagem.	Prática identificada em 20 das 21 universidades corporativas analisadas, onde são utilizados diversos recursos tecnológicos como mediadores da aprendizagem.
	Implantar formas e processos diversificados de aprendizagem, facilitando a aprendizagem em qualquer lugar e a qualquer hora.	Prática identificada em toda a amostra, na qual são utilizadas diversificadas formas de aprendizagem como estágios, vídeos, leituras etc.
Cidadania	Buscar uma sinergia entre programas educacionais e projetos sociais.	Prática identificada em 62% dos casos pesquisados.
Parceria	Internas, responsabilizando os líderes e gestores pelo processo de aprendizagem.	Prática presente em todos os casos analisados, sendo utilizadas formas diferenciadas de envolvimento dos líderes em cada uma delas.
	Externas, formando alianças com instituições de ensino superior.	Prática explícita em 86% dos casos pesquisados.
Sustentabilidade	Agregar resultados ao negócio.	Prática identificada em todas as universidades corporativas pesquisadas.
	Desenvolver formas de mensurar os resultados obtidos.	Prática identificada em 38% dos casos, embora ocorra sistematicamente em apenas 62% destes.
	Criar mecanismos facilitadores da auto-sustentabilidade financeira.	Prática identificada em 33% das universidades corporativas pesquisadas, sendo utilizadas duas práticas: unidade de negócios pagam pelos serviços; venda de cursos e serviços para o público externo.

Fonte: Adaptação da autora, baseada nos dados de Eboli, 2004, p. 232-34.

universidade corporativa; em terceiro, o crescimento da gestão do conhecimento nas organizações pesquisadas, o que leva a uma tendência natural de evolução entre as organizações que desejam permanecer no mercado.

Ao analisar-se os dados, dois pontos remetem à reflexão: o número ainda pequeno de parcerias com projetos sociais, sendo a universidade corporativa um ambiente educacional que poderia desenvolver uma atuação mais efetiva na comunidade e projetos sociais, mantendo, dessa forma, o princípio da cidadania; e a dificuldade das empresas em mensurar o resultado obtido por meio da educação corporativa, uma deficiência de longa data.

Considerações Finais

As universidades corporativas podem de fato contribuir para os sistemas de gestão do conhecimento e gestão por competências. O fato de as organizações buscarem novas maneiras de instituir um canal de educação por meio de programas mais alinhados com a estratégia da organização é um grande avanço em relação aos programas tradicionais de treinamento e desenvolvimento, nos quais não havia tal orientação.

Porém, a dificuldade em mensurar resultados ainda é o grande desafio em qualquer modelo de gestão do conhecimento, pois os bons resultados da organização nem sempre podem ser claramente atribuídos à disseminação do conhecimento. O resultado financeiro é uma das variáveis que podem refletir o quanto a mudança cultural voltada à aprendizagem gerou efetivamente lucro financeiro. Indicadores quantitativos podem ser criados a fim de mensurar os efetivos resultados, mas alguns aspectos qualitativos de maior complexidade e difícil medição podem revelar resultados inesperados. Daí a importância de entender com profundidade o impacto da unidade corporativa (UC) nos resultados financeiros e nas pessoas.

A educação corporativa preserva os valores e cultura da organização, buscando disseminá-los entre seus membros, o que é de fundamental importância para a propagação do conhecimento alinhado às estratégias. O fato de a organização incluir todos os membros da cadeia de valor nessa rede de conhecimento é extremamente positivo, porém ela deve discernir até que ponto o conhecimento direcionado à cadeia de valor deve ser explícito, pois há peculiaridades que os funcionários devem compreender, mas o fornecedor, o mesmo que trabalha com o concorrente, talvez não deva ter acesso a elas.

A criação das competências básicas da organização e a sua publicação para os funcionários constituem uma estratégia valiosa, pois, mediante o *autoconhecimento*, a organização passa a gerenciar tal conhecimento, permitindo que as estratégias sejam bem desenhadas e alinhadas às competências. Os resultados serão provavelmente melhores, pois a organização terá plena consciência de suas metas para se antecipar às ações da concorrência e às necessidades dos clientes. Daí a importância da alta cúpula em qualquer processo de mudança na questão da gestão do conhecimento.

Em relação às vantagens e desvantagens das universidades corporativas, faz-se necessário esclarecer um ponto: não há a intenção de diminuir a importância da educação corporativa, que se faz essencial para o desenvolvimento e o crescimento da organização, além de poder também desenvolver pessoalmente o indivíduo. Conforme ressaltado, as vantagens para a academia e a organização são muito superiores às desvantagens, o que permite um diálogo entre as duas instituições no sentido de unir forças nesse processo. Em relação às vantagens para a sociedade, são relevantes, pois, ampliando-se o conhecimento dos profissionais, a economia cresce e o país aos poucos passa a valorizar o conhecimento como única forma de mudança.

A preocupação está no acesso à universidade corporativa, que, mais ainda que a universidade tradicional, à qual apenas 1,4% da população brasileira tem acesso (IBGE, 2006), a restringe a disseminação do conhecimento por ser direcionada a uma ínfima parcela da população. Por outro lado, não é papel da organização oferecer educação à população, tal papel é do Estado, que, cumprindo-o de maneira ineficiente, leva a empresa a criar alternativas. A contribuição social da universidade corporativa está em abrir parcialmente à comunidade o acesso ao conhecimento contido nela.

Referente aos exemplos apresentados a partir da pesquisa de Eboli (2004) sobre as iniciativas brasileiras de implantação de universidades corporativas, observa-se fortes mudanças estruturais nas organizações, pois o diferencial entre uma empresa e outra é muito sutil, e daí aparece a tendência em utilizar o conhecimento como diferenciador em um ambiente de transformações rápidas.

Outro ponto discutido foi sobre a utilização do termo *universidade*, não apenas no contexto físico, mas principalmente no que se refere à estrutura educacional da universidade como fonte de disseminação científica e cultural. A partir dessa percepção, a atribuição do termo universidade ao formato de educação corporativa não inspira o modelo de livre pensamento e debate de idéias, característicos da academia. Não há dúvidas de que o modelo é de extrema relevância para a área de administração de empresas, pois mostra a evolução do conceito educacional que antes estava atrelado a programas de treinamento pouco efetivos.

Em relação ao empréstimo do termo *universidade* ao âmbito organizacional, Vergara (2000), afirma que as universidades corporativas possuem caráter doutrinário, limitando o livre debate nos seus programas, inviabilizando uma das principais características das universidades: a crítica. O autor continua argumentando que, embora seja empregado o termo *universidade* para esse tipo de educação corporativa, ele não inspira o modelo de livre pensamento e debate de idéias, característicos da academia. Sem dúvida, o caráter educativo do modelo possui relevância, mas não há a adoção de valores seculares da universidade, que também devem sofrer reestruturações a fim de acompanhar a evolução do planeta e permitir um ponto de equilíbrio entre os conhecimentos teóricos e práticos.

Contudo, vale ressaltar que toda forma de conhecimento é válida, desde que seja realmente um conhecimento que possa enaltecer o potencial humano, ou seja, o conhecimento não pode ser construtivo se beneficiar apenas uma das partes. Por isso, independentemente da denominação atribuída à educação corporativa, se as organizações utilizarem esse canal para o desenvolvimento e a disseminação do conhecimento aos seus colaboradores e a toda a cadeia produtiva, esse conhecimento deve, sim, trazer progresso e desenvolvimento à organização. Porém, a empresa pode ainda edificar o potencial humano, por meio de programas de conhecimentos gerais, éticos, comportamentais e sociais. A organização *sustentável* é aquela que permite o senso crítico inerente ao ser humano, que pode e deve trazer benefícios ao homem, por se tornar parte do todo, e à organização, que trocará o relacionamento entre hierarquias de *homem-máquina* para *homem-homem*. A era do conhecimento passa a existir com esse progresso, pois o conhecimento leva à evolução do próprio conhecimento.

Referências Bibliográficas

BRASIL. Lei de Diretrizes e Bases da Educação – Lei 9.394 de 20 de dezembro de 1996.

BUENO, F. S. *Dicionário da língua portuguesa*. São Paulo: FTD, 1996.

DEMO, P. Conhecimento e aprendizagem na universidade. In: TOMELIN, H.; GOMES FILHO, J. (Org.) *Educação, gestão do conhecimento e da aprendizagem*. Belo Horizonte: UNA, 2001.

EBOLI, M. *Educação corporativa no Brasil*: mitos e verdades. São Paulo: Gente, 2004.

FERREIRA, A. B. H. *Miniaurélio século XXI*: o minidicionário da língua portuguesa. Rio de Janeiro: Nova Fronteira, 2000.

FISCHER, R. M. *Cidadania organizacional*: um caminho de desenvolvimento. In: EBOLI, M. (Org.) *Universidades corporativas*: educação para as empresas do século XXI. São Paulo: Schmukler, 1999.

IBGE. Instituto Brasileiro de Geografia e Estatística. *Indicadores sociais mínimos*, 2000. Disponível em: http://www.ibge.gov.br. Acesso em: 13 mar. 2006.

MEISTER, J. C. *Educação corporativa*. São Paulo: Makron Books, 1999.

SENGE, P. *A quinta disciplina*: arte e prática da organização de aprendizagem. São Paulo: Best Seller, 1990.

ULRICH, D. *Os campeões de recursos humanos*. São Paulo: Futura, 1998.

VERGARA, S. C. *Universidade corporativa*: a parceria possível entre empresa e universidade tradicional. Revista de Administração Pública, Rio de Janeiro: Fundação Getúlio Vargas, v. 34, n. 5, p. 181-188, set./out. 2000.

VERGARA, S. C.; RAMOS, D. R. Motivos para a criação de universidades corporativas: estudo de casos. *Revista de Administração Mackenzie*, São Paulo, ano 3, n. 2, p. 78-98, ago. 2002.

8

Conhecimento nas Organizações:
Um Estudo de Caso sobre a Utilização da Gestão de Conhecimento em Empresa de Grande Porte

Gilmar L. Hilario

Resumo

Este texto originou-se da pesquisa acerca do conhecimento e sua crescente valorização como ativo em nossa economia e visa contribuir para fundamentar conceitos, ampliar o entendimento global sobre o conhecimento e sua importância como ferramenta estratégica. Baseado em uma pesquisa bibliográfica, tem início na busca das origens da epistemologia na cultura ocidental e aborda sua influência nos modelos de gestão da atualidade. Um estudo de caso, de natureza predominantemente exploratória sobre a utilização do conhecimento em uma grande multinacional do setor de engenharia elétrica e eletrônica, ajuda a compreender as expectativas dos indivíduos sobre a utilização do conhecimento. Ao final, o leitor perceberá algumas das razões da elevação do conhecimento à condição de destaque na organização e os desafios para sua utilização por organizações da atualidade.

Introdução

A possibilidade de utilização do conhecimento como ferramenta estratégica nas organizações e em nossa sociedade desperta um crescente interesse tanto de profissionais de gestão empresarial como de acadêmicos. O primeiro grupo é motivado pela possibilidade de fortalecer e melhorar posições estratégicas de organizações que atuam em mercados cada vez mais competitivos. O segundo grupo busca desenvolver modelos e métodos cuja aplicação possibilite a utilização do conhecimento de maneira sistêmica e organizada nas empresas e que, acima de tudo, possa produzir resultados mensuráveis e de comprovada eficácia para as organizações.

O desenvolvimento da teoria da visão da empresa baseada no conhecimento, que tem como principal pressuposto o entendimento de que as empresas são comunidades sociais cujo principal papel é administrar seu conhecimento de forma mais eficiente que seus competidores (Oliveira Jr., 2000), reforça a crença de que as pesquisas sobre o tema produzem alguns frutos na área de administração.

Segundo Senge (2004), o sucesso das organizações depende hoje de suas habilidades para aprender mais rapidamente que os concorrentes, e para gerar e compartilhar conhecimento com o intuito de melhorar continuamente sua atuação. No entanto, um dos maiores desafios está no entendimento de como essas organizações aprendem, e de como o conhecimento flui na organização pela interação dos mais diversos agentes.

Este capítulo busca estabelecer alguns conceitos gerais acerca do conhecimento, desde suas origens como epistemologia na cultura ocidental até sua utilização como ferramenta estratégica nas organizações. Em complemento à teoria, é apresentado um estudo de caso em que o conhecimento é visto da perspectiva de alguns profissionais, que bem podem ser considerados os genuínos detentores desse conhecimento e principais responsáveis por sua disseminação na organização.

Criação do Conhecimento

O desafio de entender o verdadeiro significado do conhecimento, seus fundamentos e a forma como transforma nossa sociedade e organizações é motivo de vários estudos em diferentes linhas de pesquisa.

A epistemologia é o estudo dos fundamentos do conhecimento, e na filosofia ocidental tal estudo se depara com uma longa e rica tradição fortemente marcada por divisões. A primeira importante divisão epistemológica que encontramos se dá entre as concepções empírica e racionalista (Nonaka e Takeuchi, 1997).

O empirismo argumenta que não existe conhecimento a *priori* e que a única fonte do conhecimento é a experiência sensorial (Nonaka e Takeuchi, 1997). A sensação e a percepção dependem de coisas exteriores que agem sobre nossos sentidos e sobre nosso sistema nervoso. O conhecimento é obtido por soma e associação das sensações na percepção, e ambas dependem da freqüência, da repetição e da sucessão dos estímulos externos e de nossos hábitos (Chauí, 2002).

Por outro lado, o racionalismo argumenta que o verdadeiro conhecimento é produto de um processo mental ideal. Deduz-se a verdade a partir de uma argumentação racional baseada em axiomas. Assim, o conhecimento pode ser adquirido por dedução, recorrendo-se a construções mentais como conceitos, leis ou teorias (Nonaka e Takeuchi, 1997). A passagem da sensação para a percepção é, nesse caso, um ato realizado pelo intelecto do sujeito do conhecimento, que confere organização e sentido às sensações (Chauí, 2002).

Em resumo, para os empíricos o conhecimento é proveniente de percepções, enquanto, para os racionalistas, sensação e percepção sempre são confusos e devem ser abandonados quando o conhecimento formula idéias puras (Chauí, 2002).

Uma outra importante divisão epistemológica encontrada na filosofia ocidental é fruto do pensamento cartesiano. A descrição matemática da natureza e os métodos analíticos de raciocínio desenvolvidos por Descartes no século XVII, influenciaram fortemente toda a sociedade ocidental a partir de então, e esses métodos ainda se fazem presentes nos dias de hoje. A clara divisão existente entre o sujeito que conhece e o objeto conhecido e também a rígida divisão entre diferentes disciplinas do conhecimento como economia, administração e teoria da organização são frutos da influência do pensamento dualista cartesiano (Nonaka e Takeuchi, 1997).

Os filósofos ocidentais concordam que conhecimento é a crença verdadeira justificada (Nonaka e Takeuchi, 1997), mas, apesar dos inúmeros estudos sobre o tema, não existe ainda um consenso sobre a definição final e completa para conhecimento. Para toda e qualquer definição adotada, torna-se claro que conhecimento não é puro nem simples (Davenport e Prusak, 1998).

Apesar do consenso entre vários autores sobre a falta de uma definição perfeita para conhecimento, adotaremos a definição de Davenport e Prusak (1998, p. 6), como ponto de partida neste trabalho:

> Conhecimento é uma mistura fluida de experiência condensada, valores, informação contextual e *insight* experimentado, a qual proporciona uma estrutura para a avaliação e incorporação de novas experiências e informações. Ele tem origem e é aplicado na mente dos conhecedores. Nas organizações, ele costuma estar embutido não só em documentos ou repositórios, mas também em rotinas, processos, práticas e normas organizacionais.

O conhecimento ganha destaque cada vez maior em nossa sociedade e importância para as organizações à medida que se desperta para a possibilidade de sua utilização como recurso. Conhecimento não é apenas mais um recurso, ao lado dos tradicionais fatores de produção – trabalho, capital e terra – mas, sim, o único recurso significativo atualmente (Drucker, 1993). Segundo essa afirmação, o conhecimento é um recurso produtivo singular em nossa sociedade atual.

Conhecimento e Organizações

Nas organizações e em nossa sociedade de maneira geral, tanto conhecimento como aprendizagem estão presentes desde tempos remotos. Na Idade Média, as guildas formadas por operários e artesãos, entre outros, já ostentavam uma estrutura em que aprendizagem e conhecimento eram determinantes do nível hierárquico de cada indivíduo. Ingressava-se na organização a partir de sua base desempenhando funções de aprendiz. Com a apropriação do conhecimento, o aprendiz tornava-se um especialista, e com o desenvolvimento de suas habilidades, poderia chegar a exercer as atividades de mestre. Nessas organizações, o poder deriva não apenas da propriedade e do controle dos meios de produção, mas também da perícia na sua utilização – da *maestria* no exercício das atividades (Clegg, 1997).

Conhecimento sempre foi sinônimo de poder, de tal forma que muitos produtores e nações têm o hábito de proteger seus principais conhecimentos como maneira de conservar a supremacia. Materiais e processos sempre estiveram no foco central dessa proteção, sendo que alguns países chegaram também a proibir por lei a exportação de habilidades economicamente importantes (Davenport e Prusak, 1998).

No entanto, vivemos em uma era marcada pela mobilidade, pelo livre fluxo econômico, comercial e de idéias. A engenharia reversa e a tecnologia de maneira geral tornaram-se amplamente difundidas, o que criou um mercado global de idéias (Davenport e Prusak, 1998). A tecnologia permite o contato entre os diversos mercados, entre os diversos países, instantaneamente, em tempo real, garantindo o acesso a informações, o trabalho a distância e a realização de investimentos econômicos rápidos em diversos mercados (Motta e Vasconcelos, 2004). Tudo isso possibilitou acelerar a circulação de capital, produtos e serviços na busca das melhores condições para sua aplicação.

Colaborando nesse cenário, temos um círculo virtuoso do processamento de informação cada vez mais focado na contínua melhoria da tecnologia do processamento da informação como fonte da produtividade. Assim, no novo modo de produção, a fonte de produtividade é ligada à tecnologia de geração de conhecimentos, de processamento de informação e de comunicação simbólica. A acumulação de conhecimento e maiores níveis de complexidade no processamento da informação são variáveis importantes de um novo modelo econômico (Castells, 1999, apud Motta e Vasconcelos, 2004).

Por ouro lado, ao mesmo tempo em que esse modelo acelera o ritmo de inovação, transformando as organizações pela melhoria constante, diferenças que por muito tempo foram utilizadas como fontes de vantagem competitiva estão desaparecendo. Também a tecnologia, que sempre amparou muitos setores da indústria para a construção de vantagens competitivas sustentáveis, hoje se mostra ineficiente para tal. Esse fenômeno é definido como "vantagem tecnológica destruidora" (Webber, 1993, apud Davenport e Prusak, 1998), pois, essencialmente, a mesma tecnologia está disponível para todos, e cada novo produto desenvolvido baseado em tecnologia torna-se rapidamente apenas um requisito básico do setor (Davenport e Prusak, 1998).

Para Drucker (1998), estamos na *sociedade do conhecimento*, na qual o recurso econômico básico não é mais o capital nem são os recursos naturais ou a mão-de-obra, mas, sim, *o conhecimento*, e os "trabalhadores do conhecimento" é que desempenharão um papel central.

Tal afirmação sintetiza o pensamento de diversos acadêmicos ao mesmo tempo em que se contrapõe a décadas de administração científica de Taylor, cujos modelos derivados ainda são largamente utilizados em fábricas, organizações de varejo e escritórios (Morgan, 1996). A divisão do trabalho em tarefas específicas e especializadas e mão-de-obra treinada para a realização de tarefas que correspondem a um pequeno fragmento de todo o processo produtivo estão entre suas características mais marcantes. Os efeitos da administração científica são enormes, sempre colaborando para o aumento de produtividade e reduzindo trabalhadores a autômatos (Morgan, 1996).

Mas o contexto social e econômico dos tempos atuais exige novas abordagens gerenciais. Assim como os indivíduos, as organizações precisam confrontar novos aspectos de suas circunstâncias (Cohen e Sproull, 1991, apud Nonaka e Takeuchi, 1997). É contínua a necessidade de mudança das organizações, impulsionada principalmente pela inovação tecnológica e pela volatilidade dos mercados em que atuam.

Em 1990, Senge propôs uma alternativa para a necessidade de transformação das organizações com o modelo prático da "organização que aprende". Segundo esse modelo, a organização tem a capacidade de aprendizado gerativo e adaptativo como fonte sustentável de vantagem competitiva. Para desenvolver esse novo modelo de organização, é necessário: (a) adotar o *raciocínio sistêmico*; (b) estimular o domínio pessoal; (c) trazer à superfície os *modelos mentais* e questioná-los; (d) desenvolver uma visão compartilhada; (e) facilitar o aprendizado em equipe (Senge, 2004).

O raciocínio sistêmico ensina que há dois tipos de complexidade – a complexidade de detalhes, de muitas variáveis, e a complexidade dinâmica, quando *causa e efeito* não estão próximos no tempo e no espaço e intervenções óbvias não produzem os resultados esperados (Senge, 2004). Assim, os efeitos de nossas ações devem sempre ser considerados em um longo escopo de tempo e espaço. O raciocínio sistêmico pode ser a chave para a integração entre razão e intuição e uma alternativa filosófica ao reducionismo que permeia a cultura ocidental em busca de respostas simples para perguntas complexas (Nonaka e Takeuchi, 1997).

O conceito de modelos mentais (Senge, 2004) diz respeito aos modelos criados pelos indivíduos, em que se estabelecem e se manipulam analogias para se perceber e definir o mundo – tudo isso com base em imagens sobre a realidade e visões para o futuro (Nonaka e Takeuchi, 1997). Os modelos mentais são imagens pessoais, profundamente arraigadas no indivíduo, sobre como o mundo funciona e têm poderosa influência sobre o que fazemos, pois afetam também o que enxergamos (Oliveira Jr., 1999).

A utilização do conceito de modelos mentais pela organização é um caminho para a evolução da aprendizagem individual e para a aprendizagem organizacional (Oliveira Jr., 1999); portanto, pode ser um importante pilar para construção de uma organização mais flexível e adaptável às demandas atuais. A reflexão a respeito dos modelos mentais adotados pelo indivíduo é um processo de aprendizagem individual, que, se bem conduzida no âmbito da organização, pode levar à aprendizagem organizacional, pois as organizações só aprendem por meio de indivíduos que aprendem (Senge, 2004).

No âmago de uma organização que aprende, se encontra uma mudança de mentalidade. Se antes nos víamos como separados do mundo, hoje nos vemos ligados ao mundo. Se víamos antes os problemas como sendo causados por alguém ou como algo *externo*, hoje vemos como nossas próprias ações criam os problemas pelos quais passamos. Uma organização que aprende é um lugar onde as pessoas descobrem continuamente como criam sua realidade, e como podem modificá-la (Senge, 2004).

Seja em pesquisa, desenvolvimento, na gerência da empresa ou em qualquer outro aspecto do negócio, a força ativa são pessoas. Elas têm vontade, mente e forma de pensar próprias. Se os funcionários não estiverem suficientemente motivados a questionar as metas de crescimento e desenvolvimento tecnológico, simplesmente não haverá crescimento, ganho de produtividade ou desenvolvimento tecnológico (Senge, 2004).

Vantagem Competitiva

No final da década de 1980, a teoria da gestão estratégica em vigência estava fundamentada na noção de equilíbrio econômico, cujo destaque pousava sobre a teoria dos custos econômicos, e sua abordagem econômica, nas questões da empresa (Foss e Foss, 2004). Desse modo, a organização era abordada por uma visão de fora para dentro da empresa, e as ferramentas estratégicas buscavam o melhor posicionamento na indústria de maneira que a empresa pudesse se defender melhor contra as forças competitivas ou, ainda, influenciar essas forças a seu favor (Porter, 1980, apud Teece, Pisano e Shun, 1997).

Uma outra importante característica da gestão estratégica dessa época é seu relativo equilíbrio, pois, assim como a economia e os mercados eram estáveis, também o eram os modelos de gestão e, conseqüentemente, as estratégias empregadas.

> Quando a economia era relativamente estática, a estratégia podia se dar ao luxo de ser estática. Em um mundo caracterizado por produtos duráveis, necessidades estáveis do consumidor, mercados nacionais e regionais bem-definidos e concorrentes claramente identificados, a competição era uma "guerra pela posição" na qual as empresas ocupavam espaço competitivo como as casas de um tabuleiro de xadrez. (Stalk, Evans e Shulman, 1992, apud Nonaka e Takeuchi, 1997, p. 55)

Nos últimos tempos, a saturação dos mercados provocada, em grande parte, pelo fenômeno da globalização e pelo avanço tecnológico elevou a estratégia organizacional à condição de destaque para a condução dos negócios. Dessa forma, muito mais do que apenas produzir e vender seus produtos, as organizações da atualidade têm de se adaptar a um mercado cujas características principais são a competição acirrada e a grande velocidade nas inovações.

> Hoje a competição é uma "guerra de movimentos" na qual o sucesso depende da previsão das tendências do mercado e da resposta rápida às mudanças nas necessidades do cliente. Os concorrentes bem-sucedidos entram e saem rapidamente de produtos, mercados e às vezes até de negócios inteiros – em um processo que se assemelha mais a um videogame interativo do que a um jogo de xadrez. Nesse ambiente, a essência da estratégia não é a estrutura dos produtos e mercados de uma empresa, mas sim a dinâmica de seu comportamento. (Stalk, Evans e Shulman, 1992, apud Nonaka e Takeuchi, 1997, p. 55)

Tal pensamento tornou-se uma tendência e acabou por influenciar a produção de diversos trabalhos na área de administração estratégica indicando que os fatores internos às empresas exerceriam um impacto maior em comparação aos fatores externos (Oliveira Jr., 2001). Essa linha de pesquisa ganhou força e foi explorada inicialmente por alguns pesquisadores, entre os quais podemos citar Wernerfelt, Rumelt e Barney (Foss e Foss, 2004), e mais adiante por vários outros que colaboram para construir a corrente do pensamento estratégico da visão da empresa baseada em recursos (RBV).

Essa teoria apresenta argumentos cujo enfoque principal recai essencialmente sobre as questões internas das organizações (Foss e Foss, 2004), ao mesmo tempo em que contrasta com a tradicional abordagem estrutural da organização. Seus defensores argumentam que o ambiente competitivo instaurado a partir da década de 1990 mudou radicalmente o mercado onde atuam as organizações, e isso torna obsoleta a abordagem estrutural representada pelo conceitual das forças competitivas de Porter (Nonaka e Takeuchi, 1997).

Entre os trabalhos que contribuíram para consolidar a teoria da RBV, podemos destacar o de Penrose (1997), que faz uma análise dos processos de crescimento das firmas caracterizados pelas oportunidades externas e internas, as quais são decorrentes do conjunto de recursos das empresas, apresentando, assim, uma perspectiva diferente da economia neoclássica.

Assim, empresas com recursos raros, inimitáveis, complexos, complementares ou, ainda, ambíguos na relação com os concorrentes passaram a utilizá-los como elementos de sustentação de suas estratégias competitivas (Wilk, 2001). A partir desse ponto, torna-se uma questão-chave para as organizações a habilidade de identificar os recursos que possuem as características relevantes para construção de vantagens competitivas. Do prisma da RBV, a fonte básica para a vantagem competitiva são os recursos e competências desenvolvidos e controlados pelas firmas, os quais normalmente são elementos escassos e valiosos no mercado.

A identificação desses recursos que têm o potencial para compor uma vantagem competitiva pode ser feita a partir da análise de algumas de suas características. Para colaborar nessa missão de identificar os recursos da organização, vários autores trabalharam na elaboração de uma lista de atributos que eles deveriam possuir. Embora seja possível identificar uma linha de pensamento comum entre tais autores, não há, contudo, consenso de modo a criar uma lista única de características para os recursos que podem conferir à empresa uma vantagem competitiva sustentável.

Sendo assim, entre vários pesquisadores, neste trabalho vamos destacar a contribuição de dois cuja definição teórica contribui com a linha de raciocínio seguida. Inicialmente, destacamos a visão de Barney (1991, apud Carneiro, Cavalcanti e Da Silva, 1999), para quem os recursos com potencial estratégico para a construção de vantagens competitivas devem:

- ter potencial para criação de valor para a organização. Explorar as oportunidades e neutralizar ameaças do ambiente, permitindo a redução dos custos e o incremento de receitas;

- ser raros entre os competidores atuais e potenciais da empresa (considerando que *raridade* significa que o número de empresas necessário para gerar competição *perfeita* na indústria é menor que o daquelas que possuem um determinado recurso com potencial para criação de valor);

- ser imperfeitamente imitáveis;

- ser imperfeitamente substituíveis (ou seja, não devem existir outros recursos que permitam o desenvolvimento das mesmas estratégias, ainda que de um modo diferente, mas que não sejam raros entre os concorrentes ou imperfeitamente imitáveis).

Para complementar nossa visão sobre as características possuídas por recursos relevantes para a construção de vantagens competitivas, temos a visão de Grant (1991, apud Carneiro, Cavalcanti e da Silva, 1999), para quem os recursos importantes são:

- duráveis, no sentido de não se tornarem rapidamente obsoletos;

- não transparentes, o que significa que os concorrentes não conseguiriam imitar a vantagem competitiva da empresa, seja por não entenderem as suas origens seja por não conseguirem reunir os recursos necessários à imitação;

- não transferíveis, o que quer dizer que não poderão ser adquiridos no mercado (ao menos em condições similares às conseguidas pela empresa que vem atualmente explorando tais recursos);

- não replicáveis por meio de desenvolvimento interno.

A necessidade de possuir e identificar os recursos que possuem essas características está entre os maiores desafios para os gestores de negócios da atualidade. O entendimento dessa necessidade como um papel pró-ativo na condução da administração estratégica é a principal contribuição da teoria da RBV no tocante ao desenvolvimento de vantagens competitivas.

Uma conseqüência bastante natural no processo de descoberta dos recursos internos das organizações é a atual elevação do conhecimento à condição de importante recurso estratégico. A visão da empresa baseada em recursos (RBV) possibilitou, assim, uma nova abordagem para o conhecimento – primeiro na condição de recurso, depois como ativo estratégico da organização.

Essa nova abordagem decorre da importância que o conhecimento tem nos processos organizacionais, produzindo resultados que podem variar até mesmo pela maneira como cada organização faz uso dele, difundindo-o e incorporando-o a seus produtos e serviços. Segundo Drummond (1997, apud Oliveira Jr., 2001), muitos dos recursos que a empresa possui e que são fontes de vantagem competitiva resultam do conhecimento que ela possui sobre suas operações.

Quando o conhecimento é analisado do ponto de vista de um recurso da organização, logo se identifica que ele possui todas as características necessárias para sua classificação como importante ativo estratégico: difícil de imitar, transferir, comprar, vender ou substituir (Dierickx e Cool, 1989), e possui integração sistêmica com outros recursos da organização.

O conhecimento pode ser visto como informações repletas de experiência, julgamento, *insights* e valores. Quase todo conhecimento reside no indivíduo. Por esse motivo, as organizações bem-sucedidas continuamente oferecem oportunidades para que seus empregados ampliem o seu estoque de dados e informações (Hitt, Ireland e Hoskisson, 2002).

O conhecimento como um recurso organizacional pode ser abordado de duas maneiras diferentes: o conhecimento como objeto a ser criado ou o processo de criação do conhecimento (Spender, apud Fleury e Oliveira Jr., 2001).

Na abordagem de conhecimento como objeto, ele é entendido como um ativo que pode ser criado, comprado, possuído ou vendido, semelhante a qualquer outro ativo organizacional. Nesse caso, pouca atenção é dedicada às pessoas, tanto individualmente como coletivamente, e a gestão do conhecimento tem o papel de divulgar e explicitar o conhecimento que está embutido nas práticas individuais ou coletivas da organização (Nonaka e Takeuchi, 1997).

Quando abordamos conhecimento como um processo de criação, a gestão do conhecimento deve preocupar-se com os processos individuais e sociais de criatividade, inovação, motivação e comunicação (Spender, apud Fleury e Oliveira Jr., 2001). Nesse sentido, a gestão do conhecimento na organização tem uma atuação fortemente marcada pela sociologia e pela psicologia, o que, conseqüentemente, torna tal atividade mais complexa.

A administração do conhecimento pode contribuir para o estabelecimento de uma vantagem competitiva sustentável para a organização (Oliveira Jr., 2000). Seguindo essa linha de raciocínio, é crescente a tendência de gestores de negócios e estrategistas apostarem na idéia de que o conhecimento possuído pelo capital humano da empresa está entre as capacidades mais significativas de uma organização, e que este conhecimento tem potencial para a construção de vantagens competitivas sustentáveis (Hitt, Ireland e Hoskisson, 2002).

A empresa pode ser entendida como um estoque de conhecimento, e cujo sucesso depende da eficiência com que transforma o conhecimento existente no plano das idéias para o conhecimento aplicado no plano das ações. O principal papel da empresa é atuar como um agente organizador do conhecimento existente, tornando-o aplicável e gerando novo conhecimento, desempenhando tal tarefa de maneira superior à da concorrência (Oliveira Jr., apud Fleury e Oliveira Jr., 2001).

Para Senge (2004), a real vantagem competitiva das organizações encontra-se em suas habilidades para aprender mais rapidamente que os concorrentes, e em gerar e compartilhar conhecimento com o intuito de melhorar continuamente sua atuação.

Alguns pesquisadores trabalham atualmente para o aprofundamento de uma outra abordagem estratégica baseada no conhecimento. A visão da empresa baseada no conhecimento não é ainda uma teoria da empresa, na medida em que trata conhecimento como o recurso mais importante da empresa, mas, sim, um desenvolvimento a partir da visão da empresa baseada em recursos (Grant, 1996 apud Oliveira Jr., 2000).

Para Conner, Kathlenn e Prahalad (1996), a *visão baseada em conhecimento* é a essência de uma abordagem estratégica baseada em recursos, uma vez que esta utiliza como ponto de partida para sua análise as diferenças de desempenho entre firmas com base em assimetrias de conhecimento entre elas.

Apesar das lacunas ainda existentes na abordagem da RBV para gestão dos negócios, as pesquisas na área de administração do conhecimento já se fazem suficientes para afirmar que ela pode e deve contribuir para o estabelecimento de uma vantagem competitiva sustentável para a organização (Oliveira Jr., 2000).

Dados as características do conhecimento e o seu grau de interdependência com as pessoas, presume-se que uma abordagem gerencial que dê ênfase à estratégia da empresa alinhada à gestão do conhecimento necessita de uma visão mais humanista da organização. Esse tipo de abordagem tende a colaborar para a superação de limitações impostas por teorias predominantemente científicas.

Por outro lado, a adoção de abordagens mais humanistas para a organização exige a superação de uma forte corrente e cultura contrárias. No âmago das teorias econômica, administrativa e organizacional, estão os resultados de uma influência secular da "cientificação", em que prevalece a visão cartesiana do conhecimento. Entre os pensadores econômicos, não encontramos até hoje algum cujo trabalho tenha articulado uma noção dinâmica de que seres humanos podem criar ativamente o conhecimento com o fim de mudar o mundo (Nonaka e Takeuchi, 1997).

Gestão do Conhecimento: Um Estudo de Caso

Tipo de pesquisa

O método de pesquisa utilizado é o estudo de caso de natureza predominantemente exploratória. A opção pelo estudo de caso se fundamenta na visão de Stake (1994, apud Roesch, 1999), para quem "o estudo de caso não é um método, mas sim a escolha de um objeto a ser estudado".

Ainda sobre o estudo de caso, essa é uma das várias formas de se fazer pesquisa social empírica ao se investigar um fenômeno no contexto de vida real, em que as fronteiras entre fenômeno e contexto não são claramente definidas (Yin, 1994). Por outro lado, é importante observar que o estudo de caso como metodologia de pesquisa tem limitações, uma vez que impossibilita a generalização dos resultados obtidos (Gil, 1994).

Quanto à opção pela pesquisa exploratória, sua finalidade é obter informações globais sobre o assunto, de maneira que se consiga atingir uma melhor compreensão. A pesquisa exploratória é apropriada para os primeiros estágios da investigação, quando a familiaridade, o conhecimento e a compreensão do fenômeno por parte do pesquisador são geralmente insuficientes ou inexistentes. (Mattar, 1996).

Instrumento de coleta de dados

O instrumento de coleta de dados foi um questionário estruturado distribuído aos empregados de uma empresa de grande porte do setor de engenharia elétrica e eletrônica. O questionário foi elaborado por um comitê que tinha como objetivo conhecer o quanto efetivamente a empresa utiliza práticas formais e organizadas de gestão e compartilhamento do conhecimento e a percepção de seus empregados sobre essas práticas.

Com o objetivo de obter uma amostra representativa, foram sorteados aleatoriamente 330 empregados de maneira que todas as unidades de negócio da empresa estivessem representadas. Os questionários foram enviados por e-mail para esses empregados, e de 330 questionários enviados foram devolvidos devidamente preenchidos 117, o que representa 35,5% de taxa participação na pesquisa. As respostas foram coletadas por e-mail e tabuladas para apuração e análise dos resultados.

As questões desse questionário, bem como seu resultado, foram omitidos neste trabalho, pois contêm informações estratégicas com grande potencial de contribuição de melhorias para gestão do conhecimento na empresa pesquisada. Dessa maneira, apresentam-se a seguir os principais pontos explorados na pesquisa:

- a opinião dos empregados no tocante às práticas de gestão do conhecimento na empresa;
- a contribuição do comitê responsável pela gestão do conhecimento da empresa, para agregar valor às atividades dos colaboradores por meio de práticas de gestão de conhecimento;
- em relação a outras empresas de grande porte do mercado, qual o posicionamento da empresa pesquisada quanto ao tema "Gestão do Conhecimento";
- a contribuição que podem gerar, para a empresa pesquisada, as práticas de compartilhamento de conhecimento entre os colegas do trabalho;
- durante o período de trabalho, quando é possível compartilhar conhecimento com os colegas de trabalho;
- o nível de contribuição das chefias imediatas para que seus subordinados compartilhem conhecimento;
- a satisfação dos colaboradores em relação ao nível de conhecimento que possuem para execução de suas atividades na empresa.

Como respaldo ao objeto desse estudo, partimos da premissa de que conhecimento e aprendizagem nas organizações dependem muito da intuição e dos *insights* dos seus empregados e de como a empresa aproveita essas contribuições individuais para a melhoria de seus processos (Nonaka e Takeuchi, 1997).

A empresa pesquisada

A pesquisa foi realizada em uma empresa do setor de engenharia elétrica e eletrônica que conta com mais de 400 mil profissionais espalhados em mais de 190 países nos segmentos de telefonia, indústria, sistemas de transportes, medicina, geração, transmissão e distribuição de energia. No Brasil, conta com mais de 10 mil profissionais espalhados em diversos escritórios, unidades fabris e centros de desenvolvimento de produtos.

As dimensões da empresa e seu grande contingente de colaboradores oriundos de inúmeras partes do planeta contribuem com sua diversidade para a construção de uma rica cultura da organização. E cultura é algo que perpetua o desenvolvimento, pois sempre há em andamento algum tipo de aprendizado sobre como se relacionar com o ambiente e administrar as questões internas da organização (Schein, 1985, apud Motta e Vasconcelos, 2004). Assim, um dos grandes desafios para os gestores do conhecimento de uma empresa desse porte é fazer uso de sua cultura organizacional por meio de práticas formais e organizadas de gestão do conhecimento.

Entre os ideais da organização pesquisada no tocante ao tema gestão do conhecimento, destacamos a busca pela criação de uma estrutura – não apenas tecnológica, mas também cultural e organizacional – que possibilite que cada profissional da empresa consiga obter as informações de que precisa no momento certo. Isso vai permitir que esse profissional tenha condições de tomar a melhor decisão, agir de forma eficiente e, assim, gastar o menor tempo possível, o que garante a possibilidade de aumentar o valor que se agrega a acionistas e clientes.

Análise dos resultados

A análise dos resultados dessa pesquisa propiciou alguns *insights*, e colaborou para a identificação de alguns pontos valiosos para avaliação, entre os quais se destacam: uma grande consciência dos profissionais no tocante à importância do conhecimento para o desempenho da empresa em âmbito mundial; a alta expectativa dos empregados quanto às ferramentas para compartilhamento de conhecimento; e a importante percepção de que a prática de compartilhar conhecimento é apoiada por sua chefia.

A grande importância atribuída pelos empregados ao compartilhamento de conhecimento para o bom desempenho da empresa em âmbito mundial fornece evidências de que a cultura organizacional da empresa é propícia para a execução de seus projetos de gestão do conhecimento. Isso pode ser creditado ao bom trabalho realizado pelo comitê responsável pela gestão do conhecimento, muito embora a mesma pesquisa aponte que esse mesmo grupo de trabalho é desconhecido pela grande maioria dos empregados.

A pesquisa também foi capaz de apontar um considerável grau de insatisfação dos empregados quanto ao tempo e às ferramentas disponíveis para o compartilhamento de conhecimento. Esse sentimento poderia ser atribuído a três fatores: o primeiro, que as ferramentas disponíveis são inadequadas para o compartilhamento do conhecimento; segundo, que esses profissionais não estão aptos a operar as ferramentas de gestão de conhecimento disponibilizadas pela empresa; e o terceiro, que esses mesmos profissionais estão trabalhando com excesso de informação.

A primeira e a segunda opções exigem algumas providências para correção, mas a terceira opção, se confirmada verdadeira, exigiria cuidados especiais. O excesso de informações pode levar à perda de produtividade, pois o profissional se vê obrigado a manipular muito mais informação que o necessário para a execução de suas atividades. Nesse contexto, disponibilizar ferramentas para compartilhar esse conhecimento pode apenas acentuar ainda mais o problema. Então, o ponto exige uma análise mais detalhada para que se identifique claramente o real motivo da insatisfação de tais colaboradores.

Na visão do comitê responsável pela gestão do conhecimento da empresa, os líderes são os responsáveis por disseminar os princípios organizacionais, e mostrar o exemplo a ser seguido. Se a iniciativa de gestão do conhecimento reflete princípios e valores organizacionais, então deve contar com o respaldo da liderança (Cassapo, 2003). Na análise dos resultados dessa pesquisa, percebe-se que o engajamento das lideranças nas estratégias de gestão do conhecimento é confirmado, pois os empregados notam o apoio de sua chefia para o compartilhamento de conhecimento na empresa.

É esperado que a leitura deste trabalho desperte o interesse para vários pontos, e estimule a criação de várias novas questões a serem exploradas. Assim, uma sugestão para consolidar os pontos levantados é a realização de uma pesquisa exploratória quantitativa, que poderia ser concentrada em um setor específico da empresa onde as práticas de gestão e compartilhamento de conhecimento tenham potencial para apresentar resultados expressivos para os negócios no menor período possível.

Considerações Finais

A forma como se estruturaram as diversas disciplinas do conhecimento nos últimos séculos comprova a forte influência que o pensamento cartesiano exerceu sobre o desenvolvimento da sociedade ocidental. As metodologias que se popularizaram a partir das idéias de Descartes criaram modelos mentais que se tornaram intrínsecos a nossa sociedade, e que muito contribuíram para os avanços científicos. Todavia, os desafios que se impõem à nossa sociedade nos tempos atuais exigem um grau de inovação incompatível com os modelos mentais que se desenvolveram sob a influência cartesiana. As abordagens tradicionais mostram-se então limitadas e incapazes de solucionar nossos problemas e prover o desenvolvimento necessário para continuar a impulsionar nossa sociedade.

No contexto organizacional, o panorama não é diferente. Muitas organizações buscam desenvolver novos modelos administrativos e gerenciais que objetivam adequar a gestão da empresa a essa nova realidade. É extremamente estimulante a possibilidade de utilização do conhecimento como recurso que colabora na construção de vantagens competitivas, mas, por outro lado, é importante destacar que ainda há uma série de dificuldades a ser superadas no âmbito da empresa. Entre elas, está o desafio de construir modelos economicamente viáveis, que apresentem resultados comprovados, e que possibilitem a utilização do conhecimento de maneira sistêmica e organizada.

No estudo de caso apresentado, observamos que a iniciativa da empresa pesquisada no sentido de gerir conhecimento na organização já produz alguns resultados. A consciência de seus colaboradores acerca da importância do conhecimento para a organização, e a expectativa com relação às ferramentas e aos métodos utilizados são reflexos de que a gerência encontrará um ambiente propício para o desenvolvimento dos futuros projetos relacionados ao tema. Todavia, ainda são grandes os desafios a enfrentar nesse sentido.

Referências Bibliográficas

CARNEIRO, J. M. T.; CAVALCANTI, M. A. F.; DA SILVA, J. F. *Os determinantes da sustentabilidade da vantagem competitiva na visão resource-based*. In: Encontro Nacional dos Programas de Pós-Graduação em Administração. Anais XXIII. Foz do Iguaçu: ENANPAD, 1999.

CASSAPO, F. Se a minha empresa soubesse o que a minha empresa sabe. In: TERRA, J. C. C. (Org.) *Gestão do conhecimento e e-learning na prática*. Rio de Janeiro: Elsevier, 2003. cap. 9, p. 77-88.

CHAUÍ, M. *Convite à filosofia*. São Paulo: Ática, 2002.

CLEGG, S. Alguns ousam chamá-lo de poder. In: CALDAS, M.; FACHIN, R.; FISCHER, T. (Org.) *Handbook de estudos organizacionais*. São Paulo: Atlas, 1997. v. 2, cap. 13, p. 260-289.

CONNER, KATHLENN R., PRAHALAD, C. K. A resource-based theory of the firm: Knowledge Versus Opportunism. *Organization Science*, v. 7, n. 5, p. 477-501, set./out.1996.

DAVENPORT, T. H.; PRUSAK, L. *Conhecimento empresarial*: como as organizações gerenciam o seu capital intelectual. Rio de Janeiro: Campus, 1998.

DIERICKX, I; COOL, K. *Asset stock accumulation and sustainability of competitive advantage*. Management Science, v. 35, n. 12, p. 1504-1513, dez. 1989.

DRUCKER, P. *Administrando para obter resultados*. São Paulo: Pioneira, 1998.

_____. *Sociedade pós-capitalista*. São Paulo: Pioneira, 1993.

FOSS, K.; FOSS, N. J. The next step in the evolution of the RBV: Integration with Transaction Cost Economics. *Management Revue Mering*, v. 15, n. 1, p. 107-121, 2004.

GIL, A. C. *Como elaborar projetos de pesquisa*. São Paulo: Atlas, 1994.

HITT, M. A.; IRELAND, R. D.; HOSKISSON, R. E. *Administração estratégica*. São Paulo: Thomson Learning, 2002.

LEITE, J. C. Terceirização em informática sob a ótica do prestador de serviços. *Revista de Administração de Empresas*, São Paulo, v. 37, n. 4, p. 65-77, out./dez. 1997.

LEITE, J. B. D.; PORSSE, M. C. S. Competição baseada em competências e aprendizagem organizacional: em busca da vantagem competitiva. *RAC – Revista de Administração Contemporânea*, ed. especial, 2003.

MATTAR, F. N. *Pesquisa de marketing*. São Paulo: Atlas, 1996. v. 1.

MORGAN, G. *Imagens da organização*. São Paulo: Atlas, 1996.

MOTTA, F. C. P.; VASCONCELOS, I. F. G. *Teoria geral da administração*. São Paulo: Thomson Learning, 2004.

NONAKA, I.; TAKEUCHI, H. *Criação do conhecimento na empresa*: como as empresas japonesas geram a dinâmica da inovação. Rio de Janeiro: Campus, 1997.

OLIVEIRA JR., M. M. Administração estratégica do conhecimento. *Revista da FEA-PUC*, São Paulo: Educ, v. 2, p. 67-103, 2000.

_____. Competências essenciais e conhecimento na empresa. Linking Strategy and the knowledge of the firm. *RAE – Revista de Administração de Empresas*, São Paulo, v. 39, n. 4, 1999.

OLIVEIRA JR., M. M. Competências essenciais e conhecimento na empresa. In: FLEURY, M. T. L., OLIVEIRA JR., M. M. (Org.) *Gestão estratégica do conhecimento*: integrando aprendizagem, conhecimento e competências. São Paulo: Atlas, 2001. p. 121-152

PENROSE, E. The theory of the growth of the firm. In: FOSS, N. J. *Resources, firms, and strategies*: a reader in the resource-based perspective. Oxford: Oxford University Press, 1997.

SENGE, P. M. *A quinta disciplina*: a arte e prática da organização que aprende. São Paulo: Best Seller, 2004.

SPENDER, J. C. Gerenciando sistemas de conhecimento: integrando aprendizagem, conhecimento e competências. In: FLEURY, M. T. L.; OLIVEIRA JR., M. M. (Org.) *Gestão estratégica do conhecimento*. São Paulo: Atlas, 2001. p. 27-49

ROESCH, S. M. A. *Projetos de estágio e de pesquisa em administração*. São Paulo: Atlas, 1999.

TEECE, D. J.; PISANO, G.; SHUEN, A. Dynamic capabilities and strategic management. *Strategic Management Journal*, v. 8, n. 7, p. 509-533, 1997.

WILK, E. O. O uso de uma abordagem "Resource based view" na formulação de estratégias, o caso do setor vitivinícola da serra gaúcha. *Read*, edição 20, v. 7, n. 2, mar./abr. 2001.

YIN, R. K. *Estudo de caso*: planejamento e métodos. São Paulo: Bookmann, 1994.

Aprendizagem Organizacional

Lucy de Lira Souza

Resumo

As transformações ocorridas no último século, resultantes do processo de globalização e da disseminação da tecnologia da informação, como também de redes mundiais de comunicação, provocaram o aumento da competitividade entre as organizações empresariais e uma maior complexidade nas relações de trabalho. Por essa razão, as empresas têm procurado meios e ações estratégicos para garantir sua sobrevivência no mercado. A tecnologia, antes diferencial para várias empresas, atualmente não constitui mais vantagem competitiva para muitas delas. Assim, utilizar um único modelo como a solução para todos os problemas organizacionais não é mais válido.

Introdução

A necessidade de introduzir e cultivar a noção de mudança e inovação e a preocupação com a qualidade contínua, a competitividade e a produtividade tornaram-se constantes na rotina organizacional e uma questão de sobrevivência e sucesso (Fleury e Fleury, 1995). Dessa forma, todas as exigências desse novo cenário são alcançadas pela predisposição das pessoas e das organizações para o constante aprendizado.

Diante da importância do conhecimento que nasce, cresce e se desenvolve no ambiente organizacional e que é estratégico para o sucesso de uma empresa, as discussões a respeito do desenvolvimento da aprendizagem organizacional tornaramse freqüentes. Por sua relevância em termos estratégicos e como fator de vantagem competitiva sustentável, as questões acerca do conhecimento e da aprendizagem organizacional surgem no intuito de estabelecer um ambiente propício para o seu desenvolvimento e a sua disseminação no interior da organização.

O interesse dos pesquisadores pelo tema *aprendizagem organizacional* tem apresentado um crescimento significativo em termos de publicações em periódicos internacionais desde 1965. A partir dos anos 1980, algumas empresas começaram a incrementar sua performance organizacional por meio dessa estratégia. Destaca-se o pioneirismo dos trabalhos desenvolvidos pela Shell, General Electric, Honda e Samsung no campo do desenvolvimento de trabalhos de aprendizagem organizacional.

No Brasil, o tema surgiu a partir dos anos 1990, com a difusão do conceito de Peter Senge e seu livro *A quinta disciplina* (2002), no qual apresentou o tema de forma sistematizada. Desde então vários termos surgiram a respeito: *learning organization*, organização de aprendizagem, organização do conhecimento, aprendizagem organizacional, que são relacionados a uma mesma temática – o desenvolvimento e a manutenção do conhecimento como vantagem competitiva sustentável para as empresas.

Neste capítulo, serão abordados o tema *aprendizagem organizacional*, sua conceituação teórica e sua aplicação no ambiente empresarial, apresentando-se caminhos para o desenvolvimento de uma estrutura favorável para o desenvolvimento e a disseminação do conhecimento.

O Cenário Empresarial para o Século XXI

O cenário atual é marcado por rápidas e profundas mudanças, impulsionadas pela globalização, pelo avanço da tecnologia e pela transnacionalidade. A realidade organizacional da atualidade caracteriza-se por menos fronteiras entre os países e pela comunicação mais ágil entre os diversos atores da cadeia produtiva: empresa e seus funcionários, fornecedores e clientes (Meister, 1999). A tecnologia, principalmente a de informação, gerou uma maior circulação de dados, notícias e informações, reduzindo distâncias geográficas e acelerando o processo produtivo e de circulação de capital, produtos e serviços (Motta e Vasconcelos, 2002).

Ao deixar para trás "a era industrial e o capitalismo acumulativo" (Mariotti, 1999, p. 15), o conhecimento surge como ponto fundamental para o desenvolvimento dos grupos sociais e organizações empresariais. Observa-se que o século XXI abre as portas para a economia do conhecimento, em que a força muscular é substituída pela força do cérebro. Cada vez mais os cargos exigem habilidades que não implicam destreza manual, mas conteúdo mental para o desenvolvimento de tarefas. O conhecimento renova-se a todo momento e o que é novidade hoje rapidamente é modificado, gerando-se novos conhecimentos. Os indivíduos não se preocupam mais em se manter em empregos vitalícios, mas em estar empregados ou ocupados a vida toda. A antiga hierarquia organizacional, na qual a parte superior pensa e a de baixo executa, não é mais adequada, já que é lenta nas reações às rápidas mudanças dos tempos atuais (Meister, 1999).

A necessidade de desenvolvimento de organizações que aprendem decorre do fato de que o mundo dos negócios está se tornando cada vez mais complexo, dinâmico e competitivo globalmente. Essa realidade afeta diretamente a dinâmica das organizações, tornando-as espaços em que o conhecimento e a aprendizagem devem ser estimulados para que seja possível a sobrevivência em um mercado suscetível a rápidas e intensas transformações.

Excelência no mundo dos negócios exige mais entendimento, conhecimento e preparação do que as experiências e *expertise* que apenas um indivíduo possa fornecer (Fullerton, 2004). Para sobreviver, as empresas necessitam de grupos empreendedores internos, que criem valor e lucro e trabalhem de forma rápida e eficiente (Meister, 1999). A respeito da importância do ser humano nas organizações, Meister (1999, p. 2-3) explica que:

> a empresa do século 21 existe em uma economia em que mais e mais valor agregado será criado pelo capital humano. Essa mudança de paradigma no pensamento administrativo – do sucesso com base na eficiência e em economias de escala para o sucesso cuja raiz está em trabalhadores com conhecimentos culturalmente diversos – é a essência da organização do século 21.

A visão holística dos seres humanos dentro da organização como indivíduos providos de habilidades, que podem ser utilizadas em seu benefício como também do grupo onde estão inseridos, só poderá ser plenamente exercida em ambientes que estimulem o desenvolvimento de suas potencialidades sem bloqueios (Mariotti, 1999). Essas idéias são diferenciadas do antigo modelo de organização industrial, no qual se considera o indivíduo como mais uma peça do mecanismo de produção empresarial.

Mariotti (1999, p. 14) explica que o local de trabalho necessita ser como "um núcleo de ensino e aprendizado, em que o fluxo da informação pode e deve ser ininterrupto", dada a nova realidade empresarial. Senge (2002) reitera essas idéias ao explicar que as empresas líderes do século XXI possivelmente serão caracterizadas por uma maior distribuição do poder decisório, uma atuação mais analítica dos indivíduos em todos os níveis organizacionais, como também pelo desenvolvimento do pensamento sistêmico.

Em seu livro *A quinta disciplina* (2002), Senge apresenta o depoimento de um executivo de uma grande multinacional que resume as idéias sobre liderança e sucesso para as empresas ao dizer que as organizações que aprenderem mais rapidamente que suas concorrentes estão mais propensas ao sucesso, já que o conhecimento é considerado a única vantagem competitiva sustentável.

A complexidade das relações de trabalho está intimamente ligada à capacidade de aprendizagem das empresas, e as soluções para os problemas que surgem dessa complexidade não podem ser fornecidas apenas pela alta cúpula, devendo ser cultivados, em todos os níveis organizacionais, o estímulo e o comprometimento com a aprendizagem constante (Senge, 2002).

A necessidade de reinventar-se é indispensável para as organizações. Senge (2002, p. 12) explica que: "Talvez a aprendizagem se tornará mais importante do que o controle. Muitos se referem às organizações emergentes como 'organizações que aprendem': organizações inerentemente mais flexíveis, adaptáveis e mais capazes de continuamente 'reinventarem-se'" (2002, p. 12).

Portanto, a aprendizagem organizacional mostra-se como uma alternativa para a sobrevivência das empresas como catalisadora de soluções inovadoras e criativas e passíveis de ser registradas na memória organizacional (Moraes Jr. e Medeiros 2003). Por essa razão, o conhecimento e a capacidade de aprendizagem são considerados vantagens competitivas para as organizações que buscam um diferencial sustentável a longo prazo.

A Aprendizagem Organizacional

O sistema de produção industrial de Henry Ford, baseado na execução de tarefas muito simples, resultantes da divisão e da especialização do trabalho propostas por Taylor, gerava trabalhadores desmotivados, custos elevados de produção e de desenvolvimento, e organização administrativa com poder decisório centralizado (Schlünzen Junior, 2003). Esse tipo de organização de produção não exigia habilidades diferenciadas dos trabalhadores, os quais poderiam ser treinados rapidamente para o desempenho de uma função na linha de produção. Além disso, a racionalização taylorista do trabalho prejudicava a aprendizagem nas organizações e limitava o desenvolvimento de habilidades dos operários (Motta e Vasconcelos, 2002).

De forma contrária ao modelo fordista de produção, outros sistemas de produção industrial foram desenvolvidos, como o originado na Toyota Motor Company, chamado de *produção enxuta (lean production)*. Nesse tipo de sistema, o trabalhador deixa de ser um mero executor e adquire um perfil mais atuante, no qual características intelectuais como capacidade para criação, trabalho em equipe e soluções de problemas são exigidas (Schlünzen Junior, 2003).

Bassi, Cheney e Buren (apud Schlünzen Junior, 2003, p. 22) explicam: "Os trabalhadores de hoje não parecem estar satisfeitos com serviços repetitivos e convencionais, independentemente das compensações financeiras. Eles querem se envolver em áreas criativas, cujos pensamento e decisão estejam sob o seu controle".

Nesse contexto, Motta e Vasconcelos (2002) explicam que o *homo economicus*, característico do modelo industrial, é substituído pelo *homem que aprende*, ou seja, de simples executor passa a interferir de forma mais analítica e ativa nos processos de produção.

Vários motivos podem ser citados como justificativas para o crescente interesse pela aprendizagem nas organizações. A necessidade de aumentar a capacidade competitiva pode ser uma delas (Brito e Brito, 1997). Em termos estratégicos, a aprendizagem desempenha um papel relevante na capacidade dinâmica organizacional.

Os conceitos de aprendizagem e conhecimento nas empresas não são recentes, e o tema é bastante estudado na *teoria das organizações* (Fleury e Fleury, 1995). Entretanto, no ambiente atual, caracterizado por rápidas mudanças, o resgate e a valorização da *teoria de aprendizagem organizacional* foram necessários, visto que o contexto atual de mudanças organizacionais profundas exige mudanças das pessoas (Senge, 1996).

Todavia, o ato de desenvolver pessoas, muitas vezes, é baseado em alguns parâmetros que mostram o ensino como simples transmissão e memorização de conteúdos, repetição de exercícios, desconsiderando-se os significados do que se ensina. O estudante ou aprendiz é simplesmente um elemento passivo no processo educacional. Schlünzen Junior (2003) explica que esse método educacional está presente na maioria das escolas brasileiras e, conseqüentemente, reflete-se na formação dos profissionais que estão no mercado de trabalho. Assim, desenvolver a aprendizagem está longe de ser o que é praticado pela sociedade e empresas em geral.

Nevis et al. (1995, p. 76, apud Moraes Jr. e Medeiros, 2003) explicam que há fatores facilitadores ou inibidores da aprendizagem nas organizações. Eles podem ser estruturas e processos que indicam o nível de facilidade ou dificuldade de aprendizagem em uma empresa, conforme apresentado na Figura 9.1.

Não há como falar em aprendizagem organizacional sem antes entender a aprendizagem em âmbito a nível individual. Fleury e Fleury (1995, p. 19) explicam que "Aprendizagem é um processo de mudança, resultante de prática ou experiência anterior, que pode vir, ou não, a manifestar-se em uma mudança perceptível de comportamento".

Os autores também explicam os dois modelos teóricos de aprendizagem: o behaviorista e o cognitivo. No modelo behaviorista, o comportamento é o foco principal: estimulado de diversas maneiras, e resulta em reações, que podem ser observadas, mensuradas e repetidas de forma científica. Por outro lado, o modelo

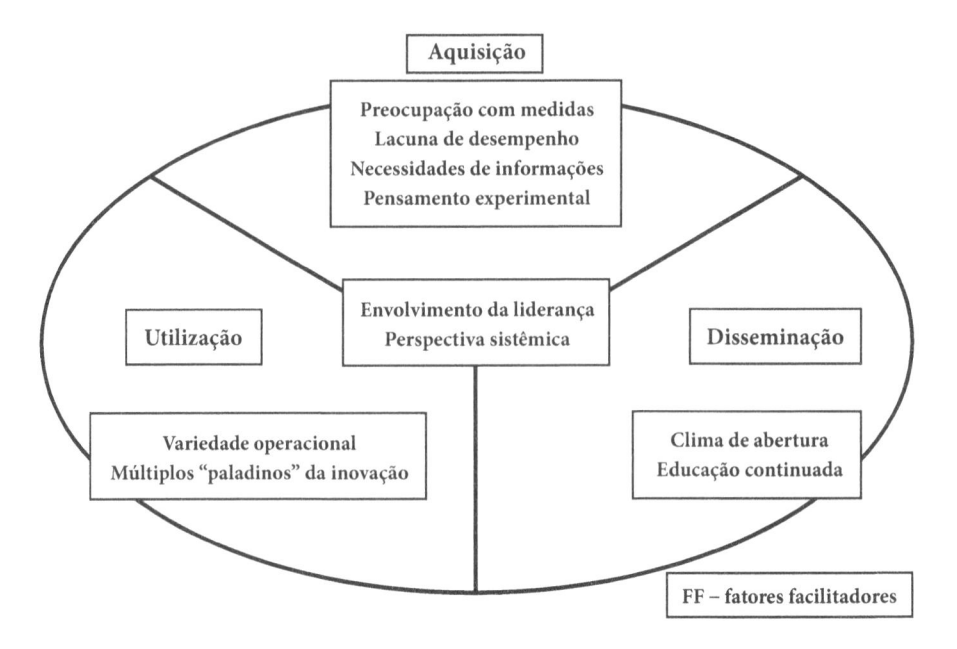

Figura 9.1 *Elementos do sistema de aprendizagem organizacional.*
Fonte: Adaptado de Nevis et al. (1995, p. 73, apud Moraes Jr. e Medeiros, 2003).

cognitivo é mais abrangente e procura explicar com mais profundidade fenômenos mais complexos como a aprendizagem.

A respeito da aprendizagem em âmbito organizacional, Senge (2002) define a *organização que aprende* como:

> [...] organizações nas quais as pessoas expandem continuamente sua capacidade de criar os resultados que realmente desejam, onde se estimulam padrões de pensamentos novos e abrangentes, a aspiração coletiva ganha liberdade e onde as pessoas aprendem continuamente a aprender juntas.

Não se devem confundir instituições que promovem treinamentos com aquelas que realmente aprendem. Senge (1996) explica que os treinamentos contribuem para a aprendizagem, mas não são a única fonte de disseminação do conhecimento. Outra diferenciação a ser observada é entre a aprendizagem operacional, que é a aquisição do *know-how*, ou seja, habilidade para desenvolver ações, e a conceitual, na qual o indivíduo adquire o *know-why*, isto é, desenvolve a capacidade de articular conhecimentos conceituais sobre uma experiência (Fleury e Fleury, 1995).

Mariotti (1999) denomina o processo de aprendizagem organizacional de *educação organizacional continuada*. Ele explica que a organização que aprende é um lugar no qual se ensina e se aprende continuamente, e o processo sempre deve envolver todos os membros em todos os níveis da organização. Porém, a aprendizagem não pode ser pensada como uma prática de curto prazo. Se isso acontecer, a empresa só poderá reagir às mudanças e não aprenderá a criar. O máximo a ser feito é prever o acontecimento e tentar reagir da melhor forma possível (Senge, 2002).

Senge (2002) explica que cinco *disciplinas* são fundamentais para a criação e o desenvolvimento de uma organização voltada para a aprendizagem: Domínio Pessoal; Modelos Mentais; Visão Compartilhada; Aprendizagem em Equipe e a *quinta disciplina*, o Pensamento Sistêmico. Todas podem ser chamadas disciplinas de aprendizagem e também disciplinas de liderança. As disciplinas aplicadas no nível individual são Modelos Mentais, Domínio Pessoal e Pensamento Sistêmico, e, no nível de grupo, Visão Compartilhada e Aprendizagem em Equipe.

Nos Modelos Mentais estão arraigados suposições, generalizações, imagens e paradigmas que influenciam o modo como as pessoas enxergam o mundo ao seu redor e determinam padrões de pensamento e ações. No campo organizacional, tais modelos basicamente são representados pela cultura de uma empresa e são os responsáveis pela resistência às tentativas de mudanças organizacionais, já que as pessoas sempre estão buscando razões para se defender. Como as empresas são formadas por pessoas, conseqüentemente também serão defensivas às mudanças que sofrem do ambiente externo (Larsen et al., 1996).

A despeito de a cultura organizacional ser um dos elementos essenciais para a promoção da aprendizagem em uma empresa, Mariotti (1999) explica que toda organização tem uma cultura patente e uma cultura latente. A primeira refere-se ao sistema de crenças e valores compartilhados, apresentados de forma organizada e visível. "É a maneira como a organização quer se mostrar" (p. 29). Por outro lado, a cultura latente é a via não expressa desses valores, escondida, que não aparece de maneira organizada por meio dos grupos participantes em uma organização. As duas sempre estarão em conflito, e, para se manter como a cultura oficial, a patente sempre tentará reprimir a latente. Nessa dinâmica conflituosa a cultura latente pode desenvolver uma energia criativa e transformadora (Mariotti, 1999).

O Domínio Pessoal "é a disciplina do crescimento e aprendizado pessoais" (Senge, 2002, p. 168). As pessoas com alto nível de Domínio Pessoal expandem continuamente sua capacidade de criar os resultados que realmente almejam alcançar. Nesse caso, os objetivos não estão relacionados ao contexto normalmente usado na literatura de administração. O objetivo pode ser muito mais do que se imagina alcançar, e muitas vezes, pode-se levar uma vida inteira para alcançá-lo, conforme explica Senge. Por essa razão, o Domínio Pessoal é uma das disciplinas básicas necessárias para se construir uma organização de aprendizagem, pois a busca do colaborador pelo aprendizado contínuo promove o espírito da organização que aprende. Empresas não podem aprender até que seus colaboradores comecem a aprender.

Como outra disciplina, a Visão Compartilhada é a imagem do futuro desejado, compartilhada por todos na organização. Aqui, a visão não é um plano imposto pela alta cúpula para os níveis mais baixos, mas um objetivo que é aceito e compartilhado entre todos os níveis organizacionais. Fruto da interação entre os indivíduos, a Visão Compartilhada surge pelo comprometimento individual e pelo desenvolvimento de todas as visões em uma direção comum. O líder do grupo tem papel fundamental, pois precisa estimular sua equipe a compartilhar suas visões e, assim, criar-se a Visão Compartilhada (Larsen et al., 1996).

Os colaboradores da empresa com uma visão compartilhada sabem para onde esta quer ir. A diferença entre a situação real e a esperada (a visão) cria o processo que Senge (2002) chama de *tensão criativa*. Empregados comprometidos com metas claras e bem estabelecidas sabem para onde a empresa quer ir e trabalham com muito mais foco no alcance dos objetivos determinados (Larsen et al., 1996).

A Aprendizagem em Equipe está diretamente relacionada a outras disciplinas, como a Visão Compartilhada e o Domínio Pessoal. Conforme define Senge, é "o processo de alinhar e desenvolver a capacidade do time de criar resultados que seus membros realmente desejam. É baseado na disciplina do desenvolvimento da Visão Compartilhada. Também é baseado no Domínio Pessoal, por times talentosos que são feitos de indivíduos talentosos" (2002, p. 263).

Não há como imaginar grupos comprometidos com a aprendizagem se não tiverem objetivos em comum – Visão Compartilhada – e não se comprometerem com o desenvolvimento contínuo de suas habilidades pessoais – Domínio Pessoal. A Aprendizagem em Equipe é fundamental porque são os times, e não os indivíduos, as unidades de aprendizagem essenciais nas empresas. Se os times não podem aprender, a organização não poderá aprender também. Por isso é necessário que exista interação e interdependência entre os indivíduos do grupo, como também o diálogo aberto, sem restrições ou censuras, para o conhecimento circular entre os membros das equipes de trabalho (French e Bell, apud Larsen et al., 1996).

A *quinta disciplina*, definida por Senge (2002) como o Pensamento Sistêmico, é considerada a antítese do conceito de aprendizagem nas culturas ocidentais (Larsen et al., 1996). É um padrão diferenciado de pensamento, contrapondo-se ao mecanicista e linear, que não se mostra efetivo para entender os problemas da atualidade. No Pensamento Sistêmico, o todo é mais valorizado do que as partes, pois não é possível entender o sistema isolando-se as partes. Segundo o princípio da causalidade circular, uma variável pode ser tanto a causa como o efeito de outra, diferentemente do que é considerado pelo pensamento mecanicista e linear. Por considerar o todo, o Pensamento Sistêmico está relacionado ao longo prazo, que entende as inter-relações mais do que as cadeias de causa-efeitos, e os processos de mudanças, mais do que eventos isolados dentro de uma organização.

Em suma, as pessoas que trabalham em empresas que estimulam e disseminam a aprendizagem expandem continuamente sua capacidade de criar resultados, como também novos padrões de pensamento são estimulados, para se desenvolver o pensamento crítico e criativo e novas maneiras de atingir um objetivo (Senge, 2002).

A influência da estrutura organizacional na aprendizagem

"Infra-estrutura é o meio através do qual uma organização coloca à disposição recursos para apoiar pessoas no seu trabalho" (Senge et al., 2000, p. 29). Empresas que buscam aprimorar o aprendizado têm efetuado várias inovações na sua infra-estrutura. Novos processos de trabalho, sistemas de informações, planos de bônus e recompensas são algumas das mudanças feitas. Para que as pessoas possam – e estejam dispostas a – aprender, as empresas precisam fornecer recursos e uma estrutura que seja favorável ao desenvolvimento da aprendizagem (Senge et al., 2000).

Mariotti (1999, p. 47) observa que "quanto mais complexo um sistema, menos ele é resistente às mudanças". Dado o cenário atual, em que as mudanças são rápidas e profundas, os sistemas organizacionais complexos devem ser estimulados para a rápida adaptação organizacional. Segundo o autor, para as empresas, sistemas complexos caracterizam-se por: alta capacidade de adaptação às mudanças de mercado; fluxo interno de informações e de conhecimento livre entre os níveis organizacionais; rapidez na definição de estratégias e tomada de decisões; e capacidade para administrar conflitos internos.

Estruturas burocráticas também tendem a inibir a aprendizagem organizacional (Moraes Jr. e Medeiros, 2003). A burocracia está baseada em regras preestabelecidas, padrões e procedimentos padronizados que simplificam a realidade organizacional (Morgan, 2002), dificultando o processo de aprendizagem, muito mais complexo e abrangente do que as regras determinadas por uma estrutura burocrática.

De forma diferente do que Morgan afirma sobre as desvantagens da burocracia, Nonaka e Takeuchi (2001) mostram que ela pode ser vantajosa no desenvolvimento da aprendizagem para um determinado nível organizacional. Como a aprendizagem é um processo contínuo, os autores explicam que a *organização em hipertexto* é a estrutura ideal para estimular a criação contínua do conhecimento organizacional. Tal tipo de estrutura permite que uma organização crie e acumule o conhecimento de modo eficaz e eficiente transformando-o, de maneira dinâmica, entre os dois níveis estruturais de uma empresa – o sistema de negócios, relacionado aos trabalhos das forças-tarefa, e o nível operacional, baseado na organização burocrática. O conhecimento gerado nesses dois níveis passa a ser sistematizado e organizado no terceiro nível chamado de *base do conhecimento*.

Senge (2002) aponta algumas deficiências da aprendizagem organizacional que estão diretamente relacionadas à estrutura administrativa, à maneira como é projetada e gerenciada, e às relações de poder no interior das empresas. Nolan e Croson (1996) sugerem que os gerentes precisam mudar estruturas departamentais rígidas e baseadas em tarefas, incentivar o aprendizado contínuo e o desenvolvimento de habilidades para resolução de problemas, no intuito de que o trabalho em equipe e baseado em projetos predomine como forma de execução do trabalho organizacional.

Outra deficiência apontada por Senge (2002) é a lealdade ao cargo ocupado, muitas vezes confundido com a própria identidade do funcionário ilustrada pelo autor com a expressão como "eu sou o meu cargo". Por trabalhar em estruturas que não estimulam a interação entre áreas e o pensamento sistêmico, o funcionário passa a incorporar apenas as tarefas inerentes ao seu cargo, esquecendo-se de que é responsável pelo resultado global da empresa. Isso dificulta o desenvolvimento da aprendizagem e a propagação do conhecimento, já que as pessoas focam apenas as atribuições delimitadas por seu cargo dentro do organograma da empresa, em detrimento do desenvolvimento de suas habilidades.

O mito da equipe gerencial é outra adversidade apontada por Senge (2002). Ele explica que, normalmente, as empresas designam grupos de gerentes, em geral muito experientes e que representam diferentes funções nas organizações. Tais grupos, que deveriam ser responsáveis por grandes mudanças internas, passam a ser os mantenedores do *status quo*. A aprendizagem ocorre em ambientes que estimulem a discussão criativa, o conflito positivo de idéias, para que, dessa dinâmica, novas soluções possam surgir. Entretanto, como explica o autor, esses grupos gerenciais passam a disputar poder, evitando as divergências e a apresentação de suas experiências, prejudicando o processo de aprendizagem organizacional.

Um dos principais focos de resistência aos processos de mudanças organizacionais é justamente esse grupo de gerentes mais experientes, o nível sênior. Eles estão há mais tempo na empresa e foram selecionados pelo sistema como exemplos do que este valoriza (Senge, 1996). Por isso, mudar pessoas que são símbolos de valores que foram importantes para a empresa por tanto tempo torna-se fonte de conflitos no ambiente organizacional.

A facilidade com que as empresas eliminam a capacidade criativa de seus funcionários é outro ponto que dificulta a aprendizagem organizacional. No intuito de controlar e não perder o poder, gerentes recompensam as pessoas que obedecem aos padrões estabelecidos e não aquelas que desejam aprender e trazer soluções diferenciadas para o ambiente organizacional. Senge (2002) explica que as empresas são excelentes em eliminar pouco a pouco o talento de seus funcionários para que idéias fora dos padrões determinados não perturbem a ordem estabelecida.

O fluxo de comunicação também merece atenção. Não há como se pensar em organizações que aprendem se não houver múltiplos canais de comunicação entre os diversos níveis hierárquicos. A informação intensa e confiável é indispensável para a disseminação do conhecimento e do aprendizado (Fleury e Fleury, 1995).

Dado que informação também é uma fonte de poder, interesses individuais ou de grupos representantes da estrutura formal ou informal de uma organização podem ser complicadores para o desenvolvimento de uma organização favorável à aprendizagem (Morgan, 2002). Para que mantenham sua força política dentro das organizações, esses grupos, representantes dos valores, pressupostos e crenças, muitas vezes podem estimular a criação de mecanismos políticos que impedirão o desenvolvimento da aprendizagem organizacional, por meio do controle do fluxo de informações geradoras do conhecimento.

Estruturas que valorizam mais a iniciativa do que as suas conseqüências negativas são organizações que estimulam a aprendizagem. Não há como aprender se não houver o erro. Pessoas e empresas aprendem reconhecendo seus erros e corrigindo-os. Nenhum progresso pode ocorrer se as pessoas fingirem que os erros nunca aconteceram (Larsen et al., 1996). A aprendizagem organizacional provém tanto de conseqüências positivas como dos impactos negativos das ações desenvolvidas pelas organizações (Brito e Brito, 1997).

Para que uma empresa possa aprender, seus funcionários precisam sentir-se ligados ao todo, já que o pensamento sistêmico é a maneira mais adequada de entender a dinâmica organizacional. O gerente não é o chefe, mas o facilitador ou catalisador da energia criativa existente no grupo de trabalho e da sinergia de aprendizagem dos indivíduos. Se não há esse fluxo de informações, a aprendizagem e a disseminação do conhecimento certamente ficarão restritas a pessoas ou pequenos grupos dentro da organização (Larsen et al., 1996).

Portanto, as características de organizações que aprendem são: um processo contínuo de transformação organizacional; clima estimulante ao aprendizado e desenvolvimento de todo o potencial dos colaboradores; ações estruturadas em torno de uma cultura de aprendizagem; e o desenvolvimento de recursos humanos como o centro das suas políticas de negócios (Peddler et al., apud Brito e Brito, 1997).

Considerações Finais

Neste capítulo, procurou-se abordar, por meio de revisão bibliográfica, o tema *aprendizagem organizacional*, sua conceituação teórica e aplicação no ambiente empresarial, apresentando-se caminhos para o desenvolvimento de uma estrutura organizacional favorável ao desenvolvimento da aprendizagem e à disseminação do conhecimento.

Diante da nova realidade do século XXI, na qual a globalização, o avanço da tecnologia, principalmente a da informação, e a transnacionalidade afetam diretamente as organizações, gerando mudanças rápidas e profundas, é necessário que as equipes de trabalho estejam preparadas para desenvolver soluções inovadoras e criativas para situações que mudam a cada dia e afetam em proporções diferenciadas as organizações.

Constata-se que o estudo apresentou o conhecimento como vantagem competitiva sustentável para as organizações do século XXI: por intermédio dele as organizações serão capazes de agir pró-ativamente em relação às mudanças que sofrerão, adaptar-se e desenvolver soluções diferenciadas para novos problemas que surgirão a cada momento.

Todavia, o conhecimento só pode ser desenvolvido em ambientes abertos a novas idéias, a discussões livres de censuras, em que os membros dos grupos interajam livremente no intuito de desenvolver novas formas de trabalho. Mediante essa interação é possível que as idéias apareçam, sejam refinadas e colocadas em prática.

Além de desenvolver a aprendizagem, é necessário também que o conhecimento seja disseminado entre todos os níveis organizacionais. Por isso, é indispensável um fluxo de comunicação aberto e acessível a todos no interior da empresa para que o conhecimento seja transformado em ações inovadoras e diferenciadas. Serão essas ações que trarão o diferencial para as organizações do século XXI.

Referências Bibliográficas

BRITO, M. J. de; BRITO, V. da G. P. *Aprendizagem nas organizações*: teorias e reflexões. ENANPAD, 1997.

FLEURY, A.; FLEURY, M. T. L. *Aprendizagem e inovação organizacional*: as experiências de Japão, Coréia e Brasil. São Paulo: Atlas, 1995.

FULLERTON, J. P. *The Fifth Discipline and "learning organizations"*. Disponível em: http://www.rtis.com/nat/user/jfullerton/review/learning.htm. Acesso em: 27 ago. 2004.

LARSEN, K. et al. *Learning organizations*. Nova York, maio de 1996. Disponível em: http://home.nycapp.rr.com/klarsen/learnorg/. Acesso em: 27 ago. 2004.

MARIOTTI, H. *Organizações de aprendizagem*: educação continuada e a empresa do futuro. 2. ed. São Paulo: Atlas, 1999.

MEISTER, J. C. *Educação corporativa*. São Paulo: Makron Books, 1999.

MORAES JR., M.; MEDEIROS, J. J. *Os efeitos da estrutura organizacional nos processos de aprendizagem organizacional*. ENANPAD, 2003.

MORGAN, G. *Imagens das organizações*. São Paulo: Atlas, 2002.

MOTTA, F. C. P.; VASCONCELOS, I. F. F. G. de. *Teoria geral da administração*. 2. ed. São Paulo: Pioneira Thomson Learning, 2002.

NOLAN, R. L.; CROSON, D. C. *Destruição criativa*: um processo de seis etapas para transformar sua organização. Rio de Janeiro: Campus, 1996.

NONAKA, I.; TAKEUCHI, H. *Criação do conhecimento na empresa*: como as empresas japonesas geram a dinâmica da inovação. Rio de Janeiro: Campus, 2001.

SCHLÜNZEN JUNIOR, K. *Aprendizagem, cultura e tecnologia*. São Paulo: UNESP, 2003.

SENGE, P. M. *A quinta disciplina*: arte e prática da organização de aprendizagem. 13. ed. São Paulo: Best Seller, 2002.

SENGE, P. M. The ecology of leadership. *Leader to Leader*, n. 2, 1996. Disponível em: http://www.pfdf.org/leaderbooks/L2L/fall96/senge.html. Acesso em: 27 ago. 2004.

SENGE, P. M. et al. *A quinta disciplina*: caderno de campo: estratégias e ferramentas para construir uma organização que aprende. Rio de Janeiro: Qualitymark, 2000.

10

Conhecimento e Educação Empreendedora

Fernando Correa Grisi

Resumo

O presente capítulo apresenta o empreendedorismo como uma opção inovadora para o desenvolvimento de novos negócios, apoiados ou não em novas tecnologias. A gestão empreendedora de uma organização é fator crítico de sucesso no momento atual do ambiente competitivo e pode ter importante papel no universo do conhecimento no século XXI. Apresentaremos o empreendedorismo com seus conceitos e definições e tentaremos propor um modelo de educação empreendedora, uma proposta para a disseminação do comportamento empreendedor na gestão dos novos negócios e na construção de novos sistemas produtivos com princípios básicos de sustentabilidade.

Se o responsável pelo desenvolvimento de um negócio é o proprietário, o empreendedor precisa ampliar seu conhecimento, utilizando novos princípios e valores para que esse desenvolvimento seja favorável à sustentabilidade e à criação de emprego e renda para a comunidade em questão. Educar para o empreendedorismo não é tarefa fácil, e o intuito deste capítulo é chamar a atenção para o assunto.

Introdução

Drucker (1940) diz que a nova tecnologia para o mundo da administração é a tecnologia empreendedora, e nos traz o conceito de *empreendimento empreendedor*: aquele que consegue se diferenciar, inovar e construir novos sistemas de negócios.

A partir desse conceito, apresentaremos o empreendedorismo como uma saída eficaz para a sobrevivência das empresas no novo cenário competitivo, além de ser uma tecnologia facilitadora para a implementação de novas tecnologias.

Entendemos empreendedorismo como um processo de criar algo novo com valor, e que implica dedicar o tempo e o esforço necessários, assumir riscos financeiros, psíquicos e sociais correspondentes, e também receber as conseqüentes recompensas da satisfação e da independência econômica e pessoal.

Apresentaremos alguns conceitos de empreendedorismo, fazendo-se uma ligação com a gestão do conhecimento por meio de exemplos práticos e experiências ao longo de mais de seis anos seguindo e praticando o comportamento empreendedor.

Empreendedorismo

A definição de empreendedorismo enfatiza quatro aspectos básicos, não importando a área ou o setor de atuação. Em primeiro lugar, o processo de criação de algo novo e de valor, tanto para o empreendedor como para o público; o segundo ponto refere-se à dedicação de tempo e esforço necessários à consecução dos objetivos pretendidos; o terceiro aborda os riscos incorridos que, dependendo do campo da atuação, podem ser financeiros, psicológicos ou sociais; e o quarto e último ponto refere-se à recompensa de ser empreendedor. Essas recompensas se relacionam com a independência, seguida de satisfação pessoal. Para os que buscam lucro, a recompensa econômica também é considerada. Para alguns, o dinheiro torna-se um indicador de sucesso (Hisrich e Peters, 1996).

Segundo Dertouzos (1998), a inovação tecnológica possui quatro pilares: investimento em capital de risco; infra-estrutura de alta tecnologia; idéias criativas; e cultura empreendedora focada na paixão pelo negócio.

Para Mintzberg (1995), os empreendedores de sucesso:

- *são visionários* – têm a visão de como será o futuro para seu negócio e sua vida, e o mais importante: são hábeis em realizar seus sonhos;

- *sabem tomar decisões* – não se sentem inseguros, sabem tomar as decisões corretas na hora certa, principalmente nos momentos de adversidade, sendo esse um fator-chave para seu sucesso. E mais: além de tomar as decisões, implementam suas ações rapidamente;

- *são indivíduos que fazem a diferença* – transformam algo de difícil definição, uma idéia abstrata, em algo concreto, que funciona, transformando o que é possível em realidade, e sabem agregar valor aos serviços e produtos que colocam no mercado;

- *sabem explorar ao máximo as oportunidades* – para a maioria das pessoas, as boas idéias são daqueles que vêem primeiro, por sorte ou acaso. Para os visionários (os empreendedores), as boas idéias são geradas daquilo que todos conseguem ver, mas não conseguem transformar em oportunidade, por meio de dados e informação;

- *são determinados e dinâmicos* – implementam suas ações com total comprometimento. Atropelam as adversidades, ultrapassando os obstáculos, com uma vontade ímpar de fazer acontecer. Mantêm-se sempre dinâmicos e cultivam um certo inconformismo diante da rotina;

- *são dedicados* – dedicam-se 24 horas, sete dias da semana, a seu negócio. Comprometem o relacionamento com amigos, com a família e até mesmo com a própria saúde, encontrando energia para continuar, mesmo quando encontram obstáculos pela frente. São incansáveis e loucos pelo trabalho;

- *são otimistas e apaixonados pelo que fazem* – adoram o trabalho que realizam. É esse amor ao que fazem o principal combustível que os mantém cada vez mais animados e autodeterminados, tornando-os os melhores vendedores de seus produtos e serviços, pois sabem, como ninguém, como fazê-lo. O otimismo faz que sempre enxerguem o sucesso, em vez de imaginar o fracasso;

- *são independentes e constroem o próprio destino* – querem estar à frente das mudanças e ser donos do próprio destino. Querem ser independentes, em vez de empregados; querem criar algo novo e determinar os próprios passos, ser o próprio patrão e gerar empregos;

- *ficam ricos* – ficar rico não é seu principal objetivo, acreditam que o dinheiro é conseqüência do sucesso dos negócios;

- *são líderes e formadores de equipes* – têm o senso de liderança incomum. São respeitados e adorados por seus funcionários, pois sabem valorizá-los, estimulá-los e recompensá-los, formando um time em torno de si. Sabem que, para obter êxito e sucesso, dependem de uma equipe de profissionais competentes. Sabem ainda recrutar as melhores cabeças para assessorá-los nos campos onde não detêm o melhor conhecimento;

- *são bem relacionados* – sabem constituir uma rede de contatos que os auxiliam no ambiente externo da empresa, junto a clientes, fornecedores e entidades de classe;

- *são organizados* – sabem obter e alocar os recursos materiais, humanos, tecnológicos e financeiros, de forma racional, procurando o melhor desempenho para o negócio;

- *planejam* – os empreendedores de sucesso planejam cada passo de seu negócio, do primeiro rascunho do plano de negócio até a apresentação do plano a investidores e a definição das estratégias de marketing do negócio, sempre tendo com base a forte visão de negócio que detêm;

- *possuem conhecimento* – são sedentos pelo saber e aprendem continuamente, pois sabem que, quanto maior o domínio sobre um ramo de negócio, maior é sua chance de êxito. Esse conhecimento pode vir da experiência prática, de informações obtidas em publicações especializadas, em cursos, ou mesmo de conselhos de pessoas que montaram empreendimentos semelhantes;

- *assumem riscos calculados* – o verdadeiro empreendedor é aquele que assume riscos calculados e sabe gerenciar o risco, avaliando as reais chances de sucesso. Assumir riscos tem relação com desafios e, para o empreendedor, quanto maior o desafio, mais estimulante será a sua jornada;

- *criam valor para a sociedade* – utilizam seu capital intelectual para criar valor para a sociedade, com a geração de empregos, dinamizando a economia e inovando, sempre usando sua criatividade em busca de soluções para melhorar a vida das pessoas.

McClelland (1972, p. 139) verificou uma correlação positiva entre a necessidade de realização e a atividade empresarial, afirmando que

> [...] existe uma forte sugestão de que os homens com elevados motivos de realização encontrarão um caminho para a realização econômica, sempre que a estrutura social e as oportunidades lhes facultem variações suficientemente amplas. Essencialmente e em termos médios, as pessoas obtêm, de algum modo, aquilo que querem [...].

Por sua vez, Dolabela (1999) conceitua empreendedor como aquele que sonha e busca transformar o sonho em realidade. Apropriando-se desse conceito, pode-se dizer que o empreendedor social é aquele que se envolve com a comunidade e, com ela, sonha em melhorias e ajuda os atores da comunidade a buscar a realização desse sonho.

Moore (1986) acredita que os fatores que influenciam no processo empreendedor são: pessoais, que é a realização pessoal, assumir riscos, valores, educação e experiências; os fatores sociológicos, ou seja, a rede de contatos, equipes, influência da família, modelos de sucesso; e os fatores organizacionais: equipe, estratégia, cultura, produtos e ambientes, oportunidades, criatividade, competição, recursos, incubadoras, políticas públicas, fornecedores, investidores.

Ao apresentar alguns conceitos sobre o empreendedorismo, iniciaremos nossa proposta de educação empreendedora a partir da visão sistêmica, pois quanto maior o conhecimento dos sistemas que interagem em uma organização, melhor a capacidade de enxergar ou visualizar novos sistemas e atores de integração.

O Ecossistema

As relações entre as organizações e o meio ambiente são complexas, é difícil definir quais os limites próprios de qualquer organização e determinar a extensão de seu meio ambiente. A questão freqüentemente colocada é: onde acaba uma organização e onde começa a comunidade?

O conceito de ecossistema ajuda-nos a esclarecer, porque toda atividade que se realiza no ecossistema tem por contrapartida uma resposta: cada troca, por menor que possa parecer, representa potencialmente um mecanismo de regulação; e é o conjunto desses mecanismos que mantém a comunidade em equilíbrio dinâmico.

O *ecossistema* (do grego *oikos*, casa) é a *casa* da vida, e a ciência que o estuda é a ecologia – relação entre os seres vivos e o meio onde vivem. Como observa Joel de Rosnay (apud Carvalho, 1940), o ecossistema é muito mais do que um simples "meio onde se vive"; é, de certo modo, um organismo vivo, e conhecer o seu funcionamento ajuda a compreender as relações entre as organizações e o meio ambiente.

O estudo dos seres vivos e da sua dependência à adaptação ao meio ambiente tem sido aplicado, por analogia, ao estudo de outras disciplinas científicas, como a psicologia, a sociologia e a economia da empresa, do que se tratará ao longo deste capítulo.

A organização tem de ter em vista não só as exigências e coações impostas pelo meio, em termos de fornecimentos, financiamentos e preferências do consumidor, mas também as aspirações, os valores e as normas dos indivíduos que realizam e gerem o trabalho no seio da organização. Isso levou Likert (Carvalho, 1940) a conceituar as organizações como sistemas de interligação de grupos.

Gestão do Conhecimento

Como nos mostra Santos et al. (2001), o conhecimento deriva da informação; assim como esta, dos dados. O conhecimento é derivado ainda de experiência adquirida, valores, informação contextual, e intuição de especialistas, que fornecem o referencial para a avaliação e incorporação de novas experiências e informações.

Ele tem origem nas mentes dos que detêm o conhecimento em forma de conhecimento tácito. O conhecimento tácito é o conhecimento individual, e em uma organização, representa as habilidades, a intuição e o *know-how* que o indivíduo adquire no contato diário com as suas atividades. É personalizado, difícil de ser formalizado ou articulado (Polaniy, 1966; 1973). Mas as organizações trabalham também com mais dois tipos de conhecimento, o baseado em normas ou regras, e o conhecimento cultural.

O conhecimento baseado em regras (*rule-based knowledge*) é conhecimento explícito e pode ser encontrado em rotinas, operações e procedimentos padrão, em documentos e repositórios gerados pela empresa, e em práticas e normas. A empresa possui também seu conhecimento cultural (*cultural knowledge*), isto é, o conhecimento que faz parte da cultura organizacional e que é comunicado por meio oral ou textual. São histórias, analogias, cenários, metáforas, visão e missão institucional. Inclui ainda crenças e valores que descrevem e explicam a realidade, assim como as convenções e expectativas que são utilizadas para atribuir valor e significado a novas informações dentro da organização.

A gestão do conhecimento (em inglês, *knowledge management*, KM) é um processo sistemático, articulado e intencional, apoiado na identificação, na geração, no compartilhamento e na aplicação do conhecimento organizacional, com o objetivo de maximizar a eficiência e o retorno sobre os ativos de conhecimento da organização. Apóia-se também na tecnologia informacional, que comporta computadores, telecomunicações, e em sistemas de software, que possibilitam a organização, transmissão, o arquivamento e a utilização do que pode ser chamado de *recursos do conhecimento*.

O conhecimento deriva da informação assim como esta, dos dados, e envolve o processo da compreensão, do entendimento e do aprendizado que se processa na mente e apenas na mente dos indivíduos, incorporando-o às suas estruturas cognitivas únicas (Wilson, 2002). Cada estrutura cognitiva é determinada pela biografia do indivíduo (Schutz, 1967), que, nas organizações, se vincula à biografia institucional, às estratégias organizacionais e ao processo de tomada de decisão, que também é único e está na mente do tomador de decisão. O processo de gestão do conhecimento não é uma atividade independente, ele está intrinsecamente ligado ao processo de gestão da informação e ao preparo (trabalho e análise) da informação em apoio à tomada de decisão alimentando o ciclo da inteligência e produzindo a inteligência.

O Conhecimento Empreendedor

Entre 2005 e 2006, o Serviço Brasileiro de Apoio às Micro e Pequenas Empresas – São Paulo (Sebrae-SP) enfrentou grandes desafios, mas o maior foi levar informações e conhecimento de gestão empresarial para 4,5 milhões de empreendedores e candidatos a empreendedores. Aliás, chegar a esse número já representou um grande esforço da instituição, que identificou que no Estado há 1,3 milhão de empreendedores formais, 2,6 milhões de negócios informais, e 600 mil pessoas que declararam interesse em abrir um negócio próprio nos meses subseqüentes à pesquisa. Outro compromisso foi o de contribuir para a formalização desse imenso número de pessoas que vivem da atividade empreendedora, mas enfrentam barreiras burocráticas e tributárias para fazê-lo.

Esses dois objetivos definiram as grandes linhas de atuação da entidade. Uma de âmbito externo, estruturada por um conjunto de ações institucionais que buscaram sensibilizar os poderes públicos e os formadores de opinião para o importante papel econômico e social da pequena empresa no país. Na outra, implementou-se um conjunto de ações diretamente focadas no empreendedor, buscando descobrir suas reais necessidades, aprendendo com ele no atendimento individual e multiplicando esse aprendizado para ações coletivas.

Isso somente poderia ser realizado por meio de ações ousadas e inovadoras. Foram necessários sensibilizar e envolver parceiros, criando redes, descentralizando o atendimento e utilizando meios de comunicação de massa para levar conhecimento de gestão de pequenos negócios ao maior número possível de empreendedores. A gestão do conhecimento também incentivou a troca de conhecimentos. Nesse sentido, a implementação de um modelo inovador de gestão do conhecimento envolveu todos os funcionários e possibilitou a estruturação de um novo portal da entidade, agora com foco nas necessidades dos empreendedores e buscando permanentemente as respostas para as suas demandas.

Segundo o Sebrae, mudanças estratégicas requerem a transformação da cultura da organização. Para se criar condições propícias de operacionalização da entidade, os processos de gestão interna foram aprimorados, resultando na racionalização das despesas, na motivação dos funcionários e na organização dos fluxos de informação, normas e processos. Sistemas de comunicação de massa (Internet, televisão, rádio, jornais, apostilas e cartilhas) foram utilizados para levar conhecimento aos empreendedores. Simultaneamente, uma campanha publicitária incentivou as pequenas empresas e os futuros empreendedores a buscar informações no Sebrae-SP. Essas ações trouxeram resultados imediatos: em um ano, os acessos de empreendedores no portal subiram de 1 milhão para 2 milhões, gerando quase 2 milhões de documentos de gestão empresarial baixados (*downloads*).

O Prêmio Prefeito Empreendedor foi outra ação fundamental para o estímulo das forças políticas locais. Prefeitos e vereadores de 169 municípios que participaram do prêmio consolidaram suas posições como aliados e defensores da causa da pequena empresa. O período 2003/2004 foi finalizado com a inauguração do Centro do Empreendedor, destinado a atuar como irradiador de conhecimento, da cultura empreendedora e da base de apoio para comercialização de serviços e produtos com ênfase no artesanato, na produção cultural e no desenvolvimento do turismo.

Ações externas e massificação de informações para os empreendedores e o acesso de milhões de empreendedores às informações de gestão de empresas e institucionais foram garantidos com a utilização de meios de comunicação. Ampliou-se a presença do Sebrae-SP nos municípios mediante a criação de uma rede de parceiros locais que zelam pela excelência do serviço e pela fiscalização das ações, sem representar aumento das despesas financeiras e do quadro de funcionários. Com ações definidas, sinérgicas e integradas, foi possível melhorar os resultados para os empreendedores.

Tudo isso proporciona ao Sebrae instituição uma atuação sistêmica na coleta, análise, validação e disponibilização do conhecimento sobre pequenos negócios. E também a sensibilização de formadores de opinião, lideranças políticas e empresariais para as causas da pequena empresa e para o apoio ao empreendedorismo, sem esquecer o estreitamento das relações entre Sebrae-SP e prefeitos de 169 cidades do Estado.

A Educação Empreendedora

Empreendedorismo é a capacidade de as pessoas, por meio da inovação, oferecerem valor para as demais, em qualquer área. Atualmente, é um conceito que descola da empresa e abrange todas as atividades humanas. Empreendedor não é apenas aquele que cria a empresa, mas aquele que, estando em qualquer área (pesquisa, jornalismo, política, emprego em grandes empresas, entre outros), pode a ela agregar novos valores, valores positivos para a coletividade, por meio de inovações.

A capacidade empreendedora é algo que se pode desenvolver, assim como se desenvolve o potencial para correr uma maratona, tocar piano, aprender a ler, fazer cálculos. É um fenômeno cultural, uma visão de mundo norteada pelas relações que a pessoa estabelece, sua postura em relação à natureza e à vida. O empreendedorismo também é algo que pode ser aprendido. As pessoas que não desenvolveram este potencial provavelmente não receberam estímulos da sociedade, nos seus núcleos mais fortes – família, escola e relações íntimas. Em síntese, nascemos empreendedores, muitas vezes deixamos de sê-lo por influências da família, da escola, das relações sociais.

Não há pré-requisitos que facilitem alguém a se tornar empreendedor, mas é necessária muita informação. É possível aprender a ser empreendedor e é também possível que se ofereçam a estas pessoas melhores condições para o desenvolvimento deste potencial. Por isso, dizemos que não é possível ensinar – no sentido de transferir conhecimentos a alguém –, mas é possível que se aprenda a ser empreendedor. Aprende-se a ser empreendedor pelo convívio com outras pessoas e, evidentemente, utilizando-se instrumentos, ferramentas e conhecimentos técnicos. Mas é importante considerar que, diferentemente de outras áreas, esses últimos não são a essência da coisa. O conceito de empreendedorismo é muito livre. Não sendo uma ciência, o empreendedorismo acolhe múltiplas definições; há, no entanto, um elemento constante, uma característica essencial: o empreendedor é alguém que inova, alguém que oferece novo valor, sob a forma de produto, serviço, gestão, produção, estética, política, sustentabilidade de indivíduos e comunidades etc.

> Não se ensina ninguém a ser empreendedor transferindo conhecimentos, como um tema acadêmico convencional, como se faz com matemática, geografia; aí você tem postulados, princípios que são dominados por alguém (professor) e que podem ser transferidos a outros. No empreendedorismo, não se pode fazer isso, não se "ensina", não se transferem conhecimentos empreendedores. Não há alguém que sabe, cuja função seja transferir conhecimentos para quem não sabe. O objetivo metodológico é criar uma cultura que permita ao aluno aprender sozinho. Então, a metodologia comporta e resolve esse aparente paradoxo, estimulando a criação de um ambiente de geração do conhecimento. (Dolabela, 2004)

A quantidade de cursos de graduação e formação específica em administração de empresas vem crescendo cada vez mais e precisamos ficar atentos aos resultados alcançados no final desse processo educacional. A profissão de administrador de empresas é uma das mais procuradas por alunos que sonham em administrar grandes empresas, receber altos salários e alcançar o *status* de executivo de sucesso. Mas como estão as grandes organizações hoje em dia? Percebe-se uma revolução no mundo dos negócios: terceirizações, fusões e aquisições, internacionalização, a governança corporativa – tão importante e necessária após os escândalos do final da década de 1990: Enron, Wordcom, além das crises em impérios capitalistas como General Motors.

Gerenciar negócios está cada vez mais difícil e as organizações sempre procuraram superexecutivos, capazes de garantir a sua sobrevivência ao longo do tempo e criar a tão sonhada vantagem competitiva. Mas como explicar o sucesso de jovens empresas, surgindo do nada e ocupando espaços no mercado e derrubando grandes concorrentes? E as micro e pequenas empresas? Como lutam para sobreviver? É preciso mostrar esse lado aos alunos que procuram a profissão de administrador. Educar para o empreendedorismo se faz necessário para garantir mais do que uma única opção ao aluno: vou ser um executivo ou vou montar o meu próprio negócio?

Como promover o comportamento empreendedor nas organizações? Acreditamos que pelo menos parte da resposta está no desenvolvimento humano, no autoconhecimento, e que é possível despertar a capacidade empreendedora das pessoas por meio de um programa de aprendizagem, no qual o fazer, o vivenciar circunstâncias profissionais desafiadoras e o avaliar a capacidade do gestor possam ser trabalhados de forma integral, multi e interdisciplinar. Em outras palavras, um programa em que os administradores possam fortalecer e aprimorar suas atitudes e a maneira como lidam com a pressão, e as suas percepções para enfrentar seus medos e resolver os problemas.

É preciso liderança para aprender por descoberta, atitude para agir em busca de um objetivo, comprometimento com o resultado, e carisma para atrair pessoas para trabalhar muito buscando atingir o resultado esperado. Nos pequenos negócios é necessário aprender por descoberta e ter liderança para cuidar da evolução, adaptação e manutenção do processo de aprendizagem, das pessoas e da organização; já nas grandes organizações, essa aprendizagem deve ser realizada em um ambiente adequado e flexível, e a estrutura da organização deve permitir e facilitar a mudança.

Aprender é modificar a forma de se comportar no mundo para se tornar mais eficiente e feliz na arte de viver no mundo de negócios.

Acreditamos que a época atual é bastante propícia para a implementação desse modelo de aprendizagem e capacitação empreendedora apesar de – e justamente por – o contexto ser bastante delicado. O desemprego é enorme, o nível de capacitação dos profissionais em administração deixa muito a desejar e a quantidade de postos de trabalho nas grandes organizações tende a diminuir, além do grave problema de subutilização e subqualificação da mão-de-obra.

É preciso dar total condição ao aluno para tomar a decisão de venda de produtos e tentar revelar potenciais talentos. Como isso é possível? Relatamos a experiência que vem sendo desenvolvida com alunos do terceiro módulo de um curso de formação específica em uma universidade particular em São Paulo. Na disciplina de Jogos de Empresa, o comportamento empreendedor foi estimulado em um grupo de mais de 400 alunos, ao longo de quatro semestres em quatro turmas diferentes.

Dois pontos distinguem a abordagem da aula de jogos que relataremos: seu compromisso com a ação empreendedora e não executiva (gerencial), e o mais importante a nosso ver, o caráter empreendedor da experiência. É importante salientar que a disciplina e o jogo foram construídos sem nenhum auxílio de softwares específicos. Muitas vezes, os cursos esbarram na tentativa de implementar essa disciplina pelo fato de não existir um software, que, na maioria dos casos, é de propriedade de empresas do ramo e caro para a estrutura das faculdades – ou os de mais fácil acesso são racionais em excesso, não considerando todas as ações subjetivas da tomada de decisão estratégica em uma empresa.

Os alunos devem montar uma indústria e dividem-se em: Presidente, Vice-Presidente de Recursos Humanos, Finanças, Produção, Marketing e Comercial. Recebem cinco milhões de *dinheiros* e começam a construir a empresa, alocam sua fábrica em mercados predefinidos, preparam suas estratégias funcionais e comercializam o mesmo produto, que pode ser vendido em dois mercados: mercado da classe A, que quer inovações e paga mais caro, e o mercado da classe C, que quer volume e preço baixo.

O papel do professor foi orientar os alunos nas suas estratégias, receber as propostas comerciais e decidir a compra dos produtos. O tempo para a tomada de decisão é curto e a pressão psicológica é alta. Durante o jogo, percebeu-se o comprometimento dos alunos, e alguns grupos surpreenderam com relação à gestão desse *negócio virtual*.

A simulação tem cinco objetivos:

1. Abordar todas as áreas funcionais de negócios.
2. Enfatizar a inter-relação entre as disciplinas.
3. Aplicar o planejamento estratégico e habilidades para execução.
4. Estimular o espírito de competição e a necessidade de sobressair no mercado.
5. Consolidar a autoconfiança por meio de novos conhecimentos e experiências – aprender fazendo.

O jogo consiste em cinco etapas a cada rodada – as rodadas podem ser quantas o professor desejar. A experiência mostra que cinco rodadas com um espaço semanal entre elas é um número que já permite ao aluno se ambientar e sentir as diferentes transformações do mercado.

Em cada rodada, os grupos têm de:

- analisar oportunidades de mercado;
- escolher uma estratégia de competição;
- avaliar opções táticas;
- registrar uma série de decisões visando ao lucro e à participação de mercado;
- estudar dados financeiros, operacionais e de mercado.

As decisões são comparadas com as dos concorrentes e os resultados são mostrados rapidamente. Vencer requer que sua equipe saiba e atue mais rapidamente que a concorrência, e para tanto são enfrentados desafios no tocante a planejamento do fluxo de caixa, criação de design do produto, programação da produção, administração da cadeia de valor, análise da lucratividade, planejamento e administração estratégica, entre outros.

O cenário consiste em estabelecer as informações de um ramo X e as opções estratégicas de cada grupo. Vamos apresentar o módulo da indústria de computadores, desenvolvido no segundo semestre.

Nessa experiência, os resultados também foram excelentes, 22 empresas foram criadas com um capital de cinco milhões de *dinheiros* e os resultados foram: três empresas se tornaram grandes empresas globais com crescimento de até 500%; quatro, se tornaram grandes empresas com crescimento de 300%; cinco, se tornaram médias empresas nacionais com crescimento entre 30 e 100%; seis empresas se tornaram pequenas empresas, quase sem lucratividade – não atingiram o ponto de equilíbrio; quatro empresas foram à falência.

A seguir, estão depoimentos de alguns alunos ao responderem sobre a importância da simulação e como ela contribuiu para seu aprendizado até o momento:

> Vem sendo importante, pois tenho utilizado muito o que aprendo em aula no dia-a-dia, em minha empresa.

> Foi ótimo pois estou aprendendo na prática as variáveis que um gestor tem para a tomada de decisão. E estou utilizando muito minha visão sistêmica e de estrategista.

> As cobranças para tomada de decisão e trabalho sobre pressão estão sendo excelentes para o desenvolvimento pessoal, porque aqui nós podemos errar, e, mais importante, falar e fazer sem medo.

> As simulações me têm feito ver como é difícil lidar com pontos de vista diferentes, mas que devo aprender a fazê-lo.

> Comecei o curso com uma visão muito restrita do conteúdo, hoje possuo uma curiosidade enorme sobre tudo o que aprendi. É fascinante, porém sei que preciso aprender, me dedicar muito, treinar, interagir com os outros amigos, professores e profissionais... Falta muito, porém a cada dia aprendo mais.

> Hoje consigo ter uma visão maior do processo... o que posso fazer para melhorá-lo, qual a necessidade do meu cliente e como agregar valores ao meu produto.

> Além de ser novo para mim, está me ajudando também a conhecer mais outras áreas, abrindo minha visão dentro da minha própria empresa. Acho que a forma dinâmica nos deixa mais próximo da realidade.

> É bom saber controlar a pressão psicológica.

> Meu aprendizado agora, na prática, tem sido muito mais proveitoso e interessante, proporcionando uma noção mais ampla de organização.

> Creio que meu aprendizado tem sido satisfatório, considerando que eu não entendia quase nada do mundo dos negócios.

Os resultados apresentados demonstram que é possível estimular o comportamento empreendedor nos alunos e inovar na forma de ensino, desde que o professor saiba como lidar com a pressão, a frustração e a cobrança dos aprendizes. Mais de 90% dos alunos aprovaram a nova abordagem de ensino e conseguiram vivenciar o dia-a-dia de um dono do negócio.

Para capacitar as pessoas a conseguir despertar o seu comportamento empreendedor, a transformação é o melhor caminho – transformar os indivíduos para que eles transformem os modelos de criação de emprego e busquem o conhecimento necessário para realizar seus sonhos. Sabe-se que nem todos têm potencial empreendedor, mas, com a simulação de negócios, é possível dar ao aluno a opção de escolha. É bom que essa escolha seja feita durante o curso de administração e dentro da sala de aula, onde o erro não é punido por chefes e não gera nenhum prejuízo financeiro real.

O erro em sala de aula é corrigido pelo professor juntamente com o aluno, que aprende realmente a aplicar todos os conceitos vistos no curso de administração de empresas, e o que é mais importante: aprende a conhecer a si mesmo, identificar seus medos e barreiras ao aprendizado, além de ter a oportunidade de escolher a carreira que mais condiz com seu sonho.

Experiências como essas serão continuadas e aperfeiçoadas e espera-se poder chamar a atenção para esse que parece ser um bom caminho para a educação brasileira, a educação para o empreendedorismo, gerador de riquezas e empregos para o país. Essas ações não devem estar isoladas em salas de aula, mas complementadas com rodadas de negócio, competições intrauniversidades como o Desafio Sebrae, e outras ações que florescem no universo dos cursos de administração de empresas.

Considerações Finais

É fato que o empreendedorismo se tornou um assunto em evidência, e disseminá-lo por meio da educação parece ser um bom caminho. As ações apresentadas neste capítulo visam chamar a atenção para o tema e atrair cada vez mais pessoas interessadas – professores, pesquisadores ou empresários (dos setores público e privado).

Se conseguirmos chamar a atenção para os assuntos abordados neste capítulo, podemos esperar que a educação para o empreendedorismo poderá, sim, ajudar na construção de novos caminhos para o desenvolvimento de nosso país.

A minha experiência com relação ao empreendedorismo é grande. Desde 1999, quando participei do Programa do Sebrae para Empresários e Futuros Empreendedores (Empretec), venho aplicando o comportamento empreendedor em minhas atividades profissionais, e desde 2004 procuro disseminar o empreendedorismo em carreira acadêmica, e os resultados até agora são animadores.

Educar para o empreendedorismo é a melhor saída para ampliar o conhecimento das pessoas para a melhor gestão de organizações, visto que, quanto maior o conhecimento sistêmico do gestor, melhor e maior sua chance de sucesso como empreendedor. E a educação empreendedora e sustentável pode ser um excelente caminho para garantir um novo sistema de desenvolvimento, um sistema no qual o conhecimento é construído coletivamente.

Referências Bibliográficas

CARVALHO, J. *Balanço social*: uma abordagem sistêmica. Lisboa: Minerva, 1940.

DERTOUZOS, M. L. *O que será*: como o novo mundo da informação transformará nossas vidas. São Paulo: Companhia das Letras, 1998.

DOLABELA, F. *Teoria empreendedora de sonhos*. São Paulo: Cultura, 1999.

_____. *A ponte mágica*. São Paulo: Editora de Cultura, 2004.

_____. *Revista Gerenciais*. São Paulo, v. 4, p. 11-23, 2005.

DRUCKER, P. [1940] *Inovação e espírito empreendedor*. Prática e princípios. São Paulo: Pioneira, 1998.

HISRICH, R.; PETERS, M. P. *Empreendedorismo*. Porto Alegre: Bookman, 1996.

McCLELLAND, D. C. *A sociedade competitiva*: realização e progresso social. Rio de Janeiro: Expressão e Cultura, 1972.

MINTZBERG, H. *Criando organizações eficazes*: estrutura em cinco configurações. São Paulo: Atlas, 1995

MOORE, C. Understanding Entrepreneurship Behavior. *Forty sixty Annual Meeting of Academy of Management*. Chicago, 1986.

POLANIY, M. *The tacit dimension*. Londres: Routledge & Kegan Paul, 1966.

POLANIY, M. *Personal Knowledge*. Londres: Routledge & Kegan Paul, 1973.

QUÉAU, P. A revolução da informação: em busca do bem comum. *Ciência da Informação*, Brasília, v. 27, n. 2, p. 198-205, maio/ago. 1998.

SACHS, I. *Caminhos para o desenvolvimento sustentável*. Rio de Janeiro: Garamond, 2002.

SANTOS, A. R. dos et al. (Orgs.) *Gestão do Conhecimento*: uma experiência para o sucesso empresarial. Curitiba: Champagnat, 2001.

SCHUMPETER, J. *The theory of economic development*. Harvard: Harvard University Press, 1949.

SCHUTZ, A. *The phenomenology of the social world*. Evanston, Il.: Northwestern University Press, 1967.

SEBRAE. Balanço da gestão 2003/2004. *Jornal Conexão Sebrae*. Acesso em: 20 jun. 2006.

WILSON, T. D. Information Management. In: *International Encyclopedia of Information and Library Science*. Londres: Routledge, 1997. p. 187-196.

_____. The nonsense of "knowledge management". *Information Management*, v. 8, n. 1, 2002. Disponível em: http://InformationR.net/ir/8-1/paper144.html.

11

As Comunidades de Prática e o Problem-Based Learning como Facilitador da Modalidade de Educação a Distância

Alessandro Marco Rosini
Flávio Henrique dos Santos Foguel
José Ultemar da Silva

Resumo

Com base na proposta do Relatório Delors, da Unesco (Unesco, 2001), quanto aos quatro pilares da educação para o século XXI – *aprender a conhecer, aprender a fazer, aprender a ser* e *aprender a viver juntos* – discorremos sobre a necessidade de quebra de alguns paradigmas existentes na educação que presenciamos no início do século XXI. O capítulo busca refletir sobre a necessidade de transformarmos positivamente a educação existente, trazida por algumas discussões a respeito das *comunidades de prática* e da análise de resolução de problemas, com o apoio das novas tecnologias da informação e comunicação – educação a distância – geração de uma sociedade de indivíduos mais bem preparados e conscientes, e com as novas tecnologias contribuindo, por meio de seu uso adequado, para uma sociedade do conhecimento mais ética e humana.

Introdução

A Unesco tem procurado contribuir para os fundamentos de uma nova educação para o século XXI – uma educação que ajude na construção de uma cultura de paz, mediante o respeito à diversidade criadora, uma educação multicultural. O Relatório Delors, ao propor os quatro pilares da educação – *aprender a conhecer, aprender a fazer, aprender a ser* e *aprender a viver juntos* – como eixos norteadores da educação para o século XXI, já havia percebido a importância de uma política multicultural de educação.

Nesse relatório, a educação tem por missão transmitir conhecimentos sobre a diversidade da espécie humana e, também levar as pessoas a tomar conhecimento da semelhança e da interdependência entre todos os seres humanos. Ensinando, por exemplo, os jovens a reconhecer outros grupos étnicos ou religiosos, pode-se evitar incompreensões geradoras de ódios e de violências entre os adultos.

Os fundamentos para uma nova educação propostos pelo Relatório Delors foram ampliados por Morin (2000), chamando a atenção para a importância de se ensinar a compreensão. Morin insiste em que a compreensão mútua entre os seres humanos é de vital importância para que as relações humanas saiam do estado de incompreensão. Daí decorre a necessidade de estudar a incompreensão a partir de suas raízes, suas modalidades e seus efeitos. Esse estudo é tanto mais necessário porque enfocaria não apenas os sintomas, mas as causas do racismo, da xenofobia, do desprezo. Constituiria, ao mesmo tempo, uma das bases mais seguras da educação para a paz, à qual deveríamos estar ligados por essência e vocação.

A proposta de uma nova educação para o século XXI requer uma escola que se defina como agente de cidadania para formar mentes lúcidas e sem preconceitos. As sociedades do século XXI demandam cidadãos capazes de operar a solidariedade em todas as situações de vida. Na formação das crianças e dos jovens de hoje, está a esperança do futuro da sociedade.

Podemos então afirmar que uma educação de qualidade não é apenas aquela que assegura a aquisição de conhecimentos, mas também a que acrescenta aos conhecimentos adquiridos um sentido ético, solidário e humano. O patrimônio de conhecimentos acumulados ao longo dos séculos pelas diversas culturas deve ser posto a serviço do bem-estar das pessoas.

Assim, uma política de educação bem fundamentada deve caminhar em direção à construção de uma cultura de paz e do desenvolvimento da dignidade humana. A paz verdadeira só se efetiva e subsiste quando ancorada no respeito à justiça com as pessoas, individual e coletivamente consideradas. A guerra e a violência surgem quando se negam os princípios democráticos da dignidade e da igualdade de direitos e deveres.

Por isso, a construção de uma cultura de paz depende, em parte, de uma escola plural que seja capaz de trabalhar pedagogicamente germinando o pensar, de modo a facilitar o florescimento da criatividade, que é inerente a todas as pessoas e a todas as culturas. Nenhum processo educacional deve perseguir objetivo diferente. A escola, como agência de cidadania, deve ser uma agência para essa cultura de paz.

Substituir uma secular cultura de violência e de guerra por uma cultura de paz requer um esforço educativo prolongado para mudar posturas e concepções. Sem uma nova mentalidade não será possível conceber alternativas sustentáveis de desenvolvimento, que são indispensáveis para suprimir ou atenuar os vetores geradores da iniqüidade e da injustiça social.

Desse modo, o principal objetivo da educação é o desenvolvimento humano na perspectiva de uma cultura de paz, cabendo-lhe a missão permanente de contribuir para o aperfeiçoamento das pessoas em uma dimensão ética e solidária. Para atingir esse objetivo, tornou-se um imperativo do nosso tempo trabalharmos uma nova ética universal capaz de imprimir novos rumos ao desenvolvimento e recuperar o sentido da vida, sobretudo em relação às crianças e aos jovens que anseiam por um mundo diferente.

Os Quatro Pilares da Educação, documento contido no Relatório Delors, rejeita a visão meramente instrumental e produtivista, afirma que a educação do homem do presente e do futuro deverá ser organizada em torno de quatro aprendizagens fundamentais: o aprender a conhecer, o aprender a fazer, o aprender a viver juntos e o aprender a ser.

No primeiro, o *aprender a conhecer*, a ênfase recai no domínio dos próprios instrumentos do conhecimento, visto como meio e finalidade da vida humana. O conhecimento tornou-se hoje o principal fator construtivo, pois o compreender, o conhecer e o descobrir são fontes inesgotáveis de prazer e de auto-realização.

O segundo pilar, o *aprender a fazer*, refere-se à formação profissional, que, na era da chamada terceira revolução industrial, passa por profundas transformações. Os conhecimentos que se aprendem na escola e que devem ser utilizados pelo resto da vida têm de ser melhorados e até mesmo transformados. As tarefas manuais de produção são gradativamente substituídas por outras, mais intelectuais, que dizem respeito ao comando de máquinas ou de processos, cada vez mais inteligentes e sofisticados à proporção que o trabalho se desmaterializa.

Por isso, o desafio da formação profissional na atualidade está, segundo o documento, na ênfase à competência individual e, em proporções variadas, na formação técnica atualizada com a capacidade de iniciativa e de comunicação, na aptidão para o trabalho em equipe, com o gosto pelo risco e com a habilidade para gerir e resolver conflitos.

O terceiro pilar é o *aprender a viver juntos*. A globalização, ao acentuar a tendência em direção à homogeneização global e à fascinação com a diferença, tanto aproxima os diferentes quanto pode acelerar a separação e os conflitos interétnicos no mesmo território ou entre Estados vizinhos. A diminuição da violência e a busca da paz tornam-se cada vez mais os objetivos permanentes da escola e da sociedade. O aprender a viver juntos necessita traduzir-se em maior capacidade de compreender o diferente, de argumentar, de dialogar em um contexto coletivo.

Já o *aprender a ser* preconiza o compromisso da educação com o desenvolvimento total do indivíduo: o espírito e o corpo; a inteligência, a sensibilidade e o sentido estético; a vontade, a responsabilidade individual e a espiritualidade. O aprender a ser implica o autoconhecimento, a autonomia do sujeito e seu espírito de iniciativa e de independência; reafirma o reconhecimento do outro na diversidade de personalidades e na pluralidade de estilos, valores e idéias que fazem a riqueza do ser humano e a beleza da humanidade.

Comunidades de Prática

Um dos maiores desafios das grandes empresas está centrado em como melhor utilizar o conhecimento que seus colaboradores continuamente geram. Cultivar as *comunidades de prática* tornou-se a estratégia mais eficaz para alavancar essa diretriz do desempenho corporativo na era da informação e do conhecimento.

O conhecimento humano não faz sentido sem a existência de comunidades. Ele evolui a partir do reconhecimento e da validação de nossos pares nas comunidades as quais participamos. Parte do que sabemos vem da nossa aceitação do conhecimento validado por outras comunidades que respeitamos, mas as quais não integramos e cujos mecanismos de geração e validação de conhecimento nem mesmo entendemos.

O conceito de comunidades de prática foi originalmente discutido pelo teórico organizacional Etienne Wenger, quem em 1998 o apresentou em seu livro *Communities of practice: learning, meaning and identity*, no qual explora as várias maneiras em que as pessoas trabalham juntas. O conceito reconhece e enfatiza a habilidade e o poder dessas comunidades de utilizar sua criatividade e diversos recursos para resolver problemas e a habilidade de se desenvolver como entidades sociais, promovendo, assim, o desenvolvimento individual das pessoas que a elas pertencem. O que mantém juntos é um sentido de propósito comum e uma necessidade real de saber o que os outros sabem.

As comunidades de prática consistem em pessoas que estão ligadas informalmente, assim como por um interesse comum no aprendizado e, principalmente, na sua aplicação prática. Podem ser vistas também como sistemas de referência: o conhecimento tem um caráter social e nossa identidade é formada a partir das múltiplas comunidades que, ao mesmo tempo, validam o nosso conhecimento individual e se renovam com nossos *inputs* individuais. Nesse sentido, as comunidades de prática bem desenvolvidas desenvolvem sua própria linguagem permitindo a seus membros uma melhor comunicação e afirmação tanto da identidade da própria comunidade de prática como dos indivíduos que dela participam.

Em outras palavras, as características mais importantes das comunidades de prática são a sua habilidade e o seu poder de aprender, construir e reconstruir o conhecimento. As comunidades de prática desenvolvem-se em torno de assuntos relevantes para seus membros e, conseqüentemente, suas práticas revelam a visão de seus integrantes sobre o que realmente tem importância para eles. Obviamente, fatores externos podem influenciar essa visão, mas, mesmo assim, as práticas desenvolvidas revelam a resposta dessa comunidade às influências externas, ou seja, é a comunidade – e não uma diretriz ou uma política externa – que determina e produz a prática e o conhecimento. Nesse sentido, as comunidades de prática são fundamentalmente sistemas auto-organizados.

A vantagem competitiva, tanto em processos como em produtos e serviços, está ligada à inovação contínua, e essa depende de qualidades humanas como curiosidade, idéias e determinação. Ou seja, a inovação reside na capacidade de as pessoas aplicarem conhecimento para produzir novas soluções para velhos e novos problemas. No mundo real, as competências essenciais da gestão de conhecimento não se encontram nas abstrações de teorias, mas, sim, na efetividade que as comunidades de prática trazem.

As comunidades de prática conseguem estruturar o potencial de aprendizagem de uma organização de duas maneiras: pelo conhecimento que desenvolvem em seu núcleo e pelas interações que desenvolvem em suas fronteiras. Assim como um ativo da empresa, uma comunidade de prática pode transformar-se em um passivo se seu *expertise* for isolado e se tornar uma ilha. Desse modo, é de suma importância identificar tanto o núcleo quanto as fronteiras das comunidades de prática, pois o núcleo é o centro do *expertise*, mas a maioria dos *insights* emerge das relações fora de suas fronteiras. As comunidades de prática tornam-se verdadeiramente ativos quando o núcleo e as fronteiras interagem de maneira complementar.

O imperativo crescente de gerar novos conhecimentos, compartilhá-los e inovar rapidamente torna o conceito de comunidades de prática cada vez mais relevante. O compartilhamento de conhecimento faz muito mais sentido no contexto da estrutura social e temático de uma comunidade de prática do que no amplo contexto da organização, com suas múltiplas identidades e seus domínios do conhecimento. Pessoas com interesses comuns de aprendizado sempre encontram meios para se encontrarem e trocar experiências em suas áreas de domínios de prática com outras com as quais se identificam do ponto de vista de conhecimento.

As comunidades de prática vão além dos limites tradicionais dos grupos ou equipes de trabalho. Essas redes de trabalho podem se estender bem além dos limites de uma organização. Membros de comunidades de prática podem fazer parte de um mesmo departamento, ser de diferentes áreas de uma companhia, ou até mesmo de diferentes companhias e instituições.

As comunidades de prática oferecem não uma alternativa às estruturas formais, mas um complemento a elas. A existência das comunidades de prática, em função de seu caráter voluntário, não-hierárquico e de autogestão e, na maior parte dos casos, sem objetivos e métricas bem definidos, representa um enorme desafio para sua instalação e para a necessidade latente de controle existente no corpo gerencial das organizações. Comunidades de prática tendem a florescer em organizações onde há um elevado grau de confiança entre gestores e colaboradores, pois nelas prevalece o diálogo entre a estrutura formal e as comunidades de prática, não o controle destas.

A principal diferença entre os membros de comunidades de prática e aqueles de forças-tarefas/equipes é que a participação em comunidades de prática normalmente é voluntária. Muito importante também é o fato de o tipo de liderança exigida ser bem distinto: o principal papel do líder em uma comunidade de prática é empreender esforços para manter a comunidade com um alto nível de energia. Líderes de comunidades de prática não podem ter uma atitude controladora ou voltada essencialmente para a realização de tarefas.

É importante entender que, em comunidades de prática, a comunicação tende a ser ampla e inclui tópicos que não estão necessariamente relacionados com a tarefa ou o projeto de trabalho de modo direto. Uma liderança ativa focada na gestão do conhecimento organizacional facilitará o caminho para que indivíduos descubram as novas comunidades e com elas se envolvam, mantenham-se informados sobre as atividades, e entrem e saiam sem problemas das comunidades que escolherem.

A habilidade de organizar, capturar e disseminar o conhecimento de comunidades de prática, em especial por toda uma organização, está no centro de esforços de uma gestão do conhecimento efetiva. Cada vez mais, a habilidade de uma companhia de sobreviver e se tornar competitiva exige a ligação contínua de comunidades de prática distintas e a síntese do conhecimento coletivo e da organização.

As comunidades de prática podem ser encontradas com diferentes graus de formalização, estruturação e suporte, dependendo do valor estratégico para a empresa. Elas podem existir informalmente mesmo sem o reconhecimento da estrutura formal ou assumir responsabilidades bastante específicas no contexto dos imperativos estratégicos da organização.

Para Wenger (1998), a teoria social do aprendizado deve conter os componentes necessários a fim de caracterizar a participação social (indivíduos) como um processo de aprendizado e de conhecimento. Esses componentes, conforme ilustra a Figura 11.1, abarcam

- significado: um caminho para abordar as habilidades, individuais e coletivas, contando com a experiência de vida como um significado;

- práticas: um caminho para abordar as pesquisas históricas disponibilizadas e perspectivas que podem sustentar mutuamente os compromissos e a ação;

- comunidades: a abordagem sobre a configuração social inserida e definida como a melhor forma de participação;

- identidade: a abordagem de como aprender mudanças em cenários específicos, criando histórias pessoais, fazendo parte de nosso contexto de comunidade.

Figura 11.1 *Componentes de uma teoria social de aprendizado: uma solução social.*
Fonte: Wenger (1998). Reproduzido com permissão do licenciador por meio da PLSclear.

E é nesse sentido que o conceito de comunidades de prática pode contribuir para a melhoria do contexto educacional, mesmo mediado a distância, desde que haja uma conexão entre os processos de aprendizagem.

A Educação a Distância e o Aprendizado

Cada vez mais, a demanda por educação a distância cresce impulsionada pelos avanços da tecnologia e pela necessidade de o aluno ter seu próprio tempo e ritmo de aprendizagem.

As plataformas de ensino a distância são aplicações, isto é, softwares desenvolvidos para apoiar o ensino/aprendizagem. Normalmente, incluem ferramentas que visam ajudar o professor a organizar, construir e gerenciar uma disciplina ou um curso on-line. Em geral, incluem também ferramentas de apoio ao aluno durante a sua aprendizagem. Funcionalidades comuns nessas plataformas são, por exemplo, ferramentas de comunicação como chats e fóruns. Tais plataformas são normalmente desenvolvidas tendo em conta o tipo de utilização, sendo mais comuns na formação acadêmica, na formação profissional corporativa e na educação contínua.

Para a implantação da educação a distância, algumas mudanças são necessárias nos sistemas de educação e formação vigentes. Em primeiro lugar, é fundamental a aclimatação dos dispositivos e do espírito da educação a distância ao cotidiano da educação. A educação a distância explora certas técnicas de ensino a distância, incluindo as hipermídias, as redes de comunicação interativas e todas as tecnologias intelectuais da cibercultura, nas quais se incentiva o novo estilo de pedagogia, que favorece, ao mesmo tempo, as aprendizagens personalizadas e a aprendizagem coletiva em rede. Nesse contexto, o professor é incentivado a tornar-se um instigador da inteligência coletiva de seus grupos de alunos em vez de ser um fornecedor direto de conhecimentos. A segunda reforma diz respeito ao reconhecimento das experiências adquiridas.

A educação a distância deve tentar inverter alguns paradigmas principalmente quanto à produção de saber e à sua transmissão. Ela vem seguindo o mesmo ritmo da educação presencial, isto é, envia material escrito aos alunos (no caso de instituições de ensino), mantém contato por qualquer via de comunicação com eles e, ao final do curso, emite um diploma reconhecendo-os como capacitados ao que se propuseram a estudar. Como se vê, o problema é que a maioria dos cursos presenciais e a distância apenas informa seus alunos, esquecendo-se de formá-los como cidadãos inseridos em sociedades.

A educação a distância, como proposta alternativa do processo ensino-aprendizagem, significa pensar em um novo modelo de comunicação capaz de fundamentar e instrumentalizar a estratégia didática, o que se faz necessário porque muitos sistemas de educação a distância deturpam e distorcem a comunicação. A partir de estudos e experiências comunicacionais, surgem novos modelos de comunicação em que o emissor não apenas transmite mensagens, mas promove processos de diálogo e participação. Assim, na educação e na comunicação, há muitos aspectos convergentes para abrir caminho a propostas alternativas, tanto na educação presencial quanto na educação a distância.

Embora a interatividade seja o fenômeno elementar das relações humanas – entre as quais estão as educativas, seus pressupostos não são comumente abordados. A interatividade nas relações comuns e universais por si só já é complexa o suficiente para exigir o concurso de fundamentos sociológicos, psicológicos (da educação e social), lingüísticos e semióticos, para não falar em fundamentos históricos ou antropológicos. A interatividade depende da cultura do grupo.

Diante da diversidade e pela presença de novas tecnologias do conhecimento, é preciso atenção para valorizar as diferenças, estimular idéias, opiniões e atitudes e desenvolver a capacidade de aprender a aprender e de aprender a pensar, assim como levar o aluno a obter o controle consciente do que foi aprendido, retê-lo e saber aplicá-lo em outro contexto. Dessa maneira, a orientação e a assertividade são fundamentais para que o material instrucional realize o objetivo que deve caracterizá-lo.

Assim, o papel do educador do século XXI será importantíssimo, pois a ele, primeiro, caberá a tarefa de alterar a si mesmo, seu próprio comportamento, pois vem de uma cultura totalizadora em termos de aprendizado e ele mesmo estará fazendo a ponte do totalitarismo para o universalismo. Logo, seu papel não mais será o de apenas informar ou formar, mas também, e sobretudo, o de incentivar seus alunos a obter uma aprendizagem mais participativa e evolutiva.

Por outro lado, essa aprendizagem deverá estar pautada em uma nova forma de pensar e de fazer educação, partindo-se de uma consciência crítica coletiva para ações individuais que produzam respostas coletivas no processo de produção do saber. Evidentemente, essa produção poderá ser originada em ações ou experimentos empíricos, porém haverá de se conservar o compromisso de responsabilidade e de ética em tudo que se pretenda criar, desenvolver ou inovar.

Nas duas últimas décadas, aproximadamente, a rápida evolução das tecnologias da informação e da comunicação gerou vários produtos que maximizaram a produtividade dos programas de formação a distância, principalmente aqueles assistidos por computador. A utilização das novas tecnologias possibilitou o incremento da interatividade entre alunos, professores e sociedade de uma forma geral. Esses ambientes se fazem necessários, pois possibilitam o acesso ao conhecimento para indivíduos que, por alguma razão, não podem ou têm dificuldades em realizar estudos presenciais em instituições educacionais.

De acordo com Moraes (1997), Piaget distingue aprendizagem de conhecimento. Aprender, para ele, é saber realizar. Conhecer é compreender e distinguir as relações necessárias, é atribuir significado às coisas, levando em conta não apenas o atual e o explícito, mas também o passado, o possível e o implícito. Para Piaget, o problema da aprendizagem implica o problema do conhecimento. É um processo de construção completo no qual o que é recebido do objeto e o que é constituído pelo sujeito estão indivisivelmente unidos. Esse não é um processo em que o indivíduo se limita a receber ou a reagir automaticamente ao que é recebido. Ele diz respeito à aquisição de conhecimento novo ou de um comportamento novo, decorrente do contato com o meio físico ou social, que depende, sobretudo, do estágio de desenvolvimento individual.

O aprendizado, para o processo de gestão da educação, é importante e vital, considerando que estamos inseridos em um mundo em permanente evolução, em que a transitoriedade, o incerto, o imprevisto, as mudanças e as transformações se fazem mais presentes a cada dia. O conhecimento evolui de forma absolutamente incontrolável e a quantidade de informações disponíveis é cada vez maior, então, como preparar o indivíduo para viver na mudança e não querer ingenuamente controlá-la?

Moraes comenta ainda que aquilo que marcará a modernidade é a didática do aprender a aprender, ou do saber pensar englobando, em um só todo, a necessidade de apropriação do conhecimento disponível e o seu manejo criativo e crítico. A competência que a escola deve consolidar e sempre renovar é aquela fundada na propriedade do conhecimento como instrumento mais eficaz para a emancipação das pessoas.

O paradigma tradicional do aprendizado parte do pressuposto de que o indivíduo desenvolve melhor sua atividade como sujeito passivo espectador do mundo. O currículo é estabelecido antecipadamente, de modo linear, seqüencial, e a intencionalidade é expressa com base em objetivos e planos rigidamente estruturados, sem levar em conta a ação do sujeito e sua interação com o objeto, sua capacidade de criar, planejar e executar tarefas. Já uma nova abordagem requer uma nova visão de mundo, uma nova educação e, conseqüentemente, novos critérios para a elaboração de currículos e o conseqüente aprendizado. Não se pode mais partir da existência de certezas, verdades científicas, estabilidade, previsibilidade, controle externo e ordem como coisas possíveis.

Como a função básica de um bom modelo em educação a distância é lidar com a geração do conhecimento, sua preocupação permanente é a forma como esse conhecimento é apreendido e incorporado pelos alunos. Considerando essa preocupação, a concepção de ensino a distância que sustenta um bom modelo em educação a distância pauta-se no processo de reconstrução do conhecimento, pois ele é produto de práticas coletivas, envolvendo séries de ações transformadoras que resultam em novos conhecimentos. Dessa forma, presumimos que o conhecimento é coletivo e o saber também o é.

Ao aceitarmos que o conhecimento se transforma até resultar no produto que circula em um ambiente de aprendizagem, é coerente conceber os cursos a distância não apenas de veiculação do saber, mas também como um espaço propício à produção coletiva. Portanto, por não se apresentar como pronto, acabado, o saber não pode ser visto como uma *mercadoria* a ser consumida pelos alunos; ele exige, em sua construção, a ativa participação de todos, alunos, professores e instituição geradora. Desse prisma, o saber estará sempre sujeito às ambigüidades e contradições inerentes ao estranhamento, que na prática pedagógica se instaura quando contrapomos o conhecimento científico aos conhecimentos empíricos, extraídos da experiência cotidiana dos alunos na participação dos cursos.

É necessário, então, que haja a realização prática por parte dos alunos em relação a uma maior maturidade e motivação quanto ao aprendizado. Um modelo que vem sendo bem discutido atualmente – *problem-based learning* – talvez possa contribuir nesse segmento, como veremos a seguir.

Problem-Based Learning (Aprendizado Baseado em Problemas)

O aprendizado baseado em problemas (*problem-based learning*) destaca o uso de um contexto prático para o aprendizado, promove o desenvolvimento da habilidade de trabalhar em grupo, e também estimula o estudo individual, de acordo com o interesse e o ritmo de cada indivíduo. O aprendizado passa a ser centrado no aluno, que vai do papel de receptor passivo para o de agente e principal responsável pelo seu aprendizado. Os professores que atuam como tutores ou facilitadores nos grupos têm a oportunidade de conhecer bem os estudantes e de manter contato com eles durante todo o curso.

A metodologia do *problem-based learning* enfatiza o aprendizado autodirigido, centrado no estudante. Grupos de até alguns alunos, podem, por exemplo, se reunir com um docente (facilitador) algumas vezes por semana. O professor não ensina da maneira tradicional, ele procura facilitar a discussão dos alunos, conduzindo-os quando necessário, indicando os recursos didáticos úteis para cada situação.

Uma sessão de tutoria inicial trabalha os conhecimentos prévios dos alunos sobre um determinado assunto apresentado, os problemas são primeiro identificados e listados, e em seguida são formulados os objetivos de aprendizado, com base em tópicos considerados úteis para o esclarecimento e a resolução do problema. Na etapa seguinte, os alunos procuram trabalhar de forma independente, na busca de informações e na sua elaboração (estudo autodirigido) antes da próxima sessão tutorial, quando as informações trazidas por todos são discutidas e integradas no contexto do caso-problema.

A metodologia do *problem-based learning* é considerada ideal para os alunos que:

- têm iniciativa para estudar por conta própria;

- sentem-se à vontade formulando objetivos de aprendizado flexíveis mesmo que apresentem, por vezes, alguma ambigüidade;

- aprendem melhor com leitura e discussão;

- consideram desejável que seu aprendizado seja sempre em um contexto prático.

A aprendizagem baseada em problemas define porções de conteúdos que serão tratados de modo integrado, e modos de agir para ensinar, para aprender, para administrar, para apoiar, para organizar materiais, entre outros. Porém, há necessidade de alguns ajustes a serem realizados nos espaços internos das instituições, por exemplo, a biblioteca necessita ser suficientemente equipada e espaçosa e apresentar horários disponíveis para o auto-estudo, e os laboratórios de pesquisa devem ser liberados e utilizados. Enfim, definem-se novos papéis a ser desempenhados por todos os envolvidos. Todas essas características são bastante distintas dos moldes tradicionais de ensinar e aprender e da organização curricular que a grande maioria das instituições de ensino apresenta.

A aprendizagem baseada em problemas lança mão do conhecimento estruturado e elaborado para aprender a pensar e a raciocinar sobre e como formular soluções para os problemas de estudo, em que os conhecimentos adquiridos serão utilizados para resolver os problemas na busca de soluções por meio de casos práticos por parte dos alunos. Esse tipo de aprendizagem tem como inspiração os princípios de casos práticos, de uma metodologia científica, de um ensino integrado e integrador de conteúdos, dos ciclos de estudo e das diferentes áreas do conhecimento envolvidas, em que os alunos aprendem a aprender e se preparam para resolver problemas relativos à sua futura profissão, propiciando dessa forma uma melhor aprendizagem.

Considerações Finais

As novas tecnologias de informação e comunicação, aliadas ao avanço e ao desenvolvimento das mídias interativas, têm colocado recursos como o computador, a Internet e o vídeo a serviço da educação. A tendência atual é aliar a tecnologia à educação e, em virtude dessa nova realidade, torna-se cada vez mais necessária a implementação de uma nova cultura docente e discente nas instituições de ensino em nosso país, bem como a realização profissional nas organizações.

Destaca-se que a autonomia dos alunos é o foco no ambiente de educação a distância, na qual eles são estimulados e instigados a buscar, como sujeitos, o processo de construção do conhecimento, muito embora reiterem um suporte efetivo dos docentes e das instituições de ensino. Nesse contexto, o ambiente de aprendizagem e a proposta pedagógica necessitam promover autonomia e reflexão crítica, e as comunidades de prática e a aprendizagem baseada em problemas podem ser úteis no ambiente e cenário para uma construção de uma melhoria no processo e contexto educacional.

Referências Bibliográficas

BOWDITCH, J. L.; BUONO, A. F. *Elementos de comportamento organizacional*. Biblioteca Pioneira de Administração e Negócios. São Paulo: Pioneira, 1990.

D'AMBRÓSIO, U. *Transdisciplinaridade*. 3. ed. São Paulo: Palas Athena, 2001.

DEMO, P. *Complexidade e aprendizagem*: a dinâmica não linear do conhecimento. 2. ed. São Paulo: Atlas, 2002.

KO, S.; ROSSEN S. *Teaching Online*: a practical guide. 2. ed. Boston, Houghton Nifflin Company, 2004.

LÉVY, P. *Cibercultura*. 2. ed. Rio de Janeiro: Editora 34, 2000.

MCLUHAN, M. *Os meios de comunicação como extensões do homem*. 11. ed. São Paulo: Cultrix, 1999.

MORAES, M. C. *O paradigma educacional emergente*. Campinas: Papirus, 1997.

_____. *Sentipensar sob o olhar autopoiético*: estratégias para reencantar a educação. São Paulo: PUC, 2001.

MORIN, E. *O problema epistemológico da complexidade*. Lisboa: Europa-América, 1984.

_____. *Os sete saberes necessários à educação do futuro*. 2. ed. São Paulo: Cortez, 2000.

MORIN, E. *A religação dos saberes*: o desafio do século XXI. Rio de Janeiro: Bertrand Brasil, 2001.

TAPSCOTT, D. *Economia digital*: promessa e perigo na era da inteligência em rede. São Paulo: Makron Books, 1997.

WENGER, E. *Communities of practice*: learning, meaning, and identify. Cambridge: Cambridge University Press, 1998.

UNESCO. *Novos marcos de ação*. Brasília: Unesco, 2001.

12

Work-Based Learning – *A Nova Geração do* E-Learning?

Carmem Silvia Rodrigues Maia

Resumo

Work-based learning, ou educação pelo trabalho, não é um conceito novo. No Reino Unido, surgiu há pelo menos 20 anos, com a proposta de ampliar o acesso da classe trabalhadora ao ensino superior. No Brasil, *work-based learning* ainda é confundido com *e-learning*. A grande diferença, no entanto, é que na educação *pelo* trabalho, *work is the curriculum*, ou o próprio trabalho e o seu ambiente de trabalho são utilizados como *case* e como metodologia e programa de aprendizagem na formação do indivíduo/adulto trabalhador. A idéia de *separar* o momento de aprender e de trabalhar tem os dias contados, até porque a experiência de aprender está cada mais presente na vida de todos nós e fica progressivamente mais difícil separá-la das atividades cotidianas. A proposta deste capítulo é trazer ao leitor o conceito de *work-based learning* e sugestões de como a metodologia pode ser aplicada como alternativa ao modelo tradicional, e ultrapassado, de *e-learning*.

Introdução

Foi-se o tempo em que era possível se dar ao luxo de separar o momento de estudar do momento de trabalhar. A realidade do estudante universitário brasileiro não permite tal distinção. Para se ter alguma chance no mercado de trabalho, é preciso estudar e trabalhar ao mesmo tempo, o que, na maioria das vezes, torna-se extremamente desgastante e desestimulante para o aluno/trabalhador, além de, com freqüência, o aluno não perceber, naquilo que está estudando, um significado real e de aplicação imediata no exercício de seu trabalho.

Vivemos em uma sociedade na qual o acesso à informação é extremamente fácil e rápido, independentemente da localização geográfica das pessoas. Também, é preciso cada vez menos aparatos tecnológicos para se tornar acessível e ter acesso ao que está acontecendo no mundo. Estamos cada vez mais móveis, mais acessíveis, mais conectados. Não existe mais a necessidade de locomoção para esse ou aquele lugar se não houver uma razão e um objetivo muito relevante. Ou seja, fazer que o indivíduo que trabalha o dia inteiro saia do seu local de trabalho para ir até a universidade "assistir a aulas" tem de valer muito a pena.

Para valer a pena, é preciso terminar com a hipocrisia. A hipocrisia das grades curriculares. A hipocrisia dos currículos de graduação. A hipocrisia dos planos de ensino e ementas de curso. E isso é verdadeiro tanto para o ensino presencial como para a educação on-line, que reproduz o mesmo modelo da sala de aula tradicional, só que, em vez da exposição oral do professor, a entrega é feita via tela em formato pdf ou em um ambiente virtual de aprendizagem, com todas as animações e os recursos multimidiáticos a que o aluno tem direito para se sentir "motivado" a estudar.

Mas quem disse que a motivação para o estudo – ou melhor, para aprender – está diretamente ligada a uma tela multimidiática?

A motivação para aprender tem de vir de dentro, mas, para isso, é necessário ter consciência de que, para se manter competitivo e útil ao mercado, é preciso estar em constante processo de aprendizagem, saber que é preciso aprender a aprender, ter prazer em aprender e se sentir feliz e em vantagem por perceber que a aprendizagem não tem fim. E que se deve tirar vantagem de todos os recursos tecnológicos existentes, que possibilitam realizar ações cotidianas com muito mais agilidade, facilidade e rapidez.

Ou seja, aprender tem de ser prazeroso, não pode ser visto como um sacrifício, uma obrigação. O indivíduo deve perceber o quanto é importante ter consciência de seu processo de aprendizagem, sua forma de lidar e trabalhar com o conhecimento, com dados, com informação. É essa vantagem que pode ser fundamental e se tornar seu diferencial competitivo. *Lifelong learning*, ou aprendizagem por toda a vida, não é para quem quer se tornar acadêmico, fazer mestrado, doutorado, pós-doutorado, é quem já entendeu que se está no mundo e o mundo está mudando o tempo todo, é preciso estar atento às mudanças e entender o significado e o impacto delas no seu cotidiano, no seu trabalho, na sua vida. Aprender não pode ser chato, maçante, tedioso, tem de fazer sentido para quem aprende.

Portanto, em uma sociedade em que a informação está por toda parte e o acesso ao conhecimento se dá em tempo real, independentemente de onde se esteja, o papel e a responsabilidade da universidade devem ir além do oferecimento de currículos padronizados, formatados em grade, que pouco têm a ver com a realidade do indivíduo, e que, trabalhados isoladamente, não fazem o menor sentido, não trazendo nenhuma motivação para o alunado. O papel e a responsabilidade da universidade devem ser o de despertar a consciência dos alunos para a importância da aprendizagem e fazer um constante monitoramento e atualização das necessidades dos aprendizes para que se sintam mais motivados a aprender. A instituição de ensino superior que não se der conta disso agora e nos próximos anos está com seus dias contados.

Isso vale tanto para cursos a distância como para os cursos presenciais, já que o formato, ou melhor, o princípio, é o mesmo. É preciso, portanto, reinventar a universidade.

A Reinvenção da Universidade

Ronald Barnett, em *Realizing the University in an age of supercomplexity*, diz que a universidade não é mais, apenas, o lugar do conhecimento, é o local das possibilidades – possibilidade de se adquirir e construir conhecimentos (2000, p. 19). Segundo Barnett (2000), um dos maiores teóricos do ensino superior do Reino Unido, a universidade sempre teve um papel de destaque na sociedade, e, agora, está correndo o sério risco de "perder seu posto", já que as novas mídias possibilitam o acesso a todo tipo de informação a partir de qualquer lugar.

Para o autor, o mundo globalizado espera três coisas de suas instituições de ensino superior: a criação contínua de novas histórias, novos produtos e novos conhecimentos para adicionar aos que já existem (e que essas novas histórias se tornem produtivas de alguma maneira); uma visão crítica e, muitas vezes, contrária das idéias existentes; e o desenvolvimento e aprimoramento das capacidades humanas para que consigam lidar tanto com as incertezas como com a originalidade. Todos esses três pontos a universidade pode promover, mas, primeiro, deve assumir que precisa ainda conhecer e produzir novas idéias e conhecimentos, e que não é uma autoridade nessa matéria. Vivemos em um mundo surpreendente, e é papel da universidade nos ajudar a viver nesse mundo de incertezas (Barnett, 2000, p. 87).

Mas que universidade está se preparando para isso? E como está se preparando para essa mudança de papéis, para esse novo contexto?

O papel da universidade deveria ser o de despertador. Despertador dos sentidos. Despertador da atenção. Despertador da consciência para a importância da aprendizagem. Para que os indivíduos tomem consciência de que é pela aprendizagem que será possível conhecer, melhorar, aprimorar a informação, agregar valor e dar sentido às rotinas do dia-a-dia. Mas, para isso, a universidade tem também de despertar para essa nova função na sociedade.

Nesse contexto, o papel do ensino superior, seja presencial ou a distância, vai além de simplesmente oferecer cursos de graduação ou pós-graduação, ou até cursos seqüenciais e de extensão. É preciso ir além dos cursos e do ambiente físico da universidade para entender que o papel do ensino superior é – nesse atual contexto de mobilidade tecnológica, de aprendizagem por toda a parte e de um mercado de trabalho cada vez mais competitivo e exigente de atualização – oferecer aos indivíduos, à sociedade e ao mercado as mais diversas condições e opções de construção e desenvolvimento de sua aprendizagem, e de fazer um bom – ou um melhor – uso dessa *habilidade*

A proposta de se implantar o conceito de *work-based learning* no ensino superior brasileiro vem ao encontro dessa necessidade de se reinventar a universidade, de se procurar alternativas e possibilidades para o papel e a função da universidade. Para que ela não morra, não caia no vazio – para que faça sentido.

Assim, a proposta é trazer o conceito de educação pelo trabalho ou *work-based learning* para o contexto brasileiro, seja como uma alternativa para o *e-learning*, seja como uma alternativa para o ensino superior. Ou como forma de ampliar os horizontes do ensino superior, para ir além de cursos e modelos pré-formatados e resgatar, nos princípios da realidade, a função da instituição universitária.

Work-Based Learning ou Educação pelo Trabalho

Work-based learning não é um conceito novo. Pelo menos na Inglaterra, esse termo é utilizado nos últimos 20 anos para designar formas de aprendizagem que acontecem fora do ambiente acadêmico, sendo desenvolvidas no ambiente de trabalho.

Dessa forma, o conceito de *work-based learning* é utilizado de modo bem abrangente, dependendo do enfoque da universidade ou do contexto do programa. Basicamente, abrange do oferecimento de *cursos-sanduíche nas empresas*, os chamados cursos *in-company*, ao oferecimento de módulos de aprendizagem denominados *work-based learning*, estruturados para oferecer ao estudante uma visão generalista da maneira como é organizado um ambiente de trabalho, até uma perspectiva mais inovadora de otimizar o tempo do aluno/empregado – o que se denomina como *learning through work*, ou seja, dirigido para aqueles que já se encontram no mercado de trabalho, e não teriam tempo de freqüentar uma universidade no modelo tradicional.

Entre as instituições que oferecem o *work-based learning* e o *learning through work* na Inglaterra, podem-se destacar os seguintes projetos, que são os atuais focos dessa pesquisa: Middlesex University, que fundou o National Center for Work Based Learning University College of Chester; University of Derby; Thames Valley University; University of West England; e, mais recentemente, o tradicional

Institute of Education da University of London, que inaugurou seu centro de excelência em *work-based lerning*.

Na Inglaterra, o conceito de *work-based learning* surgiu a partir do *Dearing Report*[1] do governo britânico, que tinha como objetivo apontar e traçar estratégias para os próximos 20 anos do ensino superior no país, baseando-se nos seguintes princípios:

- por uma maior participação, no ensino superior, de estudantes jovens e maduros para a promoção da educação continuada em função das necessidades de atualização permanente dos indivíduos, de acordo com os interesses da nação, e em prol do desenvolvimento do mercado de trabalho;

- os estudantes devem ter a sua disposição uma diversidade de cursos superiores, instituições, localidades e formas de aprendizagem para escolher o que mais se adequar às suas necessidades e possibilidades;

- cursos de graduação básicos e outras possibilidades de cursos de ensino superior devem ser mantidos, e seu oferecimento, assegurado;

- a capacitação e o desenvolvimento de estratégias e metodologias de ensino-aprendizagem devem ser estimulados e incentivados;

- a aprendizagem deve estar relacionada às necessidades de empregabilidade dos indivíduos, tanto no desenvolvimento e fortalecimento de habilidades básicas de trabalho como em suas especificidades, de maneira a estar aptos para o ingresso no mercado de trabalho;

- que o ensino superior contribua para o desenvolvimento e a pesquisa de estratégias e metodologias de ensino para o incremento, em particular, de áreas nas quais o Reino Unido reconheça como tais; seja reconhecido como centro de excelência em pesquisa;

- que as condições de manutenção e suporte para financiamento dos estudantes sejam claras e equivalentes para todos;

- que o ensino superior esteja apto para recrutar, selecionar, manter, capacitar e motivar seu *staff* para dar seqüência e andamento às suas atividades;

---

[1] Ron Dearing, presidente do National Committee of Inquiry into Higher Education, autor e relator do *Dearing Report*, em 1977, que traçou as estratégias para os próximos 20 anos do ensino superior no Reino Unido.

- que o custo-benefício dessas ações seja efetivo, de modo que todos tenham acesso aos recursos obtidos.

O interesse era possibilitar e ampliar o acesso ao ensino superior por parte de uma população mais madura, já atuante no mercado de trabalho, mas que, por causa de inúmeros fatores – falta de motivação e de tempo e falta de incentivo por parte da empresa em que trabalhava –, não tinha interesse em freqüentar uma instituição de ensino nos moldes tradicionais, além de se considerar um pouco *amadurecida* para isso, acabando por ter uma qualificação profissional de alto nível e um conhecimento de suas funções no trabalho, mas não uma certificação acadêmica e uma validação de seu trabalho como crédito para a complementação de sua formação.

Os Dez Pontos da Educação pelo Trabalho

A metodologia de educação pelo trabalho pode ser oferecida, como uma alternativa ou oportunidade de aprendizagem a distância, por instituições de ensino superior que tenham sido capacitadas e tenham desenvolvido um corpo docente e pedagógico que dê suporte a essa metodologia de ensino.

E, em termos práticos, como ou o que seria um centro de educação pelo trabalho no Brasil? Como funcionaria? Que tipo de público atenderia? Qual seria o modelo de negócios? Por qual tipo de capacitação docente e administrativa e de transformação seria preciso a instituição de ensino passar para atender a essa nova necessidade? Quais tecnologias poderiam ser usadas para dar suporte a essa metodologia?

Bem, para começar, os dez pontos principais para se pensar quando se fala de educação pelo trabalho, ensino superior e educação on-line:

1. Educação pelo trabalho significa que a pessoa esteja no ambiente de trabalho, ou seja, esteja trabalhando, desenvolvendo uma função, uma atividade, em qualquer área de atuação, e em qualquer nível hierárquico, e com ou sem experiência no desenvolvimento daquele trabalho.

2. Pode, ou não, ter a participação (colaboração) da empresa onde o indivíduo trabalha. Não se trata, portanto, de cursos *in-company* ou um treinamento focado no desenvolvimento dessa ou daquela prática no trabalho (*e-learning*?).

3. É preciso haver a *recompensa formal*, ou seja, a *acreditação*, e, nesse caso, são necessárias formas de avaliação da aprendizagem no trabalho e uma instituição de ensino envolvida para dar a acreditação e validação desse aprendizado.

4. É necessário haver um contrato de aprendizagem entre quem aprende (aluno) e quem estará dando o suporte para essa aprendizagem (instituição de ensino – universidade). Nesse contrato, estariam especificados e mapeados as necessidades de aprendizagem do indivíduo e os meios que serão utilizados para que ele atinja seus objetivos.

5. A universidade deve dispor dos recursos humanos e tecnológicos para dar suporte a essa aprendizagem e cumprir com seu papel nesse acordo. Portanto, a instituição universitária que se predispõe a oferecer, como metodologia, educação pelo trabalho deve ser capacitada e acreditada para isso, e dispor de corpo docente preparado e capacitado para essa função – para a qual seus serviços e produtos devem estar desenhados e serem concebidos. Não adiantam, portanto, planos de ensino prontos, grades curriculares engessadas e cursos de graduação fechados. É preciso entender que a aprendizagem será construída conjuntamente, a partir das necessidades do sujeito que está se propondo a aprender, com os recursos tecnológicos e humanos que a universidade tem para oferecer para ele.

6. Não significa ter de sair do ambiente do trabalho para ir até a universidade, ou até a sala de treinamento ao lado, ou, ainda, até o Website do curso para aprender. A interatividade acontecerá entre os sujeitos (professores e aluno) em função do que foi acordado entre eles. A tecnologia será responsável pela comunicação entre as partes e pelo armazenamento, registro, organização e distribuição do material produzido.

7. A educação para o trabalho tem de ser, literalmente, centrada no sujeito, no aluno. Nesse caso, não se trata mais, apenas, do famoso aluno como centro do processo de aprendizagem, mas o aluno e seus interesses pessoais e profissionais como base para tal processo. A aprendizadem será construída a partir do que o aluno se interessar e precisar.

8. O professor tem um papel fundamental de orientador dessa aprendizagem, para que o aluno não perca o foco nem a motivação para atingir os objetivos. Deve ter domínio do conteúdo a ser trabalhado, possuir as referências e fundamentações para a complementação da aprendizagem e a capacidade de alimentação e monitoramento do progresso do aluno, no sentido de estar sempre dando os subsídios e as possibilidades para que o aluno atinja os objetivos propostos.

9. *Work is the curriculum*. Já que o ambiente de aprendizagem é o próprio local de trabalho, e não é preciso sair do trabalho para aprender, é possível aproveitar a própria rotina para o desenvolvimento da aprendizagem. Enquanto

se trabalha, aprende-se e vice-versa. As atividades desenvolvidas na empresa são utilizadas como exemplo, *cases* reais para a aprendizagem. Um projeto a ser desenvolvido no trabalho pode ser utilizado como metodologia para a exposição de um problema e as diversas formas de resolvê-lo.

10. Será preciso inventar uma plataforma tecnológica para esse tipo de *e-learning*? Um novo conceito de *learning management system* (LMS) ou ambiente virtual de aprendizagem. Ou pode ser a própria intranet da empresa? A partir da inserção dos dados dos funcionários/alunos, será possível acompanhar, a distância, os passos dos alunos e auxiliá-los no desenvolvimento de suas tarefas? Quais as implicações éticas e profissionais disso? Qual tecnologia ou ferramenta é necessária para dar suporte a esse tipo de educação a distância?

Uma Alternativa para a Educação On-Line?

A educação on-line repete o modelo da educação presencial. Surgiu como alternativa, como possibilidade, como oportunidade e acabou virando a falsa esperança de todo esse processo.

Surgiram os LMS, as plataformas de aprendizagem, os grandes portais de informação, os conteúdos, as discussões e a questão da interatividade, mas o que vimos, nesses 15 anos de educação on-line, foi a mera transposição de conteúdos disciplinares para as telas. Pouco se inovou em termos de metodologia de aprendizagem. Nada se inovou em termos de currículo e formatação de grade curricular – muito pelo contrário, o modelo de um curso superior a distância tem, basicamente, o mesmo currículo de um curso presencial tradicional.

O modelo de educação on-line proposto pouco acrescenta à aprendizagem do aluno. Pouco acrescenta de inovação à mudança necessária que se espera que aconteça na universidade tradicional. Pouco acrescenta para aqueles que não podem ter acesso ao ensino superior, seja por falta de tempo ou por falta de condições financeiras. A educação on-line, esperança de transformação, chega à adolescência deixando a desejar, mas com potencial de mudança, desde que:

- parta do princípio de que o aluno é o principal interesse do processo, e suas necessidades e seus objetivos enquanto aluno devem prevalecer;

- utilize as tecnologias com foco nesse princípio, e não com a finalidade ou justificativa tecnológica;

- definam-se os papéis – professores, alunos, instituição de ensino – de forma que todos saibam suas responsabilidades, seus deveres e direitos nesse processo, e que a instituição de ensino entenda que, para seu próprio bem e para se manter útil à sociedade, é preciso se reinventar e oferecer outras alternativas de aprendizagem.

Não se trata, portanto, de mais um *delivery* de conteúdos pré-formatados que atendem, basicamente, aos interesses desse ou daquele grupo, mas, sim, de um acordo de aprendizagem, em que todos devem ganhar e cada um participa com o que tem de melhor.

Rede de Educação pelo Trabalho

Lave e Wenger (1991), Billett (1992) e Stevenson (1994) acreditam que o ambiente de trabalho, qualquer que seja, é o local ideal para promover a aprendizagem e a integração dos grupos. Literalmente, sugerem: "Não existe nada melhor que o próprio ambiente de trabalho para oferecer uma riquíssima experiência de aprendizagem, cujo potencial de conexão entre teoria e prática é infindável e insubstituível" (Stevenson, 1994).

Para Stevenson, a metodologia de educação pelo trabalho é uma forma bastante consistente e concreta de o aluno entender o porquê dessa ou daquela teoria no momento em que tem de realizar determinada tarefa.

Ora, o conhecimento produzido no local de trabalho, muitas vezes, perde-se nos entremeios do próprio ambiente, ou não chega a ser analisado como procedimento, nem a ser acompanhado como um processo de aprendizagem. Na gestão do conhecimento, sistemas administram as informações conforme as necessidades e características do trabalho e dos objetivos propostos, mas uma rede de aprendizagem não chega a ser formada.

Conhecemos o conceito de rede como o sentido de relacionamento, *networking*, criando e fazendo relacionamentos. Redes de aprendizagem dizem respeito a pessoas que estão interessadas em aprender sobre uma mesma área. Mas como processar esse conhecimento?

Imagino uma rede de educação pelo trabalho formada por empresas, instituições de ensino superior, profissionais do mercado e desenvolvedores de tecnologias cujos primeiros objetivos seriam a formação acadêmica, a complementação profissional e a aprendizagem continuada acompanhada e monitorada por instituições de ensino superior capacitadas para esse fim, possibilitando, assim, o acesso ao ensino superior por parte da classe trabalhadora.

A rede seria a responsável por colocar em contato, como em um *marketplace*, uma oferta de cursos e certificações acadêmicas para profissionais que já se encontram no mercado de trabalho e não possuem tempo, motivação e até recursos pessoais suficientes para freqüentar uma universidade tradicional e obter uma certificação de ensino superior. Ela também cadastraria e certificaria empresas e instituições interessadas em adotar a metodologia da educação pelo trabalho e oferecer os cursos que se encaixam nessa metodologia.

A rede estaria capacitando, por meio de uma equipe de especialistas e capacitadores, as instituições de ensino superior (IES), interessadas em desenvolver a metodologia. E estaria certificando e cadastrando, nas IES, as empresas interessadas na metodologia, que são consideradas os centros de educação pelo trabalho. Os centros de educação pelo trabalho podem ser máquinas, servidores, empresas, órgãos públicos, escolas, universidades, casas. Podem ser qualquer lugar, desde que:

- existam pessoas interessadas em aprender e em fazer com que aquilo que estão aprendendo seja útil e relevante para suas vidas;

- exista uma instituição de ensino superior que acredite nesse modelo e disponibilize seu corpo docente para atender à demanda por esse tipo de aprendizagem;

- haja uma metodologia de ensino para se atestar e monitorar a aprendizagem a distância e fornecer as devidas certificação e *acreditação*;

- a legislação vigente torne possível esse tipo de metodologia e aprendizagem;

- as empresas participantes entendam que não se trata, apenas, de um aprimoramento da formação do trabalhador, mas, sim, de uma maneira de se melhorar a própria rotina de trabalho da empresa, o próprio processo de desenvolvimento de uma atividade de trabalho.

Como um contrato de aprendizagem deve ser um contrato ganha-ganha, é preciso enxergar benefícios para todos.

Benefícios para a empresa

- Além de ter profissionais mais qualificados e certificados, a empresa colabora, de alguma forma, para a inclusão social e para o desenvolvimento do país;

- os empregados serão assessorados em suas funções por especialistas do mercado que estão nas instituições de ensino participantes, como se a empresa estivesse contratando os melhores e maiores consultores e especialistas do mercado para prestar assessoria ao desenvolvimento do trabalho de seus funcionários;

- a empresa teria, a sua disposição e acessível a qualquer hora, o andamento dos trabalhos e projetos que estão sendo desenvolvidos, possuindo, como nunca, total controle e gestão sobre a forma e o desenvolvimento deles, bem como a avaliação do *consultor externo* (no caso, a universidade e seus tutores) para até avaliar, medir resultados e dar retorno sobre os projetos e sobre os funcionários;

- a empresa tem sob sua gestão, e em seus registros, todo o processo de criação e desenvolvimento do conhecimento para a solução de problemas, o encaminhamento de tarefas, bem como o desenvolvimento de novos produtos. Esse processo de *knowledge creation* anteriormente ficava perdido, e a empresa pode, a partir de agora, gerenciar, acompanhar e supervisionar, além de mantê-lo registrado em todas as suas etapas;

- a empresa não precisará mais contratar consultores externos para a capacitação e/ou treinamento de seus funcionários. Isso é feito em comum acordo com as universidades. Não vai mais precisar investir em treinamentos corporativos, viagens, deslocamentos e hora extra, nem em tecnologia e consultores externos ou formação de universidades corporativas;

- também, a empresa conveniada não precisará mais ter custos de treinamento ou de ajuda para graduação de seus funcionários ou qualquer outro tipo de curso ou capacitação;

- a empresa terá à sua disposição um grande número de cursos, certificações e universidades cadastradas com a metodologia disponibilizada;

- ao contrário da educação corporativa, em que o profissional pode ir embora e levar o conhecimento adquirido, nesse caso, a empresa, a instituição e o funcionário fazem um contrato de aprendizagem monitorada.

Benefícios para o indivíduo

- Formação acadêmica, graduação seqüencial de tecnólogo ou até certificações parciais, sem ter de freqüentar uma universidade no modelo tradicional, nem se locomover após o horário de trabalho, economizando tempo e energia;

- sua experiência de trabalho anterior é avaliada e conta como créditos ou como módulos ou certificação que, compostos juntos, levam a uma certificação maior;

- acesso aos conteúdos e consultores em tempo real e *off-line*;

- processo de construção de conhecimentos e aprendizagem reflexiva: o aluno/profissional não aprende somente teoria ou conteúdos, mas aprende no próprio ato de fazer e por pensar no modo como fez;

- aprende também com os outros, em grupo, a lidar com situações do próprio trabalho e a lidar em grupo;

- não está sozinho, tem tutores nas universidades conveniadas e mentores no trabalho para auxiliá-lo no desenvolvimento das atividades e supervisioná-lo, monitorá-lo, alimentá-lo, nutri-lo;

- percebe-se enquanto aprendiz, pode rever, pelo sistema, as decisões que tomou, como tomou, por que tomou e os resultados. Aprende a tomar decisões e aprende com a tomada de decisões;

- será avaliado não por provas, mas pela forma como encaminhou e desenvolveu seu aprendizado;

- tem um registro de performance que pode servir para uma promoção, ou mudança de emprego;

- faz com a empresa e com a instituição escolhida o próprio contrato de aprendizagem;

- tem à sua disposição uma série de cursos e instituições credenciadas e especialistas do mercado à sua escolha;

- encontra uma forma de obter uma certificação de ensino superior;

- aprende a desenvolver pesquisa, melhora seu desempenho de todas as formas;

- poupa tempo;

- economiza recursos, já que a empresa pode se responsabilizar por parte de sua certificação (conforme o contrato de aprendizagem, claro).

Benefícios para as instituições de ensino superior

- Inovam no oferecimento de novas metodologias de ensino superior a distância;

- quebram, finalmente, o paradigma do quem ensina e quem aprende;

- mantêm seu posto de instituição do saber;

- têm o apoio de empresas e a certificação do governo para oferecer a metodologia;

- passam a oferecer não apenas mais cursos, mas uma aprendizagem por toda a vida;

- podem oferecer diversos tipos de cursos desde extensão e pós, até disciplinas e módulos;

- é uma forma de financiamento dos estudos com a ajuda das empresas e do governo;
- não têm de ficar investindo em marketing desnecessário;
- não precisam ficar baixando preços;
- capacitação do seu corpo docente em metodologia de ensino inovadora.

Considerações Finais

Assim como *work-based learning* não é um conceito novo na Inglaterra, gestão do conhecimento não é um conceito novo no Brasil, nem no mundo.

Muito se fala sobre universidades corporativas e de sua importância para a complementação e a aplicabilidade dos conceitos aprendidos na universidade tradicional. As empresas, de alguma forma, necessitam constantemente reciclar seu quadro de funcionários e, mais do que isso, disseminar a produção do conhecimento que acontece em cada área.

Sabemos que, se a criação e a produção do conhecimento não forem compartilhadas entre os participantes, ficarão limitadas a um determinado setor que, conseqüentemente, irá deter esse conhecimento como forma de preservação do poder, ou de sobrevivência mesmo.

Há diversos sistemas de gestão do conhecimento, e as empresas, com o advento do *e-learning*, de alguma forma vêm conseguindo capacitar e atualizar seu quadro de funcionários com a agilidade necessária, mantendo, no entanto, o mesmo padrão hierárquico da sala de aula ou do *e-learning* tradicionais, no sentido de que o curso ou aula vêm prontos, e o aluno tem de seguir a seqüência, responder as perguntas, participar de discussões, debates, entre outros padrões. Isso é gestão do conhecimento?

A capacitação ou o desenvolvimento de universidades corporativas conseguem suprir uma necessidade da empresa de determinada atualização ou especialização, mas não trabalhar no sentido de fazer com que a produção do conhecimento seja compartilhada, seja integrada entre as áreas.

Partimos do princípio de que o ambiente de trabalho é um local perfeito para aprendizagem. Sabemos que aprendemos fazendo, refletindo sobre o que estamos fazendo. A teoria é de fundamental importância, desde que seja entendida e se perceba a sua razão. Senão, cai no vazio. Não tem aplicabilidade.

O ideal seria que empresas e universidades tradicionais pudessem oferecer o que cada uma tem de melhor para o desenvolvimento e aprimoramento do indivíduo, do aluno, do trabalhador. Todos sairiam ganhando.

A educação pelo trabalho pode ser uma alternativa, desde que as instituições de ensino superior tradicionais adaptem seus currículos e seus planos de ensino para essa nova metodologia, e se disponham a mudar sua didática de ensino-aprendizagem.

As empresas também precisam entender que não se trata apenas de um benefício para o funcionário, uma graduação ou pós-graduação por intermédio do próprio desenvolvimento do trabalho, mas também será uma forma de *monitoramento* e gestão do conhecimento e da produção do conhecimento no local de trabalho. Segundo Nonaka e Takeuchi (1995), "O principal objetivo de uma empresa é a manutenção e gestão da produção de seu conhecimento, e, por mais que existam diversos sistemas de gerenciamento de informação e do conhecimento, pouco se fala da base fundamental, isto é, do processo de criação do conhecimento".

Para o indivíduo adulto trabalhador, além da certificação acadêmica conferida pela universidade participante do projeto, a aprendizagem reflexiva e significativa promove um sentido muito mais amplo para o trabalho desenvolvido, como também para os conceitos teóricos apreendidos. No entanto, cada um tem de procurar a sua adaptação do conceito e da metodologia para benefício e proveito próprios.

Para finalizar, é nossa convicção que:

- a educação on-line ainda tem muito de evoluir em termos de inovação e como proposta de aprendizagem. Existem as tecnologias e os recursos disponíveis, porém, faltam ousadia, criatividade e coragem para fugir do padrão estabelecido;

- as instituições de ensino superior ainda não se deram conta de que estão correndo o sério risco de perder seu posto de *local do conhecimento* para qualquer cibercafé da esquina se não se reinventarem, se não desenvolverem novos modelos de ensino-aprendizagem;

- o papel do professor está muito mais para orientador e gerenciador dos conteúdos do que para expositor e *designer* instrucional;

- o papel do aluno está muito mais para a principal parte interessada no assunto do que para mero espectador;

- o mundo está mudando e que as novas gerações que entrarão nas universidades nos próximos anos têm a mesma idade da Internet no Brasil, ou seja, estão completando 15, 16 anos agora e não vão agüentar o modelo de ensino universitário que conhecemos até então. Se não agüentam o modelo presencial, imagine o mesmo modelo repetido a distância;

- há diversos tipos de tecnologias e plataformas, incluindo as próprias intranets, que podem se tornar excelentes LMS, onde, ao se inserir os dados ou se realizar qualquer tipo de trabalho, a tutoria desenvolvida pela própria universidade gera uma forma de monitoramento e aprendizagem a distância que pode ser utilizada como uma nova metodologia de *e-learning*;

- o número de adultos trabalhadores cresce a cada ano no Brasil, e boa parte dos adultos ainda não dispõe de uma formação acadêmica de acordo com sua capacidade de trabalho;

- não é mais possível separar o momento de aprender do momento de trabalhar;

- o ambiente de trabalho é, ou pode vir a ser, o local mais apropriado para a aprendizagem reflexiva, significativa e colaborativa;

- a produção e a gestão do conhecimento dentro de uma empresa podem ser utilizadas como parte da aprendizagem e da formação do aluno.

Referências Bibliográficas

ARGYRIS, C.; SCHON, D. A. *Organizational learning*. Reading MA: Addison Wesley, 1978.

BARNETT, R. *Realizing the university in an age of supercomplexity*. Londres: Open University Press, 2000.

BILLET, S. *Learning in the workplace*. Londres: Nelson Thornes Editors, 1992.

BLAKE, N.; SMITH, R.; STANDISH, P. *The universities we need in higher education after dearing*. Londres: Kogan Page, 1998.

BOUD, D.; KEOGH, R.; WALKER, D. *Reflection*: turning experience into learning. Londres: Kogan Page, 1989.

BOUD, D.; SOLOMAN, N. *Work-based learning*: a new higher education. Buckingham: The Society for Research into Higher Education & Open University, 2001.

BRINK, J.; MUNRO, J.; OSBORNE, M. Online learning technology in a SME work-based setting. *Educational Technology and Society*, v. 5, n. 2, 2002.

BROWN, R. B.; MCCARTNEY, S. Multiple mirrors: reflecting on reflections. In: O'REILLY D.; CUNNINGHAM L.; LESTER S. (Eds.) *Developing the capable practitioner*: professional capability through higher education. Londres: Kogan Page, 1999.

COOMEY M.; STEPHENSON J. Online learning: it is all about dialogue, involvement, support and control-according to research. Cap. 4. In: STEPHENSON J. (Ed.) *Teaching and learning online*: pedagogies for new technologies. Londres: Kogan Page, 2001.

DAVIES D. Life-long learning competency in the twenty-first century – a prospectus. In: TEARE R.; DAVIES D.; SANDELANDS E. *The virtual university*: an action paradigm and process for workplace learning. Londres: Cassell, 1998.

FORRESTER K.; PAYNE J.; WARD K. *Workplace learning* England: Avebury, 1995.

LAVE, J.; WENGER, E. *Communities of practice*. Cambridge: Cambridge University Press, 1991.

_____. *Situated learning*: legitimate peripheral participation. Cambridge: Cambridge University Press, 1991.

MCGILL, I.; BEATY, L. *Action learning*: a guide for professional management and educational development. Londres: Kogan Page, 1995.

NONAKA, I.; TAKEUCHI, H. *The knowledge-creating company*: how japanese companies create the dynamics of innovation. Oxford: Oxford University Press, 1995.

NONAKA, I.; TOYAMA, R.; KONNO, N. *SECI, BA and leadership*: a unified model of dynamic knowledge creation. *Long Range Planning*, v. 33, n. 1, p. 5-34, fev. 2000.

POLYANI, M. *Personal knowledge*. Chicago: The University of Chicago Press, 1958.

RAELIN, J. A. *Work-based learning*: the new frontier of management development. New Jersey: Prentice Hall, 2000.

STEVENSON, J. *Cognition at work*: the development of vocational expertise. South Australia, National Centre for Vocational Education Research, 1994.

13

A Importância da Tecnologia de Informação na Implantação de um Sistema de Gestão Ambiental

Luciana Pranzetti Barreira

Resumo

Os problemas ambientais de maior relevância na atualidade são facetas de uma crise que engloba diversos condicionantes. A noção por parte dos cientistas, pesquisadores, governo e sociedade civil de que as questões ambientais, sociais, culturais, políticas e econômicas estão intimamente relacionadas é extremamente recente, forçando a uma discussão mais aprofundada e interdisciplinar que contemple todos esses temas. Embora discutida em diversos âmbitos da sociedade, a questão ambiental conta, ainda, com soluções pontuais e muito incipientes, principalmente quando se considera a resolução de problemas e não sua prevenção.

A tecnologia da informação, atualmente, exerce papel fundamental como ferramenta disponível às empresas na melhoria contínua do desempenho ambiental com o objetivo de tornar mais eficientes seus processos de produção, minimizando a poluição e os impactos ambientais. Este capítulo tem como objetivo discutir a necessidade de mudança no crescimento levando-se em conta o conceito de desenvolvimento sustentável e como as empresas estão se adequando às novas exigências de mercado e de legislação por meio da implantação de sistemas de gestão ambiental.

Introdução

Em sua história, a humanidade viveu mudanças significativas no modo de vida, na cultura, no pensamento científico, na economia e, de forma impressionante, na tecnologia. O conhecimento sempre exerceu papel fundamental nessas mudanças e a informação sempre fez parte da vida das pessoas em sociedade. A forma como é gerida e transmitida é que se modificou no tempo, em decorrência da evolução tecnológica.

No mundo globalizado de hoje, a tecnologia e a informação fazem parte de uma complexa rede de conhecimentos que envolvem todas as questões mundiais. A sociedade, portanto, detentora de conhecimento e de tecnologia, deve estar atenta a essas mudanças, incorporando novos conceitos e adquirindo novos valores. De acordo com Lidstone (1995), os conhecimentos científicos relativos à totalidade de conhecimentos técnicos acumulados durante a história da humanidade dobraram nos últimos anos.

De acordo com Capra (2002), as três décadas passadas foram marcadas pela revolução da tecnologia da informação que deu origem a um novo tipo de capitalismo denominado simplesmente de globalização, que tem a inovação, a geração de conhecimento e o processamento da informação como fontes primárias de produtividade e competitividade.

Considerando a questão ambiental e todas as suas implicações, tema deste texto, os conhecimentos fizeram com que o ambiente fosse dominado e considerado durante séculos, apenas, como fornecedor de recursos ilimitados. Atualmente esse mesmo conhecimento possibilita a solução de problemas ambientais com a retomada da discussão sobre alguns modelos, principalmente o de desenvolvimento a qualquer custo.

As tecnologias da informação e comunicação são empregadas pelas mais diversas áreas da ciência e da pesquisa no presente momento. As inovações tecnológicas permeiam o dia-a-dia das pessoas, estando presentes cada vez mais na sociedade moderna, bastando apenas o devido entendimento de sua utilização correta por parte dos indivíduos.

A tecnologia da informação e comunicação (TIC) tem um papel importante para a sociedade, pois pode auxiliar o ser humano no melhor entendimento das situações reais por intermédio das análises das informações recebidas ou colhidas. Dessa forma, é possível interpretar o que pode estar acontecendo realmente no mundo em que vivemos por meio tanto de uma visão macroscópica quanto microscópica, corroborando, assim, o aprendizado das pessoas e auxiliando na implantação de um modelo que apóie a gestão do conhecimento nesse contexto socioambiental.

Exemplos como esses podem ser obtidos por meio de sistemas especialistas, em que a inteligência artificial tem contribuído enormemente para esse contexto. As evoluções no campo das tecnologias de comunicação, como o rastreamento do globo por satélites, são um exemplo concreto disso, como podemos presenciar no início do século XXI.

A Questão Ambiental

A questão ambiental nem sempre teve destaque na sociedade. O processo de desenvolvimento das sociedades humanas e as distintas formas de relacionamento entre o homem e a natureza se mostraram diferentes ao longo da história.

Desde o início do seu desenvolvimento físico, biológico e social, o homem foi capaz de compreender e controlar a natureza e a transformá-la em favor de sua sobrevivência. No período dos primeiros hominídeos, a natureza não sofria tantos impactos, pois o homem era essencialmente caçador e coletor, o que o tornava nômade, já que era obrigado a percorrer longas distâncias em busca de alimentos. Dessa forma, não dominava nem transformava a natureza em favor de sua subsistência, mas era sua parte integrante. O conhecimento dessa relação estava fortemente ligado a sua sobrevivência, tornando-a harmoniosa na interação com o meio.

Entretanto, as atitudes do homem em relação à natureza transformaram-se no decorrer da História. O desenvolvimento da sociedade tanto urbana quanto industrial, por não conhecer limites, ocorreu de forma desorganizada, sem planejamento, à custa de níveis crescentes de poluição e degradação ambiental, causando impactos negativos significativos, comprometendo a qualidade de vida e a saúde (Braga et al., 2002). Com o tempo e com a formação das sociedades atuais com características cada vez mais competitivas, o homem acumula, troca, reproduz conhecimentos, tornando o controle sobre a natureza e seus recursos cada vez mais eficaz e produtivo (Moraes, 1998).

Esse crescimento rápido e desordenado traz à tona um problema crucial: o espaço, ou o ambiente urbano, sofre uma modificação radical em seus fluxos de energia e de materiais. Esse modelo é determinado pela entrada de matéria e energia e a saída de resíduos – geralmente acompanhados de impactos ambientais, caracterizando, assim, um sistema aberto, com fluxo unidirecional, com uso de recursos e geração de impactos ilimitados. Esse modelo clássico de desenvolvimento foi otimizado pelo conhecimento técnico científico, instrumento essencial para o homem conhecer o meio ambiente e colocá-lo a seu serviço (Capra, 1982; Diegues, 1992) sob a forma de domínio desde o início da Revolução Industrial.

Dessa maneira, o modelo de produção e consumo predominante nas sociedades industrializadas ocidentais caracteriza-se, primordialmente, pela sua irracionalidade quanto ao conceito de sustentabilidade, com grande rapidez na troca de matéria e energia, uso ilimitado de recursos naturais e, conseqüentemente, altos índices de degradação ambiental.

Segundo Capra (1982), esse modelo se caracteriza por uma tendência auto-afirmativa da sociedade contemporânea que fez com que a competição passasse a ser vista como a força propulsora da economia. Nesse contexto, a abordagem agressiva tornou-se um ideal no mundo capitalista, combinando-se a exploração dos recursos naturais com o objetivo de criar padrões de consumo competitivos.

Aliado a esse conceito, supõe-se que os seres humanos direcionaram suas atividades à satisfação das suas necessidades básicas. Segundo Jacobi (1997), a complexidade dessa questão vem à tona quando nos defrontamos com a atuação de dois atores: de um lado, os consumidores, que mantêm seus hábitos de consumo e desperdício e, de outro, os produtores que os estimulam, garantindo, assim, a rápida obsolência dos materiais.

Segundo esse modelo clássico, a ação cíclica desses atores tem como mola propulsora a industrialização, que, baseada na competitividade e aliada ao crescimento econômico, reforçou um modelo de desenvolvimento que privilegia o descartável, a concentração de riqueza, o alto dinamismo econômico acompanhado de uma elevada desigualdade social, dos conflitos sociais e, principalmente, da imperícia ambiental. De acordo com Capra (2002), esse tipo de desenvolvimento é insustentável e necessita ser urgentemente replanejado.

Sendo assim, Cavalcanti (1996, p. 320) sugere que:

> são visíveis os sinais de que o processo econômico global tende a esbarrar em restrições ambientais[...] a escassez ambiental termina por se fazer sentir com intensidade ascendente, seja porque o meio ambiente limita a atividade econômica como fornecedor de recursos (matéria e energia), seja porque sua capacidade de absorção de lixo é ultrapassada em muitas direções.

Um exemplo interessante da relação desenvolvimento *versus* impacto ambiental pode ser citado no caso do consumo de energia entre os países desenvolvidos e subdesenvolvidos. Os Estados Unidos consomem 25% da energia mundial, com apenas 4,7% da população. A comparação pode ser feita com a Índia, que, com 16% da população mundial, consome apenas 1,5% da energia (Miller, 1995, apud Braga et al., 2002).

Em razão da ocorrência de muitos acidentes no século passado por causa do crescimento desordenado (Londres, Japão, Estados Unidos), o conhecimento e a informação sobre os possíveis danos ao ambiente e à saúde da sociedade como um todo tiveram suas primeiras manifestações em grandes conferências mundiais, como em Estocolmo (1972), Tbilisi (1977) e Rio-92.[1]

A partir de então, movimentos ambientais surgiram em todo o mundo e atualmente novos conceitos e valores estão sendo incorporados pela sociedade, embora ainda de forma lenta. A questão ambiental deixou de ser avaliada somente pelo lado ecológico – e absolutamente reducionista – para englobar questões éticas, sociais, tecnológicas, econômicas, políticas e culturais. Sendo assim, surge o conceito de desenvolvimento sustentável, que traz consigo uma nova visão de desenvolvimento, mas que, segundo Leal et al. (1992), "não pressupõe a ausência de crescimento econômico, mas o seu direcionamento para atender às necessidades das pessoas em termos de qualidade de vida".

Desenvolvimento Sustentável

O conceito de desenvolvimento sustentável foi proposto pela primeira vez pela Comissão Mundial do Desenvolvimento e Meio Ambiente (conhecida como Comissão Brundtland), composta por 23 membros de 22 países, em 1987. Criada em 1984 pela ONU, essa comissão estudou durante três anos consecutivos os conflitos entre os crescentes problemas ambientais e as necessidades mais fundamentais das nações em desenvolvimento. No relatório final, conhecido com o título "Nosso Futuro Comum", definiu-se desenvolvimento sustentável como aquele que "atende às necessidades da geração presente sem comprometer a habilidade das gerações futuras de atenderem suas próprias necessidades" (Braga et al., 2002).

Na subjetividade da definição do que sejam necessidades futuras, deve-se levar em conta o grau de desenvolvimento da região ou do país, e o desenvolvimento sustentável deve ser representado pelo equilíbrio entre os três domínios: o social, o econômico e o ambiental, ou seja, buscando a compatibilização das necessidades de desenvolvimento das atividades econômicas e sociais com as necessidades de preservação ambiental.

O Programa das Nações Unidas para o Meio Ambiente e o Fundo Mundial para a Natureza (WWF) destacam alguns princípios que devem nortear a aplicação do desenvolvimento sustentável por meio dos Estados: respeitar e cuidar da comunidade dos seres vivos; melhorar a qualidade da vida humana; conservar a vitalidade

---

[1] Anterior a Estocolmo, a jornalista Rachel Carson, muito consagrada na Europa, lançou em 1962 o livro *Primavera silenciosa* denunciando a ação destruidora do homem e alertando sobre a perda de qualidade de vida em todo o mundo, apontado como um dos mais significativos acontecimentos para o impulso da revolução ambiental. O livro em formato de bolso ganhou sucessivas edições e atingiu o grande público dos países desenvolvidos sendo publicado em 15 países diferentes e provocando mudanças em algumas leis nos Estados Unidos e alguns países europeus (Dias, 1994).

e a diversidade do planeta Terra – incluindo os sistemas de sustentação da vida, e a biodiversidade e assegurando o uso sustentável dos recursos renováveis; minimizar o esgotamento de recursos não-renováveis; permanecer nos limites da capacidade de suporte do planeta Terra; modificar atitudes e práticas pessoais; gerar uma estrutura nacional para a integração de desenvolvimento e conservação, e constituir uma aliança global na qual os países aceitem suas responsabilidades perante a sociedade e o meio ambiente (UICN/PNUMA/WWF, 1991 apud Diaféria, 2001).

De acordo com Cleveland e Ruth (2002, p. 135),

> uma precondição para a identificação de uma sociedade sustentável é um completo entendimento das formas mediante as quais o capital natural e o capital feito pelo homem – tecnologias, equipamento, saber, idéias – são usados em combinação para produzirem os bens e serviços que atendem às necessidades e desejos humanos.

Dessa forma, sustentabilidade pode significar a prerrogativa de manutenção, ou de reprodução, de uma dinâmica qualquer em um tempo e espaço definidos (Figueiredo, 2001), tornando-se palavra de ordem no mundo globalizado. Entretanto, a noção de sustentabilidade ainda é foco de muitas disputas por estar fortemente ligada às representações sociais e aos interesses de determinados grupos ou indivíduos (Marzall, 1999). Por representar os fatores econômicos, sociais e ambientais, a medida ou avaliação da sustentabilidade deve ser feita com a ajuda de um conjunto de indicadores em que todos esses fatores são contemplados (Buoni, 1996, apud Marzall, 1999).

De acordo com Marzall (1999), indicador pode ser entendido como uma ferramenta que constata uma dada realidade sintetizando uma série de informações, e, segundo Sheng (2002, p. 175), indicadores de sustentabilidade são o "produto do sistema de informação amplo de uma sociedade, devendo expressar os valores que a sociedade coloca em aspectos sociais, ambientais e econômicos do desenvolvimento sustentável ou da qualidade de vida nos níveis local, nacional e internacional".

Os indicadores ou modelo de indicadores podem perfeitamente servir de base para sistemas especialistas para que, por meio de determinadas interpretações feitas por estes, enriqueçam as informações colhidas, contribuindo, assim, para uma melhor tomada de decisão pelos indivíduos.

Do ponto de vista empresarial, os indicadores representam uma ferramenta poderosa que auxilia na adoção de ações e estratégias que atendam as necessidades da organização e da sociedade como um todo, adotando-se o princípio da ecoeficiência, que nada mais é do que gerenciar com mais eficiência os recursos, gerando menos impactos e resíduos, dentro dos limites da capacidade de sustentação ambiental do planeta. Entre os sistemas que integram esse princípio está a gestão ambiental e todas as suas particularidades, tendo como base as informações e as tecnologias disponíveis.

Para Leff (2000), os problemas emergentes do mundo moderno caracterizam-se por uma crescente complexidade, demandando, para seu estudo, novos instrumentos teóricos e metodológicos para analisar processos de natureza diversa que incidem em sua estruturação, em sua dinâmica de transformação. Assim, a questão ambiental demanda um pensamento holístico e sistêmico, capaz de perceber as inter-relações entre os diferentes processos que incidem em seu campo problemático e o caracterizam. Essa mesma questão aparece como sintoma da crise da razão da civilização moderna, como uma crítica da racionalidade social e do estilo de desenvolvimentos dominantes e como uma proposta para fundamentar um desenvolvimento alternativo.

Esse questionamento problematiza o conhecimento científico e tecnológico que foi produzido, aplicado e legitimado pela referida racionalidade, abrindo-se para novos métodos, capazes de integrar as contribuições de diferentes disciplinas para gerar análises abrangentes e integradas de uma realidade global e complexa. Nessa realidade se articulam processos sociais e naturais de diversas ordens de materialidade e de racionalidade, que, por sua vez, apontam para uma geração de novos conhecimentos teóricos e práticos para construir uma racionalidade produtiva alternativa. Não obstante, os paradigmas da economia fundados em uma epistemologia e em uma metodologia mecanicistas têm sido muito mais resistentes a incorporar os princípios ambientais, e até mesmo o holístico.

Sabemos que o saber ambiental rediscute a relação entre realidade e o conhecimento, buscando não só completar o conhecimento da realidade existente, mas orientar a construção de outra organização social que não seria a projeção para o futuro das tendências atuais. Nesse sentido, a *utopia ambiental* abre novas possibilidades a partir do reconhecimento de potenciais ecológicos e tecnológicos, em que se amalgamam os valores morais, os saberes culturais e o conhecimento científico da natureza na construção de uma racionalidade ambiental.

O indivíduo moderno necessita apresentar uma capacidade de visão ampliada daquilo que seja a realidade, de uma forma sistêmica, isto é, uma visão de um todo, não só global, mas planetário. Por outro lado, deve-se buscar uma nova forma de aprendizagem, pautada em uma nova forma de se pensar e de se fazer educação, partindo-se de uma consciência crítica coletiva para ações individuais que produzam respostas coletivas no processo de construção do saber. Claro que tal construção poderá ser originada em ações ou experimentos empíricos, porém haverá de se conservar o compromisso da responsabilidade e da ética em tudo que se pretenda criar, desenvolver ou inovar.

Para Lévy (1999, p. 25) esse "universal dá acesso a um gozo do mundial, à inteligência coletiva em ato da espécie. Faz-nos participar mais intensamente da humanidade viva", propiciando assim, a cada ser humano, desenvolver uma consciência crítica sobre a sua existência no planeta e sobre a própria existência do planeta e do cosmos. Capra (2002) reforça a teoria de que, para se construir comunidades sustentáveis, deve-se ir em direção da "alfabetização ecológica", ou seja, o entendimento e a observação dos princípios básicos da organização ecológica.

No conhecimento, encontram-se frente a frente a consciência e o objeto, o sujeito e o objeto, e ele se apresenta como uma relação entre esses dois elementos, que nela permanecem eternamente separados um do outro. O dualismo sujeito e objeto pertence à essência do conhecimento a qual se relaciona intimamente com o conceito de verdade. Verdadeiro conhecimento é somente o conhecimento verdadeiro, um conhecimento falso não é propriamente conhecimento, mas, sim, erro e ilusão, em que este conhecimento humano toca a esfera ontológica, fazendo que o objeto apareça perante a própria consciência como algo que trate de um ser ideal ou de um ser real, em que o ser, pelo seu lado, é objeto da ontologia, apesar de a ontologia não poder resolver o problema e a questão do conhecimento. Para tanto, segundo a concepção da consciência natural, o conhecimento consiste em forjar uma imagem do objeto e aí a verdade do conhecimento é a concordância dessa imagem com o objeto (Hessen, 1987).

Sistema de Gestão Ambiental

A gestão ambiental pode ser entendida como uma série de ações coordenadas da sociedade buscando a solução de conflitos de interesse no acesso e uso do ambiente. Para tanto, é necessário primeiro identificar a natureza e o porte dos valores em disputa causadores do conflito (valores universais e individualizáveis), seguido de identificar os objetivos (genéricos ou mais específicos) e, finalmente, institucionalizar o sistema de gestão ambiental e os instrumentos econômico-financeiros, legais e técnicos (Braga et al., 2002).

A gestão ambiental empresarial, por sua vez, pode ser definida como um conjunto de políticas, procedimentos, programas e práticas administrativos e operacionais que tem como objetivo a melhoria contínua nos processos produtivos, levando-se em conta a minimização dos impactos (geração de resíduos e efluentes, diminuição na quantidade de matéria-prima). O sistema de gestão ambiental está descrito na norma ISO 14000 (International Organization of Standardization), que certifica os sistemas de gestão comprovando o gerenciamento de qualidade dos processos produtivos e não só do produto em si, como ocorre na ISO 9000 (Pereira, 2002).

São inúmeros os fatores que exercem influência para que as empresas adotem a certificação ambiental, entre os quais: exigência da legislação ambiental, consumidores mais conscientes, pressões públicas, maior demanda por produtos ambientalmente corretos, padrões internacionais que impedem/facilitam o comércio exportador, *marketing ambiental* e recursos naturais cada vez mais escassos. É importante ressaltar que, em quase todos esses fatores, a informação é causa essencial para uma mudança de comportamento, tanto dos consumidores, que passam a escolher produtos com Rotulagem Ambiental ou Selo Verde,[2] quanto das empresas, que, com a pressão do consumidor interno/externo e da legislação ambiental, passam a adotar tecnologias menos poluentes (tecnologias limpas) com uso mais racional dos recursos. Pode-se considerar ainda, nesse caso, o ganho econômico das empresas, pois resíduo de qualquer natureza indica, de uma forma simplificada, a perda de matérias-primas e ineficiência do processo produtivo.

A implantação de um sistema de gestão ambiental não é uma tarefa simples. As várias fases que compõem essa implementação são interligadas e totalmente dependentes da tecnologia da informação. As fases são divididas em: (a) planejamento, (b) implantação e operação; e (c) medição e avaliação (Figura 13.1).

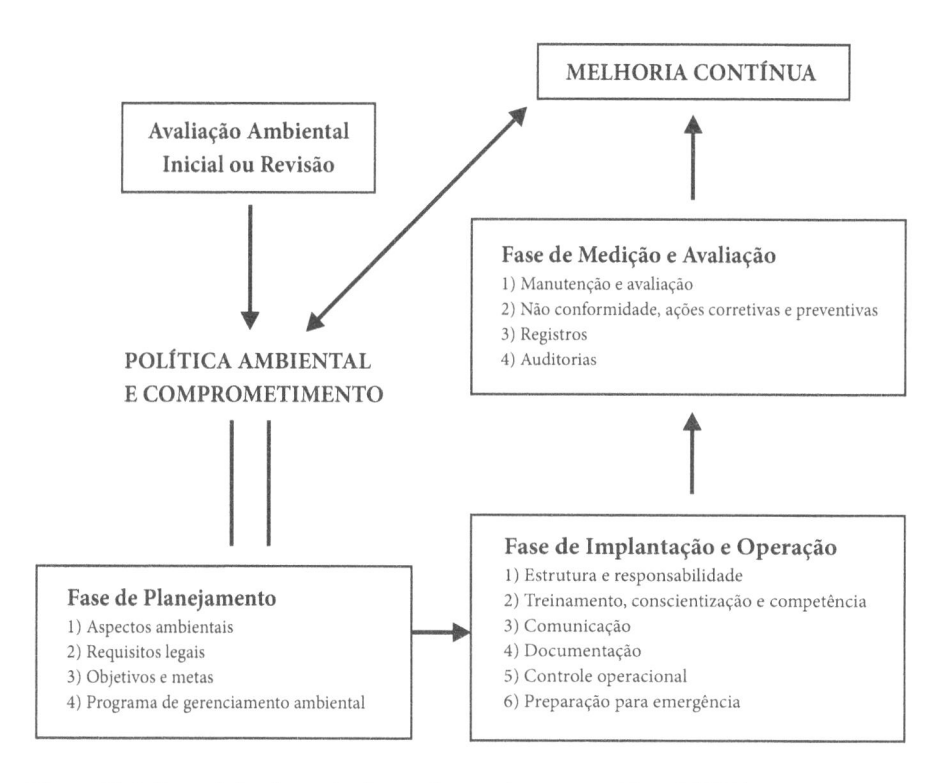

Figura 13.1 *Fases de implantação de um sistema de gestão ambiental (SGA).*
Fonte: Modificado da norma ISO 14001 (2004).

---

[2] Rotulagem Ambiental ou Selo Verde: declarações que constam nos rótulos, folhetos e anúncios que orientam o consumidor final sobre o desempenho ambiental de determinado produto (Pereira, 2002; Wells, 2006).

A avaliação ambiental inicial é o primeiro passo na implantação de um sistema de gestão ambiental. Ela consiste em identificar a real situação da empresa, levantando informações sobre todos os processos produtivos, a utilização de insumos e matérias-primas, a geração de resíduos e impactos ambientais, problemas e potenciais riscos, tendo como objetivo final fornecer subsídios para a formulação da política ambiental (ABNT, 2004).

Essa avaliação pode ocorrer com diversas técnicas, tanto por meio da aplicação de questionários, entrevistas, inspeções, análise de registros de ocorrências ambientais como pelo estudo das melhores práticas, sejam de setores da própria organização ou de terceiros, permitindo adotá-las ou aprimorá-las (*benchmarking*). A política ambiental, por sua vez, deve estabelecer uma orientação para as organizações fixando os princípios de ação e a postura empresarial relacionados ao meio ambiente, tendo como base a avaliação ambiental inicial (Ambiente Brasil, 2006).

Os objetivos da política ambiental de uma empresa podem ser resumidos em: gerenciar a empresa respeitando-se as políticas, diretrizes e os programas relacionados ao meio ambiente, trabalhando, sempre que possível, conjuntamente com a área de segurança do trabalho e saúde dos trabalhadores; produzir produtos ou serviços ambientalmente corretos; aderir a processos produtivos menos poluentes; orientar consumidores quanto à compatibilidade ambiental dos processos produtivos e dos produtos ou serviços; subsidiar campanhas institucionais da empresa com destaque para a conservação e a preservação da natureza; servir de material informativo a acionistas, fornecedores e consumidores; orientar novos investimentos privilegiando setores com oportunidades em áreas correlatas; subsidiar procedimentos para a obtenção da certificação ambiental nos moldes da série de normas ISO 14000; subsidiar a obtenção da rotulagem ambiental de produtos (Ambiente Brasil, 2006).

Após a discussão da política ambiental por todos os setores da empresa, inicia-se a fase de planejamento, na qual a organização formula um plano para cumpri-la. Nessa fase, utilizam-se, entre outras, as normas 14040 – Análise de Ciclo de Vida do produto – e 14062, que trata da Melhoria do Desempenho Ambiental dos produtos, avaliando seus aspectos e impactos ambientais. É quando o conhecimento adquirido por meio de pesquisas científicas e de mercado exerce um efeito decisivo, já que fornece informações atualizadas sobre novos processos apresentando alternativas ou estratégias que permitem diminuir ou controlar, entre outras conseqüências indesejáveis, a poluição e contaminação do meio geradas pelo processo produtivo. Nesse estágio, pode-se iniciar a modificação de processos, matérias-primas e até produtos.

Na fase de implantação e operação, a empresa desenvolve mecanismos de apoio e capacitação (transferência de novos conhecimentos) necessários para atender sua política, seus objetivos e metas ambientais. Nesse aspecto, as normas mais utilizadas são a 14020, que trata da Rotulagem Ambiental e Selo Verde; 14062, que cuida também do controle operacional; e a 14063, que trata da comunicação dos aspectos ambientais.

Finalmente, na fase de medição e avaliação é quando se verifica a implantação do sistema de gestão ambiental, no que tange ao desempenho ambiental, seu monitoramento e possíveis aperfeiçoamentos nos processos produtivos, com base em avaliações e auditorias internas (Epelbaum, 2006). São utilizadas, entre outras normas, a 14031 e a 14032, que tratam dos Indicadores Ambientais e Avaliação de Conformidade Legal.

A Importância da Tecnologia da Informação no Sistema de Gestão Ambiental

A implantação do sistema de gestão ambiental é totalmente dependente das tecnologias da informação, que gerenciam uma quantidade inesgotável de dados. Dessa forma, consegue-se agrupar as informações necessárias para iniciar a avaliação ambiental, que dá suporte e subsídios para as atividades subseqüentes.

Com as informações agrupadas e analisadas pelos indivíduos, possibilita-se a obtenção do conhecimento pelas pessoas diretamente relacionadas a esse cenário, que pode ser utilizado nas diferentes tomadas de decisões, implicando mudanças na forma de gerenciar a organização, considerando-se, nesse caso, a incorporação e/ou transformação nas práticas ambientais dentro da empresa.

Os diversos conhecimentos adquiridos exercem influência significativa nos diferentes setores da empresa, do mais alto escalão até, principalmente, os processos produtivos. Além disso, a comunicação é parte fundamental nesse processo e deve estar em consonância com a política ambiental e com os objetivos da empresa, podendo influir no sucesso ou fracasso do sistema que está sendo implantado.

Nesse momento, percebe-se a grande importância que os indivíduos têm na tomada de decisão. A visão do indivíduo perpassando um todo, isto é, sua visão sistêmica, deveria prevalecer nesse cenário não só em questões puramente tradicionalistas e mecanicistas, mas por meio de um olhar responsável e humano em um contexto transparente e ético de quem estará lidando com informações colhidas pelos sistemas de gestão ambiental. O indivíduo, portanto, com o auxílio das tecnologias da informação e comunicação nesse novo século, tem um papel cada vez mais fundamental na elaboração de cenários construtivos para a espécie humana.

Deve-se refletir, portanto, sobre a seguinte frase (Castells, 1999, p. 133):

> O surgimento da sociedade em rede não pode ser entendido sem a interação entre essas duas tendências autônomas: o desenvolvimento de novas tecnologias da informação e a tentativa da sociedade de reaparelhar-se com o uso do poder da tecnologia para servir a tecnologia do poder. Contudo, o resultado histórico dessa

estratégia parcialmente consciente é muito indeterminado, visto que a interação da tecnologia e da sociedade depende de relações fortuitas entre um número excessivo de variáveis parcialmente independentes. Sem necessidade de render-se ao relativismo histórico, pode-se dizer que a revolução da tecnologia da informação dependeu cultural, histórica e espacialmente de um conjunto de circunstâncias muito específicas cujas características determinaram sua futura evolução.

Então o sistema de gestão ambiental é dependente não só do conhecimento gerado dentro das organizações, mas também da gestão e da transmissão desse conhecimento por parte dos responsáveis dentro das empresas. É importante ressaltar que o sistema de gestão ambiental pode ser operado com recursos humanos internos ou externos, mas, de qualquer modo, a informação deve propiciar o conhecimento por parte de todos os colaboradores na busca pela melhoria dos processos produtivos, dos produtos e dos serviços oferecidos pela organização.

De acordo com Epelbaum (2004, p. 72), "as tecnologias são parte da resposta das empresas à questão ambiental. No entanto, soluções de engenharia não se sustentam se não forem amparadas por estruturas organizacionais, cultura apropriada, pessoas competentes e conscientes e sistemas de informação/comunicação."

Cada vez mais, os empresários entendem a função da tecnologia da informação (TI) e seus serviços como meios para o sucesso de uma estratégia, no caso, a transmissão do conhecimento. Há um consenso, porém, na necessidade de alinhamento dessa tecnologia com os processos das empresas e que os sistemas de informação devem dar apoio à comunicação empresarial e à troca de idéias e experiências. No caso da gestão ambiental, é importante estimular a participação de todos os colaboradores internos e utilizar o *marketing ambiental* gerado por essas ações para demonstrar o desempenho da empresa a acionistas, investidores e consumidores em geral.

É nesse contexto que o conhecimento, ou melhor, a gestão do conhecimento, se transforma em um poderoso instrumento dentro e fora das organizações (Epelbaum, 2004). Torna-se, portanto, um modelo dinâmico que reconhece a força do material intelectual, dos relacionamentos e dos processos. Todavia, é necessário desmistificar que a tecnologia é somente um conhecimento concretizado em artefatos como computadores, motores, televisores, Internet (Sancho, 1999). É importante ressaltar que o *capital humano* nesse processo, ou seja, o *capital intelectual*, atua como ativo intangível, e, com a tecnologia de informação, formam a base para uma nova sociedade, a sociedade do conhecimento.

Considerações Finais

A sociedade atual é marcada pelo aumento da demanda de bens de consumo que pressupõe cada vez mais o desenvolvimento de tecnologias de produção. Infelizmente, a maneira como isso vem ocorrendo, com base em modelos capitalistas sem restrições aos ganhos econômicos perante a destruição da natureza, tem trazido conseqüências negativas à sadia qualidade de vida do planeta e da sociedade como um todo e deve ser revista o mais rápido possível. Sendo assim, o conhecimento desses impactos e a necessidade de mudanças rápidas estão contribuindo para a incorporação de novos conceitos e atitudes quanto ao modelo de desenvolvimento vigente. A questão ambiental e todas as suas implicações estão sendo remodeladas na busca do desenvolvimento mais sustentável.

Da mesma maneira que a tecnologia teve influência direta na evolução das sociedades, principalmente desde a Revolução Industrial, atualmente ela se mostra como uma ferramenta indispensável na resolução de problemas ambientais ou mesmo na sua prevenção. Além disso, a crescente internacionalização dos mercados, as exigências por parte da legislação ambiental, a pressão exercida pelos consumidores mais conscientes e a necessidade econômica de gerar mais produtos com menos impactos estão na ordem do dia no mundo globalizado. E empresas ambientalmente responsáveis criam um diferencial competitivo e tendem a crescer e a espalhar esse novo conceito.

Assim, os sistemas de gestão ambiental representam um importante marco nessas mudanças, podendo ser definidos como um conjunto de procedimentos e práticas administrativas que objetivam a melhoria contínua nos processos produtivos levando em conta a minimização dos impactos e a maior eficiência na produção. Todavia, a implantação desses sistemas é realizada em diversas fases, sendo a tecnologia e o conhecimento partes integrantes no processo.

A gestão do conhecimento nas empresas contribui para organizar grandes quantidades de informações, tornando-as acessíveis e compreensíveis e permitindo a identificação de melhores práticas e tecnologias disponíveis para alcançar os objetivos e metas propostos na política ambiental.

Não podemos esquecer de que os indivíduos têm um papel fundamental no processo de condução de mudanças que são empregadas na sociedade, no ambiente e nas organizações empresariais, todo esse contexto inserido no grande complexo e rico planeta em que vivemos. Cabe às pessoas que efetivamente têm o poder quanto a tomadas de decisões conduzir essas mudanças de maneira construtiva e evolutiva, medida cada vez mais necessária para um desenvolvimento auto-sustentável de nossa espécie, ainda hoje ameaçada pela própria ambição do ser humano.

Espera-se, portanto, que essas novas diretrizes tragam perspectivas positivas para o futuro, com comprometimento cada vez maior da sociedade em busca de um desenvolvimento mais sustentável que gere riquezas, diminua as desigualdades e preserve a qualidade do meio ambiente em prol das gerações que virão, tendo a tecnologia e a informação como importantes aliados nessa empreitada.

Referências Bibliográficas

ABNT – Associação Brasileira de Normas Técnicas. NBR ISO 14001: 2004. Sistemas de gestão ambiental: requisitos com orientações para uso. Rio de Janeiro: ABNT, 2004.

AMBIENTE BRASIL. Disponível em: http://www.ambientebrasil.com.br. Acesso em: 20 maio 2006.

BRAGA, B. et al. *Introdução à engenharia ambiental*. São Paulo: Prentice Hall, 2002.

CAPRA F. *O ponto de mutação*: a ciência, a sociedade e a cultura emergente. São Paulo: Cultrix, 1982.

_____. *As conexões ocultas*: ciência para uma vida sustentável. São Paulo: Cultrix, 2002.

CASTELLS, M. *A sociedade em rede* – A era da informação: economia, sociedade e cultura, v. 1. 6. ed. São Paulo: Paz e Terra, 1999.

CAVALCANTI, C. Desenvolvimento e respeito à natureza: uma introdução termodinâmica à economia da sustentabilidade. In: FERREIRA, L. da C.; VIOLA, E. (Org.) *Incertezas de sustentabilidade na globalização*. Campinas: Editora da Unicamp, 1996. p. 319-331.

CLEVELAND, C. J; RUTH, M. Capital humano, capital natural e limites biofísicos no processo econômico. In: CAVALCANTI, C. (Org.) *Meio Ambiente, desenvolvimento sustentável e políticas públicas* 4. ed. São Paulo: Cortez; Recife: Joaquim Nabuco, 2002, p. 131-164.

DIAFÉRIA, A. O desenvolvimento sustentável e o controle dos poluentes orgânicos persistentes. POP's. *Revista de Direitos Difusos*, São Paulo, Esplanada: Adcoas; Ibap, v. 6, abr. 2001.

DIAS, G. F. *Atividades interdisciplinares de educação ambiental*. São Paulo: Gaia, 1994.

DIEGUES, A. C. S. Desenvolvimento sustentável ou sociedades sustentáveis: da crítica dos modelos aos novos paradigmas. *São Paulo em Persp.*, v. 6, n. 1-2, p. 22-29, 1992.

EPELBAUM, M. *A influência da gestão ambiental na competitividade e no sucesso empresarial*. São Paulo, 2004. Dissertação (Mestrado) – Programa de Pós-graduação em Engenharia de Produção. Escola Politécnica/Universidade de São Paulo.

_____. Sistemas de gestão ambiental. In: VILELA JÚNIOR, A.; DEMAJOROVIC, J. (Org.) *Modelos e ferramentas de gestão ambiental*: desafios e perspectivas para as organizações. São Paulo: Editora Senac, 2006. p. 115-147.

FIGUEIREDO, P. J. M. Sustentabilidade ambiental: aspectos conceituais e questões controversas. In: Ciclo de palestras sobre o meio ambiente – *Programa Conheça a Educação* 19 jul. 2001; Brasília (DF): Ministério da Educação; 2001. p. 1-12.

ISO 14001. *Sistema de gestão ambiental*. Disponível em: http://www.iso.org. Acesso em: 20 maio 2006.

JACOBI, P. Desperdício e degradação ambiental. In: *Consumo, lixo e meio ambiente* – desafios e alternativas. São Paulo: Secretaria do Meio Ambiente/CEDEC/Coordenadoria de Educação Ambiental, 1997. p. 12.

HESSEN, J. *Teoria do conhecimento*. 7. ed. Coimbra: Arménio Amado, 1987.

LEAL, M. C.; SABROZA, P. C.; RODRIGUEZ, R. H.; BUSS, P.M. *A ética do desenvolvimento e as relações com saúde e ambiente*. Rio de Janeiro: Fiocruz, 1992.

LEFF, E. *Epistemologia ambiental*. São Paulo: Cortez, 2000.

LÉVY, P. *Cibercultura*. São Paulo: Ed. 34, 1999.

LIDSTONE, J. *Global issues of our time*. Cambridge: Cambrigde University Press, 1995.

MARZALL, K. *Indicadores de sustentabilidade para agroecossistemas*. Porto Alegre, 1999. Dissertação (Mestrado em Fitotecnia) – Programa de Pós-graduação em Agronomia, Universidade Federal do Rio Grande do Sul,

MORAES, J. G. V. de. *Caminho das civilizações*. São Paulo: Atual, 1998.

PEREIRA, R. S. *Desenvolvimento sustentável como responsabilidade social das empresas*: um enfoque ambiental. São Paulo: Loroase, 2002.

SACHS, I. *Ecodesenvolvimento*: crescer sem destruir. São Paulo: Vértice, 1986.

SANCHO, J. *Para uma tecnologia educacional*. Porto Alegre: Artmed, 1999.

SHENG, F. Valores em mudança e construção de uma sociedade sustentável. In: CAVALCANTI, C. (Org.) *Meio Ambiente, desenvolvimento sustentável e políticas públicas*. 4. ed. São Paulo: Cortez; Recife: Joaquim Nabuco, 2002. p. 165-178.

WELLS, C. Rotulagem ambiental. In: VILELA JÚNIOR, A.; DEMAJOROVIC, J. (Org.) *Modelos e ferramentas de gestão ambiental*: desafios e perspectivas para as organizações São Paulo: Editora Senac, 2006. p. 337-361.

14

Articulações entre Educação Profissional Tecnológica e Educação a Distância:
Potencialidades para o desenvolvimento de clusters *no Brasil*

Flávio Henrique dos Santos Foguel
Alessandro Marco Rosini

Resumo

Este capítulo discute a importância da educação a distância e da educação profissional tecnológica para o desenvolvimento de *clusters*, refletindo sobre as contribuições dessas modalidades de ensino para o desenvolvimento e sucesso desses arranjos produtivos locais. Procura demonstrar a importância dos cursos superiores de tecnologia para a capacitação de capital humano que atenda as especificidades locais e de atuação dos *clusters*, bem como as potencialidades da utilização da educação a distância para multiplicação de competências entre arranjos produtivos locais. Aborda os conceitos de *cluster*, educação profissional tecnológica e educação a distância, trazendo alguns exemplos e casos estudados.

Introdução

O conceito de *cluster*, aglomeração geográfica de empresas interconectadas de segmentos específicos e/ou correlatos (também definido, por exemplo, como *pólos produtivos, arranjos produtivos locais e aglomerações*) tem chamado a atenção de governos e estudiosos, desde o final do século XX, como solução para as questões relacionadas à competitividade das nações.

Localizados em diversas regiões do Brasil e do mundo, tais arranjos possuem em comum aspectos como competitividade, longevidade, geração de empregos, capacidade de inovação e outras competências diferenciadoras.

No caso brasileiro, o incentivo à existência de *clusters*, explica-se, em parte, pela dificuldade do Estado em estabelecer uma política industrial e tecnológica consistente, em especial pelas diversidades regionais, extensão territorial e falta de recursos. Nesse cenário, os *clusters* assumem relevância, pois promovem investimentos, crescimento econômico, aumento de emprego, exportações e desenvolvimento tecnológico. O Plano Plurianual (2004-2007) (Ministério do Planejamento, 2004) demonstra a preocupação do governo federal em fomentar o modelo de *clusters* na economia brasileira: "Buscar-se-á fomentar pólos ou arranjos produtivos locais, fortalecer as grandes empresas nacionais, apoiar as pequenas e médias empresas e atrair investimento direto estrangeiro".

O governo brasileiro vem realizando esforços eficazes no campo da educação, indo ao encontro da vocação, competitividade e sustentabilidade dos arranjos produtivos locais (*clusters*), com o objetivo de desenvolver tecnologias específicas que atendam as particularidades de tais aglomerados empresariais. Estrategicamente, a educação profissional foi definida como um dos quatro eixos a serem implementados pelo Ministério da Educação e Cultura a partir de 2005.

Portanto, a despeito de ser uma estratégia abrangente, a educação profissional é obrigatoriamente determinada em função das necessidades do local onde irá ser aplicada, em especial por meio de *cursos superiores de tecnologia*, pois o currículo de tais cursos, em consonância com as Diretrizes Curriculares Nacionais para a Educação Profissional de Nível Tecnológico, deve ser estruturado em função das competências profissionais a serem adquiridas, das necessidades oriundas da realidade do trabalho, dotando o estudante com competências, habilidades e atitudes que resultem na aplicação, no desenvolvimento (pesquisa aplicada e inovação tecnológica) e na difusão de tecnologia.

Vale ressaltar também a importância da educação a distância nesse contexto, pois possibilita a disseminação e multiplicação do conhecimento em um país de dimensões continentais e de grande abrangência. Experiências bem-sucedidas em um determinado arranjo produtivo local poderão ser multiplicadas para outras regiões em arranjos do mesmo setor empresarial. Exemplificando, a experiência bem-sucedida de um curso superior de tecnologia em recursos pesqueiros poderia ser multiplicada para várias regiões do Brasil por meio da educação a distância.

A educação profissional tecnológica, com uma concepção focada nas necessidades oriundas de dado *cluster*, desenvolve tecnologias e capital humano especializado, gerando inovações e vantagens competitivas. Potencializa também as qualidades locais (geográficas, econômicas ou culturais), resultando em desenvolvimento sustentável. Já a educação a distância possibilita a rápida implantação dos cursos superiores de tecnologia por todo o país.

Educação Profissional no Brasil

As primeiras iniciativas de educação para o trabalho no Brasil datam do período colonial, quando os colégios e residências jesuítas constituíam *escolas-oficina* nos grandes centros urbanos com o objetivo de formar artesãos e outros ofícios (Manfredi, 1984).

Em 1809, o príncipe-regente, futuro D. João VI, cria o Colégio das Fábricas, logo após o fim da proibição de funcionamento de estabelecimentos manufatureiros no Brasil. Já em 1816 foi proposta a criação de uma Escola de Belas Artes, com o objetivo de articular o ensino das ciências e do desenho para ofícios mecânicos. Ainda na primeira metade do século XIX foram instaladas as Casas de Educandos e Artífices em dez capitais de províncias, para atender prioritariamente menores abandonados e "reduzir a criminalidade".

A partir de 1906, o ensino profissional passa a ser atribuição do Ministério da Agricultura, Indústria e Comércio, consolidando-se o incentivo ao ensino industrial, comercial e agrícola. O ensino comercial ganhou escolas de comércio, como a Fundação Escola de Comércio Álvares Penteado, em São Paulo.

Em 1937, a Constituição outorgada fala pela primeira vez em escolas vocacionais e pré-vocacionais como um dever do Estado para com os menos favorecidos, que deveria ser cumprido em parceria com as indústrias e *classes produtoras* (sindicatos). Juntos, deveriam fundar escolas de aprendizes, destinadas aos filhos dos operários e de seus associados.

Na década de 1940, são decretadas as Leis Orgânicas da Educação Nacional, tratando dos diversos níveis do ensino (cabendo destaque ao ensino comercial e ao ensino agrícola). Surgem também nessa década o Senai, o Senac e as escolas técnicas. No conjunto das Leis Orgânicas, ficava claro que o objetivo do ensino secundário e normal era formar as elites condutoras do país, e o objetivo do ensino profissional era oferecer formação adequada a aqueles que necessitavam ingressar precocemente no mercado de trabalho. Somente na década de 1950 permitiu-se a equivalência entre os estudos acadêmicos tradicionais e os profissionalizantes (Lei Federal nº 1.076/50). Contudo, a plena equivalência entre todos os cursos do mesmo nível, sem a necessidade de exames e provas de conhecimentos, só ocorreu efetivamente com o advento da primeira Lei de Diretrizes e Bases da Educação Nacional (Lei Federal nº 4.024/61).

Nos anos 1970, identificamos a generalização da profissionalização no ensino médio, gerando alguns efeitos nefastos, como a criação de inúmeros cursos sem investimentos apropriados e perdidos dentro de um segundo grau único, a redução inapropriada da carga horária destinada à formação de base, o desmantelamento da rede pública de ensino técnico existente. Em 1982 esses efeitos são atenuados com a não-obrigatoriedade da profissionalização do segundo grau (Lei Federal nº 7.044/82).

Com a Constituição Federal de 1988, o entendimento sobre a educação profissional é reformulado para a ótica dos direitos universais à educação e ao trabalho, que culmina com a Lei de Diretrizes e Bases da Educação (Lei Federal nº 9.394/96).

A estrutura atual da educação profissional e tecnológica no Brasil

O Decreto nº 5.154, de 2004, estabelece que a educação profissional seja desenvolvida por meio de cursos e programas de:

- formação inicial e continuada de trabalhadores;
- educação profissional técnica de ensino médio;
- educação profissional tecnológica de graduação e pós-graduação.

Estabelece, ainda, como premissas básicas a serem seguidas:

- organização por áreas profissionais, em função da estrutura sociocupacional e tecnológica;
- articulação de esforços das áreas de educação, do trabalho e emprego, e da ciência e tecnologia.

A oferta dos cursos técnicos e tecnológicos é feita pelas redes pública (federal, estaduais, do distrito federal e municipais) e privada de ensino.

A educação profissional tecnológica

Os cursos de educação profissional de nível tecnológico são designados como *cursos superiores de tecnologia* e devem:

- incentivar o desenvolvimento da *capacidade empreendedora* e da *compreensão do processo tecnológico*, em suas causas e seus efeitos;
- *incentivar a produção e a inovação científico-tecnológica, e suas respectivas aplicações no mundo do trabalho;*
- *desenvolver competências profissionais tecnológicas*, gerais e específicas, para a gestão de processos e a produção de bens e serviços;
- *propiciar a compreensão e a avaliação dos impactos* sociais, econômicos e ambientais resultantes da produção, gestão e incorporação *de novas tecnologias;*

- promover a *capacidade de continuar aprendendo e de acompanhar as mudanças nas condições de trabalho*, bem como propiciar o *prosseguimento de estudos em cursos de pós-graduação*;

- adotar a *flexibilidade, a interdisciplinaridade, a contextualização* e a atualização permanente dos cursos e seus currículos;

- garantir a *identidade do perfil profissional* de conclusão de curso e da respectiva organização curricular.

A educação profissional de nível tecnológico tem como objetivo principal garantir aos cidadãos o direito à aquisição de competências profissionais que os tornem aptos para a inserção em setores profissionais nos quais haja utilização de tecnologias. Entende-se por competência profissional a capacidade pessoal de mobilizar, articular e colocar em ação conhecimentos, habilidades, atitudes e valores necessários para o desempenho eficiente e eficaz de atividades requeridas pela natureza do trabalho e pelo desenvolvimento tecnológico.

Cluster

A abordagem sobre *cluster* não é tão recente. Porter (1999), um dos grandes estudiosos atuais do assunto, afirma que Marshall (final do século XIX) abordou as localidades industriais especializadas em seu livro *Princípios de economia*. Diz ainda que Weber, no final da década de 1920, e Lösch, na década de 1950, também abordaram o tema. A partir do anos 1970, a produção de literatura a respeito torna-se abundante.

Altenburg e Meyer-Stamer (1999) definem *cluster* como uma aglomeração significativa de empresas em uma área especialmente delimitada que possui uma clara especialização produtiva, com um eficaz comércio entre elas. O conceito de *cluster* pressupõe concentração setorial e geográfica de empresas, o que gera, como benefícios, economias externas de aglomeração e o desenvolvimento da ação conjunta entre os produtores e agentes relacionados à cadeia produtiva (Krugman, 1995; Schmitz, 1995; Nadvi, 1999).

A Federação das Indústrias do Estado de São Paulo (Fiesp) não faz uso da expressão *cluster*, e adota Ação Regional: Arranjo Produtivo Local. Como exemplo, podemos citar a cidade Mirassol, interior de São Paulo, com vocação moveleira, que é designada pela Fiesp (2005) como *Arranjo Produtivo Local de Mirassol – Móveis*.

Para Porter (1998), *clusters* são concentrações geográficas de empresas interconectadas de determinado setor de atividade e companhia correlatas, vinculadas por elementos comuns, sendo seu todo maior do que a soma das partes. Estes se expandem diretamente em direção aos canais de distribuição e aos clientes, e lateralmente em direção aos fabricantes de produtos complementares e empresas de setores afins.

O conceito de *cluster* pode englobar também universidades, institutos de pesquisa, organizações não-governamentais e entidades comerciais, que proporcionam treinamento, informação, estudos e apoio técnicos aos integrantes do aglomerado.

A RedeSist,[1] pioneira no estudo de arranjos produtivos locais no Brasil, traz o conceito de sistemas produtivos e inovativos locais (SPILs): "são conjuntos de atores econômicos, políticos e sociais, localizados em um mesmo território, desenvolvendo atividades econômicas correlatas e que apresentam vínculos expressivos de produção, interação, cooperação e aprendizagem".

Os Spils geralmente incluem empresas (fornecedores, produtores, comercializadores, prestadores de serviços e clientes) e demais organizações de apoio que desenvolvem atividades relacionadas a formação de capital humano, informação, pesquisa e desenvolvimento, fomento e financiamento. Para a RedeSist, a formação desses sistemas produtivos locais geralmente está ligada a uma história de formação de identidades e vínculos territoriais locais, a partir de uma base social, cultural, política e econômica comum. Um ambiente favorável à cooperação e à confiança entre os agentes aumenta as probabilidades de desenvolvimento dos Spils.

O enfoque conceitual e analítico adotado pela RedeSist indica como características de um sistema produtivo e inovativo local:

- *dimensão territorial*: a proximidade geográfica é fonte do dinamismo local, bem como de diversidade e vantagens competitivas em relação a outras regiões;

- *diversidade de atividades e atores econômicos, políticos e sociais*: diversos atores participam do Spil, de empresas com as mais variadas atuações até universidades, institutos de pesquisa, empresas de consultoria, órgãos públicos, agentes financeiros e organizações do terceiro setor;

- *conhecimento tácito*: processos de geração, compartilhamento e socialização do conhecimento, principalmente conhecimentos tácitos (aqueles não codificados e implícitos nos indivíduos, organizações e regiões). Essa modalidade de conhecimento tem sua disseminação facilitada pela proximidade geográfica, e também dificulta o acesso a agentes externos ao Spil;

- *inovação e aprendizados coletivos*: a aquisição e a construção coletivas de diferentes competências favorecem o desenvolvimento de inovações que gerem vantagens competitivas sustentadas individuais e coletivas aos participantes do Spil;

---

[1] A RedeSist é uma rede de pesquisa interdisciplinar sediada no Instituto de Economia da Universidade Federal do Rio de Janeiro e conta com a participação de várias universidades e institutos de pesquisa no Brasil, além de manter parcerias com organizações internacionais.

- *governança*: refere-se às diferentes formas de coordenação de atores e processos dentro do Spil, envolvendo da produção até a geração e inovação de conhecimentos;

- *grau de enraizamento*: diz respeito às relações e ao envolvimento dos diferentes atores do Spil com os recursos humanos, naturais, técnico-científicos, financeiros e empresariais, bem como com outras organizações, e com o mercado consumidor local.

Na análise ampliada de Porter (1998) e da RedeSist é que podemos situar a existência dos cursos superiores de tecnologia como ferramentas de geração e disseminação do conhecimento que atendam as necessidades específicas do *cluster*. O incentivo à compreensão do processo tecnológico em suas causas e seus efeitos, incentivo à produção e à inovação científico-tecnológica aplicando-as ao mundo do trabalho, e o desenvolvimento de competências profissionais tecnológicas (gerais e específicas) para a gestão de processos e produção de bens e serviços são características dos cursos superiores de tecnologia fortemente relacionadas à inovação e ao aprendizado coletivos, uma das características de um sistema produtivo e inovativo local.

Cluster: *objetivo*

O objetivo de um *cluster* é o ganho de eficiência coletiva, estabelecendo vantagem competitiva baseada na ação conjunta e em economias externas e locais. Para Albuquerque e Brito (2001), a eficiência coletiva está associada a um processo dinâmico que leva à redução dos custos de transação e ao aumento das possibilidades de diferenciação de produto ao longo do tempo, em decorrência da troca de informações e da melhoria dos laços cooperativos entre os agentes. Os autores afirmam ainda que os arranjos produtivos locais estimulam a circulação de informações e a difusão de inovações tecnológicas e organizacionais no âmbito local.

Concentrações geográfica e setorial são sinais evidentes da formação de um *cluster,* porém não são suficientes para gerar a eficiência coletiva. Para Amato Neto (2000), o conceito de eficiência coletiva é representado por este conjunto de fatores facilitadores:

- divisão do trabalho e da especialização entre produtores;

- estipulação da especialidade de cada produtor;

- surgimento de fornecedores de matéria-prima e de máquinas;

- surgimento de agentes que vendam para mercados distantes;

- surgimento de empresas especialistas em serviços tecnológicos, financeiros e contábeis;

- surgimento de uma classe de trabalhadores assalariados com qualificações e habilidades específicas;

- surgimento de associações para a realização de *lobby* e de tarefas específicas para o conjunto de seus membros.

Os fatores facilitadores demonstram a relevância dos cursos superiores de tecnologia, pois os formandos terão formação específica voltada para a aplicação, o desenvolvimento – pesquisa aplicada e inovação tecnológica – e a difusão de tecnologias; gestão de processos de produção de bens e serviços; e capacidade empreendedora, conforme exposto nas Diretrizes Curriculares Nacionais para a Educação Profissional de Nível Tecnológico.

A influência dos clusters *sobre a competição*

A concorrência moderna depende da produtividade, que por sua vez é influenciada pelo modo como as empresas concorrem e não pelos campos em que estas concorrem (Porter, 1998). Empresas podem ser altamente produtivas em qualquer setor se utilizarem métodos avançados aliados à tecnologia, ofertando produtos e serviços sofisticados. Entretanto, essas variáveis são bastante influenciadas pelas condições do ambiente empresarial local.

Competitividade é definida no Glossário da RedeSist (Lastres e Cassiolato, 2005) como "a capacidade da empresa formular e implementar estratégias competitivas, que lhe permitam ampliar ou conservar uma posição sustentável no mercado".

O Glossário da RedeSist (Lastres e Cassiolato, 2005) indica ainda que a competitividade sustentada e dinâmica é influenciada principalmente pela capacidade de aprendizado e de criação de competências, e está diretamente relacionada às especificidades dos recursos humanos e à capacitação que as diferentes organizações criam e acumulam, tanto para produzir como para inovar.

Para Porter (1998), os *clusters* afetam a capacidade de competição de três maneiras principais:

1. *Aumentando a produtividade de empresas sediadas na região*: a participação em um *cluster* possibilita que as empresas sejam mais produtivas na aquisição de insumos, na contratação de mão-de-obra, no acesso a tecnologias, informações e instituições, na coordenação com indústrias complementares e na melhora de fatores de medição e motivação. As empresas participantes de um *cluster* podem utilizar-se de um *pool* de profissionais experientes e especializados, reduzindo custos de recrutamento. Os *clusters* tendem a se

tornar atraentes para pessoas talentosas, em razão das oportunidades que oferecem. E a aquisição de insumos é mais eficiente, pois há uma base sólida e especializada de fornecedores.

Os custos totais das transações são reduzidos, por causa da aquisição de insumos no local. Como a comunicação com os fornecedores é melhor, eles podem proporcionar serviços auxiliares ou de apoio para os integrantes do *cluster*. Quanto à informação, os *clusters* acumulam grande quantidade de informações diversificadas, sendo o acesso preferencial para seus integrantes. A complementação entre os membros do *cluster* pode fazer com que o bom desempenho de um aumente o êxito dos demais. A quantidade e a intensidade das interconexões empresariais fazem com que o *cluster* como um todo seja maior que a simples soma de seus integrantes.

Além de todas essas questões, a concorrência local é altamente motivadora em um *cluster*, mesmo entre empresas não concorrentes ou concorrentes indiretas. Como os concorrentes locais compartilham as mesmas variáveis e executam atividades semelhantes, a medição e a comparação de desempenho ficam mais fáceis.

2. *Indicando a direção e o ritmo da inovação que sustentam o futuro crescimento da produtividade*: o papel dos *clusters* na capacidade de inovação contínua das empresas é vital. Consumidores exigentes que fazem parte do *cluster* propiciam às empresas participantes uma vitrine mais adequada para o mercado do que os seus concorrentes isolados. O relacionamento permanente e a proximidade entre os membros do *cluster* possibilitam que eles saibam com antecedência informações estratégicas, como a evolução tecnológica do setor, por exemplo. Como vários fornecedores fazem parte do *cluster*, as empresas podem adquirir com rapidez tudo o que precisam para a implementação das inovações.

3. *Estimulando a formação de novas empresas, o que expande e reforça o próprio cluster*: novos fornecedores surgem em um *cluster* porque a base concentrada de clientes diminui seus riscos e facilita a descoberta de oportunidades de mercado. Participantes de um *cluster* tendem a perceber mais rapidamente as lacunas em produtos e serviços, o que é um excelente motivo para iniciar um novo negócio. As barreiras de entrada no mercado também tendem a ser menores do que em outras regiões e o custo de capital acaba sendo menor, pois as instituições financeiras e os investidores locais já estão mais familiarizados com o *cluster*.

O modelo diamante de competitividade

Para Porter (1999), o *cluster* é uma derivação do Modelo Diamante, sendo mais bem visto como uma manifestação da interação entre suas quatro determinantes. Os componentes do Modelo são:

- *condições de fatores*: dizem respeito aos fatores de produção, como recursos humanos qualificados, recursos físicos, recursos de conhecimento, recursos de capital e infra-estrutura necessários para competir em determinado setor;

- *condições de demanda*: dizem respeito à natureza da demanda do mercado local para os bens e serviços do setor. A demanda interna determina o rumo da inovação pelas empresas do país;

- *setores correlatos ou de apoio*: são aqueles nas quais as empresas, ao competirem, podem coordenar ou compartilhar atividades na cadeia de valor, ou ainda aqueles que envolvem produtos complementares;

- *estratégia, estrutura e rivalidade das empresas*: apontam as circunstâncias nacionais e o contexto em que as organizações são criadas, organizadas e dirigidas, bem como a natureza da rivalidade interna.

A Figura 14.1 apresenta os determinantes da vantagem competitiva nacional, os quais representam o Modelo Diamante de Porter.

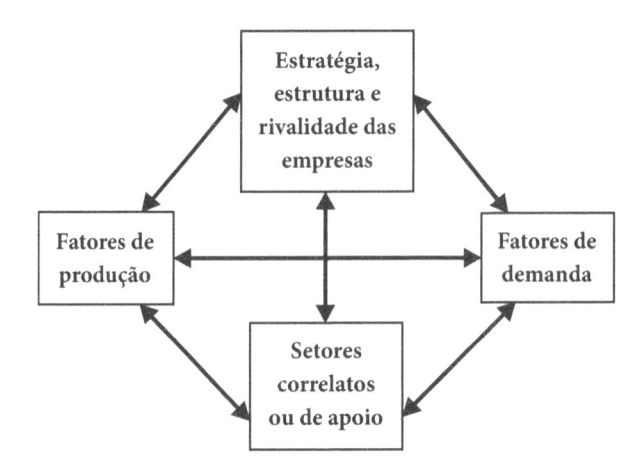

Figura 14.1 *Modelo Diamante.*
Fonte: Porter (1989)

Porter (1999) afirma também que o Modelo Diamante afeta a competição de três maneiras:

- pelo aumento da produtividade das empresas ou indústrias constituintes;
- pela ampliação da capacidade de inovação;
- pelo estímulo a novos negócios que suportam a inovação e expandem o *cluster*.

Ao analisarmos o Modelo Diamante e a maneira como ele afeta a competição, identificamos as instituições ofertantes de cursos superiores de tecnologia inseridas em setores correlatos ou de apoio e com fortíssima influência sobre as condições dos fatores, gerando recursos humanos qualificados e melhorando os recursos de conhecimento dos *clusters*.

Os cursos superiores de tecnologia, no que tange à formação daqueles que vão trabalhar nos *clusters*, estarão capacitados, pois os currículos são estruturados em função das competências a serem adquiridas e a partir das necessidades do mundo do trabalho. Capacitam o estudante de modo que ele adquira competências que se traduzam na aplicação, nos desenvolvimentos e na difusão de tecnologia, bem como na gestão de processos de produção de bens e serviços e no desenvolvimento de uma atitude voltada para a laborabilidade.

Porter (1989) enfatiza também o papel do governo como influenciador da competitividade internacional de um país, pois as ações governamentais podem melhorar ou piorar a vantagem competitiva de uma nação. O governo influencia os quatro determinantes do Modelo Diamante e é por eles influenciado.

O Modelo Diamante deve ser entendido como um sistema, em que cada um dos determinantes o influencia e depende do estado do outro. O efeito sistêmico exercido pelo Modelo cria um contexto que possibilita a existência dos aglomerados de indústrias competitivas.

Clusters *no Brasil*

O Instituto Brasileiro de Geografia e Estatística (IBGE) realizou estudos por meio de seu Cadastro Empresarial (Cempre) demonstrando que as regiões brasileiras estão se especializando industrialmente. As indústrias brasileiras concentram-se por categorias de uso e aproximam-se em busca de economia e competitividade (Bacal, 2001).

Para Porter (1999), o desenvolvimento de *clusters* eficientes é vital para países pobres e em desenvolvimento ultrapassarem a etapa de fornecedores de mão-de-obra barata e recursos naturais para o mercado mundial. Para isso, é fundamental melhorar os níveis de educação e capacitação, desenvolver tecnologia, aperfeiçoar as instituições e possibilitar o acesso aos mercados de capitais.

No Brasil, podemos identificar vários *clusters* de sucesso, alguns deles já fortemente consolidados. São exemplos dignos de nota o *cluster* de tecnologia aeronáutica, em São José dos Campos (SP), o de cristais em Santa Catarina, o automobilístico no ABC paulista, o de grãos, aves e suínos em Rio Verde (GO), o de calçados em Novo Hamburgo (RS), o de semijóias em Limeira (SP), o de cama, mesa e banho em Santa Catarina, o de turismo na região do Sauípe (BA) e de fruticultura no Vale do São Francisco (Petrolina – PE e Juazeiro – BA). É fundamental notar a presença e a importante contribuição de cursos superiores de tecnologia nesses *clusters*, ofertados em faculdades de tecnologias estaduais, centros federais de educação tecnológica e instituições privadas de ensino superior.

O *cluster* situado no Vale do Rio São Francisco, na divisa entre os estados de Pernambuco e Bahia, em torno das cidades de Petrolina (PE) e Juazeiro (BA), é o maior pólo exportador de frutas do Brasil, faturando US$ 90 milhões no mercado externo. Em 2002, 93% da uva e 90% da manga exportadas pelo Brasil saíram de lá. É interessante dizer que o atual sucesso nasceu do corte da ajuda federal, visto que a região recebia subsídios desde 1948 e começou a vê-los rarear a partir de 1990. Empresários e lideranças políticas locais resolveram então investir os próprios recursos, aproveitando a infra-estrutura de irrigação construída pelo governo. Mapearam os períodos de entressafra do hemisfério norte e, com o auxílio do Sebrae e da Empresa Brasileira de Pesquisa Agropecuária (Embrapa), desenvolveram tecnologia para induzir a floração e passaram a concentrar as colheitas nesses períodos.

Nesse renascimento da região, a educação profissional se faz presente de várias formas. O Centro Federal de Educação Tecnológica de Pernambuco (Cefet-PE) está presente em Petrolina oferecendo vários cursos técnicos e três cursos superiores de tecnologia relacionados à vocação do *cluster*: tecnologia em alimentos de origem vegetal, tecnologia em fruticultura irrigada e tecnologia em viticultura e enologia. O Senai também está presente na região por meio de seu Centro Regional de Tecnologia em Alimentos (Certa), oferecendo cursos técnicos na área de alimentos.

Importante ressaltar que não basta formar profissionais para atender as necessidades da realidade local, a fruticultura, mas também se deve oferecer cursos relacionados a outras atividades de apoio como: logística empresarial, por causa da complexa cadeia que se estabelece para deslocar frutas do sertão nordestino brasileiro para um dado país do Mercado Comum Europeu; de marketing internacional, pois múltiplos países que compram as frutas o fazem em épocas distintas e possuem características culturais e hábitos de compra e consumo diferenciados; de gestão empresarial, com características específicas e sofisticadas; de produção, não somente a relativa ao campo, que já é sofisticada e diferenciada por usar a tecnologia de canais irrigados (experiência pioneira em irrigação em áreas de seca no Brasil); até o processo final de limpeza, normas sanitárias, impacto ambiental e de embalagens, com equipamentos específicos e de última geração; de administração financeira; de gestão de custos e orçamento.

Outro *cluster* estudado é o de cerâmica de revestimento de Santa Catarina. O estado responde por aproximadamente 30% da produção brasileira (a quarta maior do mundo) e por cerca de 70% das exportações (Campos et al., 1999). Tal arranjo se localiza no sul do estado, no eixo formado pelos municípios de Criciúma, Içara, Cocal do Sul, Tubarão e Imbituba, e onde estão instaladas as maiores e mais modernas cerâmicas do país. A região era dominada pela indústria extrativista de carvão mineral, e na década de 1970 migrou para a extração e industrialização de outros minerais não-metálicos (argilas), visando à construção civil. Surgiu então um moderno pólo produtivo de cerâmica de revestimentos (pisos e azulejos) de médias e grandes empresas, dividindo espaço com um grande contingente de micro e pequenas empresas de cerâmica vermelha (telhas e tijolos), com tecnologia quase artesanal.

Nesse arranjo produtivo local, podemos também identificar várias iniciativas de cursos profissionalizantes com o objetivo de gerar recursos humanos com competências profissionais que atendam as especificidades do setor e do *cluster*. Fundado em 1979, o Colégio Técnico Maximiliano Gaidzinski (Cocal do Sul) oferece o Curso Técnico em Cerâmica. A oferta interna de técnicos direcionou a demanda também para profissionais de nível superior, resultando no surgimento de alguns cursos superiores de tecnologia. A Universidade Estadual de Santa Catarina (Unesc) oferece o Curso Superior de Tecnologia em Cerâmica, em Criciúma. O Senai Santa Catarina oferece os Cursos Superiores de Tecnologia em Cerâmica e em Design de Cerâmicas.

Importante ressaltar também o Centro de Tecnologia em Cerâmica (CTC), em Criciúma, criado por iniciativa de produtores locais com o objetivo de solucionar problemas no processo produtivo, gerar aprimoramentos tecnológicos e qualificar e capacitar recursos humanos. O CTC desenvolve cursos de capacitação de curta duração e pós-graduação. O Senac e outras instituições privadas de ensino também oferecem cursos de capacitação profissional na região.

Assim, podemos verificar que um *cluster*, a depender da identificação principal do produto ou serviço que o caracteriza, necessita de capacitações diferentes e, em muitos casos, únicas, as quais deverão ser desenvolvidas com ênfase no *saber fazer*, gerando não somente profissionais especializados, mas também experimentos e publicações científicas no campo acadêmico, que poderão ser compartilhados com outros arranjos produtivos locais.

A Educação a Distância no Brasil

Vivemos em um mundo cada vez mais complexo e volátil. As tecnologias da informação e comunicação aumentaram vertiginosamente a velocidade das transações e interações no cenário global. Inovações deixam de ser vantagens competitivas em curtíssimo espaço de tempo. Nesse cenário, a educação continuada é uma das pré-condições básicas para se manter um bom índice de empregabilidade, o que torna a educação cada vez mais complexa. Para Moran (2003), cada vez mais a educação sai do espaço físico da sala de aula para muitos espaços presenciais e virtuais; porque sai da figura do professor como centro da informação para pensar o professor incorporando novos papéis, como os de mediador, de facilitador, de gestor, de mobilizador em todas as situações de ensino/aprendizagem. No entanto, ele ressalta que, apesar de toda a sua potencialidade, a educação a distância é muito pouco explorada, muito por preconceitos relacionados às abordagens e ferramentas utilizadas.

O Decreto nº 5.622, de 19 de dezembro de 2006, define educação a distância como: "modalidade educacional na qual a mediação didático-pedagógica nos processos de ensino e aprendizagem ocorre com a utilização de meios e tecnologias de informação e comunicação, com estudantes e professores desenvolvendo atividades educativas em lugares ou tempos diversos".

Alves e Nova (2003) compreendem a educação a distância como: "uma das modalidades de ensino-aprendizagem possibilitada pela mediação dos suportes tecnológicos digitais e de rede, seja esta inserida em sistemas de ensino presenciais, mistos ou completamente realizada por meio da distância física".

Já para Giusta (2003), a educação a distância é: "uma modalidade flexível de educação, pela qual professores e alunos se envolvem em situações de ensino/aprendizagem, em espaços e tempos que não compartilham fisicamente, utilizando-se da mediação propiciada por diferentes tecnologias, principalmente pelas tecnologias digitais".

A educação a distância vem crescendo rapidamente em todo o mundo. Incentivados pelas possibilidades decorrentes das novas tecnologias da informação e das comunicações (TIC) e por sua inserção em todos os processos produtivos, cada vez mais cidadãos e instituições vêem nessa forma de educação um meio de democratizar o acesso ao conhecimento e de expandir oportunidades de trabalho e aprendizagem ao longo da vida. Progressivamente, a demanda por educação a distância cresce impulsionada pelos avanços da tecnologia e pela necessidade do aprendiz de ter seu próprio tempo e ritmo de aprendizagem.

Para Lévy (2000), em virtude de essas tecnologias intelectuais, sobretudo as memórias dinâmicas, serem objetivadas em documentos digitais ou programas disponíveis na rede, podem ser compartilhadas entre numerosos indivíduos, aumentando, portanto, o potencial de inteligência coletiva dos grupos humanos.

A educação a distância propicia a implementação de novas tecnologias do conhecimento nas organizações, pois facilita o processo de comunicação e aprendizagem (conhecimento), pela utilização de intranets, pela disponibilização de manuais eletrônicos, chats, fóruns etc. Em um arranjo produtivo local, a educação a distância poderia ser utilizada intra e interorganizacionalmente. Na organização poderia ser utilizada como modalidade de capacitação e treinamentos específicos, focados nos objetivos, na cultura e no ambiente de uma empresa específica.

Já entre as organizações que pertencem ao *cluster*, a educação a distância atende a objetivos coletivos, fortemente ligados à geração de inovações que dêem ao arranjo produtivo local vantagens competitivas no mercado (principalmente internacional). Nessa segunda categoria, os cursos superiores de tecnologia têm grande importância ao formar profissionais que atendam às necessidades regionais específicas em curto espaço de tempo. A oferta desses cursos não inviabiliza a criação de cursos de bacharelado e pós-graduação dentro do arranjo geográfico.

Finalmente, ressaltamos mais uma vez que a educação a distância pode ser utilizada para multiplicação de informação, contribuindo com o conhecimento e as competências entre *clusters* similares dentro do vasto território nacional.

Considerações Finais

No atual contexto competitivo, o modelo baseado em *cluster* é altamente recomendável para o fortalecimento de segmentos da economia de países em desenvolvimento. Para a economia brasileira, ter setores com vantagem competitiva no mercado internacional é fundamental para a melhoria da balança comercial e o conseqüente fortalecimento de nosso balanço de pagamentos, e para uma melhor regionalização de renda, com distribuição de fortes atividades econômicas ao longo de todo o território nacional e não se buscando a concentração como ainda constatamos atualmente.

O Plano Plurianual 2004-2007 (Ministério do Planejamento, 2004) do governo brasileiro deixa clara a decisão de respeitar as características regionais, buscando fomentar e desenvolver o conceito de *cluster* em nosso país.

Cabe ressaltar que, na abordagem sistêmica do Modelo Diamante, os investimentos em educação, pesquisa, tecnologia e infra-estrutura são fundamentais para o sucesso dos *clusters*. A vantagem competitiva está diretamente ligada à capacidade constante de inovação e desenvolvimento. Tais investimentos gerariam fatores de produção adiantados e especializados, vitais para o processo de inovação. Além disso, fortaleceriam as empresas e os *clusters*, aumentando a rivalidade local, o que também é muito positivo para inová-los.

É importante dizer que o modelo de *cluster* pode ser uma grande contribuição para o desenvolvimento e o fortalecimento das pequenas e médias empresas brasileiras, constituindo um mecanismo capaz de solucionar boa parte dos problemas enfrentados por essas organizações.

Os cursos superiores de tecnologia atendem à necessidade dos *clusters* na formação de profissionais com competências específicas, promovendo capital humano qualificado e contribuindo fortemente para a geração de conhecimento por meio de produções e pesquisas acadêmicas, sem as quais não haverá possibilidade de formação de docentes e pesquisadores para a educação superior tecnológica.

Finalmente, em um país com as dimensões geográficas e diversidades como as do Brasil certamente há regiões com características e competências similares. A educação profissional tecnológica, aliada ao ensino a distância, poderá ser uma forma de fomentar e desenvolver *clusters* similares ou, ainda, complementares em suas vocações. Para exemplificar, tomemos por base o mapeamento consolidado pelo BNDES, base 2003, que informa a existência de 26 arranjos produtivos locais no setor de fruticultura em todo o Brasil. Um curso superior de tecnologia em fruticultura poderia atender a todos eles.

Os números ganham ainda maiores proporções quando analisamos o setor de turismo e confecções (mais de 40 arranjos mapeados), para os quais a oferta de cursos superiores de tecnologia em turismo e processos têxteis deveria ser analisada seriamente. Iniciativas como a recém-criada Universidade Aberta do Brasil poderiam ser utilizadas para a implementação de políticas educacionais que pensassem no desenvolvimento de *clusters* no país.

Referências Bibliográficas

ALBUQUERQUE, E. de M.; BRITO, J. *Estrutura e dinamismo de clusters industriais na economia brasileira*: uma análise comparativa exploratória. Artigo submetido à Comissão Científica do IV Encontro de Economistas de Língua Portuguesa – Universidade de Évora – Portugal, março de 2001.

ALTENBURG, T.; MEYER-STAMER, J. How to promote clusters: policy experiences from Latin America. *World Development*, v. 27, n. 9, set. 1999.

ALVES, L.; NOVA, C. (Org.) *Educação a distância*: uma nova concepção de aprendizado e interatividade. São Paulo: Futura, 2003.

AMATO NETO, J. *Redes de cooperação produtiva e clusters regionais*. Oportunidades para as pequenas e médias empresas. São Paulo: Atlas, 2000.

BACAL, C. O setor de ponta é concentrado e fatura mais. *Gazeta Mercantil*, São Paulo, p.A-4, 5 fev. 2001.

BNDES. Disponível em: www.bndes.gov.br. Acesso em: 15 dez. 2005.

BRASIL. Ministério da Educação e Cultura. Lei Federal nº 9.394/96. *Lei de Diretrizes e Bases da Educação Nacional*. Brasília, 23 de dezembro de 1996 – Cap. III, art. 39 a 42.

_____. Lei Federal nº 2.208/97. *Regulamenta o § 2º do art. 36 e os arts. 39 a 41 da Lei nº 9.394*. Brasília, 17 de abril de 1997.

_____. Parecer CNE/CEB nº 16. *Diretrizes Curriculares Nacionais para a Educação Profissional de Nível Técnico*. Brasília, 25 de novembro de 1999.

_____. Parecer CNE/CES nº 436. *Cursos Superiores de Tecnologia – Formação de Tecnólogos*. Brasília, 2 de abril de 2001.

_____. Parecer CNE/CP nº 03. *Diretrizes Curriculares Nacionais para a Educação Profissional de Nível Tecnológico*. Brasília, 18 de dezembro de 2002.

_____. Decreto nº 5.154. *Regulamenta o § 2º do art. 36 e os arts. 39 a 41 da Lei nº 9.394*. Brasília, 23 de julho de 2004.

_____. Decreto nº 5.225. *Altera dispositivos*

do Decreto nº 3.860, de 09/07/2001. Brasília, 1º de outubro de 2004.

_____. Decreto nº 5.622. *Regulamenta o artigo 80 da Lei 9394, de 20/12/1996.* Brasília, 19 de dezembro de 2005.

CAIXETA, N. A explosão do turismo. *Revista Exame*, São Paulo, p. 41-59, 7 mar. 2001.

CAMPOS, R. R. et al. *O cluster da indústria cerâmica de Santa Catarina*: um caso de sistema local de inovação. Nota técnica nº 29/99. Instituto de Economia da Universidade Federal do Rio de Janeiro, 1999. Disponível em: http://redesist.ie.ufrj.br/dados/nt_count.php?projeto=nt1&cod=29. Acesso em: 4 mar. 2006.

FAPESP – FUNDAÇÃO DE AMPARO À PESQUISA DO ESTADO DE SÃO PAULO. *Indicadores de ciência, tecnologia e inovação em São Paulo – 2004.* Disponível em: http://www.fapesp.br/materia.php?data[id_materia]=2060. Acesso em: 3 abr. 2006.

FIESP – FEDERAÇÃO DAS INDÚSTRIAS DO ESTADO DE SÃO PAULO. *Ação regional.* São Paulo: Fiesp, 2005. Disponível em: http://www.fiesp.com.br/industria_e_desenvolvimento/secao2/secao3/index.asp?id=2389. Acesso em: 1º jun. 2005.

GALINARI, R.; CROCCO, M. A. et. al. *O efeito das economias de aglomeração sobre os salários industriais*: uma aplicação ao caso brasileiro. Belo Horizonte: Cedeplar/Face/UFMG, 2003.

GIUSTA, A. da S. Educação a distância: contexto histórico e situação atual. In: GIUSTA, A. da S.; FRANCO, I. M. (Org.) *Educação a distância*: uma articulação entre a teoria e a prática. Belo Horizonte: PUCMinas, 2003.

IBGE – Instituto Brasileiro de Geografia e Estatística. Disponível em: www.ibge.gov.br.

KRUGMAN, P. *Development, geography and economic theory.* Cambridge: MIT Press, 1995.

LASTRES, H. M. M.; CASSIOLATO, J. E. (Org.) *Mobilizando conhecimentos para desenvolver arranjos e sistemas produtivos e inovativos locais de micro e pequenas empresas no Brasil – Glossário da RedeSist.* 8. revisão, dezembro de 2005. Disponível em: http://www.redesist.ie.ufrj.br/glossario.php. Acesso em: 5 fev. 2006.

LÉVY, P. *Cibercultura.* 2. ed. Rio de Janeiro: Ed. 34, 2000.

LIMA, J. G. Os tigres brasileiros: economia e negócios. *Revista Veja*, São Paulo: Abril, p. 102-104, 7 maio 2003.

MANFREDI, S. M. *Educação profissional no Brasil.* São Paulo: Cortez, 1984.

MINISTÉRIO DO DESENVOLVIMENTO, INDÚSTRIA E COMÉRCIO EXTERIOR. Disponível em: http://www.desenvolvimento.gov.br/sitio/sdp/proAcao/arrProLocais/arrProLocais.php. Acesso em: 15 jan. 2006.

MINISTÉRIO DO PLANEJAMENTO. Brasília: Plano Plurianual (2004-2007). Disponível em: www.planobrasil.gov.br. Acesso em: jul. 2005.

MORAN, J. M. *Apresentação.* In: GIUSTA, A. da S.; FRANCO, I. M. (Org.) *Educação a distância*: uma articulação entre a teoria e a prática. Belo Horizonte: PUCMinas, 2003.

NADVI, K. Collective efficiency and collective failure: the response of the sialkot surgical instrument cluster to global quality pressures. *World Development*, Oxford, v. 27, n. 9, p. 1605-1626, set. 1999.

PORTER, M. E. *Vantagem competitiva das nações.* Rio de Janeiro: Campus, 1989.

_____. Clusters and the new economics of competition. *Harvard Business Review*, Boston, nov./dez. 1998.

_____. *Competição.* Rio de Janeiro: Campus, 1999.

REDESIST – REDE DE PESQUISA EM SISTEMAS E ARRANJOS PRODUTIVOS E INOVATIVOS LOCAIS. Rede de Pesquisa Interdisciplinar sediada no Instituto de Economia da Universidade Federal do Rio de

Janeiro. Disponível em: http://www.redesist.ie.ufrj.br. Acesso em: 2 fev. 2006.

SEBRAE – ARRANJOS PRODUTIVOS LOCAIS. Disponível em: http://www.sebrae.com.br/br/cooperecrescer/arranjosprodutivoslocais.asp. Acesso em: 1º fev. 2006.

SCHMITZ, H. Collective efficiency: Growth path for small-scale industry. *Journal of Development Studies*, v. 31, n. 4, p. 529-566, abr. 1995.

SOUZA, C. O valor dos clusters – a experiência de Rio Verde deve servir de modelo para o país. *Revista Exame*, Caderno Especial Goiás em Exame, São Paulo, p. 17-18, abr. 2003.

YIN, R. K. *Case study research design and method*. New Bury Park: Sage, 1989.

15

Gestão do Conhecimento é cada vez mais um Novo Modelo de Produção

Koiti Egoshi

Resumo

Este capítulo apresenta a gestão do conhecimento da era Internet como algo novo, revolucionário e sem precedentes na história da humanidade, sustentada por tecnologias da informação aliadas às melhores práticas e teorias da administração, que fazem dela um verdadeiro sistema sociotécnico aberto – e, como tal, tende cada vez mais a ser um novo modo de produção centrado na rede de computadores móveis que gera produtos em qualquer lugar, a qualquer hora, de acordo com necessidades, interesses e possibilidades de cada um. Um modo de produção da era Internet, que além de gerar produtos (bens e/ou serviços) é capaz de controlar o já tradicional modo de produção industrial. E assim, tal qual a fábrica que transformou a humanidade na era industrial, a gestão do conhecimento tende cada vez mais a transformar o modo de vida da humanidade. Como Drucker prognosticou há mais de 40 anos, esse processo é evidente e irreversível.

Introdução

Tanto falam em *gestão de conhecimento* que alguém pode ficar intrigado e perguntar: isso é uma coisa nova? Não é mais um modismo no mundo dos negócios e da ciência da administração? Não é o óbvio ululante, já que o homem desde há muito tempo trabalha o conhecimento e modernamente temos administrado empresas e nossas vidas com base nele?

Em princípio, o nome teria tudo para caracterizar mais um modismo mesmo, se a gestão do conhecimento não agregasse algumas propriedades paradigmáticas que a caracterizam como algo novo, revolucionário e sem precedentes na história da humanidade. Afinal, gestão do conhecimento é uma tradução do inglês *Knowledge Management*, um nome criteriosamente escolhido para caracterizar não uma gestão do conhecimento qualquer, mas uma *gestão do conhecimento da era Internet*. Cabe aqui esclarecer que, pelo menos o termo em inglês *Knowledge Management* denota isso, de forma mais restritiva que o termo em português Gestão do Conhecimento, de compreensão mais genérica, que tende a provocar mais confusões e controvérsias que o termo original.

Mas que propriedades paradigmáticas caracterizam a gestão do conhecimento da era Internet como algo novo, revolucionário e sem precedentes na história da humanidade? A gestão do conhecimento da era Internet é assim considerada porque é sustentada por tecnologias da informação aliadas às melhores práticas e teorias da administração. Sem esses dois alicerces, não haveria a gestão do conhecimento que tanto falam hoje em dia em plena era Internet.

Pode-se afirmar que é revolucionária, porque a gestão do conhecimento é cada vez mais um novo *modo de produção* centrado na rede de computadores móveis que gera produtos em qualquer lugar, a qualquer hora, de acordo com necessidades, interesses e possibilidades de cada um, em contraste com o modo de produção industrial, baseado nas fábricas imóveis e suas máquinas pesadas, que exigem um regime de trabalho extremamente rígido e seqüencial. No entanto, o que a gestão do conhecimento tem de mais extraordinário é o seu enorme potencial de tecnologia eletrônico-digital, capaz de controlar o próprio modo de produção industrial! Antes, porém, de analisar a gestão do conhecimento como um novo modo de produção, analisemo-la como um *sistema sociotécnico aberto*, que a caracteriza como tal.

Gestão do Conhecimento como um Sistema Sociotécnico Aberto

O diagrama a seguir mostra um modelo genérico e sistêmico de gestão do conhecimento para que a compreendamos sistematicamente como um processo que gera saídas a partir de entradas trabalhadas no processamento. Cabe aqui ressaltar que esse diagrama estrutural é uma mera ilustração de todo um processo infinitamente maior, mas serve para representar e compreender a nova realidade da gestão do conhecimento.

Esse diagrama nos dá uma idéia das características da gestão do conhecimento como um sistema sociotécnico aberto, seguindo as premissas básicas da teoria geral de sistemas formulada por Bertalanffy (1975). Pois gestão do conhecimento é um sistema que:

Capítulo 15 *Gestão do Conhecimento é cada vez mais um Novo Modelo de Produção* 233

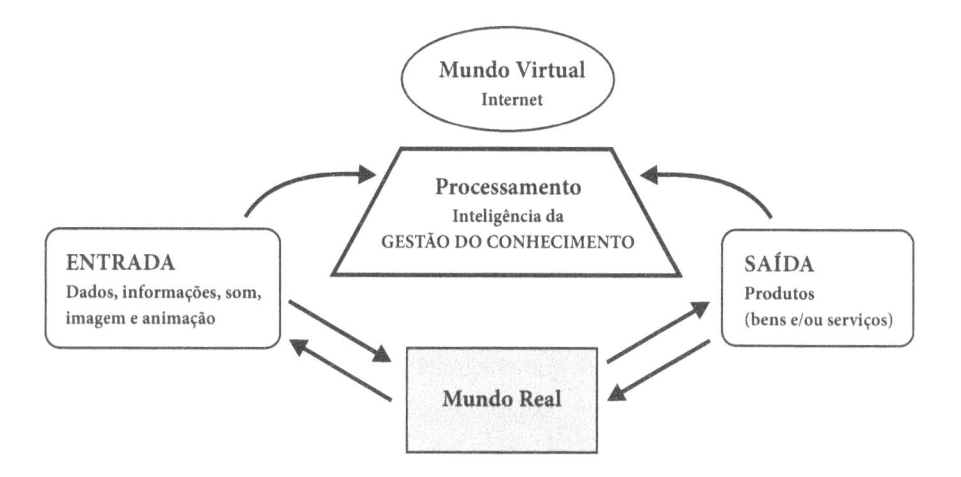

Figura 15.1 *Gestão do conhecimento*
Copyright© Koiti Egoshi, 28 de maio de 2004.

1º   Interage tanto com o mundo real (e social) quanto com o mundo virtual da Internet (sociedade em rede remota), e serve de ponte entre o mundo virtual e o mundo real, em um imenso mundo aberto (meio ambiente).

2º   Compreende tecnicamente subsistemas de entrada, processamento e saída.

3º   Gera tanto produtos novos quanto antigos (e tradicionais).

Analisemos, pois, a gestão do conhecimento como um verdadeiro sistema que é, enfocando cada um dos seus componentes.

Saída

Como em todo projeto de análise de sistemas, a saída define o processamento e a entrada de um sistema a ser desenvolvido. Na gestão do conhecimento, a lógica é a mesma. Vamos também incluir aqui, como saídas, todas as melhorias que a gestão do conhecimento propicia. Assim sendo, uma gestão do conhecimento eficientemente estruturada e eficazmente administrada permite:

1º) *Melhores resultados operacionais.* É inegável que o uso combinado de tecnologias da informação com melhores práticas e teorias da administração tende a gerar e alavancar resultados da empresa em relação ao mercado, como melhoria de produtividade, qualidade e competitividade.

Embora tudo isso não seja novidade nem tão revolucionário porque sempre tem ocorrido e ainda hoje ocorre desde o advento dessa combinação, cabe aqui destacar que os resultados com gestão do conhecimento são ainda mais impressionantes. Tanto que Kruglianskas e Terra (2003) relatam casos de sucesso em pequenas e médias empresas.

2º) *Produtos*. Mas, realmente revolucionária e extraordinária é a capacidade que a gestão do conhecimento tem de gerar produtos (bens e/ou serviços). Se não produzi-los totalmente, cada vez mais terá maior participação na sua produção – e não só de produtos novos, como até daqueles mais antigos e tradicionais. Entre os produtos novos, praticamente tudo que pode ser transformado em um software pode ser obtido em uma nova mídia – músicas, jogos, filmes, apostilas, livros etc.

Na realidade, a grande capacidade da gestão do conhecimento é a de transformar praticamente tudo em produto – bens e serviços. Vamos exemplificar para entendermos bem essa grande transformação: uma dentista desenvolve em seu consultório um novo método de tratamento periodontal. Pela maneira tradicional de trabalhar, esse método ficará restrito somente a ela e, no máximo, contribuirá para o aumento de sua reputação perante sua clientela.

Já pela gestão do conhecimento:

a) ela escreverá o passo-a-passo do novo método de tratamento periodontal;

b) gravará filmes e fotos, seguindo o passo-a-passo do tratamento periodontal em uma câmera digital de alta resolução em seu consultório;

c) armazenará o filme no HD (*hard disk*) do seu microcomputador;

d) escreverá um artigo e um livro sobre o novo método de tratamento periodontal, para divulgar seu trabalho;

e) preparará e ministrará cursos, palestras e treinamentos;

f) disponibilizará informações e arquivos sobre o novo método no seu Website;

g) disponibilizará e-mail, chat, fórum, videoconferência e tudo o mais na Internet para compartilhar e trocar informações com o mundo inteiro.

Como se percebe, ela agregará valor em torno de seu método, criando novas e instigantes oportunidades profissionais. Poderá até promover parcerias com fornecedores de ferramentas e materiais de odontologia. Até acrescentar uma nova matéria ao conteúdo programático das faculdades de Odontologia.

Tudo que ela agregar de valor será um produto: o passo-a-passo do novo método de tratamento periodontal; o filme em alta resolução; o artigo e o livro; os cursos, as palestras e os treinamentos; as novas informações e os novos conhecimentos que serão auferidos via e-mail, chat, fórum e videoconferência. Tudo isso será gerado a partir de uma única fonte devidamente armazenada e processada, o passo-a-passo do novo método de tratamento periodontal mediante a gestão do conhecimento.

Assim, qualquer profissional, qualquer cidadão poderá fazer o mesmo em sua atuação e não necessariamente em áreas altamente especializadas como Odontologia, desde que tenha capacidade de estruturar e administrar uma gestão do conhecimento...

O *e-learning* é um outro resultado de todo esse processo sobre conhecimentos, revolucionando não só o treinamento e o ensino, que tendem a ser cada vez mais customizados e a distância, pois faculdades, universidades, empresas de treinamento e até professores e colaboradores podem ir além dos tradicionais cursos e desenvolver pesquisas, métodos, apostilas, artigos para revistas, livros, serviços e consultorias.

Quanto aos produtos mais antigos e tradicionais, até emissoras de televisão fazem uso hoje da Internet para transmitir as últimas notícias de um lado a outro do mundo, não só pela agilização e redução de custos, como também pela praticidade em armazenar, processar e reutilizar informações e conhecimentos. Armazenando, processando e reutilizando informações e conhecimentos, podem desenvolver novos produtos, como enciclopédias eletrônicas, que antes eram inviáveis de serem materializados, partindo-se de simples notícias.

Enfim, não só empresas como também indivíduos hoje em dia podem criar, inovar e diversificar produtos de variadas formas, com muita imaginação, percepção e criatividade suportadas por gestão do conhecimento.

Processamento

No processamento, temos o núcleo inteligente da gestão do conhecimento, dentro de toda uma estrutura tecnológica que devemos criar na empresa. Toda essa estrutura de tecnologia de informação e comunicação deve ser, tanto quanto possível, permanentemente renovada e atualizada em relação ao ambiente. E ela é a ponte entre o mundo real e o mundo virtual da Internet, possibilitando, inclusive, a interação entre eles.

O núcleo inteligente, que doravante chamamos simplesmente de *inteligência*, deve ter e desenvolver cada vez mais a capacidade de prospectar informações e conhecimentos do mundo real e do mundo virtual e armazenar nos computadores, tanto quanto possível; além disso, recorre-se também aos tradicionais arquivos de materiais e documentos, que precisam ser perfeitamente identificados e catalogados, não só fisicamente, como também em registros digitais do computador; e depois disso tudo organizado, extrair e processar informações e conhecimentos para gerar saídas interpretadas e customizadas, de acordo com as finalidades.

Ora, como o computador não é cognitivo, não percebe o que acontece ao redor, nem sente nada e não age de acordo com tais características naturais, a não ser via algoritmos programados, o elemento mais importante dessa inteligência continua sendo o homem – ou *peopleware*. Daí, o que e como armazenar, bem como o que e como processar e disponibilizar e compartilhar informações e conhecimentos são importantes funções de uma equipe multiprofissional e altamente competente da inteligência.

Mas com as crescentes capacidades de armazenamento e de processamento, o homem tem conseguido incrementar conhecimento na inteligência a ponto de desenvolver a aprendizagem das máquinas, pelo menos rudimentarmente, por exemplo, a atualização automática do antivírus ao se conectar o sistema à rede. Porém, ainda cabe a ele aprender e atualizar a inteligência com mais inteligência.

Então, os três pilares que garantem o sucesso da gestão do conhecimento são peopleware, hardware e software sob o comando do primeiro, devidamente suportados por toda uma infra-estrutura de rede elétrica e telecomunicações.

Peopleware é a equipe multiprofissional da Inteligência, altamente competente, que define o que e como armazenar, bem como o que e como processar, disponibilizar e compartilhar informações e conhecimentos.

O software que controla o hardware e a combinação dos dois, frutos do grande desenvolvimento de capacidade de armazenamento e capacidade de processamento, possibilitam hoje toda essa maravilha que são o trabalho e o relacionamento em rede de forma *caórdica*. Essa palavra está sendo aqui emprestada de Hock (1999), fundador e CEO emérito da VISA International. É um trocadilho das palavras caos e ordem, que caracterizam bem o que é a Internet: ordem no caos e caos na ordem.

É tudo isso que a era Internet está possibilitando, por meio de duas tecnologias da informação básicas, que suportam a Web:

1. *Tecnologia OLTP – On-line Transaction Processing* (Harrison, 1998, p. 111) – é a tecnologia da ordem no caos, que possibilita aos atuais bancos de dados relacionais compartilhar dados e informações por toda a empresa e, por extensão, a rede.

2. *Tecnologia OLAP – On-line Analytic Processing* (Harrison, 1998, p. 6-13 e 81-83.) – é a tecnologia do caos na ordem, que possibilita aos chamados bancos de dados multidimensionais compartilhar não só dados e informações, mas também conhecimentos; por conhecimentos subentende-se toda a combinação de sons, imagens, animações, dados e informações que caracterizam uma multimídia.

Não é à toa que especialistas denominam a atual era de era do conhecimento: existe uma razão técnica. É essa razão técnica que acabamos de analisar, a qual também justifica o nome gestão do conhecimento. E cabe aqui reforçar que gestão do conhecimento não é o complexo mundo virtual constituído somente de tecnologias. Gestão do conhecimento agrega tudo, principalmente o cotidiano do mundo real que a originou e a atualiza – o mundo real constituído de caos e ordem, natural e artificial, informal e formal, subjetivo e objetivo, tácito e explícito.

Pode se dar um exemplo bem simples extraído do cotidiano: imagine alguém dirigindo o carro no trânsito caótico de São Paulo. De repente, vê uma loja onde vende um produto que estava procurando há um tempão; anota o telefone dessa loja em um pedaço de papel, liga depois para pegar mais informações e atualiza seu arquivo de endereços úteis no microcomputador. Pronto! Gestão do conhecimento também está nessas coisas simples do dia-a-dia. Mais tarde, a pessoa poderá reutilizar essas informações para as mais diversas finalidades, por exemplo, para cotação de compras de sua empresa.

Entrada

Esse componente de entrada é conforme os componentes de saída e processamento. O componente de saída representa os anseios humanos, que computadores em rede, cada vez mais, podem satisfazer com o desenvolvimento da capacidade de armazenamento e da capacidade de processamento. Nos primórdios das tecnologias da informação, só foi possível o processamento de dados. Com o desenvolvimento tecnológico, o processamento de dados evoluiu para o processamento de informações, daí se inventou o termo tecnologia de informação.

Hoje em dia, o processamento de informações progrediu para o processamento de conhecimentos, combinando som, imagem e animação com dados e informações que caracterizam a multimídia – mais que isso, uma multimídia em rede –, a *Internet multimídia*, que inclusive possibilita a videoconferência entre diversas pessoas, umas distantes das outras, disseminando não só conhecimentos explícitos e objetivos, como também conhecimentos tácitos e subjetivos via meios eletrônicos.

Pelo diagrama da Figura 15.1, percebemos que o componente da entrada é constituído de conhecimentos advindos do mundo real e do mundo virtual, que atualizam conhecimentos da gestão do conhecimento. Diga-se aqui de passagem que conhecimento é sempre limitado, mas a realidade é infinita – daí por que temos de atualizá-lo sempre que é descoberto mais um pouco dessa realidade, mediante a ampliação da capacidade científica do limitado ser humano.

O raiar de um novo modo de produção

Em resumo, as propriedades paradigmáticas que caracterizam esse algo novo, revolucionário e sem precedentes na história da humanidade, sustentado por uma tecnologia da informação aliada às melhores práticas e teorias da administração, se resumem em seu enorme potencial para sistematicamente desenvolver um novo modo de produção, que gera produtos tanto novos quanto antigos e tradicionais, além de cada vez mais controlar o já tradicional modo de produção industrial.

Assim, tende a transformar o modo de vida da humanidade – tal qual a fábrica que transformou a humanidade na era industrial.

Não há a menor dúvida hoje de que a gestão do conhecimento domina o modo de produção industrial, pois as indústrias, cada vez mais, não só são controladas por controles de processos e ERPs – *enterprise resource plannings* – como também os produtos são mais e mais fabricados por robôs. Não é à toa que um visionário de outrora, o escritor de ficção científica Isaac Asimov (1920-1992), cuidadosa e contigencialmente criou as três leis do robô, em uma pequena história escrita em 1950 chamada *Eu, robô* e que hoje é um livro (2004).

Um robô:

1ª) Não deve ferir um humano nem prejudicá-lo por omissão.

2ª) Deve obedecer à ordem de um ser humano, a não ser que conflite com a primeira lei.

3ª) Deve preservar a si próprio, a não ser que conflite com a primeira e a segunda leis.

E a historinha acabou virando filme de cinema: *Eu, robô*, que estreou nos telões do Brasil em 6 de agosto de 2004. Tomara que os robôs sejam, no futuro, tão bonzinhos quanto o R2D2 de *Guerra nas estrelas* porque tudo tende para "um futuro opressivo dominado por máquinas" (Yeffeth et al., 2003, p. 7), como no filme *Matrix*!

Não só em indústrias tudo isso já é uma realidade, como também no comércio. As lojas estão cada vez mais informatizadas e conectadas à Internet. Além disso, o *e-commerce* ou comércio eletrônico já pegou faz algum tempo, e faz parte do nosso cotidiano. Também universidades, faculdades e escolas em geral e até moradias são cada vez mais informatizadas e automatizadas. E muita gente mora e trabalha em sua casa, fazendo *teleworking*.

Peter Drucker, além de grande teórico, foi um grande visionário, pois foi um dos primeiros nos anos 1960, a prever o desenvolvimento da gestão do conhecimento, ao destacar o "trabalhador do conhecimento" e o "trabalho do conhecimento". Analisemos, então, alguns destaques de *A profissão de administrador* (1998), lançado em 1963:

1. Referindo-se a trabalhadores do conhecimento: "eles possuem os meios de produção – seus conhecimentos". (p. 116)

2. "Na produção e movimentação de coisas, capital e tecnologia são fatores de produção, para usar um termo econômico. No trabalho do conhecimento e em serviços, eles são ferramentas de produção." (p. 135)

3. "O economista vê o investimento de capital como a chave para a produtividade; o tecnólogo acha que são novas máquinas. Entretanto, a principal força por trás da explosão de produtividade tem sido trabalhar de forma mais inteligente. Investimentos de capital e tecnologia foram tão copiosos nos países desenvolvidos, durante os primeiros 100 anos da Revolução Industrial, como foram em seus segundos 100 anos. Foi somente com o advento do trabalho mais inteligente que a produtividade na produção e movimentação de coisas decolou em sua ascensão meteórica. E assim será para o trabalho do conhecimento e em serviços – com esta diferença: em fabricação, trabalhar de forma mais inteligente é somente uma chave para o aumento de produtividade. No trabalho do conhecimento e em serviços, trabalhar de forma mais inteligente é a única chave." (p. 136)

4. "A informação está substituindo a autoridade." (p. 164)

Já em seu livro mais recente, *Sociedade pós-capitalista* (1997), destacam-se:

1. "A nova sociedade – e ela já está aqui – é uma sociedade pós-capitalista... O recurso econômico básico – os 'meios de produção', para usar uma expressão dos economistas – não é mais o capital, nem os recursos naturais (a 'terra' dos economistas), nem a 'mão-de-obra'. Ele é e será o conhecimento." (p. XVI)

2. "Mas embora a economia mundial vá permanecer uma economia de mercado e manter as instituições do mercado, sua substância mudou radicalmente. Ela ainda é 'capitalista', mas agora é dominada pelo 'capitalismo da informação'. As indústrias que passaram para o centro da economia nos últimos quarenta anos se baseiam na produção e distribuição de conhecimento e informação, em vez da produção e distribuição de coisas. O produto real da indústria farmacêutica é conhecimento; as pílulas e ungüentos não passam de embalagens do conhecimento. Há as indústrias de telecomunicações e as indústrias que produzem ferramentas e equipamentos para o processamento de informações, como computadores, semicondutores, software. Há os produtores e distribuidores de informações: filmes, programas de televisão, videocassetes. As 'não-empresas' que produzem e aplicam conhecimento – editoração e serviços de saúde – têm crescido, em todos os países desenvolvidos, muito mais depressa até que as empresas baseadas no conhecimento." (p. 140)

3. "Precisamos de uma teoria econômica que coloque o conhecimento no centro do processo de produção de riqueza. Somente essa teoria poderá explicar a economia atual. Somente ela poderá explicar o crescimento econômico e a

inovação. Somente ela poderá explicar como funciona a economia japonesa, e acima de tudo, por que ela funciona." (p. 141)

4. "Existem três tipos de novos conhecimentos: o primeiro é o aperfeiçoamento continuado do processo, produto ou serviço, que os japoneses chamam de Kaizen. A seguir vem a exploração: a exploração continuada do conhecimento existente para desenvolver produtos, processos e serviços existentes. Finalmente, há a inovação genuína." (p. 142)

5. "Cada vez mais a produtividade do conhecimento será decisiva para seu sucesso econômico e social e também para seu desempenho econômico como um todo." (p. 142)

6. "Se dependesse da sua produção de conhecimento científico e técnico, a Grã-Bretanha deveria ser a líder econômica do mundo na era posterior à Segunda Guerra. Os antibióticos, o avião a jato, até mesmo o computador foram desenvolvimentos britânicos. Mas o país não conseguiu transformar essas realizações do conhecimento em produtos e serviços de sucesso, em empregos, exportações e posição no mercado. A falta de produtividade do seu conhecimento, mais que qualquer outro fator, é a causa da lenta e constante erosão da economia britânica." (p. 143)

7. "Não temos uma teoria econômica da produtividade do investimento em conhecimento e talvez nunca venhamos a tê-la. Mas temos preceitos gerenciais. Acima de tudo, sabemos que tornar o conhecimento produtivo é uma responsabilidade gerencial. E não pode ser cumprida pelo governo, nem pelas forças do mercado. Ela requer a aplicação sistemática e organizada do conhecimento ao conhecimento." (p. 146)

8. "A única coisa que será cada vez mais importante, tanto na economia nacional como na internacional, é o desempenho gerencial para tornar produtivo o conhecimento." (p. 149)

Ikujiro Nonaka e Hirotaka Takeuchi, que formam a já famosa dupla japonesa Jiro & Hiro, escreveram o livro *Criação de conhecimento na empresa* (1997), após anos de pesquisas, e chegaram às seguintes conclusões:

1. A criação do conhecimento é a principal fonte de competitividade internacional das empresas japonesas.

   Eles tomaram como base de conhecimentos pesquisas desenvolvidas nas empresas Honda, Canon, Matsushita, Sharp, Nissan, Kao, Shin Caterpillar Mitsubishi, NEC, Mazda, Fuji Xerox, Seven-Eleven Japan, Asahi Breweries, Fujitsu, General Electric e 3M.

2. Por criação do conhecimento organizacional, entende-se a capacidade de uma empresa de criar novo conhecimento, difundi-lo na organização como um todo e incorporá-lo a produtos, serviços e sistemas.

Os autores concluem que o êxito das empresas japonesas se deve mais à sua capacidade de criar conhecimento organizacional. Outros fatores, embora importantes, são secundários: capacidade de fabricação; acesso ao capital de baixo custo; relações de cooperação com clientes, fornecedores e órgãos governamentais; emprego vitalício, critérios de senioridade e outras práticas de gestão de pessoas.

3. A criação do conhecimento organizacional é a chave para as formas características com que as empresas japonesas inovam. Elas são peritas em fomentar a inovação de forma contínua, incremental e em espiral.

Ao contrário do que se difundiu pelo mundo, os autores demonstram que japoneses tiveram de inovar para sobreviver e progredir no competitivo mercado internacional. Para tanto, desenvolveram conhecimento com melhorias contínuas, com uma inovação levando a outra.

4. O novo conhecimento sempre começa com um indivíduo.

Deixando de lado aspectos idealísticos de teorias motivacionais, os autores objetivamente concluem que o conhecimento tem origem no indivíduo, daí a importância de ouvi-lo, seja no que for, porque suas considerações podem ser de importância estratégica para empresa.

5. A organização não pode criar conhecimento por si mesma.

A não ser por iniciativa do indivíduo e pela interação que ocorre no grupo de trabalho, uma organização não consegue criar conhecimento útil para si. E deve criar esse conhecimento útil. Como diz Drucker (1997, p. 143): "Cada vez mais a produtividade do conhecimento será decisiva para seu sucesso econômico e social e também para seu desempenho econômico como um todo". Assim sendo, *a empresa deverá promover diálogos sem evitar conflitos e divergências*, porque tais embates são mais verdadeiros e podem levar a uma melhor solução de problemas e à criação de novos conhecimentos.

6. O centro da gestão do conhecimento é a *gerência intermediária*.

Ao contrário da maioria dos autores ocidentais que nos últimos anos trataram com desdém os gerentes intermediários, Jiro & Hiro, depois de Taylor, voltam a colocá-los no alto do pódio. Discordam radicalmente de Tom Peters e Rosabeth Kanter. Esta "previu" em 1989 que as empresas vencedoras no futuro praticamente não teriam gerentes de nível médio, enquanto o primeiro declarou em 1987: "Eu, como muitos outros, sempre ataquei os gerentes de nível médio" (Nonaka e Takeuchi, 1997, p. 145). É claro, esses autores exageraram, mas vamos entender com nosso bom senso, discernimento e consideração que eles quiseram transmitir que o tamanho da gerência intermediária daquela época deveria ser reduzido.

Entretanto, é inegável, como defendem Jiro & Hiro, o papel preponderante da gerência intermediária na tentativa de conciliação entre o sonho da Alta Administração de "chegar lá" e a realidade dos funcionários e operários do chão da fábrica – que sabem melhor que executivos o lado operacional dos produtos – onde e em que situação estão hoje.

7. Uma empresa não só processa, como também cria conhecimento.

   É claro que se sabe que a empresa processa conhecimento. Mas o que poucos sabem é que o que se cria, na maioria das vezes, é perdido no ar. Então, há necessidade de criar e reter conhecimento. Para tanto, é preciso sistematicamente habituar-se a reter e estudar o conhecimento.

Há dois tipos de conhecimento, segundo Nonaka e Takeuchi (1997, p. 11-17): o *tácito* e o *explícito*.

O *explícito* é aquele que é expresso por palavras, armazenável e processável pelo computador. É objetivo, concreto, estruturado, sistematizado, organizado e facilmente armazenado. Todos os conhecimentos armazenados em mídia impressa (livros, jornais e revistas) e mídia on-line, como a própria Internet, são explícitos.

O *tácito* é aquele que não é expresso por palavras, é não-armazenável e não-processável pelo computador. É subjetivo, abstrato, não estruturado, amorfo, caótico e tende a ser perdido, pois é mais difícil de retê-lo. Os diálogos e até serviços que desenvolvemos de improviso, experiência e prática são conhecimentos tácitos.

O explícito e o tácito originam quatro relações de conhecimentos: explícito para explícito, explícito para tácito, tácito para tácito e tácito para explícito.

Explícito para explícito

À medida que o conhecimento é armazenado, torna-se mais fácil administrá-lo e aprimorá-lo. Porém, é o tipo de conhecimento mais "frio", isento de sutilezas humanas, por exemplo, ler e interpretar um livro técnico, e depois escrever com as próprias palavras sobre o assunto lido.

Explícito para tácito

O conhecimento armazenado que é extraído de alguma mídia e é aplicado e humanizado em relações sociais. O próprio ato de lecionar é inteirar-se sobre um determinado tópico de uma dada disciplina acadêmica, e transmitir a alunos o conteúdo.

Tácito para tácito

É aquele conhecimento obtido basicamente em relações sociais e dialógicas, em que se expressam valores, ideais e emoções humanas. Até aquelas conversas "moles" na esquina e nos corredores, evidentemente, podem ser importantes para a empresa.

Tácito para explícito

O conhecimento tácito, por exemplo, uma simples conversa, é facilmente perecível; daí a importância em, tanto quanto possível, armazená-lo e decodificá-lo para o explícito, para torná-lo útil para a empresa. Anotar aquelas conversas "moles" na esquina e nos corredores pode ser um excelente hábito.

Mas ainda bem que há conhecimento tácito que não pode ser traduzido para o explícito, como os sentimentos – o que ainda mantém a presença e a participação do humano em muitas atividades. Até para a feitura de artesanatos e objetos de arte como a katana – a espada do samurai. É o tipo de conhecimento tácito para tácito, que é passado de pai para filho entre mestres-artesãos, com muita sensibilidade, percepção, concentração, criatividade, destreza, prática e paciência expressas de forma natural, lúdica e cognitiva. Tanto é que, quando a revista *Made in Japan* perguntou a um desses grandes mestres, Yoshikazu Yoshihara, no que pensa quando está forjando uma espada, ele simplesmente respondeu: "Pode parecer estranho, mas não penso em nada. Me concentro e fico livre das coisas. Todo o processo é importante, e um erro, por menor que seja, faz diferença no final" (Aragaki e Nishihata, 2004).

Todavia, o computador está cada vez mais presente em todas as atividades humanas e estas tendem cada vez mais a ser controladas por ele, de tal sorte que (Yeffeth et al., 2003, p. 98)

> algum dia, talvez seja teoricamente possível escrever um programa bastante complexo que simule a vida real a ponto de enganar as pessoas, não apenas pela visão e pela audição, mas também por sentidos cruciais como tato, paladar e olfato, embora, atualmente, os obstáculos tecnológicos sejam colossais.

Isto é, tudo tende para que sejam substituídos "sentimentos e emoções pessoas por sensações pré-programadas" (Irwin et al., 2003, p. 18).

De qualquer forma, a Gestão do Conhecimento sustentada por tecnologias da informação aliadas às melhores práticas e teorias da administração está cada vez mais dominando o mundo e transformando o modo de vida da humanidade. Nesse sentido, de dominação do mundo e transformação da humanidade, cabe aqui relatar que gestão do conhecimento vai de encontro à tecnoburocracia de Luiz Carlos Bresser Pereira.

Segundo Bresser Pereira (1982, p. 9), "o século XX vem sendo marcado pela emergência de uma nova classe social, a tecnoburocracia, e de um novo modo de produção, o estatismo. Este novo modo de produção tornou-se dominante em sociedades como a soviética e a chinesa". E mais para frente, acrescenta: "Nos regimes capitalistas, entretanto, um processo semelhante, embora parcial, também vem ocorrendo".

É claro que a União Soviética implodiu em 1991 e a China de hoje, aos poucos, está tendo de abrir mão do seu rígido estatismo de outrora, mas ainda prevalece a tecnoburocracia nesses países. E a tecnoburocracia se faz cada vez mais presente no mundo todo porque no mundo todo cada vez mais as tecnologias da informação e a gestão do conhecimento nos propiciam novas atividades para progredirmos na vida, como analisaremos a seguir.

Gestão do Conhecimento Transformando o Modo de Vida

O modo de produção industrial originou um modo de viver totalmente novo em relação à época anterior. Nessa época anterior, o indivíduo em geral praticamente vivia em um só espaço (lugar) onde passava todo o seu tempo. Com o advento da indústria, esse espaço foi segmentado em quatro ambientes distintos – casa, local de trabalho, escola e lazer –, espaços distintos em tempos diferentes. Assim:

| Casa | Trabalho | Escola | Lazer |

24 horas →

E agora, na era da gestão do conhecimento? Voltar ao que era antes da era industrial, resumindo tudo em um só lugar? Talvez. Mas grande tendência é a de tudo acontecer em torno do computador móvel,

em qualquer lugar – *anyplace*;
a qualquer hora – *anytime*;
ao ritmo próprio de cada um – *self paced*.

É um contexto no qual você faz qualquer coisa em qualquer lugar: em casa, no local do trabalho, na escola e onde estiver curtindo o lazer. É essa a grande tendência, à qual teremos de nos adequar, queiramos ou não.

24 horas

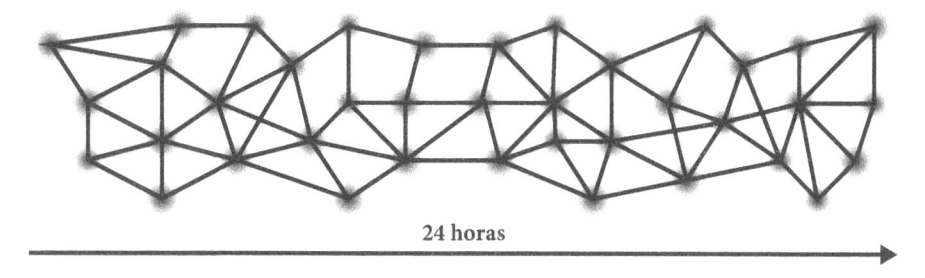

No passado também tivemos um precedente semelhante, no que tange à adaptação "na marra". Na era industrial a todo vapor, luditas liderados por Ned Luddlan, entre 1811 e 1816, invadiam fábricas para destruir máquinas, para preservar o artesanato e evitar o desemprego de sua classe de artesãos. De nada adiantaram o protesto e o vandalismo, porque a indústria avançou e fez progredir a humanidade. Hoje, o mundo todo protesta contra o altíssimo desemprego industrial que também afeta o Brasil com 13%. De nada adianta protestar hoje também, porque o desemprego é fruto e custo desse progresso.

Mas o grande alento é que, esse emprego industrial, ainda o teremos por mais algum tempo, pois não tende a desaparecer por completo, e sim reduzir-se. Mesmo porque são atividades que, paradoxalmente, exigem não só inteligência, mas também sensibilidade e delicadeza humanas – que japoneses chamam de 3 Ks – *kitanai* (sujo), *kitsui* (pesado) e *kiken* (arriscado) –, e as máquinas ainda não têm capacidade de executar de forma economicamente viável. Daí por que afazeres burocráticos e trabalhos 3 Ks persistem e persistirão em fábricas e escritórios – ainda bem, senão mais de 300 mil descendentes e assemelhados (cônjuges de descendentes) de japoneses do Brasil não estariam empregados em moderníssimas empresas no Japão como *dekasseguis* (que significa, em japonês, pessoas que saem de sua terra natal para ir para outro país com o objetivo de ganhar dinheiro e melhorar de vida).

Para nos animar mais ainda, a gestão do conhecimento nos propiciará novas atividades para progredirmos na vida! Quais são essas novas atividades? Como muito bem destacaram Rosini e Palmisano (2003, p. 149),

> a tecnologia está reduzindo, via mecanização e automação, os empregos nos setores tradicionais da agricultura e indústria, de tal forma que a maioria das ocupações futuras será em um setor genérico chamado serviços. Uma das principais conseqüências do crescimento do setor de serviços será o aumento da importância dos objetos conceituais (intangíveis) como objetos de trabalho, o que exigirá, certamente, novas habilidades das pessoas no campo do "pensar".

Além disso, como a gestão do conhecimento é cada vez mais um novo modo de produção e também controla cada vez mais o já tradicional modo de produção industrial, tende a criar novas atividades, não só no mundo virtual da Internet, como também na área de interface dele com o mundo real. No mundo virtual, atividades mais intelectuais que exigem conhecimento técnico; na área de interface entre mundo virtual e mundo real, além de atividades mais intelectuais que exigem conhecimento técnico, também atividades 3 Ks e afazeres burocráticos adicionais.

Se de um lado, gestão do conhecimento e tecnologias da informação eliminaram empregos de carteira assinada, de outro, criaram serviços que tanto podem ser prestados por empresas quanto por indivíduos.

Considerações Finais

Antes o computador era imóvel, projetado para empresas e somente utilizável no ambiente de trabalho. A partir de meados dos anos 1970, ganhou evidência outro tipo de computador, o *microcomputador*, projetado para uso pessoal, que inicialmente foi utilizado em casa, mas que teve o uso estendido ao ambiente de *trabalho*, salas de *escola* e locais de *lazer*, até constituir a Internet de hoje, uma gigantesca rede de computadores composta de computadores pessoais, redes locais das empresas, *mainframes* das grandes corporações e celulares individuais cada vez mais computadorizados. Como se percebe, *evoluímos e progredimos de um computador imóvel para computador transportável* (fixo em um determinado local, mas possível de ser instalado em outro local sem maiores problemas). E mais recentemente, *do computador transportável para computador móvel* (celular computadorizado).

Assim usufruímos, hoje em dia, telefones celulares cada vez mais computadorizados e conectados em rede Internet, e integrados tanto a outros computadores móveis quanto aos transportáveis e imóveis. Estamos participando, enfim, da *era da mobilidade*.

Mais do que nunca, na era da mobilidade a humanidade tende a desenvolver atividades em qualquer lugar, a qualquer hora, de acordo com necessidades, interesses e possibilidades de cada um. Assim, será necessário dispor cada vez mais de informações sistematicamente armazenadas e processadas para gerar conteúdos para empresas e indivíduos. Em outras palavras, necessitar-se-á progressivamente de gestão do conhecimento sustentada por tecnologias da informação aliadas às melhores práticas e teorias da administração, compondo um todo modo de produção.

Referências Bibliográficas

ARAGAKI, B.; NISHIHATA, M. Espadas japonesas. *Made in Japan*, São Paulo: JBC, ano 7, n. 83, 2004.

ASIMOV, I. *Eu, robô*. São Paulo: Ediouro, 2004.

BERTALANFFY, L. von. *Teoria geral dos sistemas*. Petrópolis: Vozes, 1975.

BRESSER PEREIRA, L. C. *A sociedade estatal e a tecnoburocracia*. São Paulo: Brasiliense, 1982.

DRUCKER, P. *Sociedade pós-capitalista*. São Paulo: Pioneira, 1997.

_____. *A Profissão de administrador*. São Paulo: Pioneira, 1998.

HARRISON, T. H. *Intranet Data Warehouse*. São Paulo: Berkeley, 1998.

HOCK, D. *Nascimento da era caórdica*. São Paulo: Cultrix/Amana-Key, 1999.

IRWIN, W. et al. *Matrix*: bem-vindo ao deserto do real. São Paulo: Madras, 2003.

KRUGLIANSKAS, I.; TERRA, J. C. C. *Gestão do conhecimento em pequenas e médias empresas*. Rio de Janeiro: Campus, 2003.

NONAKA, I.; TAKEUCHI, H. *Criação de conhecimento na empresa*: como as empresas japonesas geram a dinâmica da inovação. Rio de Janeiro: Campus, 1997.

ROSINI, A. M.; PALMISANO, A. *Administração de sistemas de informação e a gestão do conhecimento*. São Paulo: Thomson, 2003.

YEFFETH, G. et al. *A pílula vermelha*: questões de ciência, filosofia e religião em Matrix. São Paulo: Publifolha, 2003.

16

A Utilização de Sistemas de Informações para a Gestão do Conhecimento em Pequenas Empresas de Produção por Encomenda

Antonio Artur de Souza
Marcio Noveli

Resumo

Pequenas empresas de produção por encomenda enfrentam dificuldades no gerenciamento do conhecimento por causa das peculiaridades de seu processo produtivo. As especificações dos clientes orientam o processo de estimação de custos e de formação de preços, dificultando o desenvolvimento e a implantação de um sistema de informações eficaz. Em razão da falta de um método formal e sistematizado para a estimação de custos e formação de preços, os profissionais responsáveis por esse processo podem incorrer em dúvidas e imprecisões. Para lidar com essa dificuldade, a utilização dos conhecimentos implícito e explícito, modelados em um Sistema de Suporte à Decisão (SSD) mostra-se como uma solução viável. O conhecimento implícito, nesse caso, se refere às heurísticas utilizadas pelos profissionais responsáveis pela estimação de custos e formação de preços (como *feeling* e *know-how*). Esse conhecimento pode ser representado em um SSD, na forma de regras de decisão. Técnicas de Sistemas Especialistas (SE) são empregadas por permitirem a modelagem de tais regras. Os SEs possibilitam a modelagem do conhecimento implícito e apresentam informações aos tomadores de decisão na forma de uma lista de recomendações. Desse modo, demonstra-se que aqueles profissionais podem beneficiar-se de um SSD que represente o conhecimento gerado na empresa.

Introdução

Todas as empresas, das grandes às pequenas, têm seus funcionários capacitados para desenvolverem atividades específicas. Essa capacitação tende, com o tempo, a tornar-se mais ampla, em razão das experiências adquiridas por esses profissionais no desenvolvimento de suas atividades. Tais experiências são únicas, pois apenas o profissional que está atuando na prática conhece bem a sua realidade. Como exemplo pode ser citado o caso de um vendedor que realiza uma negociação com um cliente específico, sabendo quais são as características e expectativas desse cliente. Pode-se saber, por exemplo, as preferências do cliente: qualidade, preço, tempo de entrega, sua predisposição para barganhar etc. Depois de algum tempo, o vendedor possui uma carteira de clientes e detém informações que o auxiliam na negociação com eles.

Esse conhecimento sobre o cliente é benéfico para a empresa até o momento em que o vendedor resolve ir trabalhar para uma companhia concorrente ou, por qualquer outro motivo, largar a empresa. Juntamente com o ex-funcionário, vai o conhecimento valioso de toda uma carteira de clientes da empresa. Nesse momento, mesmo que a companhia contrate um outro vendedor *experiente*, essa experiência, muito provavelmente, não será a mesma do vendedor anterior, pelo menos em termos dos clientes por ele atendidos.

Para resolver o problema de manutenção (retenção) do conhecimento adquirido na empresa, a utilização de sistemas de informações apresenta-se como uma possível e viável solução. Esses sistemas permitem a organização e manutenção das informações e, de certa forma, de parte do conhecimento criado nas empresas. Neste capítulo, dois tipos de sistemas de informações para essa finalidade são discutidos: os *SSDs* e os *SEs*. Para exemplificar a sua utilização, apresentam-se e discutem-se os resultados de uma pesquisa cujo objetivo foi modelar o processo de tomada de decisão de estimação de custos e formação de preços e o conhecimento relacionado a esse processo.

Além de ser uma solução possível para o problema apresentado, a utilização de SSDs permite lidar com decisões que dizem respeito a problemas desestruturados. Esse tipo de problema é caracterizado pela sua não-repetitividade, ou seja, não faz parte da rotina da empresa, tornando difícil a tomada de decisão. Nesse caso, os profissionais utilizam-se de heurísticas, que são regras pessoais de decisão baseadas na experiência prática, mas que podem levar a erros e imprecisões na tomada de decisão. Assim, este capítulo também aborda a utilização de técnicas de sistemas especialistas em sistemas de suporte à decisão para auxiliar a tomada de decisão.

É importante salientar que este capítulo é estruturado com base em estudos realizados em pequenas e médias empresas britânicas, de 1991 a 1995, e brasileiras, de 1996 a 2002. Os estudos visaram desenvolver um sistema de suporte à decisão para o processo de estimação de custos e formação de preços em empresas de produção por encomenda.

Informações e Conhecimento na Empresa

As informações são geradas nos mais diversos setores (departamentos) de uma empresa. A todo momento de seu funcionamento, a empresa gera um fluxo de informações em seu ambiente interno, influenciado pelo ambiente externo. Nesse contexto de fluxo informacional, o profissional precisa de todas as informações possíveis, de maneira rápida e concisa, sistematicamente organizadas.

Essas informações podem fazer parte do *conhecimento implícito*[1] (conhecimento informal ou pessoal, obtido a partir da experiência), que é gerado continuamente no dia-a-dia pelos profissionais. Geralmente, as empresas contam com vários profissionais para a mesma tarefa. Ao executarem suas atividades, cada profissional gera conhecimento implícito. A disseminação do conhecimento implícito gerado por um profissional para os demais é difícil e lenta sem o uso de ferramentas.

As informações disponibilizadas em sistemas de informações fazem parte do que se define como *conhecimento explícito*, ou seja, o conhecimento formal e sistemático, facilmente comunicado e compartilhado por meio de especificações de produtos, fórmulas científicas ou programas de computador (Nonaka, 2000, p. 33). Esse conhecimento está disponível para todos na organização, seja na forma de livros, compartilhamento de experiências durante conversas informais, relatórios etc.

O uso de sistemas de informações possibilita a combinação, ou seja, "um processo de sistematização de conceitos em um sistema de conhecimento" (Nonaka e Takeuchi 1997, p. 75). Então, os profissionais responsáveis pelos processos de estimação de custos e formação de preços conseguem conhecer e acompanhar o conhecimento gerado na empresa.

Portanto, para suprir a necessidade de informações de forma rápida e concisa, e sistematicamente organizadas, o profissional necessita de um sistema de informações que o suporte quando decidindo.

Sistemas de Informações

Muitas pesquisas atuais, como a pesquisa citada, revelam que as empresas não conhecem e, conseqüentemente, não utilizam ferramentas importantes como os sistemas de informação (ver Beraldi, 2000; Müller e Souza, 1998). Os sistemas de

---

[1] O conhecimento implícito é diferente do conhecimento tácito à medida que apenas o primeiro pode ser articulado (Nickols, 2003).

informações são conjuntos de componentes inter-relacionados, trabalhando juntos para, entre outras funções, facilitar a análise e o processo decisório em empresas e outras organizações (Laudon e Laudon, 1999, p. 14).

Grande parte dos autores que realizam estudos na área de sistemas de informações concorda que a criação da informação se dá a partir dos dados processados. Os dados são uma forma primária, ou uma matéria-prima, que alimenta um sistema. Depois de trabalhados ou, em outras palavras, coletados, processados e armazenados, transformam-se em informação. Zwass (1992) esquematiza o processo de criação da informação: os dados são alimentados no sistema, provenientes da própria organização ou de fora dela, depois sofrem a ação do sistema de informações, para então se ter o produto final, que é a informação em si.

Algumas das características das informações, para que sejam consideradas úteis na tomada de decisão, são detalhadas por Alter (1996). Para ele, existem vários determinantes da utilidade da informação em sistemas de informação. Esses determinantes estão divididos em quatro tipos:

a) qualidade da informação (Q): o quanto a informação é boa;

b) acessibilidade da informação (A): facilidade em obter ou acessar a informação;

c) apresentação da informação (P): nível de sumarização e formato para apresentação ao usuário;

d) segurança da informação (S): extensão na qual a informação é controlada e protegida contra acesso e uso inapropriado, não autorizado ou ilegal.

Esses determinantes podem ser visualizados no Quadro 16.1.

Os sistemas de informações têm evoluído ao longo do tempo e se diversificado. Com essa diversificação, eles abordam cada vez mais tipos de problemas. A seguir são apresentados alguns sistemas e técnicas que vêm sendo desenvolvidos e utilizados ao longo dos anos pelas empresas na resolução de seus problemas:

- sistema de folha de pagamentos;

- sistemas de processamento de transações;

- sistemas de informações gerenciais;

- sistemas de apoio à decisão;

- inteligência artificial e sistemas especialistas;

- redes neurais, algoritmos genéticos, lógica fuzzy.

Como mencionado anteriormente, este capítulo apresenta uma possível utilização de sistemas de suporte à decisão e de sistemas especialistas para resolução de dois problemas específicos: a manutenção do conhecimento na empresa e o apoio à tomada de decisão.

Quadro 16.1 *Determinantes da utilidade da informação*

Tipo	Característica	Definição
Q	Acuracidade	Extensão em que a informação representa o que deveria representar.
	Precisão	Nível de detalhamento adequado à situação.
	Completude	Extensão em que a informação disponível é adequada para a tarefa.
	Idade	Quantidade de tempo que passou desde que os dados foram produzidos.
	Atemporalidade	Extensão em que a idade dos dados é apropriada para a tarefa e o usuário.
	Fonte	A pessoa ou organização que produziu os dados.
A	Disponibilidade	Extensão na qual a informação necessária existe e pode ser acessada efetivamente pela pessoa que precisa dela.
	Admissibilidade	O uso da informação é legal ou culturalmente apropriado para a situação.
P	Nível de sumarização	Comparação entre o número de itens nos dados originais e o número de itens apresentado.
	Formato	Forma na qual a informação é mostrada para o usuário.
S	Acesso restrito	Procedimentos e técnicas para controle de quem pode acessar qual informação sob quais circunstâncias.
	Encriptação	Conversão de dados para um formato codificado no qual pessoas não autorizadas não poderão decodificá-lo.

Fonte: Adaptado de Alter (1996).

Sistemas de suporte à decisão

Os sistemas de suporte à decisão são ferramentas que possibilitam a manutenção do conhecimento explícito. Isso é possível se o processo de estimação de custos e formação de preços for representado no sistema de suporte à decisão e constantemente atualizado com a representação do conhecimento implícito gerado na rotina operacional da empresa.

Os SSDs são definidos como sistemas complexos desenvolvidos a partir da integração e do desenvolvimento de diversas áreas de pesquisa, como ciência da computação, sistemas informacionais, ciências administrativas e pesquisas operacionais. São ferramentas que possibilitam a *combinação*, ou seja, a passagem do conhecimento explícito para conhecimento explícito (Nonaka e Takeuchi, 1997, p. 75-77). A combinação acontece quando um profissional acessa o sistema para adquirir alguma informação sobre um cliente, por exemplo, para auxiliar na formação de um preço de venda. Isso é possível se o processo de estimação de custos e formação de preços for representado no sistema de suporte à decisão e constantemente atualizado com a representação do conhecimento explícito gerado na rotina operacional da empresa. Assim, os relatórios devem ser gerados pelos funcionários, no sistema, no desempenho de atividade do profissional, durante o processo de estimação de custos e formação de preços (o que será discutido no tópico Sistemas Especialistas).

Esses sistemas geralmente se referem a problemas relativamente não estruturados e de longo prazo e sempre precisam da participação ativa de um ou mais gerentes. A Figura 16.1 mostra as características e capacidades dos sistemas de suporte à decisão com base em Turban e Aronson (2001, p. 9).

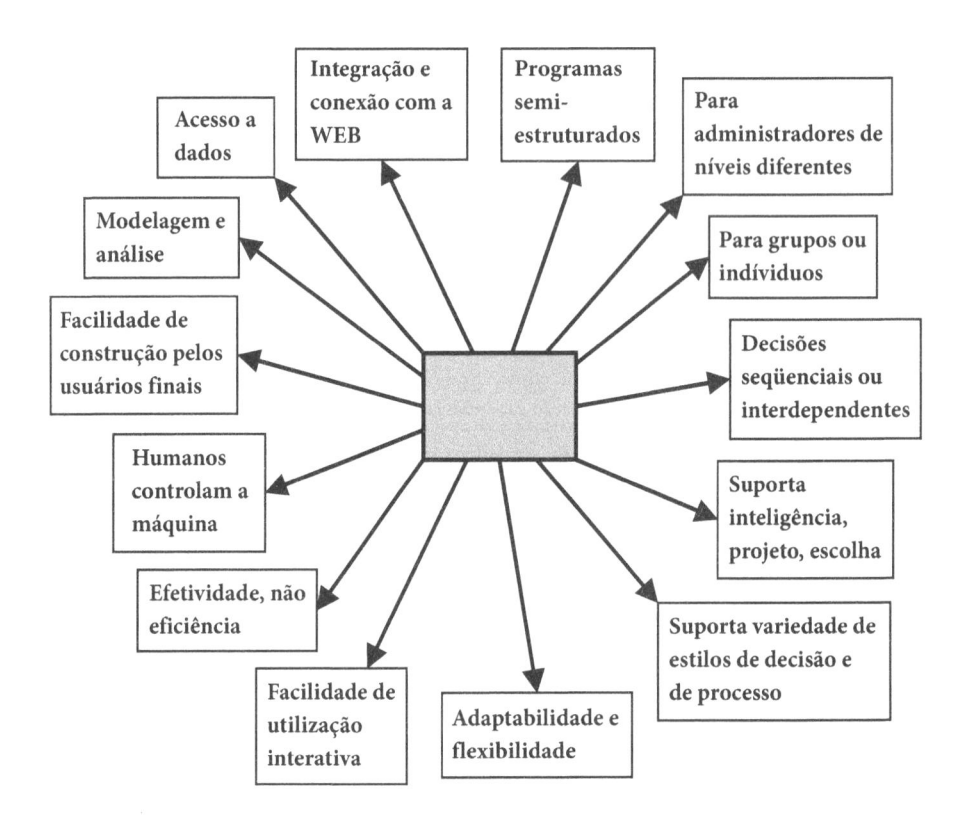

Figura 16.1 *Capacidades/características dos SSDs.*

Apesar da importância dos sistemas de suporte à decisão no processo de estimação de custos e formação de preços, por adicionarem conhecimento aos tomadores de decisão, eles não podem simular as regras de decisão que os profissionais usam na tomada de decisão. Nesse ponto, os SEs mostram-se como um meio de apoio para a tomada de decisão.

Sistemas especialistas

Os sistemas especialistas são uma subárea da inteligência artificial que ultimamente têm recebido maior atenção comercial no campo da gerência administrativa, e podem ser definidos como um sistema que emprega o conhecimento de especialistas na memória de um programa de computador com o objetivo de imitar o processo racional que os especialistas utilizam para resolver problemas específicos. Segundo Hayes-Roth (apud Souza, 1995, p. 150), um sistema especialista pode ser definido como um programa de conhecimento intensivo que soluciona problemas que normalmente requerem especialistas humanos.

Os sistemas especialistas diferem dos softwares convencionais principalmente porque usam avançadas técnicas de programa e algoritmos para suportar suas operações lógicas, comparar modelos, procurar estratégias e gerar hipóteses e inferências que são parte de uma racionalização lógica automatizada. E também porque requerem uma compreensão mais profunda de sua aplicação no que diz respeito ao conhecimento e à racionalidade.

No que se refere à estimação de custos e formação de preços em empresas que fabricam bens por encomenda, poucos esforços vêm sendo empenhados na pesquisa e no desenvolvimento de sistemas especialistas. Além disso, os poucos estudos não têm contemplado o processo de tomada de decisões dos gerentes para identificar as considerações feitas pelos estimadores de custos. Eles se concentram em formalizar os métodos teóricos, principalmente de livros e manuais.

Porém, é muito relevante a aplicabilidade desses sistemas nas empresas, uma vez que podem auxiliar na estimação de custos e formação de preços como parte de uma ferramenta de apoio aos tomadores de decisão. Os sistemas especialistas podem utilizar-se das regras dos especialistas[2] para chegar à solução de problemas, ou, pelo menos, para apontar possíveis soluções.

Com vistas a implementar e verificar a utilidade desse tipo de sistema nas empresas, foram feitos, durante a pesquisa aqui citada, o mapeamento do processo de estimação de custos e formação de preços em empresas de produção por

---

[2] Essas regras dizem respeito ao que se chama de *thumb rules*, ou seja, regras criadas a partir da experiência pessoal dos especialistas.

encomenda e a posterior modelagem desse processo em um sistema que será à frente apresentado.

A seguir, demonstra-se como os sistemas de suporte à decisão e os sistemas especialistas se relacionam como um sistema híbrido, e, posteriormente, como esse sistema híbrido pode ser utilizado para dar suporte ao processo de estimação de custos e formação de preços.

Combinação entre o sistema de suporte à decisão e o SE

A princípio, parece que os sistemas de suporte à decisão e os sistemas especialistas têm pouco em comum. Algumas diferenças são apontadas no Quadro 16.2:

Quadro 16.2 *Diferenças entre SE e SSD*

SE	SSD
• Foco em regras.	• Foco em relações matemáticas.
• Substituição dos especialistas.	• Adicionar conhecimento aos tomadores de decisão.
• O usuário age passivamente.	• O usuário é pró-ativo.
• O sistema faz julgamentos e recomenda alternativas de decisões.	• O sistema apenas oferece informações para a tomada de decisões.

Apesar das diferenças, SEs e SSDs podem ser integrados de maneira que um sirva de complemento ao outro: o SE poderia ser integrado ao componente de interface ao usuário do SSD, com o objetivo de se proporcionar uma interface mais amigável aos usuários do SE.

Sistemas que integram tecnologias de sistemas especialistas e SSDs, incorporando o conhecimento de um especialista e a racionalidade e a funcionalidade de um SSD, são chamados sistemas de suporte especialistas (SSE). O novo sistema tem uma aplicação potencial na gerência contábil, em que há problemas de má estruturação de sistemas.

Então, os sistemas de suporte à decisão podem ter seu funcionamento complementado por outros sistemas, ou seja, podem tornar-se sistemas híbridos. Adiante é descrito um sistema híbrido desenvolvido para dar suporte ao processo de estimação de custos e formação de preços, o qual foi chamado de CEPSS.

Um Sistema Especialista de Suporte à Decisão para Estimação de Custos e Formação de Preços

O sistema de apoio ao processo de estimação de custos e formação de preços (CEPPS), como já diz o nome, é um sistema de suporte à decisão desenvolvido para dar suporte aos profissionais responsáveis pela estimação de custos e formação de preços. A base de seu desenvolvimento é uma pesquisa realizada em empresas britânicas, no período de 1991 a 1995, e brasileiras, no período de 1996 a 2002.

Trata-se de um sistema de suporte à decisão híbrido, que incorpora técnicas de sistemas especialistas ao modelo tradicional de SSDs. O sistema CEPSS é composto por seis módulos principais: 1) Regras; 2) Estimação; 3) Ajustamento; 4) Planejamento e Controle da Produção; 5) Bases de Conhecimento; e 6) Bases de Dados (Custos, Regras Aplicadas e Recomendações Aplicadas). Além desses, compreende ainda um módulo destinado a acessar os sistemas de informações da empresa. A Figura 16.2 mostra um diagrama dos componentes do CEPSS e suas interconexões.

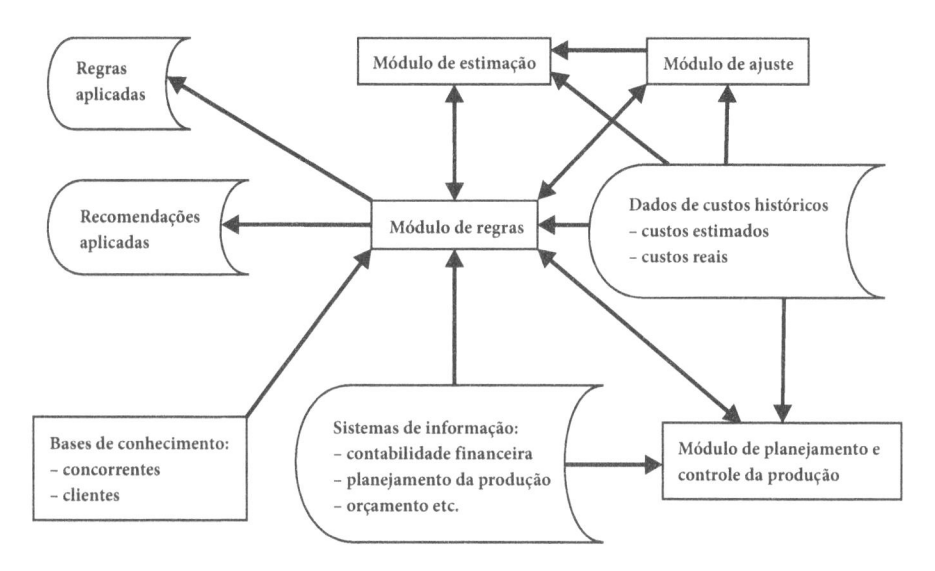

Figura 16.2 *Estrutura do Sistema CEPSS.*

O CEPSS tem seu funcionamento básico centrado no principal módulo, o de Regras. Esse módulo foi desenvolvido a partir das heurísticas (regras de decisão) levantadas em pesquisas com profissionais responsáveis por estimação de custos e formação de preços em Empresa de Produção por Encomenda (EPE); isto é, foi criado a partir do conhecimento pessoal dos profissionais, utilizado no desempenho de suas funções. Dessa forma, foi possível agregar a esse módulo o conhecimento implícito de cada profissional, ou seja, as habilidades técnicas, incorporadas ao termo *know-how* (Nonaka, 2000).

O Módulo de Regras é apresentado ao usuário na forma de uma seqüência de perguntas, organizadas de acordo com as regras de decisão representadas no sistema. À medida que as questões são respondidas, o sistema aplica (deflagra) as regras. As perguntas que vão sendo apresentadas dependem das respostas dadas para as questões anteriores. Uma vez que todas as questões e regras são repassadas, o sistema apresenta uma lista de recomendações.

Além desse módulo principal, o CEPSS tem nos seus demais módulos várias ferramentas úteis para o processo de estimação de custos e formação de preços com o objetivo de tornar os preços nas EPEs mais precisos e competitivos. O Módulo de Estimação permite o registro das estimativas de custos dos produtos/serviços. Mais especificamente, permite:

- a distribuição da tarefa de estimação de custos aos departamentos apropriados;
- o registro das estimativas por diferentes profissionais;
- manter registrado qual profissional faz cada estimativa;
- o registro do custo dos materiais necessários à fabricação do produto/serviço;
- fator de confiança do profissional (quão seguro está sobre a precisão da estimativa);
- fator de similaridade (tamanho, função operacional, processo de manufatura e uso de materiais diretos) do componente ou serviço sendo estimado; e
- fator de experiência do profissional (quanta experiência tem com o componente do produto ou serviço sendo estimado).

Esses dados, relacionados aos custos dos produtos/serviços, são controlados pelo sistema de custeio, que é parte integrante do Módulo de Estimação (Figura 16.3).

O sistema de custeio utiliza a metodologia de custeio baseado em atividades (ABC), a qual, além do custeio de produtos/serviços, pode ser utilizada para a gestão de custos. Em sua utilização, o primeiro passo é cadastrar as atividades e os custos. Posteriormente, atribuem-se a cada atividade os respectivos custos e direcionadores. O direcionador da atividade identifica a maneira como os produtos/serviços "consomem" (utilizam) as atividades; ou seja, indica a relação entre as atividades e os produtos/serviços. Depois de identificadas as atividades, seus direcionadores e custos, a próxima etapa é apurar o custo do produto/serviço. Para tanto, é necessário que o profissional responsável pela estimação de custos informe a quantidade de ocorrência dos direcionadores de atividades por período (mês).

Assim, a qualquer momento de uma estimativa o custo dos materiais é obtido diretamente de uma base de dados, que pode ser atualizada a qualquer instante. Já o custo das atividades é obtido utilizando-se o último custo calculado para os direcionadores de atividades. Desse modo, a qualquer instante o custo dos direcionadores está disponível em uma base de dados.

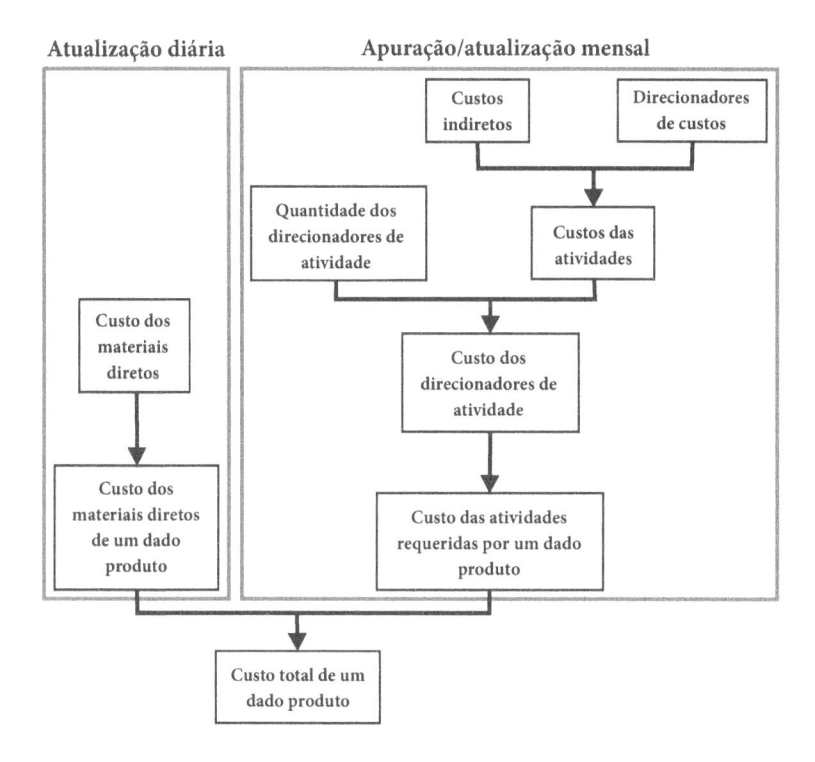

Figura 16.3 *Módulo de Estimação.*

Para o cálculo do custo unitário do direcionador (CUD), do custo da atividade atribuído ao produto (CAAP) e do custo da atividade por unidade de produto (CAUP), são utilizadas as seguintes fórmulas:

CUD = Custo da atividade/N° total de direcionadores

CAAP = Custo unitário do direcionador × N° de direcionadores do produto

CAUP = Custo da atividade atribuído ao produto/Quantidade produzida

O Módulo de Ajustamento permite a análise dos custos históricos e dos custos atuais. Essa análise leva em consideração todos os dados registrados na estimação de custos. Assim, é possível identificar os motivos das variações/discrepâncias entre os custos estimados e os custos reais.

O Módulo de Planejamento e Controle da Produção permite a interligação dos processos de estimação de custos e formação de preços com os processos de planejamento e controle da produção. Tal interligação possibilita a estimação e análise dos custos envolvidos nas decisões de planejamento e controle da produção quando de um novo produto/serviço.

O Módulo Bases de Conhecimento é composto por duas bases de conhecimento: concorrentes e consumidores. O objetivo é manter registradas informações e regras cruciais para a estimação de custos e formação de preços, motivo pelo qual é utilizada a expressão *bases de conhecimento* em vez de *bases de dados*. A prerrogativa é de que esses conhecimentos sejam atualizados constantemente e que novas regras sobre competidores e clientes sejam incluídas à medida que forem surgindo na prática.

Essa descrição do sistema CEPSS focou dois de seus módulos: o de Regras e o de Estimação. Foi apresentado como as regras auxiliam no processo de estimação de custos e formação de preços. Com essas regras, os profissionais responsáveis pela estimação de custos e formação de preços são capazes de analisar os fatores que, caso desconhecidos, dificultam e tornam imprecisas tanto a estimação de custos quanto a formação de preços. Além disso, demonstrou brevemente como o Módulo de Estimação auxilia os profissionais durante a estimação dos custos para a formação dos preços.

Discussão dos Resultados

De acordo com alguns dos resultados da pesquisa aqui citada, foi constatado que o porte da empresa é um fator determinante do sistema informacional utilizado e das características desse sistema. Enquanto empresas de grande porte possuem programas integrados e com características específicas para estimação de custos e formação de preços, pequenas empresas, de uma maneira geral, procuram adaptar softwares de baixo custo, já existentes no mercado, à sua realidade produtiva, com o objetivo de se estimar os custos de produção com maior facilidade e agilidade e haver uma maior precisão da definição do preço de venda.

Nas grandes empresas são utilizados programas específicos para a estimação de custos e formação de preços e que integram toda a companhia. Por causa dessa integração, é possível que cada centro de custo, ou de atividades, lance diretamente no sistema os seus gastos com produção. De maneira análoga, cada setor da empresa poderá coletar no sistema as informações que lhe convêm, no que diz respeito a estimação de custos e formação de preços. Assim, os diferentes departamentos podem consultar o sistema, da mesma forma que a diretoria ou os centros de atividades requisitam as informações que necessitam.

Ao contrário das grandes empresas, as empresas de pequeno porte utilizam programas mais simples, que, na maioria dos casos, são desenvolvidos dentro da própria empresa. Para constituir um sistema que dê suporte à tomada de decisão, são utilizadas planilhas do Excel e banco de dados do Access. Os dados, em tais empresas, são coletados manualmente pelos próprios funcionários, pelo gerente de produção e pelo gerente administrativo. Os dados coletados são repassados para uma pessoa, geralmente a secretária, que fará a sua inserção no sistema. Esse processo pode ser visualizado na Figura 16.4.

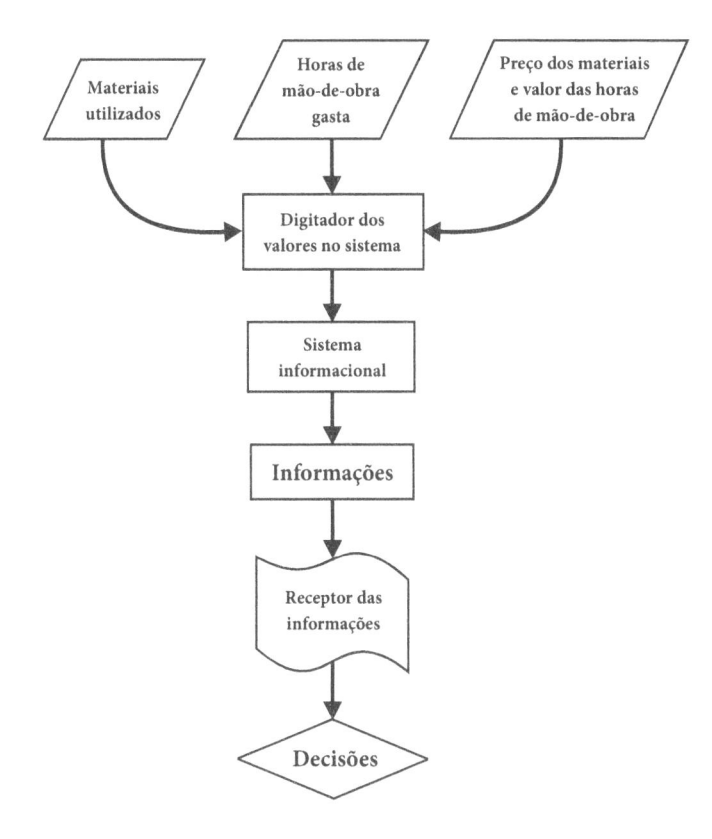

```
┌─────────────┐   ┌─────────────┐   ┌──────────────────┐
│ Materiais   │   │  Horas de   │   │ Preço dos materiais│
│ utilizados  │   │ mão-de-obra │   │  e valor das horas │
│             │   │    gasta    │   │  de mão-de-obra    │
└──────┬──────┘   └──────┬──────┘   └─────────┬────────┘
       │                 ▼                    │
       └────────►┌─────────────────┐◄─────────┘
                │  Digitador dos  │
                │ valores no sistema│
                └────────┬────────┘
                         ▼
                ┌─────────────────┐
                │     Sistema     │
                │   informacional │
                └────────┬────────┘
                         ▼
                ┌─────────────────┐
                │   Informações   │
                └────────┬────────┘
                         ▼
                ┌─────────────────┐
                │   Receptor das  │
                │    informações  │
                └────────┬────────┘
                         ▼
                   ◆ Decisões ◆
```

Figura 16.4 *Sistema informacional.*

Esses sistemas fazem parte do que se denomina como sendo sistemas transacionais: contas a pagar e receber, folhas de pagamento etc. Somente podem lidar com problemas rotineiros, de certa forma, apenas otimizando alguns procedimentos rotineiros da empresa.

Tais sistemas não funcionam como sistemas de suporte à decisão porque não são capazes de lidar com problemas de natureza desestruturada. Além disso, apenas mantêm dados para controle de algumas atividades cotidianas das empresas, não possuindo as capacidades, apresentadas neste capítulo, dos sistemas de suporte à decisão e dos sistemas especialistas.

Apesar de os sistemas de suporte à decisão demonstrarem ser muito úteis para uma empresa, deve-se levar em conta que:

> o problema fundamental, como o de todos os softwares de apoio a decisões que prevêem ocorrências futuras, é que nenhuma pessoa ou computador pode prever o futuro. É aqui que a verdadeira análise de informações desempenha um papel. (...) Ao analisar dados, é importante lembrar que máquinas não podem compreender

toda as sutis interações do mundo suficientemente bem para tomar decisões. Podem, entretanto, fornecer informações básicas para que seres humanos tomem decisões bem fundamentadas e mais eficazes. (Smith et al., 2000, p. 239)

Assim, o enfoque da gestão do conhecimento pode ajudar a determinar o processo pelo qual o conhecimento gerado pela empresa pode ser sistematizado e, posteriormente, replicado internamente (Zapata, 2001, p. 7). Desse modo, um processo sistemático de registro e análise de experiências ligadas a uma atividade pode ser considerado um tipo de mapeamento de conhecimento, seja este uma análise avançada de procedimentos ou círculos de qualidade funcionando bem. Técnicas como essas reduzem a necessidade de outros esforços de gestão do conhecimento. Entender a base de conhecimento da empresa realmente é a chave (Carlsen e Skaret, 1998, p. 7).

Considerações Finais

A utilidade e a importância do conhecimento para uma empresa são bastante discutidas nos dias de hoje. Apesar de toda a discussão, uma grande parte das empresas ainda não utiliza ferramentas adequadas para gerar o conhecimento e que sirvam para dar suporte à tomada de decisões.

Este capítulo buscou demonstrar como sistemas de informações, mais especificamente, os sistemas especialistas e os sistemas de suporte à decisão, podem ser utilizados para a organização, manutenção e disponibilização de conhecimento nas empresas. Para isso, usou como base uma pesquisa desenvolvida pelos autores.

Verificou-se que as informações são geradas no cotidiano da empresa e assimiladas pelos funcionários nas suas experiências na rotina de desenvolvimento de suas atividades. Entretanto, tais experiências tornam-se pessoais, fazendo parte do que se denomina conhecimento implícito. A disseminação desse tipo de conhecimento é difícil e lenta sem o uso de ferramentas.

Apesar do conhecimento implícito de cada profissional, suas experiências pessoais, a depender do tipo de problema, não possibilitam a tomada de decisões acertadas. Os problemas desestruturados são peculiares e apresentam aspectos que geralmente não são levados em consideração em uma tomada de decisão de problemas rotineiros, por exemplo. Nessas situações, os profissionais utilizam regras pessoais de decisão, também chamadas heurísticas, as quais, muitas vezes, não são suficientes para lidar com os problemas desestruturados, o que leva a decisões errôneas e imprecisas.

A utilização de sistemas de suporte à decisão conjuntamente com técnicas de sistemas especialistas, como o sistema CEPSS apresentado neste capítulo, é uma solução possível para esses casos.

O sistema permite que os relatórios feitos pelos profissionais durante o processo de estimação de custos e formação de preços permaneçam armazenados, permitindo consultas que podem esclarecer aspectos que, caso desconhecidos, dificultariam ou tornariam imprecisa a tomada de decisão relativa ao processo de estimação de custos e formação de preços. O caso apresentado neste capítulo pode ser expandido para as diversas áreas de uma empresa. Há, portanto, muitas oportunidades de desenvolvimento de pesquisas adicionais sobre a utilização de sistemas de suporte à decisão para auxiliar os profissionais responsáveis pelas tarefas de estimação de custos e formação de preços.

Referências Bibliográficas

ALTER, S. Information systems: a management perspective. 2. ed. Menlo Park, CA: The Benjamin/Cummings Publishing Company, 1996.

ATKINSON, A.; BANKER, R. D.; KAPLAN, R. S. et al. Contabilidade gerencial. São Paulo: Atlas, 2000.

BERALDI, L. C.; ESCRIVÃO FILHO, E. Impacto da tecnologia da informação na gestão de pequenas empresas [artigo científico]. 2000. Disponível em: http://www.ibict.br/cionline/ 290100/29010005.pdf. Acesso em: 10 jul. 2002.

BOLAÑOS, R. Administración del conocimiento I [artigo]. Disponível em: http://www.pyme.com.mx/articulos_pyme/ todoslosarticulos/ administracion_del_conocimiento_i.htm. Acesso em: 10 jul. 2002.

_____. Administración del conocimiento II [artigo]. Disponível em: http://www.pyme.com.mx/articulos_pyme/ todoslosarticulos/ administracion_del_conocimiento_ii.htm. Acesso em: 10 jul. 2002.

CARLSEN, A.; SKARET, M. Practicing knowledge management in Norway: lessons from process in small firms [artigo científico]. 1998. Disponível em: http://www.indman.sintef. no/kos/ publikasjoner/Arbeidsnotat_4-98.pdf. Acesso em: 10 jul. 2002

COURTNEY, F. J. Decision making and knowledge management in inquiring organizations: toward a new decision-making paradigm for DSS. Decision Support Systems, v. 31, n. 1, p. 17-38, maio 2001.

DE SOUZA, A. A. Developing a knowledge-based decision support system to aid make-to-order companies in cost estimation and pricing decisions. Lancaster, 1995. Tese (Doutorado) – Department of Management Science, University of Lancaster.

LAUDON, J. P.; LAUDON, K. C. Sistema de informação. 4. ed. Rio de Janeiro: LTC, 1999.

MÜLLER, I. F.; DE SOUZA, A. A. Uma análise das aplicações existentes e potenciais de sistemas especialistas nos processos de tomada de decisão nos níveis gerenciais: um estudo de caso. Anais em CD-ROM do XVIII ENCONTRO NACIONAL DE ENGENHARIA DE PRODUÇÃO e IV CONGRESSO INTERNACIONAL DE ENGENHARIA INDUSTRIAL. Niterói: 1998, p. 1-10.

NICKOLS, F. The knowledge in knowledge management [artigo científico]. 2003. Disponível em: http://home.att.net/~OPSINC/ knowledge_in_KM.pdf. Acesso em: 10 jul. 2002.

NONAKA, I. A empresa criadora de conhecimento. In: Gestão do conhecimento/ Havard Business Review. Trad. de Afonso Celso da Cunha Serra. Rio de Janeiro: Campus, 2000.

NONAKA, I.; TAKEUCHI, H. *A criação de conhecimento na empresa*. Rio de Janeiro: Campus, 1997.

SHIMIZU, T. *Decisão nas organizações*: introdução aos problemas de decisão encontrados nas organizações e nos sistemas de apoio à decisão. São Paulo: Atlas, 2001.

SMITH, R.; SPEAKER, M.; THOMPSON, M. *O mais completo guia sobre e-commerce*. São Paulo: Futura, 2000.

TURBAN, E.; ARONSON, J. E. *Decision support systems and intelligent systems*. 6. ed. New Jersey: Prentice Hall, 2001.

ZAPATA, L. E. *La gestión del conocimiento en pequeñas empresas de tecnología de la información*: una investigación exploratoria. Barcelona, Espanha: Departament d'Economia de l'Empresa, 2001. Disponível em: http://selene.uab.es/dep-economia-empresa/documents/01-8.pdf. Acesso em: 10 jul. 2002.

ZWASS, V. *Management information systems*. Dubuque, IA: Wm. C. Brown Publishers. 1992.

17

Perspectivas da Regulamentação do MEC para a Educação Superior a Distância

Rubens de Oliveira Martins

Resumo

Este capítulo discute o papel da educação a distância como política estratégica do Ministério da Educação (MEC) inserida no contexto das demais ações que visam a expansão com qualidade e inclusão social no ensino superior brasileiro, bem como apresenta o cenário consolidado pela recente atualização da regulamentação federal sobre essa modalidade e reflete sobre os desafios e tendências inerentes ao processo.

Introdução

Estamos presenciando uma ampliação da oferta de cursos superiores a distância, que pode ser comprovada na presença cada vez mais freqüente de campanhas publicitárias de faculdades e universidades para essa modalidade. A possibilidade de estudar em um curso que se adapte ao ritmo individual, e que não exija presencialidade, é um fator determinante na opção de um público que se encontra afastado do ensino tradicional.

Essa nova demanda pela educação a distância (EAD) vem acompanhada por inúmeros questionamentos, sempre presentes diante do "novo", que explicitam a necessidade de uma discussão acerca da gestão do conhecimento e das novas tecnologias, daí a importância de compreender o lugar ocupado por essa modalidade de educação nas recentes políticas do MEC.

O cenário atual da regulamentação da educação a distância no Brasil passa a se consolidar somente a partir do ano de 2005, quando é possível encontrar diferentes ações coordenadas pelo Ministério da Educação que demonstram de forma explícita que se trata de uma política estratégica de governo e também uma política de Estado com um horizonte mais amplo, a partir de políticas públicas voltadas para a ampliação e a interiorização da oferta do ensino superior gratuito e de qualidade no Brasil.

A partir da análise das políticas desenvolvidas pelo Ministério da Educação, pode-se compreender a dinâmica das questões que se destacam em cada período, que refletem as visões dos gestores e decisores públicos, ao mesmo tempo em que determinam as diferentes estratégias de implementação de modelos de educação superior a distância pelas faculdades e universidades.

Essa análise possibilitará identificar as diversas dimensões que definem os obstáculos culturais, legais e tecnológicos envolvidos na oferta de cursos superiores a distância, resultando em instrumentos capazes de definir políticas mais apropriadas para enfrentá-los.

A Educação a Distância como Política Estratégica do MEC

O contexto sociopolítico sinalizando a necessidade de investimentos em EAD já se encontrava definido no Plano Nacional de Educação, contido na Lei nº 10.172, de 9 de janeiro de 2001, que explicita as seguintes metas, entre outras: prover, até o final da década, a oferta de educação superior para, pelo menos, 30% da faixa etária de 18 a 24 anos; implementar avaliação institucional e de cursos para elevar os padrões de qualidade do ensino; diversificar o sistema superior de ensino; e diversificar a oferta de ensino, incentivando a criação de cursos com propostas inovadoras, permitindo maior flexibilidade na formação e ampliação da oferta.

Além da pressão da demanda por cursos superiores, a realidade dos egressos do ensino médio revela deficiências no domínio da leitura, escrita e interpretação de textos, além de uma carência nas possibilidades de acesso e uso de tecnologia de informática, o que justifica uma ação governamental mais incisiva na indução para a oferta de cursos a distância.

Em termos de políticas explícitas, a Secretaria de Educação a Distância (Seed) do MEC, inicialmente chefiada pelo professor João Carlos Teatine, e atualmente sob responsabilidade do professor Ronaldo Mota, tem um papel fundamental no atual prestígio que a EAD goza no MEC, resultante de pelo menos quatro grandes ações: a elaboração de um novo decreto de regulamentação de EAD, o programa Pró-Licenciatura, a implantação do sistema da Universidade Aberta do Brasil (UAB), e o projeto Rede Interativa Virtual de Educação (Rived), que discutiremos a seguir.

Pode-se afirmar que a educação superior brasileira passa a ter um marco legal sistematizado a partir da regulamentação dos artigos 80 e 87 da Lei nº 9.394, de

20 de dezembro de 1996, que define a obrigatoriedade de que todas as instituições de ensino superior obtenham um credenciamento federal para poderem ofertar cursos superiores. Tal regulamentação insere-se no cenário da política de *expansão com qualidade e inclusão social*, no qual a educação a distância tende a se tornar uma alternativa de formação regular.

Dessa forma, a primeira questão a ser tratada refere-se à regulamentação, considerando a imagem paradoxal que freqüentemente é associada ao MEC: ora acusado de uma *febre legislativa* com a publicação de inúmeras portarias, ora de *lentidão* e de incapacidade para definir uma regulamentação que acompanhe a realidade.

No caso da EAD, o MEC assume uma postura pró-ativa ao iniciar um amplo debate nacional acerca da regulamentação de EAD anterior (Decreto nº 2.494/98), envolvendo atores importantes como as instituições de ensino superior (IES) e associações científicas, e levando em consideração as experiências de sucesso – e também os fracassos – de implantação de cursos superiores a distância, além da experiência de supervisão e avaliação das demais secretarias do MEC, nomeadamente a Secretaria de Ensino Superior (SESu) e a Secretaria de Educação Profissional e Tecnologia (Setec).

A coordenação de um processo dessa amplitude é sempre complexa, e embora tenha havido um grande esforço da Seed e *vontade política* para avançar na nova regulamentação, a multiplicidade de atores fez com que a busca de consenso prolongasse as discussões por dois anos, entre 2003 e 2005. Mesmo diante desse *adiamento* da decisão, pode-se afirmar que pela primeira vez o MEC conseguia definir uma regulamentação baseada em uma construção coletiva, com o máximo nível de consenso possível.

O resultado desse processo culminou na publicação do Decreto nº 5.622, de 19 de dezembro de 2006, que simbolicamente tem a mesma data da LDB (Lei nº 9.394, de 20 de dezembro de 1996), e que foi apresentado pelo próprio ministro da Educação, professor Fernando Haddad, em 20 de dezembro de 2005, simultaneamente ao anúncio de um edital para iniciar o processo da Universidade Aberta do Brasil.

Simultaneamente ao processo de discussão de uma nova legislação para EAD, o MEC iniciava a implementação do Pró-Licenciatura – Programa de Formação Inicial para Professores do Ensino Fundamental e Médio –, coordenado pela Secretaria de Educação Básica (SEB) e pela Seed e com o apoio e participação da Secretaria de Educação Especial (Seesp) e SESu, concebido como uma ação voltada à melhoria da educação básica do país, com o objetivo de oferecer cursos de licenciatura para professores da rede pública em exercício do ensino fundamental e médio, e que não têm habilitação superior.

O Pró-Licenciatura selecionou, entre outubro de 2005 e junho de 2006, as instituições de ensino superior públicas, comunitárias e confessionais que estabelecerão parcerias para desenvolver e ofertar cursos de licenciatura a distância, com recursos do MEC (conforme Resolução FNDE/CD nº 034, de 9 de agosto de 2005), a serem iniciados ainda em 2006.

Percebe-se que a idéia básica do Pró-Licenciatura é aproveitar as potencialidades da EAD para definir uma estrutura flexível de oferta de cursos superiores nas regiões mais carentes, podendo ainda otimizar a produção e o reaproveitamento dos materiais didáticos desenvolvidos para as diversas licenciaturas.

Juntamente com esse programa, cujo público-alvo está bem definido, encontramos a implantação do sistema UAB, criado pelo Ministério da Educação com a publicação do Edital nº 1, em 20 de dezembro de 2005, pela Seed, que define os critérios para a seleção de pólos municipais de apoio presencial e de cursos superiores de instituições federais de ensino superior na modalidade de educação a distância.

O projeto da Universidade Aberta do Brasil conta com o apoio do Fórum das Estatais pela Educação e reflete uma política explícita de articulação de um sistema nacional de educação superior a distância visando sistematizar as ações, os programas e projetos voltados para a ampliação e interiorização da oferta do ensino superior gratuito.

Pode-se dizer que, se, por um lado, o projeto da Universidade Aberta do Brasil se integra às ações definidas no Pró-Licenciatura, por outro, resulta em uma ampliação daquele, pois não se limita à oferta de cursos de licenciatura nem a um público predefinido, mas ambiciona atender às demandas regionais por diversos cursos superiores, e também um público mais amplo.

Finalmente, permeando essas ações recentes do MEC na oferta de cursos superiores a distância, já estava em desenvolvimento o Rived, também coordenado pela Seed, cujo objetivo é a produção de conteúdos pedagógicos digitais na forma de objetos de aprendizagem, associando o potencial da informática às novas abordagens pedagógicas.

Até 2003 haviam sido produzidos 120 objetos nas áreas de biologia, química, física e matemática para o Ensino Médio, e em 2004 a SEED transferiu o processo de produção de objetos de aprendizagem para as universidades, integrando-as à ação conhecida como Fábrica Virtual.

Ao mesmo tempo em que disponibiliza os conteúdos digitais desses objetos de aprendizagem na Internet para acesso gratuito, a Rived realiza capacitações sobre a metodologia para produzir e utilizar os objetos de aprendizagem nas instituições de ensino superior e na rede pública de ensino, a partir de editais e de concursos públicos.

Todas essas ações e esses programas explicitam a concepção de uma política educacional que valoriza os processos de formação continuada, mesclando momentos freqüentes de troca e interação presencial realizados em pólos regionais, e garantindo o acesso às tecnologias de informação e comunicação (TIC), especialmente com a utilização de computadores com acesso à Internet. Assim, além da inclusão social possibilitada pela formação superior para esse público, o uso de metodologia de EAD também resulta em ações de inclusão digital, viabilizando a proficiência nos códigos e linguagens das TIC.

O Novo Cenário de EAD com o Decreto nº 5.622/05

Embora o artigo 80 da LDB fizesse referência à necessidade de um credenciamento federal para que as IES pudessem desenvolver cursos superiores a distância, somente em 1998, com o Decreto nº 2.494, de 10 de fevereiro de 1998, é que houve uma primeira sistematização e um detalhamento sobre tal modalidade. O decreto foi acompanhado da publicação da Portaria MEC nº 301, de 7 de abril de 1998, que normatizava os procedimentos de credenciamento de instituições para a oferta de cursos de graduação e educação profissional tecnológica a distância.

A regulamentação de 1998 foi fundamental para iniciar a definição dos critérios de avaliação dos pedidos de credenciamento para a oferta de cursos superiores a distância, mas aspectos da EAD não estavam previstos, uma vez que não havia nem no MEC, nem nas IES, uma clareza em relação aos problemas, desafios e particularidades referentes à modalidade.

Assim, somente em 2005, com a nova regulamentação de EAD contida no Decreto nº 5.622, é que se esclarecem alguns pontos fundamentais para consolidar uma estratégia de política para o ensino superior a distância, bem como se garante um horizonte de estabilidade para que as IES adequassem seu planejamento de oferta de EAD segundo critérios mais bem definidos.

Entre as questões fundamentais clarificadas pelo Decreto nº 5.622/05, podemos destacar:

1. Fica ratificada a obrigatoriedade de credenciamento federal específico para a oferta de cursos superiores a distância, inclusive para instituições que gozam de autonomia universitária e para instituições vinculadas aos sistemas estaduais.

2. Uma vez credenciadas para EAD, as IES com autonomia universitária não necessitam de autorização do MEC para ofertar novos cursos superiores. A exceção a esse entendimento refere-se à oferta de cursos de medicina, odontologia, psicologia e direito, cujos projetos devem ser submetidos, prévia e respectivamente, à manifestação do Conselho Nacional de Saúde e do Conselho Federal da Ordem dos Advogados do Brasil.

3. Instituições de ensino superior que não possuem autonomia universitária, além do credenciamento inicial para EAD, devem protocolizar no MEC pedido de autorização para cada novo curso superior a distância que desejar oferecer.

4. Somente instituições de ensino superior já credenciadas pelo MEC para atuar presencialmente poderão solicitar seu credenciamento para oferta de cursos superiores a distância. Tal dispositivo valoriza a experiência acadêmica das IES em sua atuação no ensino superior, e impede o surgimento de instituições exclusivamente virtuais. A exceção à regra é a possibilidade de um *credenciamento especial* para oferta de cursos de pós-graduação a distância, mas limitado apenas a instituições que comprovem ser de pesquisa científica ou tecnológica.

5. O ato de credenciamento para EAD definirá a abrangência de sua atuação no território nacional, ou seja, as IES deverão apresentar em seu projeto pedagógico a previsão para estabelecer parcerias em pólos de apoio presencial em outras unidades da Federação. Caso não sejam apresentados os convênios e acordos para essas parcerias, a IES será credenciada para atuar na unidade da Federação em que tem sua sede, e poderá solicitar posteriormente ao MEC a "ampliação de sua área de atuação".

6. O credenciamento e o recredenciamento das IES para oferta de cursos superiores a distância feito pela União serão únicos e por, no máximo, 5 anos.

7. Em razão da crescente oferta de cursos superiores a distância em pólos presenciais nos diversos estados, o decreto prevê a colaboração com os sistemas estaduais para organizar um *Banco Nacional de Informação* com dados sobre cursos e instituições de educação a distância.

8. Os alunos de cursos superiores a distância são alunos regulares do sistema de educação superior brasileiro, portanto, devem participar normalmente das avaliações previstas pelo Sistema Nacional de Avaliação do Ensino Superior (Sinaes), como o Exame Nacional de Desempenho dos Estudantes (Enade).

9. Devem ser garantidas condições análogas às da sede da instituição no que se refere ao atendimento de alunos que realizam atividades em pólos de apoio presencial, em termos de infra-estrutura, laboratórios, biblioteca e atendimento tutorial.

10. Fica explicitado que a educação superior a distância possui o mesmo *status* legal e acadêmico do ensino presencial, e que é submetida às mesmas diretrizes curriculares nacionais e aos mesmos padrões de qualidade dos cursos.

11. Os diplomas de cursos superiores a distância não se distinguem dos diplomas de cursos presenciais, e têm validade nacional. Quanto à explicitação da modalidade a distância nos diplomas expedidos, cabe a decisão de cada instituição, de acordo com sua autonomia acadêmica.

12. Os cursos superiores a distância devem ter a mesma duração mínima, em termos de carga horária, definida na modalidade presencial. Aqui se explicita que a educação a distância não é uma graduação de *segunda classe*, nem um *atalho* para o diploma de nível superior.

13. Questões referentes à gestão acadêmica dos cursos, como o controle de freqüência, são de responsabilidade interna de cada instituição e devem ser definidas no seu projeto pedagógico.

14. Uma vez que a educação a distância é apenas uma modalidade, não há distinção entre disciplinas cursadas presencialmente ou a distância, ficando as equivalências e os aproveitamentos garantidos de maneira automática, de acordo apenas com o regimento interno de cada IES.

15. O modelo de educação superior a distância brasileiro permite a combinação de diferentes modelos e recursos pedagógicos e tecnológicos na oferta de cursos a distância, mas com a manutenção da obrigatoriedade de momentos presenciais.

16. O decreto exige a integração entre o compromisso institucional da IES e os projetos pedagógicos dos cursos superiores a distância, avaliados nos processos de credenciamento e autorização submetidos ao MEC. Dessa forma, questões como a delimitação da abrangência geográfica da oferta, do número e da distribuição de vagas; infra-estrutura de apoio aos alunos em pólos; capacitação de tutores e preparação de materiais específicos passam a ser norteadoras das ações de supervisão do MEC.

17. Os resultados dos exames presenciais periódicos prevalecem sobre os demais resultados obtidos em outras formas de avaliação a distância.

A partir desse conjunto de definições trazidas pelo Decreto nº 5.622/05, pode-se afirmar que o Brasil passa a contar com um modelo de EAD capaz de induzir projetos de cursos superiores de qualidade pelas IES, e de consolidar um cenário estável para nortear as políticas públicas de expansão do ensino superior.

Tendências e Desafios na Oferta de Cursos Superiores a Distância

A afirmação de que o Decreto nº 5.622/05 define um novo cenário para a política de EAD no Brasil se confirma ao se analisar a evolução, entre 1998 e 2006, do perfil das instituições credenciadas para EAD e cursos superiores a distância autorizados, que revela que não há uma procura desenfreada de instituições buscando seu credenciamento para EAD no MEC, tanto pelo rigor das avaliações do MEC quanto pela cautela e percepção das IES em relação à complexidade e demanda de investimentos para tal projeto.

O Gráfico 17.1 revela também que, até o ano de 2003, havia um número reduzido de IES credenciadas anualmente pelo MEC para oferta de cursos superiores a distância, por conta da ausência de uma política explícita de indução dessa modalidade, seja pelas omissões na regulamentação vigente, seja pela falta de critérios explícitos de avaliação pelo MEC.

A partir de 2003, ao mesmo tempo em que a Seed inicia o debate sobre o novo decreto de regulamentação de EAD, a SESu reformula os instrumentos de avaliação utilizados pelas comissões de verificação *in loco* e desenvolve uma política de indução ao credenciamento e à autorização de cursos com projetos de educação a distância com qualidade.

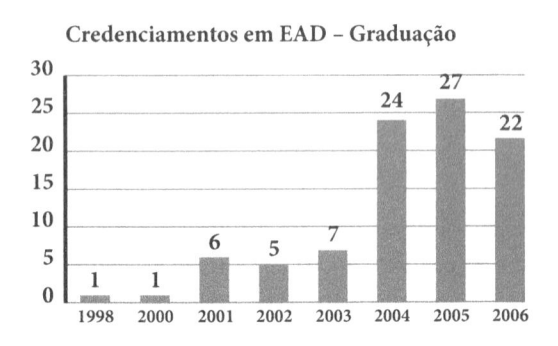

Credenciamentos em EAD – Graduação

Ano	IES
1998	1
2000	1
2001	6
2002	5
2003	7
2004	24
2005	27
2006	22

Gráfico 17.1 *IES credenciadas em educação a distância.*
Fonte: SESu/MEC (2006).

Atualmente, existem 93 IES credenciadas para EAD (52 IES particulares e 41 IES públicas), com cerca de 220 cursos de graduação, dos quais mais de 90% na área de formação de professores, mantendo a tendência identificada anteriormente quanto à *vocação inicial* da oferta de cursos superiores a distância no Brasil. Entretanto, já há cursos de graduação a distância em áreas dos bacharelados tradicionais, como: administração de empresas, ciências econômicas, secretariado executivo, turismo, ciências contábeis, teologia, serviço social, engenharia química etc.

Em termos de distribuição geográfica, 20% das instituições credenciadas para ofertar graduação a distância estão no Nordeste; 4%, no Norte; 39%, no Sudeste; 27%, no Sul, e 10% estão no Centro-Oeste, destacando-se os seguintes estados com a maior concentração de IES credenciadas para cursos de graduação a distância: Bahia, São Paulo, Rio de Janeiro, Paraná e Rio Grande do Sul.

Ainda existe uma situação *anômala* proveniente da transição do Decreto nº 2.494/98 para o Decreto 5.622/05, que é o caso das 34 IES credenciadas *exclusivamente* para oferta de cursos de pós-graduação *lato sensu*, ou seja, instituições que apresentaram seu projeto de credenciamento com base em um programa de cursos de especialização, e que devem ser submetidas a nova avaliação pela SESu para poderem ofertar cursos de graduação.

De acordo com o Anuário Brasileiro Estatístico de Educação Aberta e a Distância 2006, havia 504 mil pessoas estudando a distância em 2005 em cursos certificados pela União, um número 62,6% maior que o registrado em 2004. Ocorre que os dados incluem também os matriculados em cursos de especialização. Ao se considerar apenas os matriculados em cursos de graduação a distância, pode-se estimar um contingente de aproximadamente 250 mil alunos, número ainda pequeno frente ao universo de mais de quatro milhões de estudantes do ensino superior brasileiro.

Segundo esse estudo da Associação Brasileira de Educação à Distância (ABED), uma outra tendência que se destaca nos cursos superiores a distância ofertados por IES credenciadas pelo MEC é que ainda predomina um modelo *semipresencial* e baseado majoritariamente em material impresso (84,7% dos cursos), seguido do uso de Internet (61,2% dos cursos) e de materiais disponibilizados em CD-ROM (41,8% dos cursos).

Essa tendência pode ser explicada tanto pela carência de infra-estrutura de acesso a recursos tecnológicos e de informática quanto pelo perfil do público inicialmente atingido pelos cursos de formação de professores, com carências materiais e também de formação (exclusão digital). De todo modo, é importante reafirmar que a legislação brasileira de EAD não privilegia nenhum modelo e, assim, permite que as IES desenvolvam projetos de EAD adequados a cada curso, público e realidade regional.

Entre os desafios que se pode identificar atualmente no quadro delineado pelas políticas do MEC para a educação superior a distância destacam-se:

- o crescente número de IES credenciadas para EAD que ofertam seus cursos em pólos de apoio presencial em várias unidades da Federação;

- a ampliação do número de vagas ofertadas pelas IES credenciadas para EAD, em especial as IES universitárias, que têm autonomia para alterar as vagas de seus cursos;

- a possibilidade de estabelecer pólos de apoio presencial no exterior para atender alunos que desejem um diploma de curso superior brasileiro;

- a crescente necessidade de capacitação de tutores e de profissionais com titulação adequada para atuar em pólos de regiões que não contam com cursos superiores;

- a multiplicidade de modelos de cursos superiores a distância e a necessidade de definição de padrões mínimos de qualidade capazes de estabelecer diferentes requisitos de formatação de materiais didáticos.

Todas essas questões reforçam a necessidade de que o MEC acompanhe o desenvolvimento dos cursos ofertados nas IES credenciadas para EAD para delinear uma estratégia de supervisão e regulação capaz de garantir a qualidade desses cursos. Assim, com as iniciativas de flexibilização e de indução da oferta de cursos superiores a distância, a SESu tem desenvolvido ações de acompanhamento da oferta de cursos superiores a distância autorizados a cada ano, por meio de comissões que visitam periodicamente os pólos de apoio presencial estabelecidos em outras unidades da Federação.

Finalmente, é possível também destacar algumas outras tendências sobre o futuro dos cursos superiores a distância:

- cada vez mais as IES credenciadas para EAD buscam parcerias mais qualificadas para prover a estrutura de pólos de apoio presencial. Assim, tem-se observado um movimento no sentido de parcerias com IES isoladas, que teriam a vantagem de possuir já uma infra-estrutura acadêmica (bibliotecas, laboratórios e corpo docente) que garantiria a qualidade dos cursos;

- se a *primeira geração* de cursos a distância concentrava-se na formação de professores, deve haver uma intensificação da oferta de cursos de graduação a distância em áreas tradicionais dos bacharelados e tecnologias. A implantação da Universidade Aberta do Brasil terá um impacto fundamental nessa mudança de perfil da oferta, também provocará discussões nos órgãos de regulamentação profissional;

- a oferta de cursos superiores a distância não deverá se limitar apenas a áreas desprovidas de IES presenciais; deve ocorrer uma demanda por cursos superiores a distância também em grandes centros, seja por questões ligadas ao preço dos cursos, à flexibilidade de horários e à adequação aos modernos ritmos da vida, seja pela busca de formação continuada para quem já está no mercado de trabalho;

- atualmente, cada IES que se credencia no MEC para ofertar cursos a distância desenvolve os materiais didáticos para cada um dos seus cursos, envolvendo um grande investimento de tempo, recursos e direitos autorais. Em um horizonte de curto e médio prazos, será necessário repensar tal modelo e tentar estabelecer mecanismos de aproveitamento e adaptação de materiais desenvolvidos, evitando duplicação de trabalho e otimizando o uso de materiais de qualidade reconhecida (como a utilização de objetos de aprendizagem de domínio público);

- a superação do impasse junto à Capes no que se refere à oferta de pós-graduação *stricto sensu* a distância, já que se trata de cursos bastante propícios ao uso da EAD, seja pela maturidade do público, seja pela característica do auto-estudo vinculada a tais cursos.

Considerações Finais

As considerações apresentadas demonstram que ainda há muitos desafios a superar no processo de desenvolvimento da educação superior a distância no Brasil: por parte das instituições de ensino superior, ainda há um sentimento de insegurança diante das constantes mudanças na regulamentação, que implicam revisão de estratégias e de investimentos; por parte dos alunos, e da sociedade em geral, ainda existe uma certa desconfiança e um preconceito em relação aos cursos a distância, em termos de qualidade e de eficácia; e por parte do Ministério da Educação, a necessidade de definição de mecanismos eficientes de supervisão.

Como conclusão, pode-se afirmar que o enfrentamento das questões discutidas depende da capacidade de atualização da regulamentação de EAD, bem como da manutenção de um diálogo aberto entre MEC e IES, com o objetivo de identificar problemas e aproveitar as experiências de sucesso, resultando na consolidação da EAD como modalidade legítima e de qualidade para uma política efetiva de *expansão com qualidade e inclusão social* do ensino superior.

Referências Bibliográficas

ABED. Anuário Brasileiro Estatístico de Educação Aberta e a Distância 2006. São Paulo: Instituto Monitor, 2006.

MINISTÉRIO DA EDUCAÇÃO (BRASIL). Decreto nº 2.494, de 10 de fevereiro de 1998. Brasília: Secretaria de Educação Superior.

_____. Portaria nº 301, de 7 de abril de 1998. Brasília: Secretaria de Educação Superior.

_____. Resolução CES/CNE nº 1, de 3 de abril de 2001. Brasília: Conselho Nacional de Educação.

_____. *Relatório da Comissão Assessora para Educação Superior a Distância*. Brasília: Secretaria de Educação a Distância/Secretaria de Educação Superior, 2002.

_____. *Referenciais de qualidade para cursos a distância*. Brasília: Secretaria de Educação a Distância, 2003.

MINISTÉRIO DA EDUCAÇÃO (BRASIL). Portaria nº 4.059, de 10 de dezembro de 2004. Brasília: Secretaria de Educação Superior.

_____. Portaria nº 4.361, de 29 de dezembro de 2004. Brasília: Secretaria de Educação Superior.

_____. Portaria nº 2.201, de 22 de junho de 2005. Brasília: Secretaria de Educação Superior.

_____. Portaria nº 2.202, de 22 de junho de 2005. Brasília: Secretaria de Educação Superior.

_____. Decreto nº 5.622, de 19 de dezembro de 2005. Brasília: Secretaria de Educação Superior.

_____. Decreto nº 5.773, de 9 de maio de 2006. Brasília: Secretaria de Educação Superior.

18

Vertical de Sistemas de Informação em Educação:
Uma Discussão e Reflexão sobre a Implementação de Sistemas de Informação ERP em Instituições de Ensino Superior

Alessandro Marco Rosini
Arnoldo José de Hoyos Guevara
José Ultemar da Silva

Resumo

A maioria das instituições de ensino gostaria que os seus processos internos fluíssem de maneira serena e tranqüila nas suas organizações, procurando apenas focar as estratégias de negócios voltados à educação. Quando se implementa um sistema de informação (SI) em uma organização, necessita-se trabalhar ao máximo a gestão do conhecimento das pessoas. O conhecimento e a informação são fatores fundamentais para as organizações e, por pressuposto para os indivíduos que nelas trabalham. Porém, nas organizações predominam questões complexas, como a cultura e os processos organizacionais. Nesse cenário, vamos propor uma discussão e reflexão sobre a concepção e a devida utilização de um sistema de informação em uma instituição de ensino superior.

Introdução

Muito se espera hoje do retorno sobre os investimentos em novas tecnologias por parte das organizações, e, como já sabemos, a revolução da informação vem se acelerando nos últimos anos, podendo ser benéfica para o desenvolvimento de nossa sociedade, desde que se consiga obter equilíbrio entre a informação e o conhecimento.

Nas organizações, a questão da gestão do conhecimento, por meio do aprendizado das pessoas, pode ser vista como um grande processo análogo à qualidade total, pois quem garante a qualidade é o próprio indivíduo por intermédio da execução de suas tarefas diárias. Muitos pensadores da administração, como Nasbitt e Drucker, já falavam, desde 1980, na grande revolução da era da informação (Davenport e Prusak, 1998). Outros autores já traziam, nessa época, a questão da inovação para o centro das discussões estratégicas nos negócios, como é o caso da reengenharia de processos – mas a questão da gestão conhecimento ainda continua sendo uma grande incógnita para muita gente.

Na verdade, a gestão do conhecimento nas organizações passa, necessariamente, pela compreensão das características e demandas do ambiente competitivo e, também, pelo entendimento das necessidades individuais e coletivas associadas aos processos de criação e aprendizado.

As principais preocupações, em muitas organizações, direcionam-se para a manutenção e estabilidade no mercado em que atuam, onde são fomentados projetos de *Enterprise Resource Planning* (ERP) e projetos para Internet (como grandes portais, entre outros); entretanto, a maioria das empresas ainda não começou a desenvolver e se preocupar com projetos na área de gestão do conhecimento.

Os sistemas de informação

Para Davenport (1998), ERP é um sistema de software que tem como intenção a integração dos processos e informações que fluem na empresa. Esse sistema impõe sua lógica a uma vertente estratégica, à cultura organizacional e à própria organização da empresa. A concepção do ERP é uma solução genérica que procura atender a todo e a qualquer tipo de empresa, e seu projeto reflete uma série de hipóteses sobre como operam as organizações, desenhadas por meio de seus processos de negócio e determinadas especificidades. Ele é desenvolvido para refletir as melhores práticas de negócio, porém a decisão sobre a melhor prática fica como responsabilidade de cada organização ou, de uma maneira específica, pelo próprio usuário de software.

A solução integrada dos sistemas ERP consiste em um processo que envolve planejamento e gestão geral dos recursos da empresa e a sua utilização. O principal objetivo dos sistemas ERP é integrar todos os departamentos e funções de uma empresa (organização) em um sistema unificado de computação, com capacidade de atender à maioria das necessidades da organização (Turban, 2004).

Os sistemas de informação e os ERP têm um pressuposto básico de que, após a sua implementação, quando os processos estarão automatizados, facilitando o fluxo de trabalho das pessoas nas organizações, haja uma estabilização estrutural interna – porém, o que se espera é que haja por parte dos indivíduos maior aprendizado e, conseqüentemente, a introspecção de conhecimento.

No cenário contemporâneo, administrar envolve uma gama muito mais abrangente e diversificada de atividades do que no passado. A ênfase na gestão vem da necessidade de aperfeiçoar continuamente os processos de negócio, agregados pelo aprendizado e pela inovação permanente. No contexto da administração, estamos na era da ênfase no talento das pessoas, na atualização permanente e na importância do trabalho em equipe. Assim, a evolução da empresa precisa considerar três pontos fundamentais:

1. *Visão estratégica*: a maneira como a empresa percebe a evolução do ambiente em que atua e como se vê no cenário futuro.

2. *Cultura organizacional*: como os valores e pressupostos básicos das pessoas que atuam na organização interagem com essa visão estratégica e como as pessoas se posicionam diante da inovação.

3. *Tecnologia*: como os recursos tecnológicos disponíveis podem ser usados pela empresa na realização de sua visão estratégica, considerando a sua cultura organizacional.

Os sistemas de informação evoluíram para acompanhar a sofisticação da gerência de negócios. A ênfase, nesses sistemas de informação, é dada à validação dos dados, visando a maior qualidade e depuração destes. Sem uma metodologia adequada, não é possível obter a qualidade. E, sem qualidade de informações, não é possível obter uma inteligência competitiva em qualquer organização.

Sistemas de informação são componentes relacionados entre si atuando conjuntamente para coletar, processar e prover informações aos sistemas e/ou processos de decisão, coordenando, controlando, analisando e visualizando processos internos às organizações, interagindo entre si, cada um influenciando o outro, de modo que visualizamos a empresa como um grande processo. Antes, porém, de descrever sistemas de informação, cabem, ainda, duas definições básicas.

A organização é vista como um ambiente sistêmico aberto, interagindo sempre com o meio ambiente. No âmbito empresarial, se contextualizarmos os sistemas de informação e o contexto do conhecimento como pertencentes a uma propriedade inserida no sistema empresa, podemos, por analogia, afirmar que a organização é formada por uma série de outros subsistemas conhecidos como áreas e departamentos que, de maneira sincrônica, interagem entre si e com o meio ambiente. No caso particular de uma instituição de ensino, podemos considerar os seguintes subsistemas: o segmento acadêmico e o administrativo, propriamente dito.

Em uma organização de serviços, como é o nosso foco de discussão, os processos de negócio são cada vez mais importantes para vencer a concorrência.

A informação, tendo em vista essa conformidade, é a matéria-prima do trabalho de cada indivíduo na organização. Assim, cresce cada vez mais a ênfase na *espiral do conhecimento* (Nonaka e Takeuchi, 1997), nas diversas ações possíveis, tendo como base conhecimentos específicos sobre métodos, técnicas e ferramentas de gestão da informação.

A implementação de ferramentas para gerenciar o conhecimento impõe mudanças de perfis profissionais nas empresas e novas maneiras de lidar com o trabalho. Portanto, é necessário seguir algumas etapas de modo a adaptar todos os envolvidos a esse contexto de gestão empresarial. Os executivos, ou a alta direção, necessitam, primeiro, preparar as estruturas organizacionais para a questão da gestão do conhecimento, como segue:

- *gestão de processos*: repensar os processos da empresa;

- *formação do trabalhador do conhecimento*: rever o perfil profissional das pessoas na empresa e no mercado de trabalho;

- *dimensão do trabalho*: a passagem do trabalho manual para o intelectual, em um momento em que a maioria das tarefas repetitivas já é assumida por máquinas, indica que a relação da pessoa com o trabalho se altera, assim como será mudado o que ela precisa saber para trabalhar.

Quando implementamos um sistema de informação em uma organização ou apenas trocamos uma tecnologia (ferramenta computacional), necessitamos trabalhar ao máximo a gestão do conhecimento por parte das pessoas, não bastando apenas mudar o sistema ou mudar a tecnologia, mas, sim, prepararmos os indivíduos e as organizações para a sua devida assimilação e utilização de maneira evolutiva com o fim de vencer as resistências e atingir os benefícios desejados em termos de melhoria estrutural e conceitual com as novas tecnologias.

De acordo com Henn (1999), o processo de transformação é um conjunto de esforços estruturados, em uma seqüência lógica, que objetiva levar uma organização de um estágio a outro desejado, mediante o desenvolvimento de alternativas de como evoluir em função de novas tecnologias ou de novos conhecimentos; a criação de uma visão compartilhada com a tecnologia/conhecimentos implantados e a transformação realizada; o estabelecimento de estratégias para definir como os objetivos desejados serão alcançados; e mediante a elaboração de métodos para realizar a reeducação das pessoas e lidar com as resistências naturais em ambientes globalizados.

Um dos aspectos relevantes da globalização mencionado por Castells (1999) é a individualização das tarefas no processo do trabalho como resultado da reestruturação das empresas, possibilitada pela tecnologia da informação e estimulada pela concorrência global. Segundo Dowbor et al. (1999), essas mesmas tecnologias que redefinem os nossos tempos estão redefinindo nossos espaços. O planeta encolheu de maneira impressionante. A telemática permite que hoje qualquer biblioteca de bairro possa acessar bancos de dados de qualquer parte do mundo, a custos reduzidíssimos, criando um espaço científico integrado mundial.

Dessa maneira, esse desenvolvimento tecnológico e humano, construído sobre as estratégias de uma concorrência globalizada, é a condição essencial do sucesso e da sobrevivência das empresas. De acordo com Lacerda (2001, p. 43),

> este novo estilo de desenvolvimento é baseado na difusão acelerada e simultânea de inovações técnicas, organizacionais e financeiras fortemente influenciadas por um novo paradigma tecnológico, em que a aplicação da microeletrônica, nos diversos ramos, segmentos e setores da indústria e de serviços, têm levado a uma reestruturação da produção e das informações.

O Caso de Instituições de Ensino Superior

A área de tecnologia e de sistemas de informação tem acompanhado a evolução das pesquisas em administração, com tendência para um uso mais intensivo de técnicas qualitativas. Nesse sentido, começaram a ser utilizadas as linhas de pesquisa em que esses fenômenos são intensamente examinados e entendidos em seu contexto, de maneira mais qualitativa.

Para a realização desse trabalho envolvendo a utilização de um sistema de informação para a área de educação, integrado a um sistema ERP existente, buscamos efetuar uma reflexão sobre a utilização de um produto de software, determinado aqui como *Campus Solution*.

Optando pela estratégia de estudo de caso, este capítulo baseia-se em evidências empíricas qualitativas coletadas por meio de técnicas múltiplas como: análise de cenário de tecnologia no cenário de educação no país e em outros países – estudos e *benchmarking*, análises de produtos de software, discussões estratégicas a respeito de viabilização de produto de software na educação, entrevistas formais, observação direta, debates e *workshops*, e estudos teóricos analisados.

O Cenário antes da Concepção do Produto de Software: *Campus Solution*

O cenário de educação no Brasil, no final do século passado, apresentava uma enorme carência em relação à existência de artefatos ou produtos de software que contemplassem de maneira eficiente e eficaz os processos organizacionais existentes em uma instituição de ensino superior, isso sem contar o ensino básico, fundamental e médio. No segmento educacional, existe uma busca crescente, por parte das instituições de ensino, pela informatização de seus processos e serviços, pois elas objetivam melhorar os seus processos internos, facilitar o relacionamento com seus alunos, procurando reduzir os custos o quanto possível. Porém, não basta apenas investir em tecnologia da informação sem trabalhar questões culturais e estruturais internas, promovendo agentes de mudança organizacional e de inteligência coletiva.

Com a expansão do número de instituições privadas e o aumento da concorrência, as instituições de ensino procuram mudar a maneira de administrar seus negócios, buscando profissionalizar o modelo de gestão, e investir em novas tecnologias, por exemplo, produtos de software (Figuras 18.1 e 18.2).

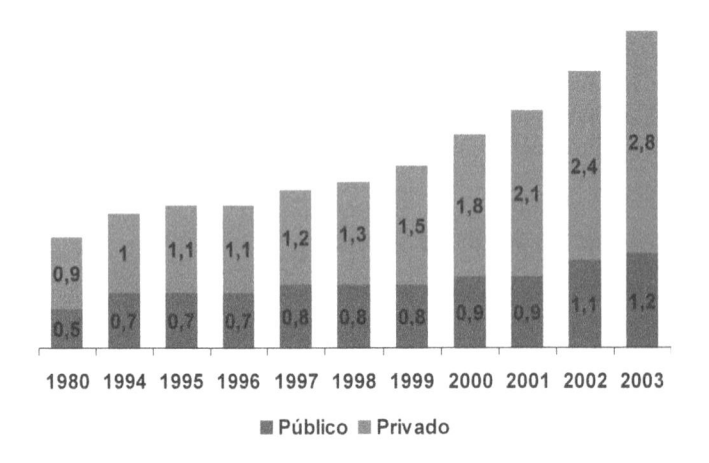

Figura 18.1 *Crescimento do Ensino Superior quanto ao número de matrículas.*
Fonte: MEC/Inep.

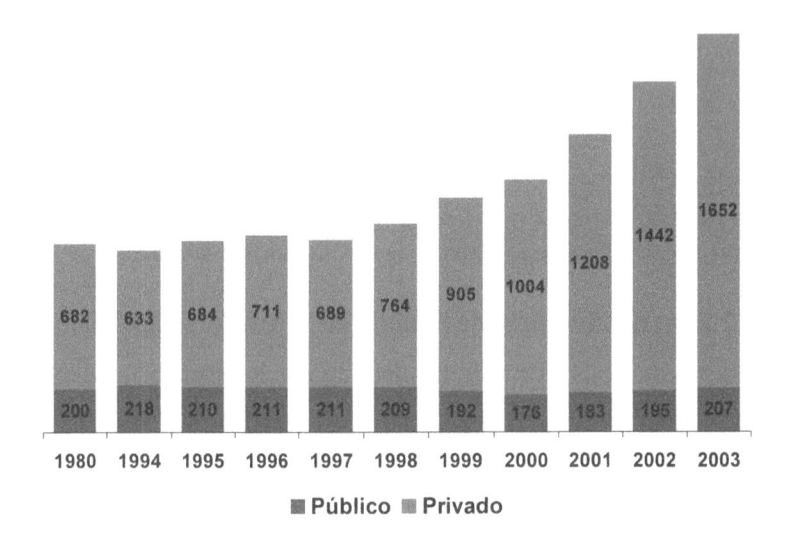

Figura 18.2 *Crescimento do Ensino Superior quanto ao número de Instituições.*
Fonte: MEC/Inep.

Entre 1994 e 2003:

- Matrículas no ensino superior cresceram 135% (180% no ensino privado e 71% no ensino público), conclusões no ensino superior cresceram 89%.

- Matrículas em mestrados e doutorados cresceram, respectivamente, 53% e 100%, conclusões cresceram 188% e 250%.

Entre 1994 e 2003 o número de instituições de ensino superior (IES) cresceu 118%.

A partir dessa demanda de evolução dos processos de gestão administrativa nas instituições de ensino, há a necessidade de um produto de software mais aderente aos processos de negócio desse tipo de organização, e iremos propor e discutir como seria esse sistema de informação.

O Redesenho Organizacional – Produto de Software *Campus Solution* – ERP Vertical Educação

Com a concepção e a necessidade de sistema de informação na área de educação, há a necessidade de um redesenho da estrutura e dos processos organizacionais da instituição de ensino, objetivando, em particular, agregar valor aos seguintes itens: (a) utilização correta do sistema de informação, (b) fluxo correto e contínuo dos processos internos, (c) segurança e salvaguarda das informações da instituição de ensino, (d) transparência na execução das atividades de cada indivíduo, (e) envolvimento e responsabilidade de todos os envolvidos.

Gostaríamos, porém, de efetuar uma ressalva sobre as universidades públicas no Brasil, onde parece-nos, a possibilidade de utilização de ferramentas tecnológicas, como os sistemas de informação na concepção de ERP, está ainda um pouco distante. Isso ocorre por causa de questões políticas de uso de softwares livres e do próprio anseio de utilizar ferramentas de plataforma fechada e comercial por parte dos responsáveis da grande maioria das universidades públicas de nosso país. Não que sejamos contra o uso de softwares livres e seus desmembramentos, muito pelo contrário. É que ainda, no Brasil, não temos aplicativos como os sistemas de informação que mereçam maior credibilidade – pelo menos não os conhecemos até o presente momento.

Parece-nos simples discorrer sobre a utilização correta do sistema de informação, mas não podemos nos esquecer dos fatores metodológicos de engenharia de software estritamente básicos e necessários para a concepção de um bom produto de software, isto é, o *approach* (abordagem) técnico. Precisamos ter uma garantia da empresa ou do setor de tecnologia de que o produto atenda às necessidades e aos requisitos organizacionais; porém, a participação das pessoas conhecedoras e responsáveis pelo contexto sociotécnico (*stakeholders*) precisa ser de forma comprometida e responsável durante todo o processo de implementação e/ou na concepção e no conhecimento do sistema de informação, e de uma maneira transparente na condução e participação do processo de trabalho.

Porém, trata-se de uma questão de estrutura organizacional, levando em conta os aspectos culturais a as raízes de poder, não só da instituição de ensino, mas, também, dos próprios indivíduos (pessoas), trazendo à tona, assim, questões de valores pessoais e éticos de cada indivíduo.

Para tanto, elencamos algumas das principais atividades que os indivíduos que atuam em uma instituição de ensino passam a ter sob sua responsabilidade em alguns dos processos existentes na faculdade ou universidade (Figuras 18.3 e 18.4). Destaca-se a grande necessidade de treinamento dos indivíduos nesse processo de desenvolvimento.

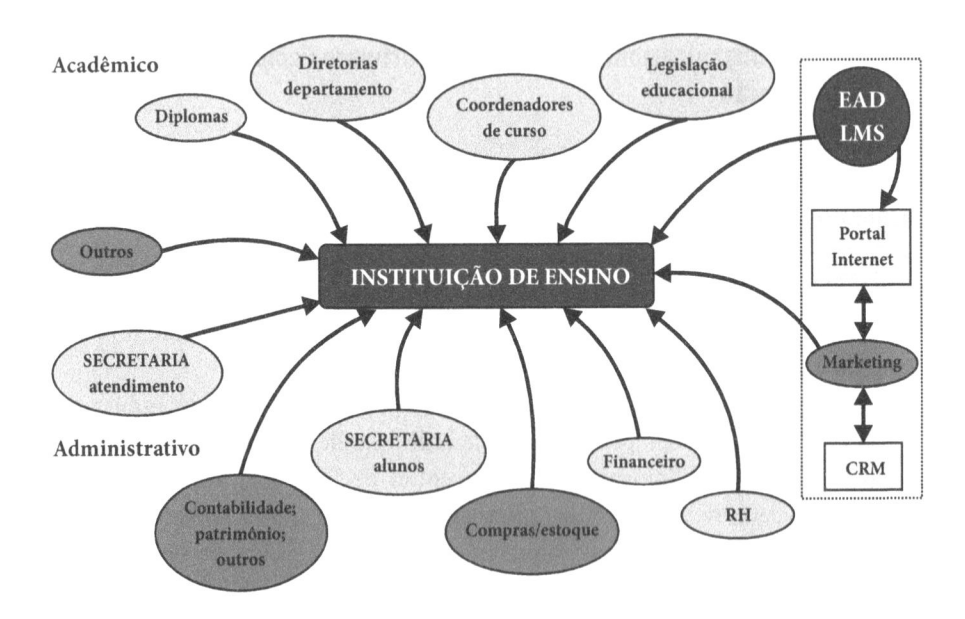

Figura 18.3 *Visão macro (nível zero): instituição ensino versus software* Campus Solution.

Essas atividades, que podemos chamar de funções sistêmicas, podem ser mais claramente evidenciadas pelos processos institucionais, isso porque não há como se ter gestão em processos sem responsabilidades claramente definidas. A seguir, relacionamos algumas dessas principais funções:

Diretores de campus ou departamentos

1. Gestão sobre a folha de pagamentos (horários, atribuições acadêmicas, entre outros).

2. Gestão sobre o Regimento, Portarias e Resoluções da instituição de ensino, como notas, faltas, pré-requisitos, entre outros.

3. Gestão sobre os horários e disciplinas em regime regular, dependências, aulas especiais, entre outros.

4. Gestão em informações gerenciais.

Coordenadores de cursos

1. Gestão sobre o regimento, resoluções internas da instituição, como notas, faltas, pré-requisitos, entre outros.

2. Gestão sobre os horários e disciplinas em regime regular, dependências, aulas especiais, entre outros.

3. Manutenção e evolução dos conteúdos programáticos.

4. Análises curriculares, como pedidos de transferências, aproveitamentos de estudos, atividades complementares, entre outros.

5. Alocação dos professores nas grades curriculares ou nos horários.

6. Análise de conformidade dos diários de classe, entre outros.

Legislação educacional

1. Análise de conformidade das grades curriculares dos cursos existentes e em estudo de aprovação.

2. Salvaguarda dos projetos pedagógicos.

3. Salvaguarda do cadastro de disciplinas.

4. Manutenção dos pareceres de reconhecimento dos cursos.

5. Gestão das comissões de avaliação dos cursos e campus, como datas, pareceres e suas respectivas agendas futuras.

6. Gestão do censo acadêmico, catálogo institucional, entre outros.

Setor de diplomas

1. Garantia de conformidade e qualidade de todo o ciclo de vida do aluno, desde a sua entrada (admissão) até a sua formatura.

2. Controle e expedição de certificados de conclusão de cursos e de diplomas.

3. Controle e expedição de certificados de extensão.

4. Atualização das atividades complementares dos discentes, entre outros.

Setor de secretaria

1. Manutenção das grades curriculares dos cursos.

2. Manutenção do cadastro de disciplinas.

3. Manutenção do cadastro de disciplinas equivalentes, de pré-requisitos e co-requisitos.

4. Gestão dos discentes retidos por quantidade de dependências em disciplinas por período letivo.

5. Cadastramento das configurações de cursos e turmas (número de vagas, de turmas, entre outros).

6. Gestão da quantidade de turmas e alunos matriculados.

7. Atualização de notas e faltas de semestres anteriores (sob autorização prévia).

8. Prover de informações gerenciais a área acadêmica.

9. Análise de conformidade do cenário sistêmico e de processos acadêmicos da instituição, entre outros.

Setor de atendimento a alunos

1. Manutenção cadastral dos discentes.

2. Expedição de documentos aos discentes, quando não forem expedidos por meio da Internet.

3. Manutenção dos arquivos e prontuários dos discentes.

4. Preparação de toda a documentação necessária do discente para o setor de diplomas.

5. Gestão com orgãos municipais, estaduais e/ou federais, pertinentes aos discentes.

6. Atendimento ao discente, provendo-os de informações corretas, concretas e pertinentes.

7. Matrículas dos discentes, nos diversos regimes, como regular, dependências, tutorias, adaptações, entre outros.

8. Análise de horários e disciplinas oferecidas em seus mais diversos regimes de realização.

9. Recebimento e baixas de pagamentos realizados pelos discentes ou candidatos(as) ao processo seletivo, quando esse for realizado na própria Instituição, entre outros.

Setor financeiro

1. Gestão das negociações realizadas pelos discentes.

2. Controle de adimplentes e inadimplentes.

3. Gestão das bolsas aos discentes.

4. Gestão dos reembolsos requeridos pelos discentes.

5. Contabilização do contexto financeiro da instituição.

6. Gestão efetiva do fluxo de caixa da instituição.

7. Emissão/expedição de cartas de cobrança.

8. Emissão/expedição de boletos bancários.

9. Interface com agentes externos, entre outros.

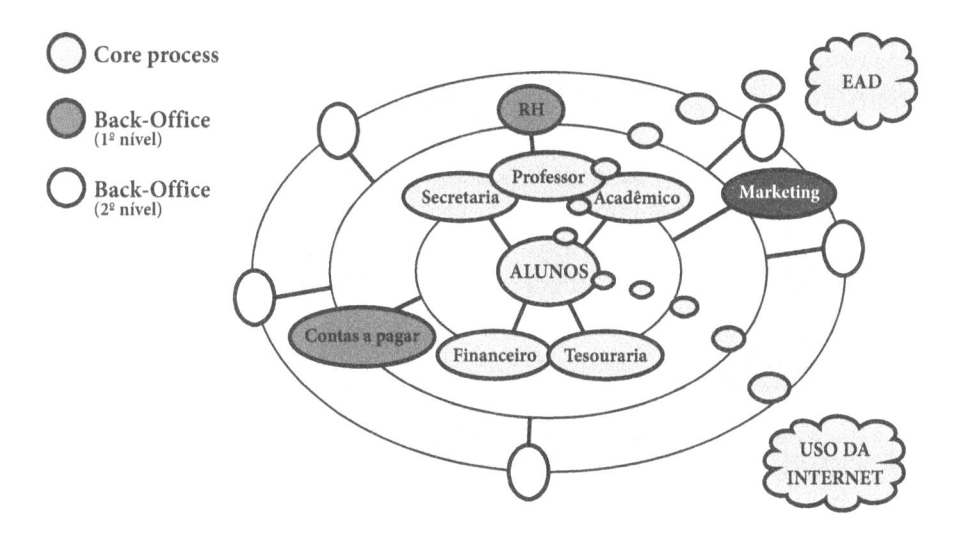

Figura 18.4 *Visão estrutural de sistemas aplicativos e processos em uma instituição de ensino.*

Algumas Características da Concepção de Produto do Software *Campus Solution* – ERP Vertical Educação

No primeiro contato dos alunos com os cursos superiores, as instituições de ensino superiores mais bem-sucedidas estão focando cada vez melhor a comunicação com os estudantes. Há uma nova ênfase na escala dos eventos para com os alunos – ou, como chamamos *touchpoints* – que permitem um forte relacionamento a longo prazo entre eles e as faculdades ou universidades. Esse tipo de relacionamento, podemos definir como sendo o ciclo de vida do aluno. Esse ciclo de vida deveria ser o foco de um sistema integrado (ERP), específico do segmento de educação.

Esse processo ou ciclo de vida (antes, durante e depois) necessita contemplar desde o processo de ingresso, bem com os serviços dos alunos e suas relações com a instituição, um ambiente seguro, funcional e estável, levando em consideração tudo o que acontece com esse mesmo aluno desde a sua entrada na faculdade ou universidade, assim como os cursos em andamento, as disciplinas cursadas, o rendimento e o seu aproveitamento, as palestras, os eventos e os cursos extracurriculares realizados, entre outros, e o processo de agilidade e flexibilidade em relação à expedição de documentações requeridas legalmente pela sua participação.

Durante todo o ciclo de vida dos alunos, as soluções em sistemas de informação e de tecnologia necessitam ser eficientes e prover de produtividade as movimentações nos processos de negócio da instituição, permitindo, assim, que possam ser focalizados tempo e recursos necessários nos objetivos estratégicos que definem a sustentabilidade e o próprio sucesso de uma instituição de ensino, como a qualidade nos projetos pedagógicos, a qualidade dos professores e a sua manutenção, e uma qualidade efetiva do contexto de pessoal e infra-estrutura do próprio campus.

Utilizar processos de comunicação com os alunos significa muito mais do que simplesmente o uso de e-mails, websites e a armazenagem de dados em si. O compartilhamento das informações acadêmicas por parte dos professores, alunos e corpo técnico-administrativo, utilizando-se de maneira eficaz a Internet, pode trazer maior eficiência qualitativa a cada processo da instituição por meio da focalização desse ciclo de vida.

Uma solução para a prospecção de alunos

As soluções desse tipo de software necessitam incluir questões de administração dos alunos, um site de produtos para controlar todos os serviços realizados e as próprias operações de negócio da instituição. Essas soluções incluem produtos para controlar esses registros, as inscrições e as admissões, os orçamentos necessários para cada curso, para a geração de financiamentos, registros do campus e as atividades de ensino propriamente ditas.

Serviços acadêmicos

O produto de software, quanto ao recrutamento e à admissão, necessita capturar detalhes da prospecção de alunos para ajudar em um melhor planejamento e o próprio gerenciamento da instituição, realizando, assim, um rastreamento completo (*tracking*) desses processos. O software necessita basear-se em critérios predefinidos, efetuando análises e prospecção de alunos com base, por exemplo, em regiões ou interesses de estudo ou até mesmo de profissões. Esse processo integrado ao *Customer Relationship Management* (CRM) é uma poderosa ferramenta na adequação de alunos e prospectos, auxiliando as forças-tarefas de marketing da instituição de ensino.

O produto de software ajuda na redução de tempo e no gerenciamento dos registros de dados acadêmicos. O software auxilia na manutenção e no planejamento (*schedule*) das classes e turmas, avaliação de transferência de créditos e disciplinas já cursadas, bem como as restrições de pré-requisitos, disponibilizando uma lista on-line de turma de espera, por exemplo. As regras nacionais quanto às questões do Ministério da Educação necessitam estar contempladas no produto de software, garantindo, assim, maior conformidade e segurança quanto à gestão desse tipo de legislação.

Serviços financeiros

O produto de software automatiza todo o processo e cenário financeiro da instituição de ensino, gerando uma maior produtividade e qualidade de suas operações, de maneira segura e respeitando a integridade dos procedimentos do setor financeiro. Dessa maneira, pode-se planejar melhor os orçamentos das instituições, seguir com critérios os contratos firmados entre as partes (pais ou alunos e instituição e até mesmo empresas), bem como analisar os fluxos de recebimentos e caixa da instituição, negociação de débitos e refinanciamentos de dívidas, reembolsos, entre outros, perfazendo, no final, a contabilização diretamente no próprio sistema ERP, encapsulando, assim, a idéia e o fundamento dos sistemas ERP.

Serviços pela Internet

O produto de software contempla também processos de trabalho que são automatizados por meio da Internet. Desse modo, tanto professores e alunos passam a interagir de uma maneira a agregar valor à relação ensino-aprendizagem. Os professores podem atualizar as notas e faltas dos seus alunos e turmas, disponibilizar material de apoio pedagógico e de pesquisa aos alunos, enviar mensagens individuais ou coletivas, publicar avisos em quadro virtual, emitir listas de presença e diários de classe, atualizar bibliografias e conteúdos de aulas ministradas, aumentando a agilidade e a qualidade dos processos sob sua responsabilidade, obtendo, assim, maior dedicação à preparação de suas aulas, a leituras e pesquisas científicas e/ou profissionais.

Já os alunos podem estar acompanhando as agendas dos professores, emitir os boletins de notas e faltas, ter acesso aos materiais de apoio disponibilizados pelos professores, enviar mensagem aos professores, e efetuar solicitações de requerimentos automaticamente aos setores de secretaria e atendimento aos alunos, entre outros, diminuindo sensivelmente o processo burocrático da instituição de ensino.

Uma outra característica importante de serviços disponibilizados pela Internet é a integração com o portal da instituição e com a ferramenta de aprendizagem a distância (*Learning Management System* – LMS). Cursos podem ser realizados não só pelos alunos, mas também por professores e funcionários, aumentando-se o espectro de aprendizagem entre os professores e funcionários da instituição de ensino.

Problemas na Implantação de Sistemas

A necessidade da mudança organizacional

Para que qualquer processo de implementação de tecnologia seja bem-sucedido em uma organização, há a necessidade de que o indivíduo, coletivamente, esteja aberto às mudanças na forma de trabalho que isso possa acarretar.

Com o objetivo de alcançar maiores índices de competitividade para as organizações, as empresas têm utilizado uma complexa gama de tecnologias, desde o planejamento de novos produtos, a reorganização de processos produtivos, passando pela adoção de novos modelos de gestão administrativa. Assim, essas novas tecnologias podem ser encontradas em vários ambientes, com reflexo diferente em cada um deles em virtude das peculiaridades inerentes a cada contexto e cenário organizacional.

Para Silva e Fleury (2000), a utilização de novas tecnologias não é algo que se faz facilmente, porque implica obter novos pontos de vista e assumir novos papéis. Isso acarreta uma revisão dos papéis dos indivíduos e, naturalmente, redimensiona a importância de cada agente inserido nesse ambiente. É natural que os indivíduos reajam negativamente à proposta de mudança, isso para preservar significados, poder e, principalmente, o conforto proporcionado pela manutenção de seu *status* adquirido.

As mudanças atualmente são grandes, abrangendo todos os campos. A sociedade assiste a – ao mesmo tempo em que participa de – um processo muito veloz, em que a única constante é a mudança. Para Gubman (1999), a extensão e o tipo de mudança, muitas vezes, andam juntos, e, quanto maior for a mudança, o foco e a complexidade tornar-se-ão mais diferentes e complexos. Como exemplo, o autor discute que, em uma extensão da mudança grande, o foco é concebido pelo processo, conteúdo e, inclusive, pelo contexto: "Toda a maneira de fazer negócios precisa mudar: ou você renova a estratégia empresarial básica e alinha quase todos os processos ou métodos para fazer isso ou precisará mudar a proposição de valor e começar tudo de novo. Isso é transformação" (Gubman, 1999, p. 290).

Uma organização que queira ou necessite mudar efetivamente, de maneira rápida e segura, deve ser capaz de, segundo Schein (1992): (1) importar informações com eficiência, dando-nos a idéia de autonomia; (2) repassá-las aos lugares certos da organização, para que as demais pessoas possam analisá-las e tomar as devidas decisões corretamente, dando-nos a idéia do processo de comunicação, desde que ela nos dê confiabilidade; (3) efetuar as mudanças e transformações necessárias para que as novas informações sejam contabilizadas, dando-nos a idéia de elaboração; (4) dar *feedback* (retorno) dos impactos causados e sentidos na organização e em seu ciclo de informação interna, trazendo a idéia de um ambiente sistêmico.

Talvez precisemos refletir um pouco sobre as questões das mudanças por meio de uma visão transdisciplinar, em que temos o relacionamento e a interdependência entre vários aspectos da realidade. Como a interdisciplinaridade melhora a formação geral com base em conhecimento mais integrado, articulado e atualizado, em uma construção auto-suficiente do sujeito, também pode permitir a abertura de novos campos do conhecimento e novas descobertas que possibilitem uma melhor formação profissional, que favorece até mesmo a educação permanente, da qual se adquire uma metodologia emancipatória traduzida por competências e habilidades que conduzem o indivíduo a aprender durante toda a sua existência.

Trata-se de uma condição fundamental de sobrevivência em um mundo onde ciência, tecnologia e sociedade vêm-se modificando em velocidade espantosa, surpreendente e inimaginável. Assim, esse conceito de transdisciplinaridade também é vital para a aplicação nos processos na organização, pois todos os processos estão relacionados entre si.

Mas há de se ressaltar que o processo de mudança e evolução necessita ser aberto e transparente por parte dos dirigentes de uma organização – isso porque, sem confiança e referenciais positivos e éticos, todo esse contexto complexo de transformação pode ser definitivamente um desastre para o contexto cultural organizacional. Lidar com pessoas e com o seu aspecto emocional de maneira ética e humana, sem sombra de dúvidas, é um grande imperativo no início desse novo século.

A cultura e a tecnologia da informação

As pessoas e seus conhecimentos (modelos mentais) são a base, a coluna vertebral de uma empresa. Sem profissionais motivados, treinados e qualificados, a empresa perde seu propósito e, conseqüentemente, a sua eficiência. Assim, uma organização jamais obterá inteligência competitiva se não tiver profissionais qualificados, e, ao mesmo tempo, a empresa não terá sustentabilidade.

A ponte da gestão do conhecimento se dá, pela cultura organizacional. A mudança se dá na medida da necessidade da competição no mercado, em uma visão de curto prazo. Nesse cenário, cada vez mais, o profissional global é exigido em virtude de seu entendimento do negócio, sua visão da concorrência e seu conhecimento da tecnologia disponível.

Para Fleury (1992), cultura organizacional é o conjunto de pressupostos básicos que um grupo inventou, descobriu ou desenvolveu ao aprender como lidar com os problemas de adaptação externa e integração interna, que funcionaram bem o suficiente para serem considerados válidos e transmitidos a novos membros como a forma correta de perceber, pensar e sentir esses problemas. A autora atribui a maior importância ao papel dos fundadores da organização no processo de moldar seus padrões culturais: os primeiros líderes, ao desenvolverem formas próprias de equacionar os problemas da organização, acabam por imprimir a sua visão de mundo aos demais e também a visão do papel que a organização deve desempenhar no mundo.

A tecnologia é, sem dúvida, uma forte aliada na distribuição do saber nos ambientes corporativos, mas ressalta-se que saber está no interior das pessoas, criando, assim, uma complexidade conjuntural, pelo fato de estar associado a cada uma das pessoas.

Como a cultura organizacional é uma base de sustentação importante para o uso de novas tecnologias do conhecimento, e em nosso caso a implementação de um processo de mudança causada pela implementação de um sistema de informação, faz-se importante o surgimento de novos líderes na organização. Não obstante, eles nunca podem estar sozinhos, necessitando sempre de apoio da alta direção da empresa.

Em pesquisa realizada por Teixeira Júnior e Oliveira (2003), revelou-se que gestores e colaboradores perceberam as mudanças culturais que a empresa realizou não só pela implementação da tecnologia da informação, mas, também, pelas motivações mercadológicas de sustentabilidade e de busca da competitividade, em que o sistema ERP e a própria tecnologia da informação atuaram como propulsores de mudanças, criando condições que favoreçam uma melhor estruturação organizacional, bem como uma eficaz gestão das pessoas e dos processos, por intermédio de uma integração maior organizacional.

O que também não podemos esquecer é que, mesmo pela existência da necessidade de mudança por parte das organizações e instituições de ensino, um outro aspecto cultural que merece ser destacado é a estrutura de poder, intrínseca aos indivíduos, não só por parte da alta direção, mas também existente na sociedade de uma maneira geral. É importante lembrar que nada se constrói nem tem vida longa por intermédio de ações não construtivas.

> O poder, definido por legado, está em nossa herança. As estátuas nos parques, as histórias nos livros escolares e as notas nos programas de concerto reforçam as conquistas heróicas, contra todas as probabilidades, por meio da força de vontade. Poder é força persuasiva, energia muscular, voz de comando, resultado produtivo, a máxima utilidade prática. [...] Só o mais apto sobrevive à luta competitiva. (Hillman, 2001, p. 40)

Em uma economia de informação e mudança de cultura organizacional, a concorrência entre as organizações baseia-se em sua capacidade de adquirir, tratar, interpretar e utilizar a informação de maneira eficaz. Assim, as organizações que liderarem essa competição serão as grandes vencedoras do futuro, enquanto as que não o fizerem serão facilmente vencidas por suas concorrentes no gerenciamento das informações.

O gerenciamento da informação no ensino superior

Sabemos que a tecnologia introduzida, sistematicamente, nas organizações a partir dos anos 1950 alterou o mundo dos negócios e, atualmente, é o instrumento com o qual as organizações operam os modelos de produção e comercialização de seus produtos. Assim, os produtos são estruturados e incorporados às facilidades da tecnologia da informação, que vão dos controles remotos até os sistemas de bloqueios e leitura óptica. A verdade que deve ser discutida é que os benefícios são inúmeros, mas o grande problema reside no gerenciamento dessas informações, independentemente do tipo da organização.

Antes de discutirmos como se deve gerenciar a informação, precisamos adquirir uma perfeita compreensão do que é a informação. Alguns argumentam que informação é apenas uma coleta de dados, e acabam comprometendo o sistema. A informação não se limita a dados coletados, na verdade são dados coletados organizadamente e ordenados, aos quais são atribuídos significados e contextos.

Quando tratamos de sistemas de informações em instituição de ensino com o auxílio do ERP, já é possível, dentro de uma universidade pública e empreendedora, aplicar recursos de sistemas de informação que possibilitem ganhos de produtividade e agilidade no processo de atendimento ao cliente, com maior eficiência possível e integração com *toda* a organização.

Na verdade, todas as ferramentas disponíveis permitem a geração de bases de dados confiáveis e práticas. Assim, a partir dos sistemas, desde que integrados, podem-se criar bancos de conhecimentos acadêmicos por áreas de competência. Isso, certamente, fortalece a instituição e, por sua vez, também os grupos de pesquisadores geradores do conhecimento. Os novos mecanismos proporcionam relacionamento e colaboração com o meio empresarial e, então, assumem importante papel na sociedade como agente de desenvolvimento. É o que chamamos desenvolvimento integrado.

Segundo McGee e Prusak (1999), informação e conhecimento são considerados patrimônios importantes nas organizações de ensino. Na maioria das instituições de ensino e pesquisa, como em outras organizações no país, o gerenciamento da informação ainda é incipiente. Muitas organizações dispõem de bancos de dados que estão espalhados pelos diversos setores, mas não se comunicam entre si, e acumulam dados que raramente se traduzem em informações.

A partir da sistematização do banco de dados sobre professores e pesquisadores das instituições, podem-se organizar cadastros de especialistas e suas competências, pois, ao se incluir as solicitações, os dados passam a ser produtores de informação para a plataforma e tornam-se domínio público ou restrito. Dessa forma, os sistemas passam a atender a todas as necessidades, como a armazenagem dos dados e segurança da informação.

De acordo com Cestari et al. (2003), com a capacidade dos usuários de acessarem informações externas diretamente via Internet, criou-se uma necessidade urgente nas empresas para desenvolver novas e melhores competências no gerenciamento de serviços de distribuição de informação. Tradicionalmente, são os centros de recursos de informação (CRI) ou a biblioteca os únicos posicionados dentro da empresa para se tornarem o provedor de serviço de conteúdo e para intermediarem os recursos internos e externos, tendo como alvo as expectativas e necessidades do usuário. Segundo o autor, se uma empresa não tem um CRI, esse trabalho deve ser criado por meio de um contrato de consultoria, ou terceirização, ou contratando-se um gerenciador de conteúdo com experiência em Internet e informações empresariais.

O sucesso de um gerenciamento de recursos de informação requer a implementação de um processo de fiscalização de todos os recursos conhecidos, pois muitos fracassos da tecnologia da informação têm ocorrido pelo não-atendimento às dimensões de gerenciamento.

Considerações Finais

Muito embora não tenhamos dado tanta ênfase ao assunto, é necessária uma política eficaz de treinamento na organização, contemplando todo o contexto da mudança, bem como o uso efetivo do novo sistema de informação. Não obstante, isso não é suficiente, requer-se um empenho muito grande em questões que levem ao desenvolvimento dos indivíduos, não de maneira individual, mas, sim, coletiva, corroborando para a existência e a construção da gestão do conhecimento da organização. As ações coletivas, porém, necessitam ser de ordem construtiva, evolutiva, para que não somente as organizações saibam lidar com a presença dessas novas tecnologias, mas possam utilizá-las sabiamente em prol da evolução do indivíduo.

Outro ponto importante é o surgimento de novos líderes na organização – esses nunca podem estar sozinhos, necessitando sempre do apoio da alta direção da empresa. Não obstante, para que qualquer processo de implementação de tecnologia seja bem-sucedido em uma organização, existe a necessidade de que o indivíduo, de maneira coletiva, esteja aberto às mudanças na forma de trabalho que isso possa acarretar, pois, muitas vezes, aliás, na maioria das vezes, a implementação de novas tecnologias e os sistemas de informação vêm de encontro aos processos organizacionais.

Não importa qual é o tipo de tecnologia que as organizações utilizam, inclusive seus sistemas de informação – o que é necessário e fundamental para as organizações é que o indivíduo caminhe para o aprendizado (coletivo), colaborando para a real construção do conhecimento. Outro ponto importante a destacar é que as empresas de tecnologia deveriam procurar agregar mais valor aos processos de negócios de uma organização, assim como um diferencial qualitativo, e não simplesmente deter-se em que seus produtos sejam a solução propriamente dita dos problemas internos às organizações.

Sobre gerenciamento de informações, vale salientar que informações válidas e abrangentes sobre os ambientes internos e externos de uma organização são apenas alguns aspectos que devem ser considerados na definição de uma estratégia competitiva, e devem ser somados ao capital financeiro e aos recursos humanos para o perfeito funcionamento de qualquer modelo de organização.

Referências Bibliográficas

BERTALANFFY, L. von. *General system theory*. Nova York: George Brasiller, 1969.

CASTELLS, M. *A sociedade em rede*. São Paulo: Paz e Terra, 1999.

CESTARI, J. M. A. P. et al. *Gerenciamento de informações na organização*. Curitiba: Celesp, 2003.

DAVENPORT, T. H.; PRUSAK, L. *Conhecimento empresarial*: como as organizações gerenciam o seu capital. São Paulo: Campus, 1998.

_____. Putting the Enterprise into the Enterprise System. *Harvard Business Review*, p. 121-131, jul./ago. 1998.

DOWBOR, L. et al. *Desafios da globalização*. Petrópolis: Vozes, 1999.

FLEURY, M. T. L. *Cultura e poder nas organizações*. São Paulo: Atlas, 1992.

GUBMAN, E. *Talento*: desenvolvendo pessoas e estratégias para obter resultados extraordinários. Rio de Janeiro: Campus, 1999.

HENN, H. F. *Peopleware*: Como trabalhar o fator humano nas implementações de sistemas integrados (ERP). São Paulo: Gente, 1999.

HILLMAN, J. *Tipos de poder*. São Paulo: Vozes, 2001.

LACERDA A. C. *O impacto da globalização na economia brasileira*. São Paulo: Contexto, 2001.

McGEE, J.; PRUSAK, L. *Gerenciamento estratégico da informação*. Rio de Janeiro: Campus, 1999.

MEC/INEP. Censo do Ensino Superior. Disponível em: www.mec.gov.br. Acesso em jul. 2005.

NONAKA, I.; TAKEUCHI, H. *Criação de conhecimento na empresa*. 8. ed. São Paulo: Campus, 1997.

SCHEIN, E. H. *Organizational culture and leadership*. 2. ed. San Francisco: Jossey Bass, 1992. (Jossey Bass Management Series and Social and Behavioral Science Series)

SILVA, S. M. da; FLEURY, M. T. L. Aspectos culturais do uso de tecnologias de informação em pesquisa acadêmica. *RAUSP: Revista de Administração da USP*, São Paulo, v. 35, n. 2, p. 19-29, abr./jun. 2000.

TEIXEIRA JÚNIOR, F.; OLIVEIRA, F. C. de. Influência da tecnologia da informação na cultura organizacional: um estudo de caso. *ENANPAD: Revista de Pós-Graduação em Administração de Empresas*, São Paulo, 2003, p. ADI-971.

TURBAN, E. et al. *Tecnologia da informação para gestão*. Porto Alegre: Bookman, 2004.

19

O Processo de Aprendizagem na Educação a Distância Corporativa

Orlando Roque da Silva
Mônica Cairrão Rodrigues

Resumo

A educação a distância (EAD) utilizada em ambientes corporativos pode trazer benefícios significativos aos processos de formação e treinamento de colaboradores. Com o auxílio das tecnologias da informação e comunicação (TIC) nas suas mais diversas formas como, por exemplo, Internet, TV, mídias diversas e a forte tendência de convergência destas mídias, as soluções de EAD corporativa tendem a se tornar cada vez mais acessíveis aos processos de formação e treinamento de colaboradores, tornando-os mais agradáveis, interativos e eficazes.

O foco do presente capítulo é refletir sobre os fundamentos pedagógicos do processo de aprendizagem e ressaltar a necessidade de se elaborar soluções de EAD Corporativa baseadas nestes. Atualmente sabemos que a aprendizagem se dá por construção do conhecimento. Cada indivíduo constrói seu conhecimento a partir das experiências anteriores. O processo cognitivo de construção do conhecimento somente acontece quando o indivíduo estabelece vínculos sociais afetivos. A concepção atual de educação compreende que vivemos em um ambiente complexo, interligado em redes de relacionamentos.

A conjunção destes fatores contribui inexoravelmente para uma mudança profunda dos paradigmas sociais e para o surgimento de um novo paradigma educacional. Estamos juntos criando uma nova forma de ensinar e aprender. Acreditamos hoje que aprendemos desenvolvendo competências, habilidades e atitudes.

O processo de aprendizagem não mais possui foco no conteúdo, mas sim no desenvolvimento de competências. O capítulo conclui que a EAD Corporativa pode utilizar-se dos avanços da pedagogia e das teorias de aprendizagem assim como das inovações tecnológicas trazidas pelas TIC.

Introdução

A EAD corporativa é uma solução altamente vantajosa tanto para as empresas quanto para colaboradores. Esta modalidade de ensino supre antigas dificuldades, principalmente nos treinamentos em larga escala, como, por exemplo, a de conciliar horário disponível de colaboradores com localização geográfica.

As soluções de EAD corporativa utilizam largamente as inovações tecnológicas das TIC, entretanto os produtos educacionais oferecidos muitas vezes não contemplam as novas concepções sobre os processos educacionais de aprendizagem e os fundamentos pedagógicos destes. O desenvolvimento e implementação de soluções de EAD corporativa é um processo que demanda tempo e investimento. A EAD corporativa é uma alternativa aos treinamentos tradicionais presenciais que apresenta vantagens interessantes. Entretanto, ela pode se tornar um investimento sem o retorno adequado se não for adequadamente desenvolvida.

As soluções de EAD no geral exigem que dois aspectos fundamentais sejam considerados em seu desenvolvimento:

- fundamentação pedagógica acerca do processo de aprendizagem: o que se deseja oferecer aos aprendizes, educadores e organizar a interação do aluno com o conhecimento, com os demais alunos, monitores, tutores, professores, ou seja, todos os agentes envolvidos no processo de aprendizagem;

- infra-estrutura de TI: ambiente de EAD, infra-estrutura de telecomunicações para suportar as soluções, desenvolvimento de módulos de conteúdo e organização do conhecimento.

Como Aprendemos?

Esta questão é a chave para o desenvolvimento de todo o tipo de projeto de curso formal ou não formal, treinamento empresarial, educação corporativa, propostas pedagógicas e outras diversas formas de educação e aprendizagem que criamos em nossas empresas e comunidades.

Ao tentarmos responder a esta questão, buscamos os fundamentos do processo de aprendizagem. Quando desenvolvemos um projeto de curso, um material didático, uma avaliação ou até mesmo uma simples palestra, o fazemos tomando como base nossa concepção do processo de aprendizagem, nossa crença de como a aprendizagem se dá e, por conseguinte, de como o ensino deve ser planejado e organizado.

Vivemos uma época em que as tecnologias da informação e comunicação (TIC) estão alterando profundamente a forma como interagimos com a informação e construímos conhecimento.

A afirmação acima é tão óbvia e repetida que nem mais prestamos atenção nela. Mas qual é a implicação na condução dos processos de aprendizagem?

A educação à distância está em franca evolução tanto nos aspectos tecnológicos quanto nos aspectos pedagógicos. Entretanto, percebemos que a evolução da tecnologia aplicada à educação caminha em um compasso divergente das teorias pedagógicas.

Do ponto de vista dos educadores e profissionais da área de educação parece que quando começamos a utilizar as Tecnologias da Informação e Comunicação como ferramenta de suporte aos processos de aprendizagem, a prática pedagógica sofreu um retrocesso de algumas décadas, exatamente porque a tecnologia parece não conseguir acompanhar a evolução da forma como interagimos com a informação, construímos conhecimento e aprendemos a aprender.

Por que isso ocorre? Porque precisamos estreitar os elos entre aqueles profissionais e empresas que desenvolvem as soluções de TI para educação e os profissionais das áreas de educação, pedagogia, psicologia da educação e treinamento cujo trabalho é planejar, desenvolver e avaliar processos de aprendizagem.

Até pouco tempo atrás, a literatura da área de educação enfatizava o ensino. Atualmente, a ênfase dos estudos está no processo de aprendizagem. Mas o que tal mudança significa?

A conjunção de teorias de diferentes áreas do conhecimento contribuiu para a mudança. A ênfase no ensino compreende que para a aprendizagem ocorrer, é necessária a transferência do saber daquele que ensina para aquele que aprende. Nesta concepção tradicional, o professor é visto como detentor do conhecimento e o transmite ao aluno, que, por sua vez, aprende. Assim, o processo de aprendizagem é uma transferência de informação ou conhecimento de um agente para outro.

Esta concepção não atende às necessidades educacionais atuais, pois outras teorias transformaram profundamente a compreensão de como a aprendizagem se dá. O século XX foi muito profícuo para o avanço das teorias que hoje fundamentam nossa prática pedagógica.

Aprendemos quando interagimos com o novo e construímos nosso conhecimento

Pelos estudos realizados, Jean Piaget demonstra que a aprendizagem se dá por construção do conhecimento. Ao se deparar com algo novo, as estruturas cognitivas dos indivíduos se desacomodam. A aprendizagem se dá quando o aprendiz reorganiza suas estruturas cognitivas para compreender o novo e, assim, construir as novas estruturas.

Ausubel é contemporâneo de Piaget e esclarece que cada indivíduo constrói seu conhecimento a partir das experiências anteriores, em uma espécie de estrutura em forma de âncoras. O novo só pode ser compreendido e apreendido, se ele for suportado/ancorado por uma estrutura anterior.

Assim, podemos afirmar que 100% de informação é 0% de informação. Ou melhor, todo curso, treinamento, palestra deve iniciar a partir de algo conhecido pelo aprendiz ou público, sob a pena de não ser compreendido em sua totalidade.

A abordagem cognitivista derruba a concepção de que um agente ensina o outro. Esta transforma a antiga teoria de que o aluno aprende porque o professor ensina na concepção de que o aluno constrói seu conhecimento.

Construímos o conhecimento, mas não sozinhos, somos seres sociais

Outra abordagem que contribui para o avanço da concepção de aprendizagem é a trazida por Vigotsky. Segundo ele, o processo cognitivo de construção do conhecimento somente ocorre quando o indivíduo estabelece vínculos sociais afetivos.

Somos seres sociais e necessitamos estabelecer vínculos afetivos para que a aprendizagem possa acontecer. É fácil exemplificar esta teoria: lembre-se de uma disciplina em sua época de ensino fundamental ou médio na qual você teve problemas de aprendizagem e suas notas eram baixas. Qual é a lembrança que você tem do(a) professor(a)? Você tinha naquela época um grupo de amigos que o ajudava estudando junto? Provavelmente o(a) professor(a) não era nada simpático e você não tinha um grupo de colegas que se auxiliavam mutuamente. Então, podemos afirmar que construímos o conhecimento quando estabelecemos vínculos socioafetivos que contribuem para este processo. Os vínculos podem ser com o professor, o mediador, o tutor ou com os demais alunos da turma.

Atualmente, quando tratamos de EAD (educação a distância), mantemos a concepção da necessidade do estabelecimento de vínculos, a única diferença é que estamos geograficamente distribuídos. Mas os vínculos socioafetivos com os professores e colegas permanecem importantes para o processo.

A Sociedade em Rede constrói coletivamente a memória dinâmica

"The Network is the computer?" Com o slogan "A Rede é o computador", a empresa SUN Microsystems chocou o mundo da informática no início da década de 1990. Longe de realizar uma apologia à empresa, é importante fazer algumas observações sobre esta afirmação. Com este slogan a empresa defende a idéia de que a visão do futuro da computação não tem sentido se as soluções não forem projetadas em rede. Nesta visão, cada indivíduo (homem, mulher e crianças) deverá desenvolver a necessidade de acessar fontes de informação planetárias e coletivas, que se encontram interligadas em rede. Muito provavelmente a empresa estava apenas pensando no âmbito tecnológico, porém ela contribuiu com o anúncio de uma nova fase do desenvolvimento da própria humanidade. Este era o prenúncio de um mundo interligado, ou o fim da automação pura, isolada no contexto da empresa, do negócio e do mercado.

Hoje é muito simples argumentar que o benefício trazido por um computador isolado é muito menor do que o dele interligado nas grandes redes mundiais de informação. Tornou-se até difícil imaginar alguma situação em que um computador isolado traga mais benefícios do que interligado em rede, salvo em casos específicos de controle e automação de processos e equipamentos. Entretanto, mesmo nesses casos, costuma-se interligar os equipamentos para realização de monitoramento, coleta de dados ou gerenciamento de seu funcionamento, produção ou levantamento de dados de qualidade.

Manuel Castells, no primeiro livro de sua trilogia, apresenta o conceito de Sociedade em Rede. Ele afirma que está sendo construída uma nova estrutura social:

> A convergência da evolução social e das tecnologias da informação criou uma nova base material para o desempenho de atividades em toda a estrutura social. Essa base material construída em rede define os processos sociais predominantes, conseqüentemente dando forma à própria estrutura social. (Castells, 1999)

Em seu estudo sobre a transformação pela qual a sociedade está passando, Castells analisa a influência da nova morfologia em rede na organização da sociedade. Segundo ele, as principais funções sociais estão sendo inseridas na nova estrutura da Sociedade em Rede fazendo com que sejam segregados grupos, atividades e funções que não se enquadrem nas características intrínsecas da nova estrutura social:

> Em nível mais profundo, as bases significativas da sociedade, espaço e tempo, estão sendo transformadas, organizadas em torno do espaço de fluxos e do tempo intemporal. (...) as funções dominantes são organizadas em redes próprias de um espaço de fluxos que as liga em todo o mundo, ao mesmo tempo em que fragmenta funções subordinadas e pessoas no espaço de lugares múltiplos, feito de locais cada vez mais segregados e desconectados uns dos outros.
>
> A construção social das novas formas dominantes de espaço e tempo desenvolve uma metarrede que ignora as funções não essenciais, os grupos sociais subordinados e os territórios desvalorizados. Com isso, gera-se uma distância social infinita entre essa metarrede e a maioria das pessoas, atividades e locais do mundo. Não que as pessoas, locais e atividades desapareçam. Mas seu sentido estrutural deixa de existir, incluído na lógica invisível da metarrede em que se produz valor, criam-se códigos culturais e decide-se o poder. (Castells, 1999)

Castells acrescenta sua argumentação com relação à síntese das transformações sociais, justificando a razão pela qual ele acredita que estamos em uma nova era cultural:

> Sob a perspectiva histórica mais ampla, a sociedade em rede representa uma transformação qualitativa da experiência humana. Se recorrermos à antiga tradição sociológica segundo a qual a ação social no nível mais fundamental pode ser entendida como o padrão em transformação das relações entre a Natureza e a Cultura, realmente estamos em uma nova era. (Castells, 1999)

Tal ambiente de estreita interconexão entre centros de processamento e informação até então isolados acaba por criar um novo paradigma com o qual o conhecimento humano deverá se adaptar. É o paradigma da memória dinâmica ou do conhecimento.

Muito antes da existência do conceito da sociedade em rede e da possibilidade de concepção das Tecnologias da Informação e Comunicação como as conhecemos hoje, Carl Gustav Jung (1875-1961)[1] percebeu que existe algo além do simples relacionamento entre pessoas, existe uma massa de conhecimento que é compartilhada entre as pessoas de uma dada época histórica e entre diferentes civilizações. Ele afirma que o inconsciente coletivo funciona como um elo que torna coletivas as experiências e o conhecimento acumulado por todas as civilizações humanas.

Constata-se atualmente a criação de um ambiente de socialização do conhecimento humano adquirido, ambiente este criado pelos próprios homens por meio do desenvolvimento tecnológico da civilização atual. As grandes redes de informação mundiais, os sistemas de gestão empresarial, as ferramentas de *workflow*, os grandes bancos de dados, a gestão do conhecimento, a infra-estrutura de EAD contemplando o desenvolvimento de objetos de informação, enfim, o aumento na capacidade de armazenamento de informação, agregado ao aumento da capacidade de processamento, o desenvolvimento de técnicas mais simples de construção de sistemas de informação e a crescente capacidade de transmissão de dados por todas as partes do planeta (sem esquecer do barateamento de toda a tecnologia), sem dúvida, são os elementos propulsores da criação de um novo paradigma do conhecimento e da comunicação na humanidade.

Este novo paradigma do conhecimento baseia-se no registro físico do conhecimento humano e na explicitação dos registros individuais, talvez, o papel da tecnologia seja "concretizar" o conhecimento humano. Traçando um paralelo com algumas das teorias do conhecimento de forma bastante jocosa, pode-se dizer que a Consciência Coletiva de Jung já não mais está somente no éter, mas parte dela está também nos computadores, ou seja, o conhecimento estaria armazenado,

---

[1] Importante psicanalista cujas teorias fundamentaram grande parte da psicanálise moderna, estudou, entre outros temas, o inconsciente coletivo, os mitos e os arquétipos.

concretizado, não mais somente na memória de um ancião ou um grupo social – não se pode negar, por exemplo, que a Gestão do Conhecimento aplicada às organizações busca exatamente essa sistematização e compartilhamento dos conhecimentos tácitos e explícitos.

É evidente que as tecnologias existentes não são capazes de *concretizar ou armazenar* o conhecimento humano intangível, no entanto, não se pode negar a profunda transformação na produção, armazenamento e interação com o conhecimento propiciado por essas tecnologias.

Parece que o homem estava procurando uma forma de construir uma memória dinâmica que torna coletivos os acontecimentos locais e os conhecimentos desenvolvidos individualmente, que com certeza irá impulsionar o avanço de toda a humanidade.

O conhecimento armazenado nas grandes redes de comunicação mundiais difere muito do conhecimento armazenado nas gigantescas enciclopédias, livros, revistas e jornais nos quais a humanidade sempre armazenou suas descobertas. O conhecimento transformado em informação e disponível nas redes não é estático. Este pode facilmente ser alterado, atualizado, cruzado e inter-relacionado. A comunidade do mundo virtual exige o aperfeiçoamento constante do conhecimento difundido, criando-se assim um ambiente propício para o desenvolvimento e manutenção permanentes de uma memória coletiva dinâmica.

Don Tapscott denomina os usuários das redes de comunicação como integrantes da *Net Generation* cuja tradução significa *Geração Rede* (Tapscott, 1997).

Esse termo caracteriza as novas habilidades cognitivas desenvolvidas nos grupos de crianças, adolescentes e jovens que desde a infância se relacionam com brinquedos eletrônicos (como o videogame e os jogos em geral) e que tendem a demonstrar uma facilidade muito maior para interagir em ambientes informatizados quando adultos do que as gerações de adultos em cujas infância e adolescência não foram submetidos aos mesmos estímulos e brinquedos eletrônicos.

Joël de Rosnay (1997) afirma que estamos inseridos em uma revolução da informação, que começou com a escrita. Para ele, a informação é a "... codificação do pensamento humano na escrita". Segundo o autor, a revolução da informação continuou com os aperfeiçoamentos da imprensa até chegar à memória dos computadores:

> A industrialização da escrita com a invenção da tipografia no século XV generalizou a comunicação por signos e tornou acessível o conhecimento acumulado pelos homens. A capacidade de tratamento eletrônico das informações tomou o bastão. A memória dos livros foi completada pela memória dos computadores; os códigos de comunicação não verbais, sons e imagens são tratados pela eletrônica. (Rosnay, 1997)

O autor faz ainda uma análise da evolução de todas essas técnicas desenvolvidas pelo homem, que sem dúvida, é um processo muito interessante:

> A aceleração é prodigiosa: a escrita suméria tem cerca de cinco mil anos; a industrialização da escrita pela tipografia e o livro têm quinhentos anos. A estocagem e, em seguida, o tratamento eletrônico por computador dos meios de comunicação humana (texto, imagens, sons) têm cerca de cinqüenta anos. Quanto à digitalização, a linguagem universal que permite tratar todos os tipos de informação, suas primeiras aplicações não têm mais do que cinco anos. (Rosnay, 1997)

Podemos ressaltar algumas características que emergiram com o advento das TIC na mediação da comunicação humana em geral:

- o sentimento de estar *plugado* no mundo – a diluição das barreiras de comunicação em geral;

- alta disponibilidade pessoal para responder a mensagens pela Internet;

- possibilidade de participar de salas de discussões com os mais diversos tipos de pessoas e culturas;

- a estrutura de organização do conhecimento já não é mais unicamente linear, seqüencial, enciclopédica, mas pode também ser hipertextual, em árvore;

- o aumento significativo da postura crítica com relação aos conteúdos disponibilizados na Internet;

- a possibilidade de saltar com uma extrema facilidade entre temas distintos, aprofundar-se em conhecimentos apenas quando interessa;

- saber onde procurar mais informações quando precisar – o conhecimento não precisa mais estar guardado, decorado, ele está disponível em algum lugar da Rede.

A forma tradicional do texto seqüencial, que possui começo, meio e fim, já não mais atende a todas as necessidades de registro do conhecimento e à nova maneira da humanidade armazenar e trocar informações.

A humanidade começa desenvolver a competência de *aprender a aprender*. Enfim, buscamos juntos a independência intelectual. Dessa forma o modelo tradicional de ensino também já deixou de ser adequado e vivemos uma época em que emerge a urgência de provocarmos alterações profundas na educação formal atual.

O professor José Armando Valente, em 1993, afirma: "(...) o uso do computador segundo o paradigma construtivista requer uma mudança de postura do professor, e uma sólida base sobre psicologia do desenvolvimento e da construção do conhecimento" (Valente, 1993).

O tradicional professor prepotente e dono da verdade sobre o mundo e a ciência tem sérias limitações, e já é consenso que a educação tem de deixar de ser uma simples *transmissão* do conhecimento acumulado por uma pessoa para os outros, mas sim deve ser o meio propício para que todos se desenvolvam e cresçam, aprendendo principalmente a buscar e conseguir as informações de que necessitam, pois todo o conhecimento humano historicamente acumulado passa por profundas e rápidas transformações e, cada vez mais, saber algo é conhecer o melhor caminho para obter as informações mais atualizadas no momento em que necessitar.

Por sua vez, o professor Ubiratan D'Ambrósio afirma que "o jovem não quer mais ser enganado por uma escola, uma instituição obsoleta, por professores que não sabem mais como repetir o velho. Eles querem encontrar gente que junto com eles procure o novo" (D'Ambrósio, 1997).

Construímos coletivamente o conhecimento, e este é compreendido por meio da transdisciplinaridade intrínseca ao pensamento complexo.

A palavra complexidade vem do latim *cum plexus*, que significa *entrelaçado, torcido junto, trançado*; portanto, para que alguma coisa possa ser complexa, necessitamos ter dois ou mais componentes que estejam estreitamente juntos de modo tal que seja difícil separá-los. Muitas partes, vários componentes e intimidade, algumas vezes ligações não intuitivas entre eles, isto é complexidade e isto é o porquê um sistema é mais complexo que a soma de cada uma das partes.

A concepção atual de educação compreende que vivemos em um ambiente complexo (Teoria da Complexidade – Edgard Morin), interligado em redes de relacionamentos (Manoel Castells e Pierre Lévy). A aplicação concreta dessa visão de mundo na educação se dá em sua essência, ou seja, nas concepções sobre:

- como a aprendizagem ocorre;

- como a informação deve estar organizada (material didático e demais mídias e fontes de pesquisa inseridas no processo de educação);

- como o processo de aprendizagem deve ser mediado;

- a postura do aluno;

- o papel do professor.

A Mudança do Paradigma da Escolaridade

Praticamente ao longo de todo o século XX a educação formal ofertada à maioria da população trazia consigo os modelos behavioristas cuja premissa é a de que a aprendizagem se dá através do estímulo-resposta, com o auxílio de materiais pedagógicos de estudo programado e das recompensas, positiva e negativa (punitiva). A *escola tradicional*, como é conhecida, formou-se no Brasil e obteve grande apoio principalmente da escola norte-americana em função de acordos de cooperação cultural estabelecidos entre o ministério da educação brasileiro e organismos americanos (acordos MEC-USAID). Nesse modelo, o ensino é a transmissão do conhecimento do professor para o aluno, que memoriza e o repete nas provas.

Outros modelos de educação desenvolvidos no Brasil e demais países latino-americanos, como a escola construtivista, ficaram restritos a algumas instituições de ensino particular, não chegando à população em geral. Nomes expoentes da pesquisa pedagógica mundial como Paulo Freire, Madaglena Freire e outros realizaram trabalhos deveras consistentes e de sucesso, cujo embasamento sempre foi a visão da educação popular como forma de libertação da opressão político-econômica. O centro dessa proposta pedagógica é a aprendizagem significativa, ou seja, o aluno aprende aquilo que tem significado e é importante para ele.

Debruçando-nos sobre a História, percebemos que o século XX caminha para o XXI a passos largos em algumas áreas do conhecimento humano como os avanços nas pesquisas genéticas, nucleares e espaciais, no entanto, não constatamos a mesma velocidade em outras áreas do conhecimento. Nas décadas de 1980 e 1990, o mercado de trabalho modifica-se radicalmente. O mundo como um todo e o mercado de trabalho especificamente não aceitam mais o trabalhador com limitada capacidade de criatividade, inovação, sem espírito crítico e incapaz de trabalhar em equipes, ou seja, preso nos padrões tradicionais de aprendizagem e de comportamento sócio-profissional. É como se este novo mercado não aceitasse o profissional formado na escola tradicional. Formam-se grandes legiões de desempregados e subempregados. Não há novos postos de trabalho, os jovens e adolescentes que deveriam estar ingressando no mercado de trabalho não conseguem seu primeiro emprego.

Esse ambiente caótico impulsiona toda a sociedade a buscar alternativas de vida e de trabalho. A escola formal deixa de ser a principal fonte de informação e cada um procura sua formação através de uma conjugação de ensino regular, cursos avulsos e principalmente o desenvolvimento de sua capacidade de ser autodidata. A recepção passiva de informações já não é mais realidade, e tanto as empresas como escolas privilegiam a capacidade de aprender e de buscar as informações de que o indivíduo necessita e a capacidade de se autodesenvolver. O professor Ubiratan D'Ambrósio afirma que:

> Ao professor é reservado o papel de dialogar, de entrar no novo junto com os alunos, e não o de mero transmissor do velho. O professor cuja atividade é transmitir o velho não tem mais espaço neste mundo que estamos começando a viver. É nesse sentido que podemos dizer que estamos entrando numa nova era na educação. (D'Ambrósio, 1997)

Michel Sérres (1995), narrando as transformações profundas da sociedade, caracteriza a emergência de uma nova concepção de ensino:

> — A população de Villanova não vai mais ao trabalho, à fábrica ou ao escritório, como se pensa, mas à escola, desde cedo, e o ensino não tem fim, nem ao meio-dia, nem à noite, quando a televisão, o rádio, os meios e as telecomunicações, independentes do fuso horário, nunca param de zunir...
> — Sociedade Pedagógica, Villanova só obedecerá aos patrões ou aos políticos se eles se fazem professores.
> — A revolução industrial atinge o reino do espírito e transforma esta cidade única em claustro intelectual. (Sérres, 1995)

Ele relata em forma de parábola as mudanças na concepção de educação e principalmente as transformações na postura dos indivíduos com relação à sua formação. A conjunção desses fatores contribui para uma mudança profunda dos paradigmas sociais e para o surgimento de um novo paradigma educacional.

O novo paradigma educacional que ora juntos construímos rompe com a escola conteudista e com o processo educativo de transmissão do conhecimento pronto, acabado e único. A educação na era das tecnologias interativas desloca o foco do processo que anteriormente estava na transmissão do conhecimento para a busca de conhecimento.

A professora Maria Cândida Moraes propõe em seu trabalho a construção de um novo paradigma para a educação, paradigma este que possa corresponder às expectativas do novo modelo que vivemos. Segundo ela:

> A matriz educacional que se apresenta com base no novo paradigma é muito mais ampla em todos os sentidos, revela o início de um período de aprendizado sem fronteiras, limites de idade e pré-requisitos burocráticos, traduz uma nova abertura em relação à comunidade na qual a escola está inserida.
>
> [...] no paradigma emergente, a escola é vista como um sistema aberto, uma estrutura dissipadora que troca energia com a comunidade que a cerca. [...] É uma matriz que implica a ampliação dos espaços, a criação de novos espaços de convivência e aprendizagem, que pressupõe uma melhor interação e um aproveitamento mais adequado dos recursos humanos, físicos e materiais que a comunidade tem a oferecer. (Moraes, 1997)

Na formulação sobre o paradigma educacional emergente, Moraes relata sua proposta sobre o processo educacional:

> Se uma das metas educacionais é levar o indivíduo a manejar e produzir conhecimentos, a desenvolver valores e atitudes que permitam a adaptação às mudanças e às novas exigências do mercado de trabalho, como desafio fundamental que decide a possibilidade e a qualidade de sua participação no mundo atual, então, o processo educacional deve levá-lo a desenvolver uma atitude construtiva, uma competência construtiva, modos construtivos de conceber, fazer e compreender, uma prática adequada para a produção de conhecimentos. (Moraes, 1997)

A educação, segundo a autora, não pode deixar de contemplar uma das mais marcantes características desta fase de nossa humanidade, que é chamada pela autora de *Era das Relações*. Ainda segundo Moraes, os avanços da física neste século nos provam que "Saímos de uma Era Material para uma Era das Relações (...)" (Harman apud Moraes, 1997), assim "(...) a natureza passou a ser compreendida como uma totalidade indivisa em movimento fluente, uma grande teia de relações e conexões" (Moraes, 1997). Portanto, a educação deverá ser o instrumento que a própria humanidade terá de utilizar para facilitar a transição desta Era da Matéria para a Era das Relações, facilitando a interação interpessoal, o desenvolvimento integral do indivíduo e do *sujeito coletivo*. Veja o que ela diz:

> Uma educação para a Era das Relações almeja uma proposta educacional que reflita e englobe tanto as dimensões materiais quanto espirituais da sociedade, que busque a superação de metas voltadas para a erradicação do analfabetismo, a melhoria da qualidade com eqüidade, a superação dos índices de evasão e repetência, mas que, simultaneamente, favoreça a busca de diferentes alternativas que ajudem as pessoas a aprender a conviver e a criar um mundo de paz, harmonia, solidariedade e fraternidade.
> [...]
> Uma educação para um mundo em constante transformação solicita o fortalecimento da unidade interior e a necessidade de privilegiar o desenvolvimento da intuição e da criatividade [...]. Isso é importante para que o indivíduo possa sobreviver a qualquer tipo de mudança, para que saiba lidar com o imprevisto, as injustiças, o novo e o caos, que exigem um novo pensar, mais coerente, articulado, rápido, múltiplo e exato, para que possa estabelecer novas relações, novas ordenações e novos significados.
> [...]
> É essa capacidade de reflexão que leva o indivíduo a aprender a conhecer, a pensar, a aprender a aprender, a aprender a fazer, a aprender a conviver e a aprender a amar, para que possa aprender a ser, e estar em condições de agir com consciência, autonomia e responsabilidade. (Moraes, 1997)

Essa transformação na concepção da educação ultrapassa rapidamente as fronteiras da educação clássica, e acaba por determinar o perfil do trabalhador nesta Era das Relações.

Enfim, o que Vem a Ser Aprender?

Vamos refletir:

Aprender é acumular informações que estarão disponíveis em nossa memória para serem utilizadas quando necessitarmos?
ou
Aprender é ser capaz de saber fazer coisas e resolver problemas?

Tais questões acompanham a reflexão sobre o objetivo e o objeto da educação desde seus primórdios. A concepção contemporânea da educação afirma que o processo educativo é complexo e tem como objetivo a construção de competências.

O conceito de construção de competências trazido por Philippe Perrenoud transcende as vertentes da educação como meio para acumular conhecimentos (visão academicista) e da educação como instrumento de ensinar a fazer (tecnicista, utilitarista). Este as transcende porque afirma que o processo de construção de competências contribui para que o indivíduo se aproprie do conhecimento necessário e seja capaz de utilizá-lo nas situações cotidianas. A construção de competências implica o desenvolvimento de habilidades e mudança de comportamento (atitudes). Para o desenvolvimento de competências, o aprendiz necessita dos conteúdos (muitas vezes os mesmos ensinados pela educação tradicional); entretanto, é a interação com o conteúdo que se dá de forma diferente.

É importante ressaltar que o conceito de aprendizagem por competências não elimina o conteúdo/informação do processo de aprendizagem. O que muda é o foco do processo, que deixa de ser os conteúdos e passa a ser as competências (o conteúdo aplicado juntamente com a mudança de comportamento).

Os quatro pilares da Educação Contemporânea propostos por Jacques Delors – aprender a ser, a fazer, a viver juntos e a conhecer – constituem aprendizagens indispensáveis que devem ser perseguidas de forma permanente pela Educação (Relatório para a Unesco da Comissão Internacional sobre Educação para o Século XXI, coordenada por Jacques Delors). O Relatório está publicado em forma de livro no Brasil, com o título *Educação*: um tesouro a descobrir. São Paulo: Unesco, MEC, Cortez, 1999.

Basarab Nicolescu afirma que "Uma educação só pode ser viável se for uma educação integral do ser humano. Uma educação que se dirige à totalidade aberta do ser humano e não apenas a um de seus componentes" (Nicolescu, 1999).

Aprender um conteúdo ignorando para que ele serve (ação muito comum na educação tradicional) já não mais é aceito, nem na educação formal, e principalmente no treinamento empresarial. O treinamento empresarial também não pode se limitar a transmitir uma técnica, visto que as empresas necessitam de profissionais cuja visão do negócio seja ampliada (mesmo aqueles que trabalham em funções técnicas e/ou operacionais). Portanto, as soluções de EAD Corporativa necessitam deslocar o foco do conteúdo (informação técnica) para a formação de competências profissionais.

Considerações Finais

A partir das considerações traçadas sobre o processo de aprendizagem, urge a ponderação a respeito dos fundamentos pedagógicos que norteiam as soluções de EAD Corporativa.

As soluções de educação ou treinamento empresarial podem apropriar-se dos avanços das teorias de aprendizagem e dos fundamentos pedagógicos atuais a fim de serem capazes de desenvolver programas de cursos que deixem de privilegiar o acúmulo do conhecimento para valorizar o processo de aprendizagem e o desenvolvimento de competências.

Nesse contexto, o foco da EAD Corporativa desloca-se para o processo de aprendizagem e compreende o funcionário como um aprendiz que é capaz de aprender a aprender. Sendo assim, as atividades propostas direcionam o aprendiz a desenvolver as competências necessárias para o exercício de sua função. A avaliação do processo deixa de ser a repetição do conteúdo estudado e passa a ser norteada pela resolução de problemas complexos, que melhor refletem o cotidiano da organização.

Os materiais didáticos utilizados nos ambientes de EAD Corporativa devem ser desenvolvidos tomando-se como premissas os fundamentos pedagógicos apresentados. Dessa forma, eles podem promover a construção do conhecimento por meio da interação do aprendiz com o conteúdo, mediar e incentivar a pesquisa e a busca pelo aperfeiçoamento individual e fomentar o estabelecimento de vínculos afetivos e a troca de experiência entre todos os agentes desse processo (demais colaboradores, tutores, professores autores etc.).

O ambiente de EAD deve ser um espaço que propicie a pesquisa, a interação, o trabalho em equipe, fornecendo ferramentas que fomentem a participação proativa do colaborador-aprendiz. Esse ambiente pode possuir somente as ferramentas tradicionais (e-mail, chat, fórum, espaço para publicação de arquivos, quadro de avisos, troca rápida de mensagens etc.), mas seu diferencial deve ser a possibilidade de todos interagirem com todos, permitindo que todos os agentes desse processo configurem as ferramentas necessárias à sua interação, ou seja, o ambiente de aprendizagem deve permitir que os alunos, e não somente os professores e monitores, escolham e configurem seu ambiente de interação.

Dessa forma, poderemos afirmar que as TIC aplicadas aos processos educacionais corporativos começam a ser utilizadas para propostas inovadoras de EAD. Inovadoras não somente nos aspectos técnicos de armazenamento e transmissão de conteúdos, mas também, e sobretudo, nos fundamentos pedagógicos dos processos educacionais.

Referências Bibliográficas

BOWDITCH, J. L.; BUONO, A. F. *Elementos de comportamento organizacional*. Biblioteca de Administração e Negócios, 1990.

D'AMBRÓSIO, U. *Transdisciplinaridade*. 3. ed. São Paulo: Palas Athena, 2001.

_____. *A era da consciência*: aula inaugural do primeiro curso de pós-graduação em ciências e valores humanos no Brasil. São Paulo: Fundação Peirópolis, 1997.

DEMO, P. *Complexidade e aprendizagem*. A dinâmica não linear do conhecimento. 2. ed. São Paulo: Atlas, 2002.

CAPRA, F. *A teia da vida*: uma nova compreensão científica dos sistemas vivos. 14. ed. São Paulo: Cultrix, 1996.

_____. *O ponto de mutação*: a ciência, a sociedade e a cultura emergente. 28. ed. São Paulo: Cultrix, 1982.

CASTELLS, M. *A sociedade em rede*. A era da informação: economia, sociedade e cultura; v.1. Trad. Roneide Venâncio Majer. São Paulo: Paz e Terra, 1999.

KO, S.; ROSSEN S. *Teaching online*. A practical guide. 2. ed. Nova York: Houghton Nifflin Company, 2004.

LÉVY, P. *Cibercultura*. 2. ed. Rio de Janeiro: Editora 34, 2000.

MCLUHAN, M. *Os meios de comunicação como extensões do homem*. 11. ed. São Paulo: Cultrix, 1999.

MORAES, M. C. *Paradigma educacional emergente*. Campinas: Papirus, 1997.

_____. *Sentipensar sob o olhar autopoiético*: estratégias para reencantar a educação. São Paulo: PUC/SP, 2001.

MORIN, E. *A religação dos saberes*: o desafio do século XXI. Rio de Janeiro: Bertrand Brasil, 2001.

_____. *Os sete saberes necessários à educação do futuro*. 2. ed. São Paulo: Cortez, 2000.

_____. *O problema epistemológico da complexidade*. Lisboa: Europa-América, 1984.

NICOLESCU, B. *O manifesto da transdisciplinaridade*. Trad. Lúcia Pereira de Souza. São Paulo: TRIOM, 1999.

ROSNAY, J. *O homem simbiótico*: perspectivas para o terceiro milênio. Trad. Guilherme João de Freitas Teixeira. Petrópolis, RJ: Vozes, 1997.

RUSSELL, P. *The global brain awakens*: Our next evolutionary leap. EUA: Global Brain, Inc., 1995

SÉRRES, M. *A lenda dos anjos*. Trad. Rosangela Vasconcellos Tibúrcio. São Paulo: Aleph, 1995.

TAPSCOTT, D. *Economia digital*. Promessa e perigo na era da inteligência em rede. São Paulo: Makron Books, 1997.

_____. *Growing up digital*: The rise of the Net Generation. EUA: McGraw Hill, 1997.

UNESCO. *Novos marcos de ação*. Brasília: UNESCO, 2001.

UNESCO. *Educação*: Um tesouro a descobrir. São Paulo: UNESCO, MEC, Cortez, 1999.

VALENTE, J. A. Formação de profissionais na área de informática em educação. In: VALENTE, J. A. (Org.) *Computadores e conhecimento*: repensando a educação. Campinas: Gráfica Cultural Unicamp, 1993.

YIN, R. K. *Case study research design and method*. New Bury Park, Londres, Nova Dhéli: Sage, 1989. 166 p.

SUN Microsystems Computer Corporation, criada em 1982. Disponível em: http://www.sun.com/corporateoverview/who/vision/new/fset-2a.html.

20

Um Modelo para a Gestão de Mudança Sistêmica da Educação

Maria Lourdes De Hoyos
Michael Bischoff
Benay Dara-Abrams

Resumo

Considerando o pensamento colocado em prática em organizações de aprendizagem que alcançaram o sucesso, e projetos de ensino e aprendizagem assistidos por computador, de grande escala no México e na Alemanha, um modelo para a gestão de mudança sistêmica na educação foi desenvolvido por nós. O modelo oferece um guia para instituições e organizações educacionais, auxiliando-as na transição do ensino baseado em aulas expositivas face a face para a interação de aprendizado centrada em *e-learning*. Como fundamento do modelo, este capítulo analisa o processo de mudança sistêmica de duas importantes instituições educacionais: a maior instituição privada de ensino superior da América Latina, Instituto Tecnológico de Estudios Superiores de Monterrey (Itesm), sistema educacional líder de nível nacional, de alcance internacional com 33 filiais em 27 cidades no México, e o projeto federal de vanguarda da Alemanha, Virtuelle Fachhochschule (VFH), the Virtual University of Applied Sciences, uma organização virtual com administração descentralizada e distribuída, na forma de um consórcio com participantes de mais de 14 universidades, a grande maioria da área de ciências aplicadas, da associação federal de empregados, sindicatos e empresas em seis estados da federação.

Introdução

Grande número de instituições e organizações tem realizado grandes investimentos em tecnologia da informação e *e-learning*, mas muitas delas têm-se tornado muito frustradas por causa do *gap* entre a promessa de a tecnologia capacitar o ensino-aprendizagem e a realidade vivida por essas organizações. O que podemos aprender da implementação de projetos de grande escala em educação facilitada por computador que obtiveram sucesso em diferentes países, para ajudá-las a alcançarem benefícios de *e-learning*?

E-Learning como Tecnologia Mediadora de Ensino e Aprendizagem

Profissionais envolvidos no desenvolvimento de tecnologia para instituições educacionais, hoje, usam o termo *e-learning* para falar de todas as formas de tecnologia mediadora ou ensino-aprendizagem facilitado eletronicamente (National Staff Development Council, 2001). O National Staff Development Council (NSDC) definiu *e-learning* incluindo "experiências de aprendizagem possibilitadas ou realçadas pelos recursos tecnológicos que apóiam o desenvolvimento, troca, e aplicação de conhecimento, habilidades, atitudes, aspirações, ou comportamentos para o propósito de promover ensino e melhorar os resultados dos alunos" (NSDC, p. 7).

Para o projeto de *e-learning* alcançar os resultados desejados "promovendo o ensino e melhorar promovendo os resultados dos alunos", é importante conhecer os componentes-chave do processo de mudança pelo qual as organizações passam para alcançar o sucesso na implementação de *e-learning*. O que ocorre nas organizações quando investem na jornada para adotar *e-learning*? Quais problemas elas encontram? Como podemos planejar e facilitar a adoção de *e-learning* e processos de implementação de modo que ajudem as instituições educacionais a formar graduados que tenham sucesso?

Processo de Mudança

A adoção de *e-learning* muda o sistema educacional de modo que ele requer uma transformação não somente dos processos de ensino utilizando um novo meio, mas também do sistema em si (Banathy, 1991). De acordo com teóricos sistêmicos como Banathy (1991, 1992), a mudança de qualquer parte do sistema educacional requer conhecimento e entendimento de como as partes do sistema educacional estão inter-relacionadas. A adoção de *e-learning* e a transformação do processo de ensino e aprendizagem para um modelo centrado na aprendizagem requer mudanças fundamentais no sistema educacional, começando com objetivos específicos, valores e crenças sobre a aprendizagem e elementos que apóiam o processo de aprendizagem, como currículo, ensino, avaliação e políticas educacionais (Fullan, 1991, 1993).

Experiências têm mostrado pouco a pouco que os esforços para mudança em organizações educacionais não têm produzido os resultados desejados; assim tem aumentado o interesse pela mudança sistêmica (Banathy, 1991, 1992; Glickman, 1993; Goodlad, 1984; Perelman, 1987; Reigeluth, 1994). Procurando entender a mudança no processo de administração que é necessária para as iniciativas de *e-learning* terem sucesso, foi realizada uma análise da mudança do processo de administração que marcou a introdução de *e-learning* em duas instituições diferentes: (a) Itesm, Monterrey Institute of Technology and Higher Education no México, e (b) Virtuelle Fachhochschule (VFH), the Virtual University of Applied Sciences na Alemanha.

Monterrey Institute of Technology and Higher Education (Itesm)

O Itesm foi fundado em 1943 em Monterrey, México, como uma instituição educacional de ensino superior privada sem fins lucrativos. Atualmente, é um sistema universitário de nível nacional, reconhecido nos Estados Unidos desde 1951 pelo Southern Association of Colleges & Schools, com 96 mil alunos envolvidos tempo integral no ensino superior, 34 programas de pós-graduação, 51 programas de mestrado e 6 programas de doutorado, com 3.500 alunos de todo o mundo, e 7.600 professores procurando dar aos alunos competências básicas em negócios, (Itesm, 2002b). Em 1989, foi criada uma plataforma tecnológica moderna que apóia a Itesm Virtual University (UV) (2002).

Com grande ênfase institucional em tecnologia, o Itesm estabeleceu uma forte infra-estrutura tecnológica, com acesso total via rede em todos os *campi*. UV oferece curso de graduação e pós-graduação por transmissão via satélite. Aprendizagem colaborativa centrada no aluno, estudo independente e comunidades de aprendizagem colaborativa aconteceram por meio de sistema de comunicação via satélite, videoconferência, Internet, bibliotecas digitais, e multimídia. O Itesm está envolvido em uma mudança sistêmica, em que todos os membros da comunidade a vivenciam e participam do processo de mudança em diferentes níveis do sistema.

Universidade Virtual de Ciências Aplicadas (Virtuelle Fachhochschule – VFH)

A VFH é um projeto alemão de vanguarda na área de *e-learning* para educação acadêmica. Começou em 1999 com a participação de 14 universidades, a associação federal de empregados, sindicatos, e empresas em seis Estados da federação (Virtual University of Applied Sciences, 2002). O projeto VHF foi fundado pelo German Federal Ministry of Education and Research para promover *e-learning* na Alemanha.

O objetivo do projeto VFH é desenvolver, projetar, implementar e operacionalizar dois programas acadêmicos completos em ciência da computação e engenharia econômica por meio de um consórcio de universidades. O conceito da VFH está baseado em uma organização de universidades com administração descentralizada e distribuída que oferece uma combinação de materiais para curso multimídia, compartilhamento de recursos pelas universidades, processo de aprendizado centrado no aluno organizado individualmente por cada universidade, e a administração dos programas, distribuída de acordo com as especificações requeridas pelos seis Estados da federação.

Em abril de 2001, sete das universidades de ciências aplicadas fundaram um consórcio, chamado Virtuelle Fachhochschule, como fundamento do desenvolvimento sustentável dos programas. Em outubro de 2001, o consórcio começou a operar com o programa de Ciência da Computação. No outono de 2002, o programa de Engenharia Econômica deu continuidade ao projeto. O projeto incluiu concepção, design e produção de 60 módulos de curso para programas comuns. O material do curso, a tutoria, e a administração do programa estão todos direcionados para a aprendizagem progressiva centrada no aluno. Cursos e material de cursos são 100% compartilhados e mantidos em comum pelas universidades, com procedimentos para que os programas se mantenham sustentáveis.

A Perspectiva Sistêmica

O desenvolvimento tecnológico pode dar impulso e plataforma para o melhoramento dos serviços existentes no nível individual da escola tão bem quanto no sistema educacional como um todo (Carter e O'Neill, 1995). E mais, as tecnologias emergentes podem modificar e melhorar serviços educacionais específicos. Em ambientes de informação dependente, a implementação de tecnologias de ensino e aprendizagem está tornando-se bem aceita. Contudo, a tecnologia educacional geralmente é implementada pouco a pouco, separadamente, como parte do projeto total. Quando essas inovações educacionais funcionam de um modo verdadeiramente integrado, conseguem administrar o programa curricular, a pedagogia e a avaliação transformando um ambiente dependente de informação em um ambiente rico em informação (Carter e O'Neill, 1995).

Mas, de acordo com Banathy (1991), o *gap* tem aumentado entre a educação, que dá resposta relativamente lenta para necessidade de mudança, e a rápida mudança social. A maioria das instituições educacionais persiste na utilização de antiquados planos organizacionais que dividem os problemas em partes, que são abordadas individualmente. Esse método é baseado na crença de que, resolvendo-se os problemas de forma incremental, parte por parte, se chegará à solução de todo o problema. Contudo, para lidar com as novas necessidades sociais, é necessário o pensamento sistêmico que requer uma reflexão crítica, como foi apresentado por teóricos como Ackoff (1981), Checkland (1981) e Warfield (1990).

Os teóricos da área de sistemas chegaram à conclusão de que, melhorando a performance das partes componentes de um sistema, necessariamente não se chega a um resultado ótimo na performance deste. Diferentemente dos planejamentos sociais tradicionais, a aplicação da metodologia de sistemas leva a projetos mais consistentes, interconectados, interdependentes e interativos (Banathy, 1991).

Os teóricos de sistemas distinguem entre dois tipos de mudança: mudança gradual – modificação de parte do sistema, e mudança sistêmica – substituição ou modificação do sistema inteiro (Reigeluth e Garfinkel, 1994). Outra distinção importante é entre sistemático e sistêmico: sistemático implica um método linear, generalizado, e sistêmico denota um entendimento global do problema, inter-relacionamentos e interconexões (Carr, 1996).

Administração de Mudança Sistêmica na Educação

De acordo com Banathy (1991), a adoção individual e coletiva de uma perspectiva sistêmica é requisito para os esforços na reforma sistêmica da educação. A adoção da perspectiva sistêmica para redefinir a educação como um sistema torna possível projetar sistemas educacionais que irão encorajar e dar apoio ao aprendizado tão bem quanto ao desenvolvimento do potencial humano (Banathy, 1991). Um facilitador para o processo de mudança sistêmica deve ajudar a comunidade a desenvolver uma visão ideal de sistema de educação, os parceiros devem criar – e participar de – uma visão compartilhada de um novo sistema educacional, e todos devem desenvolver uma paixão por essa nova visão (Jenlink, Reigeluth, Carr, e Nelson, 1996). Para chegar a tal consenso, o grupo deve ter a habilidade de fazer o que for necessário para alcançar essa visão, trabalhando em um ambiente seguro.

O grupo precisa ter autonomia e iniciativa, em outras palavras, o grupo deve ter a habilidade de iniciar a mudança que os membros desejam (Jenlink et al., 1996). A mudança sistêmica pode, então, ser vista como uma decisão de orientação democrática para mudar valores fundamentais e crenças sobre escolas e educação, dentro de um ambiente de mudança, em uma sociedade global interconectada e crescentemente complexa. A mudança sistêmica é um processo cíclico que considera o impacto da mudança em todas as partes do todo, e as relações de uma parte com as outras.

A mudança sistêmica sugere uma mudança da estrutura e da organização do sistema. A aprendizagem interior (pessoal-psicológica) e a aprendizagem exterior (social-psicológica) são necessárias para que aconteça a mudança sistêmica. Aprender a mudar é um aspecto necessário do processo de mudança do sistema. Esse processo de aprendizagem para mudança está, por sua vez, conectado com sistemas de pensamento, aprendizagem dinâmica, altos níveis de consciência, e o desenvolvimento de uma consciência evolucionária (Banathy, 1991; Fullan, 1993; Senge, 1990). Reconectando os parceiros e o sistema educacional em que eles estão envolvidos, o projeto de sistemas se torna um processo de aprendizagem criativo e produtivo para todos os envolvidos no sistema educacional (Banathy, 1991, 1992).

Tecnologia e Mudança Sistêmica

De acordo com a National School Boards Foundation (2002), a integração tecnológica depende tanto de mudança e apoio para a mudança quanto de tecnologia. A NSDC (2001, p. 5) alerta que, "sem um alto nível de apoio, até as melhores oportunidades de aprendizagem – on-line ou não – continuarão mal-utilizadas". Esta descreveu os requisitos de infra-estrutura para *e-learning* considerando não só hardware, software e conectividade de alta velocidade, mas também "manutenção regular, upgrades planejados, docentes especialmente preparados, e uma proporção adequada no número de alunos por instrutor". Com base em entrevistas com 811 responsáveis por decisões sobre tecnologia em distritos escolares, a National School Boards Foundation (2002) desenvolveu diretrizes para as lideranças das escolas:

1. A tecnologia é agora essencial para uma instrução efetiva – trate a tecnologia como uma ferramenta de integração.

2. Use a tecnologia para tratar das prioridades educacionais básicas e melhorar a performance dos alunos.

3. Faça investimentos significativos de tempo e dinheiro para o desenvolvimento profissional.

4. Antecipe e planeje as mudanças que irão resultar do aumento crescente do uso de tecnologia.

5. Envolva a comunidade no planejamento de tecnologia, nas políticas e práticas.

No seu informe *E-Learning for Educators*, NSDC (2001) concordou com essas diretrizes. As duas organizações enfatizaram a importância do processo de mudança organizacional que dá o fundamento base para a implementação de *e-learning*. Além do que educadores e pesquisadores concordaram com a importância do treinamento do corpo e desenvolvimento docente para alcançar sucesso na implementação de *e-learning* (Kolbo e Turnage, 2002; NSDC, 2001). Segundo Kolbo e Turnage, para que as instituições permaneçam na vanguarda da educação superior, as iniciativas para o desenvolvimento do corpo docente são de fundamental importância. Com a finalidade de promover a excelência acadêmica por meio do desenvolvimento docente no ensino superior, recomendam as seguintes iniciativas para o desenvolvimento do corpo docente:

1. Expanda seus focos.

2. Utilize uma maior variedade de métodos e formas de comunicação.

3. Concentre-se em oferecer instrução centrada no aluno.

4. Considere o potencial do impacto cultural que poderá obter por meio da tecnologia.

Fatores contextuais podem apoiar ou bloquear esforços, pois as mudanças acontecem dentro de um contexto particular. No processo de mudança, a interface humana ocupa um papel crítico, seja como agente facilitador ou como barreira à mudança. As atitudes e crenças das pessoas na escola definem a cultura. Freqüentemente, as inovações não são colocadas em prática por causa de conflitos baseados em imagens profundamente enraizadas de como o mundo funciona, imagens que limitam as pessoas a pensar e agir da maneira como estão acostumadas (Senge, 1990). A mudança é implementada com sucesso em uma cultura de inovação, colaboração e coordenação quando todos os participantes no sistema estão envolvidos no esforço de mudança.

Desenvolvimento de um Modelo

Segundo Pfieffer (1968), os modelos são desenvolvidos para ajudar na compreensão do funcionamento dos processos e dos componentes dos sistemas. Ross (1977) apresenta uma sintaxe para modelos, um fluxograma com símbolos na forma, de caixas e flechas; a caixa central representa uma atividade – processo ou evento – que é ativada pelas entradas à esquerda da caixa, as restrições são colocadas, por exemplo, como pressões por cima da caixa, e as saídas aparecem do lado direito no caso de um modelo para *e-learning* (Figura 20.1), as entradas são o que a

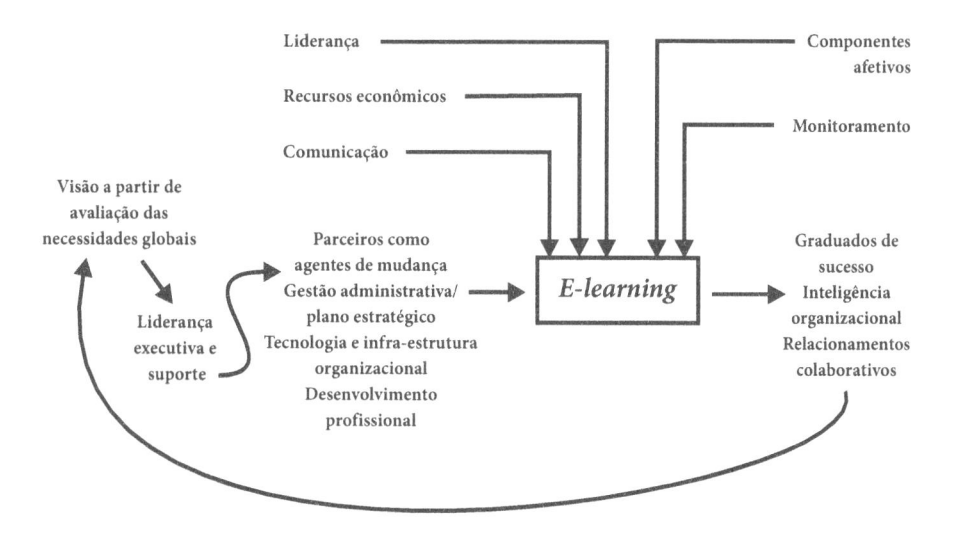

Figura 20.1 E-learning *adotando um modelo de mudança sistêmica.*

atividade utiliza, como administração, tecnologia, alunos, equipe e salas de aula. As restrições consistem de elementos que limitam as atividades de algum modo, como prioridades do programa enquanto uso de fundos, ou os resultados de feedback. As saídas são os componentes que são produzidos ou que resultam da atividade, como alunos com uma certa habilidade; as saídas transformam-se em entradas para o próximo ciclo de *e-learning*.

A seguir são apresentadas as iniciativas do Itesm e do VFH para ilustrar os diferentes componentes do processo de mudança sistêmica que precisam ser administrados durante a adoção e implementação de *e-learning* nas organizações.

Visão e Liderança

O processo de mudança se inicia com o desenvolvimento de uma visão e com a aprovação e o apoio das lideranças organizacionais. No VFH, a visão inicial foi desenvolvida por um comitê, que solicitou recursos no Ministério de Educação e Pesquisa na Alemanha. A inovação e o progresso tecnológico impulsionaram os avanços do *e-learning*, proporcionando a oportunidade de oferecer duas novas áreas acadêmicas. A visão do VFH, desenvolvida em cooperação com pessoas que tinham autoridade para agir como agentes de mudança no consórcio universitário, utilizou *e-learning* para caminhar na direção de aprendizagem continuada (*lifelong learning*), de maneira a atrair novos grupos de alunos que pudessem usufruir autonomia para gerenciar tempo e local para a sua aprendizagem. O conselho de gestores do projeto se formou a partir desse grupo e assumiu a responsabilidade da operação do projeto e a realização da visão compartilhada. Esse conselho deu o apoio necessário às diretorias das universidades para a formação de um consórcio interuniversitário e a implementação de programas acadêmicos.

O consórcio universitário tem a habilidade de compartilhar programas com diploma acadêmico para além das fronteiras federais e desenvolver programas para educação pública, bem como programas de extensão universitária comercializáveis. Com módulos compartilhados e um desenho instrucional apropriado, as universidades participantes podem desenvolver programas acadêmicos inovadores combinando material on-line com cursos externos ou palestras presenciais. Com toda essa gama de opções, o projeto do VFH serviu como um núcleo para que as universidades pudessem responder as demandas do mercado de trabalho de maneira flexível. O consórcio pode, por meio da organização como um todo, otimizar financeiramente a oferta de diplomas acadêmicos, a produção de cursos e recursos para organização de tutorias.

Planos Estratégicos Administrativos e Gerenciais, Tecnologia e Infra-Estrutura Organizacional

Fatores gerenciais e administrativos são muito importantes no processo de mudança. Um componente significativo do processo de implantação da mudança VFH tem sido a definição e o acordo sobre práticas relacionadas a cooperação, direitos de propriedade intelectual sobre objetos de aprendizagem, responsabilidade pela qualidade dos objetos de aprendizagem, tutoria, e a sustentabilidade financeira. Aspectos importantes do processo de mudança para implementação do *e-learning* no VFH incluem o que segue:

1. Desenvolvimento adequado da organização e administração para que os programas acadêmicos on-line se ajustem aos requisitos legais e políticos, para a obtenção da aprovação legal do governo federal, em termos da implementação e operação de cursos on-line e programas acadêmicos com direito a diploma.

2. Organização de projeto compartilhado entre as universidades para a operação dos dois programas acadêmicos.

3. Desenvolvimento de procedimentos comuns para seleção e acompanhamento de alunos, administração universitária, seleção e manutenção de tecnologia, desenvolvimento e implementação de ferramentas técnicas – hardware e software – e infra-estrutura.

4. Desenvolvimento e disseminação de diretrizes de avaliação, pedagógicas e didáticas, para um processo inovador de aprendizagem centrado no aluno, que inclui avaliação de resultados dos módulos dos cursos e planos no VHF.

5. Produção dos módulos dos cursos para os dois programas acadêmicos que incluem o processo de criação do design e a produção dos módulos de estudos on-line nas universidades participantes. Cem por cento dos cursos e seu material são compartilhados e a manutenção é conjunta, estabelecendo-se procedimentos para garantir a sustentabilidade do programa.

6. Implementação de programas de treinamento e compartilhamento de experiências entre os autores dos cursos, *designers*, produtores de multimídia e tutores com base na abordagem de treinar o treinador.

Além dos recursos tempo e dinheiro, o sucesso das mudanças para *e-learning* requer infra-estrutura e apoio tecnológico, rede, hardware, software, administração de sistemas e apoio técnico profissional para a comunidade de aprendizagem. Planos estratégicos com cronogramas detalhados dos passos do projeto são importantes. Dentro desse contexto, todo o processo tecnológico e administrativo tem sido planejado e implementado no VFH cuidadosamente.

No Itesm, o processo se iniciou com uma consulta de nível nacional e uma avaliação das necessidades sociais mexicanas e globais. "A proposta de uma mudança educacional foi o início de um novo estágio na história da Instituição, e dessa forma o TEC de Monterrey enfrentou o maior desafio desde sua fundação", conforme colocado pelo vice-presidente emérito da instituição, Fernando Esquivel (Martin, 2002, p. 28). A visão compartilhada de mudança foi desenvolvida das necessidades expressas pelos *shareholders* consultados, incluindo: ex-alunos, líderes empresariais e conselho diretor.

Com base nos dados coletados e analisados no contexto da avaliação das necessidades globais, o reitor do Itesm, como o mais alto executivo, expressou o compromisso institucional e se tornou um defensor do novo modelo educacional do Itesm. Como uma inovadora comunidade educacional com extensiva ênfase em tecnologia, o Itesm adotou um modelo de ensino-apredizagem apoiado tecnologicamente para ajudar no desenvolvimento dos alunos conforme declarado na missão de 2005.

O processo de ensino-aprendizagem com apoio tecnológico pode ser mais bem descrito como um modelo de *e-learning* centrado no aluno, interativo, colaborativo e contextualizado. O paradigma educacional do Itesm parte da filosofia de equipes de trabalho colaborativo fortemente atrelado a uma avançada plataforma tecnológica, que promove o desenvolvimento de fortes habilidades em telecomunicações e informática. As atividades dos cursos são elaboradas para promover uma aprendizagem profunda e ativamente engajada em um contexto autêntico. Métodos didáticos apropriados ao conteúdo incluem abordagens de aprendizagem baseadas em casos, em problemas, e orientadas a projetos. Aprendizagem baseada em perguntas ou questionamentos (*inquiry-based learning*) reforça habilidades de aprendizagem autodirigida e habilidades de trabalho colaborativo em equipes, promovendo o intercâmbio de informação entre os alunos.

Compromisso e apoio das lideranças executivas

As organizações diferem na forma como estabelecem a liderança. Algumas são mais hierárquicas, outras, menos. A liderança não só é fundamental para desenvolver e lançar uma mudança sistêmica, como pode ser também uma restrição no processo de mudança. Decisão e responsabilidade compartilhada, que incluem grupos de trabalho formados por especialistas orientados para tarefas (responsabilidade distribuída) e comunicação freqüente, são componentes de importância vital para que os processos de mudança sistêmica tenham sucesso.

O processo do VFH é um consórcio com gerenciamento descentralizado e distribuído. No consórcio, cada universidade – representada por seu presidente e reitor – é responsável pelo andamento e pela administração dos programas acadêmicos on-line no local do campus. O compromisso é reforçado por um contrato do consórcio, que mostra o desejo das universidades de colocar nos seus sites programas com garantia de sustentabilidade. As universidades realizam a manutenção dos materiais dos cursos e compartilham uma pequena equipe de apoio técnico e administrativo.

Os membros das universidades participantes iniciaram o processo de mudança e implementação e, dentro dessa equipe, se desenvolveu uma visão compartilhada. Para centralizar essa visão, o projeto do VFH recebeu apoio econômico de um programa ministerial com uma verba inicial de aproximadamente US$ 21 milhões. O projeto distribuiu recursos necessários para o desenvolvimento e a operação de programas acadêmicos nas universidades participantes. No final de 2003, o projeto estava funcionando plenamente e o programa acadêmico, totalmente integrado com as universidades e em seus programas, estabelecendo hierarquias e responsabilidades.

No Itesm, o sistema operava em uma maneira mais hierarquizada que precisava mudar para um processo diferente de liderança. Uma intervenção especial aconteceu em 2002 para ajudar os 500 administradores de alto escalão (reitores, pró-reitores, chefes de divisão, coordenadores, e responsáveis por departamentos e disciplinas) a avaliar seu estilo de liderança, e a entender a importância e a vantagem da liderança transformadora em um processo de mudança sistêmica. Os encontros realizados criaram um espaço para aproveitar experiências compartilhadas, enfrentando os desafios no processo de mudança sistêmica, para a solução conjunta de problemas por meio da colaboração interinstitucional com base na filosofia de que cada um é agente de mudança: os membros do conselho, reitores, administradores, docentes e alunos.

O tempo utilizado para avaliar as estratégias de gerenciamento de mudança e analisar os desafios da implementação em equipes de trabalho colaborativo, utilizando a inteligência do grupo para solucionar problemas por meio de *brainstorming* e compartilhar experiências de sucesso entre os campus das redes melhorou a interconexão humana, a interdependência e a colaboração no âmbito global do sistema.

Desenvolvimento profissional em e-learning, *construções de comunidades e métodos didáticos*

No Itesm, o reitor deu poder aos pró-reitores regionais para desenvolverem planos de ações por dez anos. Um componente crítico do processo de mudança no Itesm tem sido ajudar os docentes a integrar aprendizado colaborativo on-line e face a face nas suas práticas de ensino. Ensino e aprendizagem devem estar juntos. O sistema Itesm está consciente da mudança radical e transformadora que o modelo educacional requer dos alunos. Então, o programa está procurando criar consciência, ajudando o aluno a entender a mudança na função docente e a construir, ativamente, seu próprio conhecimento.

Outro fator do processo de mudança sistêmica está relacionado às reações humanas perante a mudança. Os componentes efetivos de mudança, como aceitação e medo das novas tecnologias e ajustes para novas funções dos docentes e alunos, são chaves importantes na administração da mudança. Um complexo processo de mudança requer monitoração para se alcançar progresso e superar dificuldades na adoção de *e-learning*. No entanto, muitas vezes, os integrantes da mudança não participam da avaliação cultural realizada para medir o progresso e administrar problemas e dificuldades.

Os resultados esperados do processo de mudança para implementar *e-learning* incluem preparar alunos para contribuir efetivamente na sociedade, tornando-os qualificados para entrar no mercado de trabalho, melhorando a sua compreensão e conhecimento do funcionamento da organização, e contribuindo no desenvolvimento dos processos em curso de relações colaborativas entre organizações.

Considerações Finais

As novas demandas na educação superior desafiam os modelos educacionais tradicionais, e especificamente o conceito tradicional de ensino-aprendizagem, não mais adequado para ajudar os estudantes a desenvolver as habilidades e os conhecimentos necessários para ter sucesso neste novo século da economia baseada no conhecimento, orientada tecnologicamente e cada vez mais globalizada. Além de atualizar seus conhecimentos, os universitários precisam pensar criticamente, aprender a aprender, resolver problemas, tomar decisões apropriadas e mostrar integridade e respeito, entre outros atributos.

O modelo apresentado mostra uma forma de implementação de *e-learning* acompanhada das inter-relações dos componentes do sistema educacional (Suchman, 1972), bem como do processo de mudança que é parte da jornada para implementar *e-learning*. Como ferramenta para discutir o processo de mudança que apóia a implementação de *e-learning* em uma organização, o modelo capacita instituições a: (a) acessar seu estado de participação e preparação para *e-learning*; (b) analisar os requisitos para a implementação de programas de *e-learning*; (c) planejar atividades necessárias para a mudança; (d) implementar o programa; (e) executar o programa com o mais alto nível de sustentabilidade.

Como foi demonstrado por meio da implemantação de dois projetos de grande escala em *e-learning* (Bischoff e Granow, 2002; Gonzalez e Resta, 2002), e do sucesso da administração da mudança sistêmica, fatores essenciais para a implementação efetiva de *e-learning* incluem: (a) liderança transformacional e envolvimento efetivo dos administradores de alto nível, (b) comunicação entre todos os parceiros da instituição, (c) desenvolvimento de programas profissionais para ajudar docentes a incorporar o aprendizado colaborativo via tecnologias nos seus métodos de ensino, (d) forte infra-estrutura tecnológica capaz de fornecer condições de aprendizagem baseada em novos métodos educacionais, e (e) treinamento de estudantes em *e-learning*.

Um dos projetos foi realizado na que é considerada a maior das instituições privadas de educação superior latino-americana, o Instituto de Tecnologia e Ensino

Superior de Monterrey no México (ITESM), que tem passado por um contínuo processo de renovação de seu paradigma de ensino-aprendizagem nas últimas décadas. Seu modelo educacional MET (Modelo Educativo Tecnológico) é basicamente centrado no aluno, conta com apoio tecnológico, é colaborativo e se desenvolve como um processo de ensino-aprendizagem contextualizado que utiliza métodos didáticos específicos. O Modelo fundamenta-se em uma inovadora filosofia de aprendizagem que prioriza a aquisição de conhecimento e o desenvolvimento de valores específicos, atitudes e habilidades, em um ambiente de aprendizagem com tecnologias e apoio didático avançado.

Como resultado desse processo foi possível entender como gerenciar o processo de mudança com eficiência na transição do modelo tradicional para o novo modelo educacional MET (De Hoyos et al., 2007), reforçando as colocações de Hard e Hord (2004) no sentido de que "O processo pode funcionar muito bem quando as indicações contam com comunicação e treinamento contínuo, *coaching* local e tempo para implementação".

A oportunidade de acompanhar esse processo de mudança no ITESM enquanto acontecia, observando as novas práticas de ensino e os resultados nos estudantes, permitiu uma compreensão maior do processo de mudança sistêmica em grande escala com suas necessidades, seus desafios e resultados. É preciso criar uma ponte entre a adoção institucional de novas formas de ensino-aprendizagem e os resultados desejados nos estudantes, para dar apoio permanente aos professores no processo de implementação crescente de práticas de ensino, utilizando novas tecnologias e ambientes de aprendizagem centrados no aluno. Para mudar o paradigma de aprendizagem é importante lembrar de que a mudança é um processo – e não um evento –, que requer tempo para assimilação e consolidação (4–6 anos para a implementação completa do novo programa) e que os professores precisaram de apoio nessa caminhada, na forma de treinamento e *coaching* permanente. Os estudantes, por seu lado, também precisaram de apoio para desenvolver um novo conjunto de habilidades de aprendizagem estratégicas nesse novo ambiente de aprendizagem centrado no aluno, em particular, relacionadas a trabalho em equipe e autodisciplina.

Como resultado dessa experiência, podemos observar que a mudança da administração na área educacional é um problema complexo, particularmente quando se trata da adoção de *e-learning*. Ferramentas e medidas precisam ser desenvolvidas por meio de análises profundas desses projetos e de outros projetos internacionais.

Referências Bibliográficas

ACKOFF, R. *Creating the corporate future*. Nova York: John Wiley & Sons, 1981.

BANATHY, B. *Systems design of education*: A journey to create the future. Englewood Cliff, NJ: Educational Technology Publications, 1991.

BANATHY, B. *A systems view of education*: Concepts and principles for effective practice. Englewood Cliffs, NJ: Educational Technology Publications, 1992.

BISCHOFF, M.; GRANOW, R. Virtual University of Applied Sciences German Flagship Projects in the Field of E-Learning in Higher Education. *Proceedings of the World Conference on E-Learning in Corporations, Government, Health, and Higher Education*, Montreal, Canada, 2002, 1, p. 131-137.

CARR, A. A. Distinguishing systemic from systematic. *TechTrends*, v. 41, n. 1, 16-20, jan./fev. 1996.

CARTER, D.; O'NEILL, M. (Eds.) *International Perspectives on Educational Reform and Policy Implementation*. Londres: The Falmer Press, 1995.

CHECKLAND, P. *Systems thinking, systems practice*. Nova York: John Wiley & Sons, 1981.

DE HOYOS, M. L. et al. *Achieving 21st Century Student Outcomes from Innovation Implementation*. Paper apresentado no AERA 2007-04-09, 2007.

FULLAN, M. G. The teacher. In: FULLAN, M. G. *The new meaning of educational change*. Nova York: Teachers College Press, 1991. p. 117-143.

_____. *Change forces*: Probing the depths of educational reform. Bristol, PA: The Falmer Press, 1993.

GLICKMAN, C. D. *Renewing America's schools*. San Francisco: Jossey-Bass, 1993.

GONZALEZ, C. E.; RESTA, P. On-line collaborative learning as a catalyst for systemic change in the teaching-learning process within a multi-campus institution of higher education. *Proceedings of the Computer Support for Collaborative Learning Conference*. Boulder, CO, 2002.

GOODLAD, J. I. *A place called school*. Nova York: McGraw-Hill, 1984.

HALL, G. E.; HORD, S. M. *Implementing change, patterns principles and potholes*. 2. ed. Allyn & Bacon, 2004.

ITESM. *Mission, Principles and General Statute of Monterrey Institute of Technology and Higher Education System*. Monterrey, México: Author, 1998.

_____. The ITESM Web site, 2002a. Disponível em: http://www.sistema.itesm.mx. Acesso em: 30 dez. 2002.

_____. Explore Tec de Monterrey System, 2002b. Disponível em: http://dri.sistema.itesm.mx/dial/proyectos/sim/about_us.html#system. Acesso em: 30 dez. 2002.

ITESM Universidad Virtual. Disponível em: http://www.ruv.itesm.mx/portal/principal/qs/sedes/homedoc.htm. Acesso em: 30 dez. 2002.

JENLINK, P. M.; REIGELUTH, C. M.; CARR, A. A.; NELSON, L. M. An expedition for change: Facilitating the systemic change process in school districts. *TechTrends*, v. 41, n. 1, p. 21-30, jan./fev. 1996.

JOHNSON, D. W.; JOHNSON, R.; HOLUBEC, E. *Cooperation in the classroom*. 7. ed. Edina, MN: Interaction Book Company, 1998.

KOLBO, J. R.; TURNAGE, C. M. Technological applications in faculty development. Sep./Oct. 2002. *The Technology Source*. Disponível em: http://ts.mivu.org/default.asp?show=article&id=943. Acesso em: 30 dez. 2002.

MARTIN, M. *El modelo educativo del tecnológico de Monterrey*. Monterrey, NL, México: Proceso Grafico, 2002.

NATIONAL School Boards Foundation. *Are we there yet? Research and guidelines on schools' use of the Internet*, 2002. Disponível em: http://www.nsbf.org/thereyet/online.htm. Acesso em: 30 dez. 2002.

NATIONAL Staff Development Council. *E-Learning for educators*: Implementing the standards for staff development, 2001. Disponível em: http://www.nsdc.org/e-learning.pdf. Acesso em: 30 dez. 2001.

PERELMAN, L. J. *Technology and transformation of schools.* Alexandria, VA: National School Boards Association, 1987.

PFIEFFER, J. *New look at education*: Systems analysis in our schools and colleges. Nova York: Odyssey Press, 1968.

REIGELUTH, C. M. The imperative for systemic change. In: REIGELUTH, C. M.; GARFINKEL, R. J. (Eds.) *Systemic change in education.* Englewood Cliffs, NJ: Educational Technology Publications, 1994.

REIGELUTH, C. M.; GARFINKEL, R. J. (Eds.) *Systemic change in education.* Englewood Cliffs, NJ: Educational Technology Publications, 1994.

ROSS, D. *Structured analysis (SA)*: A language for communicating ideas. IEEE Transactions on Software Engineering, 1977.

SENGE, P. *The fifth discipline.* Nova York: Doubleday, 1990.

SUCHMAN, E. A. Action, for what? A critique of evaluation research. In: WEISS, C. H. (Ed.) *Evaluating action programs*: Readings in Social Action and Education. Boston: Allyn and Bacon, 1972.

VIRTUAL University of Applied Sciences Disponível em: http://www.oncampus.de/. Acesso em: 29 out. 2002.

WARFIELD, J. N. Cybernetics, systems science, and the great university. *Systems Research*, v. 7, n. 4, p. 287-294, dez. 1990.

Sobre os Autores

Alessandro Marco Rosini – Doutor em Comunicação e Semiótica pela Pontifícia Universidade Católica de São Paulo – PUC-SP; mestre em Administração de Empresas pela PUC-SP; pós-graduado em Administração de Empresas pela Universidade São Judas Tadeu (USJT); bacharel em Física pela PUC-SP, e professor e consultor nas áreas de Organização, Tecnologia e Educação. Pesquisador do Núcleo de Estudos do Futuro (NEF) da PUC-SP.

Antonio Artur de Souza – Professor e pesquisador da Universidade Federal de Minas Gerais (UFMG); doutor (Ph.D.) em Ciências da Administração (*Management Science*) pela Lancaster University, Inglaterra. Mestre (M. Eng.) em Engenharia de Produção e Sistemas (área de concentração: Transportes) pela Universidade Federal de Santa Catarina (UFSC). Bacharel em Ciências Contábeis pela UFSC.

Arnoldo José de Hoyos Guevara – Ph.D. pela Universidade da Califórnia – Berkeley; responsável pelo Núcleo de Estudos do Futuro (NEF) da PUC-SP e pela ONG Gira Sonhos; professor no Programa de Estudos Pós-graduados em Administração da PUC-SP. Linhas de Pesquisa: Estudos do Futuro e Desenvolvimento Social, Organizações de Aprendizagem e Gestão do Conhecimento, Liderança e Criatividade.

Benay Dara-Abrams – CEO do DALaboratories e professora-adjunta da Universidade de San Francisco. Seu trabalho combina fundamentos teóricos educacionais, cognitivos e psicossociais com metodologias funcionais, processos práticos e tecnologias baseadas na Web. É co-autora dos livros *Supporting Web Servers* e *Exploring E-Commerce & Internet Law*; e tem publicado e apresentado trabalhos e *workshops* em *e-learning*, *virtual team development* e *e-commerce* nos Estados Unidos, Canadá, Rússia, Alemanha, Austrália, Japão e China. Ph.D. em Computer Science e Educational Psychology, tem um M.S. em aconselhamento, e sua formação inicial foi em Computer and Communication Sciences.

Carmem Silvia Rodrigues Maia – Jornalista, MBA pela Faculdade de Economia, Administração e Contabilidade da Universidade de São Paulo – FEA-USP, doutora em Comunicação e Semiótica pela PUC-SP. Membro do Conselho de Administração da Universidade Anhembi Morumbi e da Rede Anhanguera de Ensino Superior. Atualmente é pesquisadora do Institute of Education da Universidade de Londres, nas áreas de *Work Based Learning* e *Informal Learning*. É autora de diversos livros sobre educação a distância no Brasil, como: *Guia brasileiro de educação a distância*, *ead.br*: educação a distância no Brasil na era da Internet e *A educação a distância e o professor virtual*: 50 temas em 50 dias on-line.

Débora Pereira – Mestranda em Administração pela PUC-SP; bacharel em Publicidade e Propaganda pela Universidade Presbiteriana Mackenzie. Membro do Núcleo de Pesquisa em Marketing e Comunicação (Marco) e do Núcleo de Estudos do Futuro (NEF) da PUC-SP. Atuação nas áreas de Marketing e Planejamento Estratégico de empresas nacionais e multinacionais.

Fernanda Castro De Nadai – Mestre em Administração de Organizações e Recursos Humanos e bacharel em Administração pela PUC-SP. Atuou durante seis anos na área de recursos humanos e gestão da qualidade na indústria metalúrgica. Ministra aulas na disciplina gestão por processos da Fundação de Desenvolvimento Administrativo do Estado de São Paulo. Atua como docente do curso de Economia e na coordenação do curso de graduação em Administração e de pós-graduação em Gestão Empresarial na Universidade Cruzeiro do Sul.

Fernando Correa Grisi – Formado em Administração de Empresas pela PUC-SP; MBA executivo em Gestão Empresarial pela ESPM; mestrando em Administração de Empresas pela PUC-SP; professor universitário e consultor em empreendedorismo.

Flávio Henrique dos Santos Foguel – Mestrando em Administração pela PUC-SP; professor universitário e diretor adjunto do Centro de Educação Tecnológica e Formação Específica do Centro Universitário Nove de Julho (Uninove).

Gilmar L. Hilario – Mestrando em Administração de Empresas pela PUC-SP; graduado pela Universidade Fundação Instituto de Ensino para Osasco (Unifieo);

pós-graduado em Gestão de Tecnologia da Informação pela Fundação Getúlio Vargas (FGV/RJ); consultor em Tecnologia da Informação.

José Armando Valente – Livre-docente pela Universidade Estadual de Campinas (Unicamp); mestre e doutor pelo Massachusetts Institute of Technology (MIT). Professor e chefe do Departamento de Multimeios, Mídia e Comunicação do Instituto de Artes, e pesquisador do Núcleo de Informática Aplicada à Educação (Nied) da Unicamp; professor-colaborador do Programa de Pós-Graduação em Educação: Currículo da PUC-SP.

José Ultemar da Silva – Graduado em Administração de Empresas com habilitação em Comércio Exterior; especialista em Comércio Internacional; mestre em Economia Política, doutor em Ciências Sociais e pós-doutorando em Gestão e Empreendendorismo Social pela FEA-USP. Vasta experiência como professor do ensino superior de diversas disciplinas nas áreas de Administração, Comércio Exterior e Economia, para os níveis de graduação e pós-graduação, bem como experiência como coordenador de curso de graduação e de pós-graduação. Também é autor de livros nas áreas de Economia Internacional e Comércio Exterior e de diversos artigos para jornais e revistas. Sua experiência profissional está voltada para áreas de Comércio Exterior, Câmbio, Contabilidade, Auditoria, Inspetoria, Análise Econômico-Financeira e Análise de Crédito em grandes organizações.

Koiti Egoshi – Doutor em Administração pela World University, Estados Unidos; mestre em Organização, Planejamento e Recursos Humanos pela Escola de Administração de Empresas de São Paulo da Fundação Getúlio Vargas (EAESP/FGV); pós-graduado *lato sensu* em Análise de Sistemas pela Fundação Escola do Comércio Álvares Penteado (Fecap); administrador de empresas pela FEA-USP. Consultor de Administração, Tecnologias da Informação e Internet.

Ladislau Dowbor – Formado em economia política pela Universidade de Lausanne, Suíça; doutor em Ciências Econômicas pela Escola Central de Planejamento e Estatística de Varsóvia, Polônia (1976). Atualmente é professor titular no Departamento de Pós-graduação da PUC-SP, nas áreas de Economia e Administração. Consultor de diversas agências das Nações Unidas, governos e municípios, bem como do Senac. Atua como conselheiro na Fundação Abrinq, no Instituto Polis, na Transparência Brasil e outras instituições.

Luciana Pranzetti Barreira – Doutora em Saúde Pública pela USP; mestre em Agronomia pela Universidade do Estado de São Paulo (Unesp); bacharel em Ciências Biológicas pela mesma universidade. Professora universitária e consultora na área Ambiental, especialmente Resíduos Sólidos Urbanos.

Lucy de Lira Souza – Mestranda em Administração pela PUC-SP, com experiência nas áreas de Marketing e Trade Marketing, atualmente atuando como gerente de merchandising na Cadbury Adams.

Luís Eduardo de Carvalho – Consultor de empresas em Gestão da Estratégia, tem apoiado várias empresas na implementação do *balanced scorecard*. Economista formado pela Universidade Estadual de Campinas (Unicamp) e mestrando em Administração de Empresas pela PUC-SP.

Luiz Roberto Calado – Economista pela USP, mestre em Administração pela PUC-SP, graduando em Contabilidade pela USP e especialista em Finanças. Pesquisador no tema sustentabilidade do Núcleo de Estudos do Futuro (NEF) da PUC-SP, professor da Fundação Escola do Comércio Álvares Penteado (Fecap), palestrante e autor de artigos em congressos nacionais e internacionais. Membro da Sociedade Brasileira de Economia Ecológica (EcoEco) e do Instituto Brasileiro de Executivos de Finanças de São Paulo (Ibef).

Marcio Noveli – Professor, bacharel em Administração pela Universidade Estadual de Maringá. Mestre em Administração pela Universidade Federal do Paraná. Principais áreas de atuação: Gestão de Custos, Sistemas de Informações, Gestão de Tecnologia e Inovação.

Maria Lourdes De Hoyos – PhD e pós-doc em Instructional Technology pela Universidade de Texas em Austin. Responsável pelo desenvolvimento e pela organização, implementação e avaliação de projetos nacionais e internacionais na área de Treinamento e Aprendizagem Colaborativo. Membro de grupos de pesquisa nacionais e internacionais na área de Mudança Sistêmica na Educação Superior.

Michael Bischoff – Professor de Engenharia Ambiental na Lübeck University de Ciências Aplicadas (Luas), Alemanha, desde 1994, e membro-fundador do projeto de Universidade Virtual de Ciências Aplicadas (VFH). Desde 2002 é diretor-científico do OnCampus, uma rede universitária virtual ligada à Luas e que conta com 40 colaboradores no desenho e na entrega de plataformas on-line para educação a distância do estado de Schleswig-Holstein. No OnCampus, é o responsável pela avaliação integral da qualificação dos autores, tutores, provedores de tecnologia da informação que dão suporte ao aprendizado, bem como às inovações implementadas no cenário pedagógico e tecnológico.

Mônica Cairrão Rodrigues – Mestre em Administração pela PUC-SP. Especialista em Análise de Sistemas pela Fundação Armando Álvares Penteado (Faap-SP). Graduada em Pedagogia pela USP-SP. Atua em gestão de TI, EAD, Gestão do Conhecimento e projetos em TI aplicada. Docente universitária em cursos de graduação e pós-graduação presenciais e a distância. Atua como pesquisadora no Núcleo de Estudos do Futuro (NEF) da PUC-SP.

Orlando Roque da Silva – Professor titular na Universidade de Sorocaba e do programa de pós-graduação na Universidade Nove de Julho (Uninove). Doutor em Engenharia de Produção pela Universidade Metodista de Piracicaba (Unimep) e mestre em Administração pela PUC-SP. Atualmente tem-se dedicado a pesquisar as aplicações da tecnologia educacional tanto no ambiente corporativo quanto no acadêmico.

Renata da Conceição Cruz – Formada em Administração de Empresas pela Universidade São Judas Tadeu (USJT), mestranda em Administração de Empresas na PUC-SP. Iniciou a carreira atuando em empresas como Banco Safra e Goodyear. Atualmente, exerce posição de liderança na área de Logística de Perecíveis do Grupo Pão de Açúcar. Desenvolveu pesquisa sobre voluntariado no ambiente universitário, durante regime de Iniciação Científica na USJT, e atualmente disserta sobre Empreendedorismo Social, seu tema de mestrado na PUC-SP.

Rubens de Oliveira Martins – Mestre em Sociologia pela USP; doutor em Sociologia pela Universidade de Brasília (UnB); especialista em Políticas Públicas e Gestão Governamental; coordenador-geral de Supervisão Indutora na Secretaria de Educação Superior (SESu/MEC); professor das Faculdades Integradas UPIS.

Vitória Catarina Dib – Doutora em Ciências Sociais – Antropologia – pela PUC-SP; membro fundadora do Núcleo de Estudos do futuro (NEF) da PUC-SP; conselheira da ONG Gira Sonhos; professora na Universiade Nove de Julho (Uninove), nas Faculdades Integradas Claretianas de São Paulo e no Centro Universitário Salesiano. Linhas de Pesquisa: Sociedade do Conhecimento, Organizações de Aprendizagem e Gestão do Conhecimento.